「共生」の都市社会学

下北沢再開発問題のなかで考える

三浦倫平
Miura Rinpei

新曜社

「共生」の都市社会学——目次

・引用文中の〔　〕は引用者の注記。
・引用文中の強調は、断わりのないかぎり引用者による。

装幀・難波園子

序章 「共生」をどのように捉えるべきか？

本書は、現代都市における「共生」という問題を社会学的に捉えてゆくためには、どのような認識や方法が重要になるのかを明らかにすることを目的とする。なぜならば、現代の都市問題の多くは「共生」という社会学の「原問題」として捉えるべきであるにもかかわらず、都市社会学は「共生」を社会学的に捉える認識や方法を十分には構築してこなかったからだ(1)。

そこでまず初めに、「共生」という言葉の意味を社会学的な視点から検討することから始めたい。近年、「共生」というテーマは社会科学のさまざまな専門分野《ディシプリン》の理論枠組みとしてだけでなく、現実の政策レベルで注目を集めてきているが、その意味内容は多種多様である（井上・名和田・桂木 1992；花崎 1993a, 1993b；黒川 1996；川本 1997；栗原 1997；見田 1997；三重野編 2000；花崎 2002；竹村・松尾 2006；尾関 2007；川本 2008；片山 2009；尾関 2009）。また、それぞれの論者の問題意識や共生の対象も異なっており、容易にはまとめることはできないが、かつて井上達夫が、「共に生きること——この一見単純な言葉は、無限に豊かな解釈に開かれている。そして、その解釈に社会科学と社会哲学の総体が関与し、依存していると言っても過言ではない」（井上 1993: 8）という非常に重要な指摘をしており、これまでの「共生」言説の認識を相対化する必要があるように思う。そこで、概略的ではあるが、これまで「共生」という言葉がどのように解釈されてきたのかをおさえておきたい。

まず、これまでの「共生」言説には共通項が存在する。それは、自然発生的に達成されるような「生物が相互に利益を与え合う関係」としての「共棲 symbiosis」とは異なり、「人びとが自覚的、主体的に新たに作り上げる連帯、共同の関係」として「共生」を捉えるということだ。これは、差別や貧困、対立、排除などさまざまな社会問題が噴出するなかで、自然発生的に問題が解決されるとは考えられないからだろう。

ただし、その意味内容について詳細に見ていくと、幾つかの立場に分類することができる。一つは「共存」の関係を重視する立場だ。例えば、日本で先駆的に「共生」という概念について独自の理論を展開していた黒川紀章は、「各々の文化の聖域は了解不可能なものであるが、尊重していくべきだ」という、いわば「共存」の思想を提唱している（黒川 1996）。これは、「異なる側面、対立する側面を抱えていたとしても、互いの価値志向、文化、考え方の尊重、理解を目指す動き」という「異質な要素同士の共存」を目指す立場といえる。

しかし、「共存」という意味だけならば、あえて「共生」と言う必要もない。さらに、「共存」の立場の場合、既存の共同体をアプリオリに前提に置き、各々の共同体を結局は「了解不可能なもの」とすることで、そこに起こり得る対立の問題や、共同体間で生まれる新たな連帯、共同の関係性を想定していないという問題がある。

こうした「共存」の立場とは異なり、法哲学者の井上達夫は「各人が互いに相手を、自分とは異なる独自の観点を持った自律的人格として尊重し配慮しあう作法」（井上・名和田・桂木 1995: 26）として「共生」を位置づけている。これはイヴァン・イリイチのコンヴィヴィアリティ概念とも共鳴するもので、多様化を包含しつつも、なお連帯を形成しうるような新たな統合理念の構想ともいえる。

しかし、井上の議論は「個人に焦点化した規範論」である。「個人に異質なものを歓待する度量があるのか」（井上 1986）といった形で「共生」の存立の契機を個人（個人の技量・技法）に還元してしまうことで、結果として、社会的な背景を捉えることが十分にできていない。井上の議論に対して、川本隆史は「一種の心がけ論に収斂してしまっている」（川本 1997: 43）と批判し、花崎皋平は「非対称の関係を含む差異を、たんなる差異、つまり水平的な個と個の差異だとみなして差異を楽しむ作法を語るのは、私にとっては虹のように美しいが手の届かない彼方である」（花崎 1993a: 8）と批判している。

これは第一に、井上の議論が規範論に終始してしまっていることに対する、「事実と規範のつなぎ目」を重視する川本の違和感の表明として、また、共生を実現するための生き方の流儀を運動の諸経験から導き出し、「共生のモラル」「共生の哲学」へと練り上げようとする花崎の違和感の表明として捉えることができるだろう。第二に、個人の技法に焦点が置かれる一方で、その個人の技法を困難にする社会的諸力や、技法から生み出される新たな共同性についての視角を欠いているという点が問題視されたと捉え直すことができるだろう。

「固定的な共同体を前提にする共存論」でもなく、「個人に焦点化しすぎる規範論」でもない形で、「共生」を捉えようとする注目すべき試みとして、花崎の議論がある。花崎は上述したように、規範を実証から構築していこうとする立場にある。具体的には、彼はアイヌ差別というフィールドから、排除する者と排除される者との境界線を問い直すことを第一に考え、そこからどのように自由で平等な関係が可能なのかを考察する、という注目すべき試みを行なっている（花崎 1993b）。

だが、結局のところ、花崎は記述に埋没する傾向があり、「共生の課題」については「多文化主義に立脚する市民・民衆関係をつくりだすこと」（花崎 1997: 274）という主張に留まっている。花崎自身も「多文化主義を超えて文化の相互浸透、相互影響を歓迎する倫理と思想を醸成することが求められている」（花崎 1997: 274）と述べていることから、それぞれの文化を対等に扱うことの意図せざる結果として、交流のない共存を引き起こす可能性があるという「多文化主義」の限界を意識していたと推察できる。いかに文化の相互浸透が生じるのか、どのような相互浸透をすべきなのかという実証と規範の結びつきは不十分なままになっているのだ。

一方、理論的に、共存論、規範論とも異なる理論を提示しているのが尾関周二だ。尾関は、「実質的平等を追求し、弱者の共同と社会的連帯による競争主義への対抗を含みこむ」という「共同性」を基礎とした「共同的共生」という概念を提唱する（尾関 2007, 2009）。この理論の特徴は「共同性」と「共生」を相補的なものとして捉えているところにある。「共同性」がもつ同質化のベクトルに対しては異質化のベクトルをもつ「共生」で対抗し、「共生」がもつ競争のいき過ぎを「共同性」で保護するという形で、規範的な共生概念を構築している。

しかし、この規範理論の最大の問題は、「共同性」の根拠を特定の価値を共有することに設定している点にある。

しかも、その特定の価値は「人間の本性的なもの」であるとして、結局のところ、あらゆる人間に共同性が生まれることを安易に想定してしまっている。

共同性を想定する時に、単一の価値に還元してしまうのは非常に危険である。この点に関する栗原彬の以下の主張は的確である。

> 差別が解体されても、支配的な文化への同質化と吸収が進行するならば、それは再差別化ではあっても共生とは言えない。……支配的で抑圧的な関係が解除された場合に、何ほどかの地平の融合と通文化の共有が見られるにしても、自律性を伴う相互性、すなわち異なる存在の間の、相互開示的、相互活性化的な異交通が生まれるとき、私たちは辛うじて〈共生〉ということばを呼び出すことができる。（栗原 1997: 12）

以上、これまでの「共生」言説の概略的な整理を行なってきた。しかしこれは、概念的な整理を行なうことによって、理論先行型の研究を進めることが目的なのではなく、「共生」に関してのこれまでの研究者の認識を再確認することが目的である。なぜならば、既存の認識では、「共生」という社会学的な問題を十分に射程に収めることができないからだ。その結果として、近年の都市における紛争を「共生」の危機として社会学的に捉えることができなくなっている。これまでの「共生」に関する議論は、①固定的な共同体を前提にする共存論、②個人的な技法に焦点化する規範論、③本質主義的な共同性を前提に置いた規範論を軸に展開されてきたが、こうした議論では近年の都市の紛争を「共生が揺らいでいる事態」としては捉えることができない。紛争が問題提起していることは、何らかの局面における共同性の揺らぎであり、それは「共生」の危機として社会学的に再定位する必要がある。

ここで、都市における紛争をわざわざ「共生」の危機として捉える必要がどこにあるのかという疑問が生じるかもしれない。しかし、社会学は共同性の危機を重要な問題として設定してきた学問であり、都市社会学も当初からの問題意識は「都市社会」の共同性を研究することにあった。だが近年は、都市空間の変容を契機に「共生」という共同性が向かい合うことになった「都市社会」の危機について、十分に論究してきたとはいえない。そこで、次に、近年問題化している都市の紛争が何故、既存の「共生」認識では社会学的な問題として捉えきれないのか、そしてどのような「共生」認識が重要になっているのかを明らかにする。そうすることで、本書の企図が明らかになってくるだろう。

「共生」の試みとしての「都市への権利」

近年「都市への権利」という概念が、学界やグラスルーツ（草の根）の活動家たちから関心を呼んでいる。新自由主義的なグローバル化に対抗する連合を形成するための共通の基盤として「都市への権利」という概念が共有されるようになってきているのだ（Soja 2010）。また、この概念の有効性や課題についての検討も近年になって蓄積が進んできている（Mayer 2009 ; Harvey 2008 ; Purcell 2013）。

歴史を紐解くと、「都市への権利」とは、かつてルフェーヴルが『都市への権利』で打ち出した概念であり、その意味を概略的に述べるならば、都市住民が生活していくうえで重要と考えるさまざまな権利であり、また、望ましい都市を作り上げることができる権利のことを意味している（Lefebvre 1968＝1969）(2)。彼はこの著書で、都市空間には人、モノ、イメージ、資本などあらゆるものが集中するため（「中枢性」）、たとえ都市空間が産業化にともない、「生産物」に転化してしまっているとしても、人びとの集合的な力によって都市空間を再び「作品」に作り変える可能性があるという主張を展開している(3)。したがって、ルフェーヴルの考えに基づけば、都市とは「社会の矛盾が集中的に現われる場であると同時に、抵抗が生まれ変革の可能性を見出すことができる場」であるのだ。そして、この議論の鍵概念が「都市への権利」という、人びとが使用価値に基づいて都市空間を「作品」として作り直す権利であった。

現代において、再びこの概念が注目されてきているのは、一つは、新自由主義によって引き起こされるさまざまな問題――労働、住宅、移民、文化、環境……――が都市に集中的に現われるからであり、「都市への権利」という概念の包括性でそれらの問題を括ろうとする狙いが、実践家たちにはあるからだろう(4)。また、都市社会運動の研究も、運動の主張のローカル化を基本的な弱点として捉えてきており、例えばサンダースやカステルは、「都市で始まった動員は分裂する傾向があり、スケールを変えたり、幅広い非都市的な社会運動と結び付けることに難しさを抱える」と結論づけてきた（Saunders1979；Castells 1983＝1997）。近年でも、デイヴィッド・ハーヴェイは「戦闘的個別主義militant particularism」という概念を用いて、都市を基盤とした運動は普遍的な社会運動から逸れて、個別のイシューに閉じこもりやすく、運動の統一や拡大にとって障害になるということを主張している（Harvey 2001）。このように、これまでの都市社会運動が個々に分立して、連携が不十分だったことが問題視されたことから、各々の問題の構造的な要因としてグローバルな新自由主義が設定され、運動の共通の権利として「都市への権利」が提起されているということだ。

このような新たな共同性構築に関して、固定的な共同体を前提にする共存論は十分に認識できない。ただし、「都市への権利」概念の強みは、その包摂性にのみあるわけではない。

第一に、「都市への権利」という概念の強みは、「それまで権利として認められてこなかったような権利」という点にある。すなわち、「誰にも奪うことができない権利」としてすべての人に適用される普遍的な人権とは異なり、「都市への権利」は都市環境によって新たに擁護すべき利益、価値として自覚される権利という意味で「構成される権利」なのだ[5]。マジョリティで構成されている既存の共同性のなかでは認められておらず、個人の技法では解決できないような権利である点で、本質主義的な共同性を前提に置く規範論や個人に焦点化する規範論ではこの問題を扱うことはできない。

そして第二に、「都市への権利」という概念は、「住民の再帰的な社会形成」という意味合いも含意している。特に、近年の都市研究の代表的な論者であるハーヴェイなどは、この側面を強調する[6]。「都市を形成し、デザインし、それまで権利として認められてこなかった権利を擁護するような新たな都市統治」という構想は、都市統治への権利が奪われている事態を問題化するうえでも重要だ。

しかし、その新たな都市統治の方向性についてハーヴェイの議論は錯綜している。彼は「剰余価値の生産と利用に関するより民主主義的なコントロール（を国家に対して行なうこと）」（Harvey 2008: 37）という処方箋を提示しているが、それはいわば「福祉国家の再建」という意味合いが強い。また、ハーヴェイは「都市への権利」を再帰的な社会形成とラディカルに解釈しているにもかかわらず、結局は国家への依存という方策しか提示できていないという批判もある（Kuymulu 2013）。

ここで、ルフェーヴルの議論が参考になる。彼は、政治的な参加の強調を、「既存の公式な統治手続きにおける民主主義的な参加の要求」として位置づけていない。むしろルフェーヴルは、「都市空間やその統治を形成する社会的なプロセスそのものを変更する政治的な参加」の類を優先化しているのだ（Lefebvre 1968 = 1969: 183–184, 203–204）。公式の都市統治への参加が、すでに確立した資本主義的な都市統治を前提にしているのに対して、ルフェーヴルの「参加」は、都市を既存の力学で再生産するのではなく、新しい仕方で再形成するということを意味している。すなわち、現代において「都市への権利」概念から、「政治的な空間を変革する権利」という意味も導出すべきである。

したがって、都市統治への権利は、制度化された政治空間に参加し、討論する権利と、制度化された政治空間そのものを変革する権利に、大別することができる。「都市への権利」という概念が再注目されてきているのは、現代において、この二つの意味をもつ都市統治への権利が都市住民から奪われている、という事態が顕在化していることに起因すると考えるべきだろう。

そして重要なことは、このような課題の認識に、固定的な共同体や本質主義的な共同性、もしくは個人の技法を前提とする既存の共生論では到達することができないということである。

さらに、「都市への権利」が本来含意している意味内容として、目指すべき都市統治に「最終的なゴールが存在しない」という点がある。ルフェーヴルは、「都市への権利」が何らかの特定の状態にあると想定しているわけではない。彼は「権利」を、国家権力が法体系に組み込む法律上の権利として単純に想定していたわけではなく、人びとが「参加」に向けて自律的に動き出すための契機として動態的に考えている。

この点は、「都市への権利」に着目する近年の研究が捉え損ねている点でもある。すなわち、「都市への権利」という概念は、実体を説明するための概念としてのみ有効なのではなく、規範的概念として、また分析のための概念としても有効なのである。「都市社会」などの概念についてもいえることだが、ルフェーヴルはこれらの概念を現実的なもの、到達すべき何らかの状態として単純に考えているのではなく、理念的なものとして設定している。

〔都市社会は〕したがって今後の時間の中で達成され、位置付けられる現実としてではなく、地平として、輝きわたる潜勢力として定義される。(Lefebvre 1970 = 1974: 27)

これは、「都市社会」についての言及だが、「都市への権利」についても当てはまるルフェーヴルの基本的な立場だ。「地平」とは、たどり着くことはできないが、しかし、進むべき方向性を指し示すものである。このように概念を理念的に設定し、具体的な諸実践をその理念的な状態に向けたものとして仮定することで、規範と現実を架橋しようとしているのだ。

民主主義が形骸化し、人びとのさまざまな利害が侵害されている現代の都市において、たとえ現時点では明確な成果を出していない実践についても、それを新たな可能性の萌芽として捉え、その意義や課題を経験的・理論的に捉える概念として「都市への権利」は存在している。

以上の議論をまとめると、近年、新自由主義に対抗すべく「都市への権利」という概念が実践・理論の両方から再注目された背景には、バズワード〔定義が曖昧なキャッチフレーズ〕であるが故に多様な運動体を連結させることを可能にする側面があること、「社会形成」という意味合いも含まれていることが大きく影響していたと考えられる。また、その可能性を拡げるためには「政治的な空間への権利」という意味も含めるべきであるという点、この概念が当初は規範的啓蒙を含む規範概念であると同時に分析概念であった点にも留意すべきだということをみてきた。

そして、このように捉え直すことで「都市への権利」という概念は複合的な点から共同性の危機的状況を問題提起しているものとして理解することが可能になるが、既存の「共生」認識ではそうした共同性の揺らぎを捉えることができないのだ。

「共生」の社会学な仮定――社会学は「共生」をいかに扱い得るか

そこで、近年の都市紛争を共同性の危機として社会学的に捉えていくためには、以下のような視点から「共生」を捉えていく必要がある。

第一に、「異質な要素同士の共存から、相互理解などを経て、共に生きていくことを可能にする社会を新たに形成していく動き」として「共生」を捉える必要があるだろう。「共存」の次元からさらに先に進み、まさに「共に生きていくための社会形成」という社会創発的な意味がそこには埋め込まれている。こうした問題設定が社会学的な「共生」の問題設定となるだろう。上述してきたように、「都市への権利」という問題提起によって近年表面化しつつある紛争はこの「共生」の次元の揺らぎでもあり、この重要な側面を既存の「共生」認識では捉えきれない。

第二に、「共生」を捉える際に、どのような共同性が共存しているのか、対立しているのか、そして、どのような新たな共同性が生み出されようとしているのか、というように「共同性」が重要な焦点となるだろう。その際に、「共同性」そのものを、単なる属性や価値観の共有といった形で本質主義的に還元することなく、いかに捉えていくかという研究方法＝認識が重要な論点となる。

第三に、「共生」を何か特定の現実的状態において一義的に定まるものとして捉えるのではなく、特定の理念に向けた生成過程 becoming として捉える必要がある。現実において、どのような実践がどのような過程を経てどのような理念に向けて動き出しているのか、そこにはどのような課題があるのかということを捉える必要がある。

そして、第二の点と第三の点が組み合わさることで導き出されるのは、経験的には「共生」とは単一の構想・試みではなく、複数の構想・試みが存在するということである。その複数の構想・試みの課題や可能性を把握することが社会学的な問題設定になってくるだろう。

そして第四に、経験的に論究することを試みた花崎が示唆している点でもあるが、「共生」を論じるのは、「共生が揺らいでいる事態を問題化するため」という研究の基本的な問題意識を認識する必要があるだろう。そのため、何故、「共生」という構想や試みが生まれざるを得ないのか、「共生」を困難にしている事態は何なのかを明らかにするということも重要な視点となる。

このように「共生」という概念を個人間の次元から、集団間の次元に位置づけ直し、「社会形成」という観点から、過程的に現象を捉える認識枠組みとして、「共生」を設定する必要があるだろう(7)。

これは、社会学が「共生」をいかに扱い得るかという点を示した一つの仮定であり、さまざまな社会現象を分析する際に有効であると考える。ただし、「共生」といってもさまざまなスケールやさまざまな要素間の関係性について議論することが可能であり、本書はそれらをトータルに扱うのではなく、「都市への権利」という形で共同性の危機的状況を問題提起している都市社会運動に焦点を当てたい。そして、この仮定的な視点をもとに、これまでの都市社会学の理論的蓄積、実証研究の蓄積を分析し、近年の都市社会運動を分析する際にどのような問題設定が重要になってくるのか（第一章1節）、その際に意味世界を空間的に捉えるという方法が重要となってくること（第二章）を明らかにしたい。

「共生」というテーマがもたらす都市社会学への貢献

本書は「共生」というテーマを都市の領域で分析することを目的とするものであるが、日本の都市社会学の文脈においても「共生」というテーマは現代的意味をもつ。歴史を紐解いてみれば、そもそも七〇年代に日本では住民運動（論）がまさに「都市への権利」という概念に注目をしていた。当時の代表的な社会学的研究である『住民運動の論理』ではルフェーヴルの概念が援用され、「使用価値に基づく権利主張」（松原・似田貝 1976: 365）の重要性が力説され、生活者としての使用価値視点からみることで「消費レベルでの運動の統一が可能」となるというような、近年の欧米の議論がすでに先取りされていた。

ただし、近年の欧米の議論が重視している「自分たちの力で望ましい都市を作り上げる」という論点については、当時は十分に議論されていなかった。正確に述べるならば、使用価値視点からの論理を徹底化する過程で、「社会的所有」という新たな観念が生み出される可能性が指摘され、そして、それを実現するための拠点（＝権力装置）として自治体改革（「民主的再編」）という展望が示されていた。その意味では、地方自治体を拠点にした住民自治が検討されていたといえるだろう。

しかし、その「地方自治体の民主的再編」という展望は現在に至るまで十分には現実化していない。もちろん、これまでに何も進展がなかったわけではない。七〇年代には「革新自治体」が各地で誕生し、当時の住民運動（論）の期待通りの展開になったし、それから三、四〇年の間で住民参加のルートは確保されるようになってきたし、住民と行政が協働して活動する領域も格段に増えたことは言うまでもない。ただ、「民主的」という言葉が、まさに語義通りに「民主主義」の形容詞であったならば、事態はそう楽観視できない。「革新自治体」は高度経済成長期の失速にともない自主財源の確保が困難となり福祉の充実が図れなくなったという事情もあったことから、オール与党化する傾向にあり、住民の抵抗の拠点というものにはなり得なかった。また、以前に比べれば住民参加のルートは確保されるようになってきたが、それが住民参加の「アリバイ」に使われるような事態、「官民協働」という名が付いているものの、結局は行政側の論理が優先して行政の下請けになっているような事態、さらには住民たちに広がる政治不信、といった状況が近年は見られる。これらはかつての住民運動（論）の展望からは大きく外れた事態だと言えよう。

このような「民主主義の形骸化」と呼べるような現象は現在、日本だけでなく、世界中で表面化し、問題にされつつある。多様な意見をもつ人びとが熟議をして一定の合意を形成し、意思決定を行なうという政治体制が期待された通りに機能すれば、多くの紛争は起きなかっただろう。しかし実際は、新自由主義化が都市住民にもたらす弊害を緩和するどころか、むしろ増強させているような事態が各地で頻発している。そのため、民主主義という「共生」の構想それ自体が再審に問われてきている。

また、以前の住民運動（論）は、「自分たちの力で望ましい都市を作り上げる」ための意思形成の基盤である「公共圏」のなかで、意見の複数性を十分に念頭には置いてこなかった。しかし、それは必ずしも否定されるべき議論ではなかった。なぜなら、当時、住民運動に対して「住民エゴ」という批判が多かった時代背景のなかで、特定の地域や社会集団の主張ではなく、普遍的な「住民」の主張として、運動の論理が構築されていくことが何よりも重要だったからだ。また、「望ましい都市を作り上げる」ために、制度体に「住民」としての要求を提示していく際に、一定の同意が成立している要求を主張していく必要があったということも言うまでもない。

しかし、公共圏における討議を「共通善」をめぐる協議に限定しようとする（ハーバーマス的）公共圏については、批判も多い。この点に関するナンシー・フレイザーの主張は鋭い。

協議とは共通善に関する協議でなければならないと前提するために、協議についての考え方と共通善についての考え方とを混同してしまうのである。その結果、すべてを包括する単一の「われわれ」の視点の枠内で会話を交わすことに協議を限定してしまい、自分や集団の利害関心の主張を問題外にしてしまう。（Fraser 1990 = 1999: 148）

つまり、本来は「互いの意見を主張し、討議していく過程で、一定の同意を取り付けた主張を形成する」はずの公共圏が、「単一の」われわれの視点を重視するあまり「共通の利害関心にふさわしい主張を形成する」ということに討議が偏ってしまうという意図せざる結果が指摘されているのだ。

フレイザーは「自分や集団の利害関心の主張を問題外にしてしまう」ことを問題視しているが、このことはさらに重要な問題も孕んでいる。すなわち、そもそも多くの意見が討議の場に出されないまま終わってしまう可能性があるということなのだ(8)。

このように、従来の都市社会運動（住民運動）の展望の理論的背景にあったハーバーマス的な市民的公共圏という考え方には議論の死角が存在し、「市民的公共圏のなかでも十分な平等や参加が実現できない」という問題が伏在している。換言すれば、後期資本主義における民主主義の限界を理論化るために、ハーバーマスによって民主主義的な意思形成の基盤として制度的に構築すべきものと想定された公共圏それ自体の課題が表面化してきているのだ。

意味世界という視点／意味世界を捉える方法

本書は、「共生」を意味世界との関連から捉える視点を社会学的に検討することが大きな目的の一つである。次章以降で明らかにしていくが、都市空間における「共生」をめぐる問題について、既存研究は不十分な分析にとどまっている。それは人びとの「意味世界」について表層的にしか捉えていないことに起因する。

もちろん、対立が起きる背景、公共性をめぐる争い、社会形成の可能性、課題などを論じるにあたって、人びとがどのような考えをもっているのかということを調べるのは当然であり、これまでもそのようなことについては調べられてきたかもしれない。しかし、歴史的、動態的、そして集合的に作られた意味の世界が存在するということは十分に顧みられてこなかった。ここで「意味世界」というのは、複数の人びとが、共通の関心ごとに関して、中心となる意見を共有していることを意味する。ある特定の意見に共約可能性を見出すことができる複数の意味によって「意味世界」は構成されている。(9)

そして、「意味世界」の多様性、変化、構成要素といった点について、既存の研究は十分に念頭に置いてこなかった。これらの点を念頭に置くことで、「共生」をめぐる社会学的な問題設定について論究することが可能になる。その点については第一章以降で明らかにしていくことになるが、要点をここで述べておくならば、「意味世界」の存立を焦点にすることで、主体を本質的に所与のものとして分析することから脱却できる。上述したように、これまでの研究は「共生」を個人の問題として認識し、「共生」に向けた技法や規範が主張される傾向があったが、重要なのは関係性であり、その関係性を構成する諸要素なのだ。そのような社会的背景によって人びとの意味は動態的に変化するのであり、その存立のあり様を捉えることがまずは大事になってくる。そうすることで、対立が起きる背景、公共性をめぐる争い、社会形成の可能性、課題を検討していく上でより有効な手がかりを提供することができるだろう。

また、学説史的に位置づけるならば、本書の「意味世界」という概念はアルフレート・シュッツの研究から着想を得ている。シュッツは実は「意味」について明確な定義はしていないが、「対象者が反省を通じて過去の体験に付与する規定、もしくは、意識によって何らかの対象に付与する規定」として捉えている（Schütz 1932＝1982）。

ただし、その「意味世界」をどのように捉えていくのかという点について、シュッツは、結局のところ、研究者が対象者の「意味世界」の外部に存在して分析するという外部視点を前提に置いている点で限界がある。外部視点に立ち、研究者も対象世界のなかの当事者であるという側面を見失うと、外部からの「神の視点」での批判に終始し、「意味世界」の規範的妥当性には関わらないような態度が要請されてしまう。しかし、一方で、現象学的に人びとの「意味世界」を記述するという方向性では、「意味世界」を対象化し、相対化することが難しくなってくるだろう。

この問題をめぐり、社会科学は認識論的、方法論的懐疑に苛まれてきた。だが、そこで意味世界の探求を諦めるのではなく、仮説的に意味世界を想定し、それに迫る方法を検討していくことが社会学にとっても重要な責務になってくると考える[10]。すなわち、外部視点に立った分析を安易に前提に置くのでもなく、また、対象者の意見を絶対視するのでもなく、研究者と対象者が共働して「意味世界」を構築する方法をいかに生み出していくのか、ということが社会学にとって今後重要な研究課題となってくるだろう。そこで本書では、第二章において、これまでの（広義の）都市社会学の蓄積を検討し、意味世界を共働して構築していくための方法＝認識を提示することを試みる。

本書の企図と事例の位置づけ

以上の問題意識のもと、本書は現代の都市社会においてテーマ化しつつある「共生」という問題を多次元的に論究することを目的とする。「都市空間における共生」というテーマに、どのような研究課題があるのかということに関して、現実に即さずに理論的に提示することも可能ではあるだろうが、本書では一つの事例と対話させることで、この研究課題を検討したい。対象とする事例は、二〇〇〇年代に東京の世田谷区下北沢地域で始まった日本の都市史、そして都市社会学にとって重要な紛争である。この紛争は、「都市への権利」がイシューとして前景化し、従来の社会学的認識が十分には捉えてこなかった「共生」という共同性の問題をさまざまな形で提起している。その点について、やや議論の先取りになってしまうが、以下かんたんに紹介しておこう。

異質な他者との共生の揺らぎ

世田谷区下北沢地域では、二〇〇三年に「連続立体交差事業」と呼ばれる鉄道の地下化事業を起因として、街を分断する「補助五四号線道路」、五千㎡以上の大規模な「駅前交通広場」、建築制限を緩和し、大規模で高容積率の建築物を誘導する「地区計画」といった都市計画が相次いで浮上し、事業認可申請されることで、これまでの街の空間構造が大きく変化する可能性が出てきた。

下北沢地域は、周囲を閑静な住宅街に囲まれ、低中層の小売業店舗が迷路のような複雑に構成された細い路地に建ち並ぶ街という、空間構造に特色をもつ盛り場であった。そうであるが故に、一連の都市計画は、それまでの空間の特質に利益や価値を見出していた住民や商業者、そして来街者によって猛烈な反対を受けることになった。そうした都市計画の内容だけでなく、手続き上の不備も多かったことから、事業認可をめぐっては大きな議論を呼び起こし、地域内外の注目を浴びることになった。

このような事態は過去にも多くの紛争の現場で起こったことかもしれない。しかし、この紛争は、「共生」というテーマを内包した以下の特徴をもっていた。

第一に、一連の都市計画の内容や手続きに対して異論が多かった一方で、「公共性」を帯びたものとして、計画が一定の層に受け容れられていたという点にある。都市空間を操作化・視覚化しようとする機能主義的で「人間工学」的な都市計画が住民の日常感覚（安全性や利便性の重視）と結びついた「公共性」を身にまとって、反対運動の前に立ち塞がったのだ。つまり、下北沢地域における連続立体交差事業を起因とした一連の都市計画は、それまで潜在化していた多様な主体の利益、価値観を表面化させた。計画に反対する人びとは、中小資本の店舗の排除と、そこに通ってくる来街者の排除という問題を指摘する。それは、「下北沢の個性」というものが失われるという問題につながり、「将来的な衰退」という問題にいき着くことを問題提起している。その一方で、「安心・安全」な街づくりのためには多小の空間構造の変容もやむを得ず、そこから住民以外の商業者、来街者が排除されることも仕方がないと考える人びともいたのだ。また、流動性の高い盛り場空間において、地主層、商店主、従来からの住民層、新規住民層、来街者など多くのステイクホルダーが街に利害関係をもつ結果、「誰に発言権があるのか」「どの「公共性」が優先されるべきなのか」というイシューが浮上していた。しかし、運動が展開する過程で、ゼロサム・ゲーム的な「公共性の争い」ではなく、対立するような諸価値を調停し、共に街のなかで生きていくことが可能になるような「共生」の実践が展開されていった。

第二に、反対運動側のなかでも特定の価値、利益、方法に収斂して運動を展開しなかった／できなかったという特徴がある。来街者／住民／商業者／地主……といったアクター間の価値・利益のズレが顕在化したのだ。もちろん、これまでの紛争においても、そうした事態は生じてきただろう。しかし、通例上、行政などの制度体との交渉・対抗の局面においては、共約可能な要件が特定化された「共同性」を根拠にすることが正統的かつ正当的なこととして捉えられ、多くの運動体は一つのスローガンの下にアクターを動員する傾向がある。運動が一枚岩ではないということは実際、要求を通そうとする際にはデメリットの方が大きい。これまでの住民運動論も、多様なニーズから生の共約可能な要件を特定化し、「共同性」を根拠に市民的公共性を形成する運動を捉えてきた（似田貝 2001: 44）。しかし、下北沢の運動には複数の共同性を見出すことができる。特に、多様な人びとが生きることができる街をどのようにして作り上げるかという方法の構想の点で違いが生じてきている。この例は、そうした複数の「共生」の試みの意義と課題が前景化している事例となっている。

また、第三に、この事例をめぐる長年に及ぶ行政訴訟の闘いが、都市社会における「共生」を困難にしている法の構造のあり方を問題化したという特徴を挙げることができる。これまで、都市計画を起因とした紛争（行政訴訟）において、行政側はパブリックの権利をもつとして擁護されるのに対して、都市計画の問題性を告発する人びとの権利や価値は多様であり、権利として限定できないという理由で、原告側が敗訴という形で幕を閉じる傾向が強かった。すなわち、「公共性」を争う重要な局面である法律の世界の構造が、都市空間における多種多様な利害・価値の共生を難しくしてきたのだ。

第四に、一連の都市計画の固有性から「共生」というテーマが生じているという側面がある。「連続立体交差事業」は鉄道を地下化、もしくは高架化することで、密集市街地に広大なオープンスペースをもたらすという計画である。二一世紀を迎え、ポストフォーディズム的な生産様式が一般化するにつれて、工場跡地にオープンスペースが生み出されることはあるが、そうした工場跡地は基本的に私企業の土地であるのに対して、連続立体交差事業によって生み出される鉄道跡地は公共事業の結果生み出される土地であるため、私有地でありながら、公共の目的にも供されることが課せられる半公共的な土地だ。その点で、都市部に新たに生み出される広大なオープンスペースを、いかに多様な生の共生が可能な公共空間に作ることができるのかという課題が先鋭化する対象である。

この紛争の起因となっている「連続立体交差事業」は、国・自治体が事業主体として行なう大規模な公共事業でもある。「連続立体交差事業」は、全国各地の都市部の中心部分である駅前の空間形態を大きく変容させてきており、その意味で影響力が大きい公共事業である。しかし、その規模にもかかわらず、この事業は、「忘れられてきた」公共事業でもある。都市空間の形態・機能・意味づけを大きく変え、人びとの生活に多大な影響を及ぼす都市計画事業であるにもかかわらず、社会的な批判の矛先から外れてきた[11]。この国家事業とも呼べる大型公共事業は、さまざまな点で「公共性」に欠ける点があり、政官財の癒着構造の根幹を成してきたのだが（その点については後述）、戦後以来、公共事業の問題性を指摘してきたはずの日本の社会科学からも、この事業の問題性についてほとんど指摘されることがなかった。

本書の理論的実践の意図——公共社会学と都市社会学の連接に向けて

以上のように下北沢地域の紛争はさまざまな形で「共生」の揺らぎやそれを乗り越えようとする実践が典型的に現われている事例だと言える。本書は、この事例の分析を通して、経験的かつ規範的な中範囲の理論を構築する。具体的にいえば、「異質な要素同士の共存から、相互理解などを経て、共に生きていくことを可能にする社会を新たに形成していく動き」という、本書の規範的な「共生」概念の現実的な契機や論理、課題を剔出する理論を構築する。それは、公共社会学と都市社会学との連接を目指すものともいえる。

近年、公共社会学が構想されるなかで、批判の対象とされる傾向にあったのは地域研究であった。例えば、盛山和夫は社会学的研究の「拡散」と「分離独立化」を指摘するなかで、特に地域研究に関して、以下のように指摘する。

社会学者として出発した研究者が個別の地域社会をフィールドとして専門的研究を深めていくにしたがって、研究成果の発表や研究交流の場が次第に社会学とは無関係なものになっていく。……理論枠組、概念、用語などのほか、研究の方向性、目的・理念において、社会学から提供されるものが少ないかほとんどないために、具体的なフィールドの専門的研究者にとって、社会学に立ち戻って他のフィールドの研究者や理論家と交流する意義が薄いということである。（盛山 2012: 14）

盛山が批判するように、社会学の理論と無縁となり、記述に埋没するような地域研究は問題である。ただし、「理論枠組、概念、用語」が「提供」されればよいわけでもないだろう。地域研究者が理論枠組みをそのまま援用して現象を説明するというような理論的実践のあり方も問題であるし、実際そういう研究も少なくない。地域研究として求められるのは理論をただ援用するのではなく、構築にも寄与することだろう。

そして、それが規範理論の場合、地域研究はどのような立場を採用すればいいのだろうか。それは今後、重要な研究課題となってくるだろうが、本書では、現実の対象を特定の仮象された理念に潜在的に近づいている対象（＝可能態）として設定し、現実の対象が理念に近づく契機や論理を捉えるという立場に立つ。かつてルフェーヴルは「利用される概念的な枠と諸々の経験的な観察とのあいだの不断のフィードバック」（1968＝1969: 180）を意味する「転繹法」という方法を提示したが、本書もこの帰納法と演繹法を互いにフィードバックしながら分析を進める方法を採用する。ただし、このような導入自体全くオリジナルな導入というわけではなく、実は以前の日本の地域社会学にこの方法＝認識を見出すことができる。

例えば、似田貝香門はかつて「理念次元での人間存在の肯定（position《ママ》）を、現実そのもののなかから、人間肯定の契機と論理を発見しようとする」立場にマルクスが立っていたと主張している（似田貝 1973: 73）。この捉え方はルフェーヴルの転繹法と同じものであると言えるし、潜在的可能態を研究対象に設定し、それらが課題を克服していく契機や論理を探求するという似田貝の方法は、その後の日本の地域社会学にも少なからず影響を与えた研究方法であった。しかし、この方法論の意図せざる結果として、人間の肯定的世界の構想が実現しつつある成功例だけが研究対象と設定され、その契機と論理を捉えるという方向性に展開する傾向があった。ルフェーヴルの本来の意図が、「行程の終点へと方向づけられた可能的なもの」の実現を「不可能にしている障害物」について認識することにあった点を鑑みると（Lefebvre 1970＝1974: 27）、成功例ばかりを研究対象に設定するのではなく、困難な課題に直面している事例を対象としていく必要もあるのではないだろうか。

本書では、以上のような問題意識から、下北沢地域の運動の実践を「共生」の潜在的な可能態として設定し、その意義や課題を明らかにすることで、経験的かつ規範的な中範囲の共生理論を提示することを試みる。

本書の構成

本書は、現代の都市社会においてテーマ化しつつある「共生」という問題を多次的に論究することを通じて、都市社会学という実践を総体的に問い直すことを目的とする。何故「共生」というテーマが浮上するのか、それに対して運動はどのような構想をもち、どのような課題に直面しているのか。そのことを明らかにするためには、広範囲にわたる既存の認識を再考し、分断されている、あるいは隠されている課題を剔出し、その課題を乗り越える新たな枠組みを探る必要がある。

そこで第一章と第二章では、既存の理論の認識＝方法について検討を行なっていく。第一章ではまず1節で、「共生」というテーマを内包する「都市空間の危機的状況」について、これまでの研究にどのような課題があるのかを検討する。意味世界を軸に、序章で論じた「共生」の社会学的問題設定が重要となることが明らかとなる。

次に2節では、都市空間の危機的状況を共生の問題として論究できていない既存の都市社会学の認識＝方法の背景に理論的実践の偏りがあることを論じる。理論的実践の重要性を指摘していた新都市社会学の議論の意義と課題を検討し、理論的実践の構築が改めて重要になってくることを論じる。

そして3節では、理論的実践の重要性を主張していたカステルの方法＝認識を振り返りながら、彼が近年重要なテーマとして掲げる「共生」の方法＝認識を問い、その課題を指摘する。理論的実践を放棄してしまった点、空間を理論的な対象として捉えない点にカステルの課題があることが明らかとなる。

第二章では、共生を捉える上で重要な焦点となることが明らかとなった「意味世界」をこれまでの都市社会学がどのように捉えてきたのか、その方法と認識を検討する。

1節では、初期シカゴ学派が早々に意味世界を捉えることの重要性を理論的に論じていたことを明らかにするとともに、人間生態学的な空間認識が「意味世界」の歴史性、多様性、構成要素といったものを捉えることを阻んでいたことを明らかにする。

2節では、「意味世界」を焦点にして「共生」に関する問題設定を先駆的に論究してきた日本の開発研究や住民運動論の成果と課題から、「意味世界」を捉える際の重要な論点を導出する。

3節では、エスノグラフィにおいて「意味世界」がいかに捉えられてきたのかという点を検討し、研究者と研究対象者が共同で「意味世界」を構築するという構想とその課題を明らかにする。そして、その課題を乗り越えるべく生み出されたアクティヴ・インタビューという方法にどのような意義があるのか、またどのような課題があるのかという点を明らかにする。

4節では、「社会」と「空間」が重層的に絡み合う理論的対象として意味世界や社会的世界を位置づけ、意味世界の歴史性、多様性、構成要素を捉えていくための方法＝認識の手がかりとして、ルフェーヴルの理論を再検討する。

第三章では、「都市への権利」がテーマ化している下北沢地域の紛争を素材として、序章と第一章1節で導出した

かにする。

まず1節では、下北沢地域の概要と紛争の原因となった連続立体交差事業の概要について明らかにする。2節では、計画推進側と反対側の論理や意味世界に着目しながら、いかなる「共生」の構想が存在し、対立しているのかを明らかにする。

第四章では、「共生」の構想の対立の背景を明らかにすべく、構想の核となる「意味世界」がいかに作りあげられているのかを歴史的に検討する。

第五章では、運動の展開に即しながら、いかに共生を可能にする社会を作り上げるか、その方法をめぐる複数の構想に着目し、その意義と課題について分析を行なう。

第六章では、アクティヴ・インタビューを展開して、それまでの本書の分析をインタビュー対象者に提示し、分析の課題を明らかにする。

そして第七章では、「意味世界」という方法的概念の意義を論じたうえで、事例と理論の対話を通して明らかになった論点の重要性を論じる。そして最後に本書の意義と課題、展望を示す。

第一章　都市空間の危機的状況／都市社会学の危機的状況

本章の構成

1節では、「都市空間の危機的状況」を問題にする近年の都市研究を「排除」「均質化（商品化）」「荒廃」というトピックに分けて整理し、どれもが「共生」という社会学的なテーマを内包しているにもかかわらず、その点について十分に論究できていないことを指摘する。そして、その不十分さの背景に、「意味世界」を十分に捉えきれていないことが影響を及ぼしていることも同時に論じる。そして既存の研究の課題や成果を捉えたうえで、「共生」に関する重要な問題設定を導出する。

2節では、「都市空間の危機的状況」と並行して生じている「都市社会学の危機的状況」について明らかにする。「都市空間の危機的状況」を十分に論じることができない別の背景に「都市社会学の危機的状況」がある。

テーマを拡散させることで、その固有性を失いつつある近年の都市社会学は、「都市」をどのような社会学的な問題の場所として考えるか、これまでどう考えてきたのかということが改めて問われるようになってきている。近年の都市社会学は、「都市」をめぐって理論的対象を作り上げていく理論的実践というよりは、既存の理論枠組みのなかですでに設定されている理論的対象を用いて現象を説明するというような方向性にある。そうであるが故に、都市空間の危機的状況を問題にする研究の多くは「共生」という社会学的な問題として理論化せず、記述に埋没する傾向がある。理論的実践それ自体を改めて自覚化しなければならないような状況は、かつてのカステルが問題提起した状況と重なる。そこで、十分に理解されていないカステルの問題提起（理論的実践）の意義を再検討する。

3節では、かつて「都市社会学の危機的状況」を論じていたカステルが二一世紀以降の都市社会学の重要なテーマとして「共生」を掲げていることに着目し、彼が「共生」をどのように論じているのか、彼の方法＝認識にはどのような課題があるのかということを見ていく。かつて都市社会学の危機的状況を、理論的素材、認識手段、理論的生産物の関係性から議論していたカステルは、皮肉なことにその後、自らの認識手段を問うことなく研究を蓄積している。これまでの彼の方法＝認識を問うていくことで、「共生」を論じる際の課題を検討する必要がある。

1　都市空間の危機的状況

本章で検討したいのは、現代の都市空間の危機的状況と、それに関する都市研究の議論である。一九九〇年代後半以降、新自由主義が各国を席巻するなかで、（一）貧困層やエスニック・マイノリティの立ち退き、囲い込みという形で進行する都市空間の「排除」といった問題、（二）個々の場所の固有性を揺るがす都市空間の「画一化／均質化」という問題、（三）中心市街地の衰退に代表されるような都市空間の「荒廃」といった問題などが注目を集めている。

もちろん、上記の問題だけに都市空間の危機的状況が限定されるわけではないだろう。他にも環境問題や、震災の問題など、現代の都市空間が抱える問題は枚挙に暇がない。ただし、ここで考えたいのは、近年さまざまな形で問題化される「都市空間の危機的状況」というものは、多様な主体が抱える諸利益・諸価値が同時に存在できなくなってきたという事態を問題にしているということだ。これは、換言すれば「共生」が困難になってきているという社会の問題がとりわけ「都市」という場において表面化しているということなのだ。

しかし、近年の都市社会学は都市空間の危機的状況に起因する／象徴される「共生」の危機を十分には論究できていない。その点を以下見ていくことにしよう。

i　都市空間における「排除」

一九九〇年代以降から現在に至るまで、欧米の都市研究の中心テーマは「排除」の問題にあると言っても過言ではない。大まかにまとめるならば、Polarization（分極化）、Segregation（分離）、Displacement（立ち退き）などの概念で、空間的な分断線によって起きる「排除」が問題化されている。以下、三つの「排除」についての議論を概観していくが、大まかに分けると、前二者（Polarization、Segregation）が人種・民族の違い、階層差によって居住空間の棲み分けが自然発生的に生じ、結果的に弱い立場の人びとに不利益が集中することを問題にする傾向があるのに対し、後者（Displacement）は特定の空間から貧困層などの弱者が強制的に追い出されることを問題化する傾向がある。

焦点に違いはあるにせよ、どの議論も、都市空間のなかで、多様な階層、エスニシティ、性的志向、価値観などをもった人びとが互いの価値観を共存させる状況になるどころか、そもそも同じ都市空間のなかで多様な人びとが身体的に共存するという状況すら揺らいできていることを問題として設定していると捉え直すことができる。

まず、Polarization/Segregationを問題にしている議論を見ていくことにしよう。

Polarization/Segregation の研究の課題——物理的な境界線の焦点化

初めに、Polarization/Segregationを論じている世界都市論の代表的な論者のサスキア・サッセンの議論を見てみよう。彼女は、グローバル化した現代において、先進国の大都市を新国際分業という文脈に位置づけ、「世界都市global city」という形で、グローバルな空間秩序を理論化した第一人者である。マニュエル・カステルも同様な議論を「情報都市」論として提起しているが、サッセンはカステル以上に国際化の視点を増強させ、資金、情報、人びとのグローバルなフローに基づくグローバルな空間秩序を理論化しようとしている。その際、重要な焦点となっているのが、グローバル経済の二重構造だ（Sassen 1988＝1992）。[1] グローバル化によって、国際経済の中心をなす金融業などの「プロデューサー・サービス業」が都心部などの特定のエリアに集中し、高収入の人びとが集住する一方で、貧困が集中するゲットーのような空間も叢生するとしている。裕福な層は豊かなライフスタイルを享受し、彼らにサービスを提供するような経済活動——高水準のレストランや商店、ホテルなど——の利益は安定し、高価格は維持されるため、ほかの経済活動がその空間や投資をめぐって競争しようにも勝てる見込みは少なく、それまで地元のニーズにこたえてきた近隣の店は新しい高級なブティックに取って代わられ、都市のなかで空間的な棲み分けが進行する。

このようにサッセンは階層分化と空間的な棲み分けの結びつきを暗黙の前提にしているが、それは必ずしも彼女特有の考え方ではなく、カステルやジョン・モレンコフのデュアル・シティ論や（Castells and Mollenkopf 1991）、「不均等発展」という概念で分析を進める経済地理学の議論も、同様の論理構成となっている。(2) かつてのエンゲルスの都市に対する認識——貧困層が特定のエリアで低い水準の生活を余儀なくされる——が、近年の議論の基底にあるが、現代においては、その認識・捉え方は不十分なものである。空間的な境界線によって、社会に包摂される層と社会から排除される層とが二分化するという想定は以下の点で問題がある。

第一に、事態は二項対立で捉えられるほど単純な様相を呈していないからだ。そもそも階層によって、明確に空間的に分断されているとは限らない。この論点は後で繰り返すことにもなるが、近年のいくつかの研究が示唆するように、特定のエリアに貧困層や裕福層などが集中する傾向はあるにせよ、実際ははっきりと分けられるようにはなっていないし、かつてのような「白人と黒人の分裂」という単純な図式では収まらない形で、近年はエスニシティが複雑に交差している（Moony and Danson 1997；Hagedorn 1991；Soja 2010）。この点について、示唆的な議論を展開するジョック・ヤングの言葉を引用すれば、「貧困層がマジョリティから道徳的に隔離され、障壁によって物理的に隔てられているという二重都市テーゼは俗説である。そうした境界線は日々越えられており、アンダークラスはいずれにせよ両側にいる。しかし貧しい方の街に集住している人びとはいつも境界線を越えて働きに行き、富裕層の家族を滞りなく生活させている」（Young 2007＝2008: 66）。

この指摘は示唆的だ。つまり、現代都市においては「境界」が曖昧になってきているのだ。かつてのシカゴ学派の同心円地帯理論のような空間認識は、現代の都市空間を捉えていくうえで不十分なものであり、たとえ空間的に分断しているように見えても、そこには従来にはなかったような社会関係などが存在している。

そうであるにもかかわらず、近年の都市研究は物理的な境界線に焦点化し過ぎる傾向があり、事態を正確に捉えそこなってしまっている。それは例えば、ゲイティッド・コミュニティという境界づけられた空間に関する近年の注目度の高さが好例だろう。空間的な境界線に焦点を当て「排除」を論じるという傾向は、それまでの伝統を引き継いでいるという側面もあるが、同時に、経験科学として、複雑化している現実を経験的に捉えるための苦渋の戦略でもあるだろう。

しかし、そのように単純に都市空間を描き出してしまうことで、いくつかの問題が生じることになる。その最大の問題は、あたかもそうした境界線がなくなれば問題が解決するかのような錯覚を生み出しやすいことにある。たとえ経済的な不平等の物理的な表現である「分断化」をなくしたところで、同じ空間のなかで「排除」が起きる可能性は十分にある。(3)

ハーヴェイを筆頭にした経済地理学や社会学の議論の多くは、貧困層がその困窮した生活を改善するためには、富裕層に対して「都市への権利」を主張し、その空間的な分断をなくすことがカギになるという階級闘争を暗黙の前提にしている（Harvey 2008）。しかし、上述したように、現代の「共生の危機」という問題の背景には、階級間対立ということ以上に、価値観の対立が横たわっていると考えるべきではないだろうか。ジョック・ヤングは、近年は階級政治よりもアイデンティティ・ポリティクスの方が重要性を増してきていると論じている（Young 2007＝2008）。彼の議論によれば、後期近代になって物質的な欲求が満たされ、アイデンティティや自己実現などがより価値あるものとして変わりつつあるという。もちろんだからといって所得水準の格差が重要でないということでは決してなく、アイデンティティ・ポリティクスを通して階級対立が起きている側面もあるだろう。ただし、ここで重要なことは、「分配」をめぐる争いとは異なる「承認」をめぐる争いも近年前景化しつつあるということだ。これが意味することは、単に境界線で分断されているマジョリティとマイノリティの対立だけでは決してなく、排除されているマイノリティ同士の対立や、排除している側のマジョリティ同士の対立もあり得るということなのだ。

ここで、物理的な境界線に焦点化し過ぎる傾向の第二の問題点が明確になる。すなわち、二項対立で捉えてしまうことによって、各々の陣営を同質的なものとして捉えてしまう危険性があるのだ。そして、あたかも問題が排除されている側に集中的に起きているかのような錯覚が起きてしまう。社会のなかで安住しているとされているマジョリティの側にも多くの対立点が潜在していることが後景化してしまうのだ。

したがって、都市空間における「排除」という問題は、アプリオリにその問題性を剔出することはできない問題である。すなわち、各々の空間の文脈のなかで、どのようなアクターがどのようなテーマにおいて「排除」されているのか（それは必ずしも物質的に表現されるわけではないし、別のテーマでは包摂されている可能性もある）ということについて明らかにしていく必要がある。そのためには、「排除」する側がどのような論理や価値観で「排除」を正当化しているのか、換言すれば、自分たちの価値観こそが望ましい、公共的と考えているのか、そしてそれ以外の「他者」の価値観はなぜ望ましくない、公共的ではないと考えているのか、といった「意味世界」に迫る必要があるのだ。また逆に、「排除」される側もどのようなコンフリクトを抱えていると考えているのか、といった「意味世界」を捉えていく必要もある。

以上のように、近年の都市空間の「排除」をpolarization/segregationという形で問題化する世界都市論、デュアルシティ論、「不均等発展」といった理論や概念では、都市の現実を捉えるのには不十分であり、なぜ現代において「共生」が揺らいでいるのかということについて論究できないのだ。そのため、その処方箋についても、あまりにも楽観的な構想しか提起できていない。

Displacementの研究の課題——物理的な排除の焦点化

「排除」を物理空間的に表現される事態として焦点化し過ぎることで、かえって「共生」の問題を不十分にしか捉えられないという事態は、Displacementという強制的な排除をめぐる議論においても見出すことができる。その代表的な議論は、近年、欧米の都市研究の主流であるジェントリフィケーション（居住地域を再開発して高級化すること）という都心部再開発についての議論に見出すことができる（Smith 1996 ; Ley 1996 ; Redfern 1997 ; Wyly and

Hammel 1999)。労働者階級のインナーシティ・エリアが開発され、住宅地、商業地に変容し、中産階級を惹きつけるという変化は、経済学や、都市計画など社会学に限らず、学際的に大きく議論を呼んできている。

経済学や社会学などの分野で、ジェントリフィケーションは、主に排除の過程として問題化されてきた。住宅の打ち壊し、賃貸物件の所有権の転換、住宅コストの上昇、地主の嫌がらせ、立ち退き（displacement）、長く住んでいる人たちの間のコミュニティの感覚の喪失や、中産階級と労働者階級相互のコミュニティの分断などが、ジェントリフィケーションの帰結として生じているのではないかという想定から、その実態をめぐって、研究が積み重ねられてきた。具体的にいえば、七〇年代から、多くの研究者たちが、さまざまな方法やデータセットを用いて、排除の範囲（排除された人びとの総数の推定、排除された人びとの行き先、ジェントリフィケーションの排除への影響……）を測定しようとしてきた。これらの研究は、問題を正確に定量化するために、方法論を洗練することに焦点を置いたが、そうした焦点化の背景には「不可視なものを測定する measuring the invisible」というチャレンジングな方法論的な課題があった。なぜなら、「排除された人びと」というのは定義上、探し出そうとする場所から消えている人たちだからだ。

こうした研究群のなかでも、注目すべき研究として参照されてきたのが、ランス・フリーマンらの計量経済学的な研究だ。フリーマンらは、三年ごとにアメリカの統計局が実施している「ニューヨーク市の住宅とその空き状況の調査 the New York City Housing andVacancy Survey（NYCHVS）」を用いて、排除の割合と、ジェントリファイされているところに住む低収入の人びとが、そうでないところの低収入の人びとに比べて流動的なのかどうかを測定した（Freeman and Barconi 2004）。結果、ジェントリファイされた地域の貧困家庭は、そうでない地域の貧困家庭に比べて、移動しない傾向があることが分かった。そして、フリーマンらは、ジェントリフィケーションは低収入家庭の排除を引き起こしておらず、その点で問題はない、と結論づけている。

これに対し、ケーテ・ニューマンとエルヴィン・ワイリーはフリーマンらの方法論を批判して[4]、二次分析を行ない、割合としては少ないものの、毎年一万人近くの人が立ち退きを余儀なくされているのは、決して問題がないとはいえないと主張する（Newman and Wyly 2006）。また、ジェントリフィケーションの波に飲まれながらも、とどまって生活している人が多くいることは確かにその通りだが、しかしそれまで、彼ら彼女らの生活を支えていた民間や公的な支援が急速に崩れ始めているという問題を、フィールド調査の結果から指摘している。

以上の研究結果が含意しているのは、第一に、これまでのジェントリフィケーション論の大半を占めていた「排除」というものは、空間に物理的に存在することを半ば強制的に不可能にされたような状態を念頭に置いていたということである。「立ち退き」に象徴されるように、それまで愛着があった居住空間、コミュニティから強制的に移動させられるという事態を多くの都市研究者が問題化していたということである。

しかし、第二の重要な点として、これまでの分析から、必ずしも事態はそう単純な話ではないということが明らかになったのだ。確かに「公園」などの公共空間をめぐる排除など、実際にそのような事態が起こっていることを過小評価してはならないだろう。また、少なからず多くの人びとが立ち退きを余儀なくされていることも事実だろう。ただ、立ち退いた後も同地域の別の住居に移転したりするなどして、必ずしも単純に貧困層が都市から追い出されるというような事態がアメリカの諸都市で顕在化しているわけではないということなのだ。

それでは、ジェントリフィケーションがもたらしているように見える問題は疑似問題なのか。そうではないだろう。つまり、第一、第二の点から導き出される第三の点として、「（強制的に）物理的に排除されるかどうか」ということまでのテーマでは、現代都市に起きている問題を精確には捉えきれないということなのだ。(5) つまり、たとえその都市空間から物理的に排除されていなくても、貧困層の生活水準を遥かに超えるような小売店が建ち並んだり、それまでの居住者たちの居場所であったような空間が富裕層のための消費空間に変容したりすることで、富裕層と貧困層の間に「見えない壁」ができてしまう可能性がある。さらに、富裕層の間、貧困層の間でも空間に与える意味づけの対立が存在する可能性もある。つまり、かつてのゲットーのように、すべての分断線が可視化されているわけではなく（もちろんそのような分断線が依然として存在することは間違いないだろうが）、多くの分断線が不可視化されている。そうすると、「（強制的に）物理的に排除されるかどうか」ではなくて、「複数の関係実践的空間の間でいかにコンフリクトが起きているのか」ということの方が重要である。

かつて、ジェントリフィケーションを否定的に捉える代表的な議論として、「復讐都市論 revanchist city thesis」というものがあったが、この議論が前提としていたのは、「追い出された貧困層の間に中産階級に対する憎悪が生じる」という至ってシンプルな感情論であった。実際に立ち退きを余儀なくされた人や、別の場所に移転した人がどのように考えているのかについて問う研究は管見の限り存在しない。

また対照的に、ジェントリフィケーションによって、やってきた側の中産階級が、従来の貧困層に対して、どのような考えをもっているのかということについても、実はあまり検討がされてこなかった。「創造都市／創造階級論 creative city thesis/creative class thesis」などにおいても、文化を核とした都市再開発が、それまでの住民のニーズを無視したものになっていることが問題化されるが、中産階級の側は、果たして、そうした状況を是としているのだろうか？　意図的に貧困層を排除しようとしているのだろうか？

近年、この問題について、必ずしもそうではないということを主張する研究が生み出されてきている。そうした研究は、「中産階級の側は「多様性」という「都市の真正な経験」を望んでジェントリファイされた都市に引っ越してきている」という点を指摘する。公共空間をコントロールする一方で、多様な人びとと活気に満ちたストリートが現実に残り続けることも期待しているという、アンビヴァレントな価値観を中産階級がもっていることがエスノグラフィックに描き出されている。

興味深い研究として、何故「多様性」を望む中産階級の人びとが、結局は、公共空間からホームレスや貧困層などを追い出そうとしてしまうのかということを研究したシルヴィ・ティソの研究がある（Tissot 2011）。彼女によれば、中産階級の考える「多様性」は、「差異」に関する特定のパースペクティヴに依拠しているという。つまり「差異」は常に「礼賛されるもの」であり、その意味で、貧困層が公共空間にいることの権利を中産階級は認めているのだ。しかし、その一方で、「差異」が「不平等」と結びついているということは検討されない。結果として、貧困層が公共空間や都市に居続けることができなくなったとしても、その状況を改善しようとまでは思わないというのだ。さらに、「安全」という価値を多くの中産階級が同時に追求するため、問題を起こしそうなホームレスなどは排除されるという。

排除と共生

以上明らかにしてきたように、「排除」の問題は「共生」の揺らぎの契機となり得る問題であるが、その問題性を分析していくためには、可視化できる空間の物理的な状況だけを見ていてもあまり意味がなく、人びとの「意味世界」に着目していく必要がある。これまでの研究はあまりにも、人びとの「意味世界」を単純なものとして前提化してしまっていたが、そこを探究する必要があるのだ。

また、これまでの議論は、空間の身体的な共在が困難になっていることを問題化するあまり、共在すればすべてうまくいくという楽観論を暗黙の前提に置いてしまっている。社会形成という問題も、身体的な共在が可能になれば解決されるという考えがある。

しかし、身体的な共在が可能となれば、「共に生きていくための社会形成」へと展開する保証は何もなく、下手をすればカオスが生まれる可能性も否定できないはずである。故に、共生の揺らぎという問題だけでなく、いかにして、多様な生の共生を可能にする社会を市民社会側の側から作りだしていくことができるのかという問題も、「排除」を社会学的に問題化していくうえでは重要になってくるだろう[6]。

ii　都市空間の「均質化」

「排除」の問題と並んで近年の都市研究の主要なテーマは「均質化」の問題だ。こうしたテーマは古くて新しいもので、欧州の文脈でいえば、ルフェーヴルが七〇年代に問題提起した、国家主導の都市計画による「生活空間の均質化」、換言すれば、個々の空間の固有性（「場所性」）が失われる事態についての議論に遡ることができる。近年では、民間資本が主導する「都心回帰」という名の都心部再開発によって、どこにでもあるような空間が叢生していることが問題化されている。

「均質化」という問題の困難性——何が問題なのか？

しかし、「均質化」という問題も「排除」という問題同様に、厄介な問題である。何故ならば、第一に「均質化」とはどのような事態なのかが明確に定義できていないからだ。確かに、自然環境や個々の歴史的建築物が壊され、どこにでもあるようなマンションや道路が建設される事態を「均質化」と表現することもできなくはないかもしれない。ただ、その場合、「物的なものが同じようになること」を「均質化」と呼んでいることになる。

そうすると、次にさらに厄介な問題が浮上することになる。つまり、「物的なものが同じようになることにどんな問題があるのか？」という問題だ。確かに、価値があるとされるような景観や歴史的建築物の場合、その「喪失」は容易に問題化しやすいだろう。これまでの議論は「均質化＝物的な空間が均質化⇒価値のある物的な空間の喪失が問題」というロジックで議論を蓄積してきたし、そうした議論は開発反対運動に光を当てる限りにおいては一定の意義があった。そうした議論の結果、価値があるとされる景観や歴史的建造物が保護・維持されてきたことも事実である。

ただし、そうした議論の蓄積の一方で、必ずしも価値があるとは考えられていないような、その他多くの空間の場合には十分に問題性を指摘することはできていない。なぜなら、たとえ同じような物質的な対象が生み出されたとしても、多くの人がその対象を望んでいる場合、もしくはそこまで問題視していない場合、その問題性は自明なものではないからだ。この点が、近年の「均質化」をテーマにした議論の行き詰まりなのだ。この行き詰まりを打破するためには、空間の物質的な変化とは別の視点で「均質化」を捉えなければならない。その点を検討すべく、次に「均質化」を外部視点から批判する議論を蓄積してきた海外の研究を概観してみよう。

「均質化」を外部視点から批判する試み

欧米の文脈では景観の問題は、最近は「場所の喪失」という形で議論が蓄積されてきている。開発によってその土地固有の自然が失われる状況が問題化されたり（Walton 1992 : Espeland 1998 : Gregory 1998）、近年、都市部でつくりあげられる場所がどこにでもあるクローンのようなもの（郊外、ショッピングモール、高速のインターチェンジ、オフィス街など……）になり、場所がその特徴性を失ってきている状況が問題化されてきた（Stoecker 1994 : Abu-Lughod 1994）。

しかし、欧米の文脈でも、結局のところ「場所の喪失」の何が問題なのかという点について十分に議論がされてきたわけではない。その背景には、場所を「真正なもの」として捉えるハイデッガー的な認識がこれらの研究の前提になっていることが影響しているからではないだろうか。すなわち、「技術と合理主義と大量生産と大衆的価値の近代的拡大によって、場所の真正性が破壊され続けていること」を問題視したハイデッガーの主張を、「場所の喪失」を問題化する研究は前提にしているように見える（Relph 1976＝1991）。

ただし、この「真正性」という認識は諸刃の剣なのだ。ハーヴェイも指摘するように、それは「資本主義的（あるいはモダニズム的）論理に対するある種の抵抗や拒否の可能性」（Harvey 1993＝1997: 85）である一方で、「排他的で偏狭で共同体主義的な解釈とポリティクスへと人びとを容易に向かわせる」（Harvey 1993＝1997: 86）危険性をも併せもつからだ。「その場所が真正だから守るべき」という主張は、その主張に少しでも共感をもつ人には説得力があるが、ほとんど共感をもたない人には全く説得力がない。これは上述の課題と同型のものである。

こうした課題に対して、例えばハーヴェイのような地理学者は、「真正性」という視点ではなく、マルクス主義的な視角から構造的、関係的対立の図式を導入することで初めて批判的な視点を確保することができると考えている。具体的にいえば、以下に抜粋したように、「場所性」を喪失させるような都市開発自体が問題かどうかということは置いておいて、そのような試みはすぐに模倣されてしまう点で、終わりのない、得るものが少ない試みであって、その間に社会経済的な諸問題が放置されてしまうことが問題なのだという論理を展開している。

特定の都市を文化及び消費センターとして更に魅力的なものにすべく施された技術革新や投資の多くは、それ以外の場所でも急速に模倣されてしまう結果、都市システムにおける競争上の優位性はあくまで束の間のものとなってしまっている。(Harvey 1989＝1997: 47. 強調は引用者。以下、断わらないかぎり同様)

理解されてしかるべきであるのは、多くの成功とされる事業の背後には社会経済的な諸問題が放置されたままになっているということであり、多くの都市でそれは、再生されたインナーシティと深刻化する貧困にあえぐその周辺域からなる二重都市的形態といった、地理上の形状を構成してきている。(Harvey 1989＝1997: 50–51)

こうして、欧米の文脈では、政治経済学的なアプローチから「どのような力学で場所が作り出されるのか」という方向に研究の舵はとられてきている。先に見た「排除」をめぐる議論もその系譜に位置づけることができる。その背景には、政治権力とビジネス層の一時的な連合 coalition や構造的なレジーム regime を捉えようとしてきた「成長マシーン」論や「レジーム」論の蓄積があったことも影響しているだろう (Logan and Molotch 1987 ; Stone 1989)。よって、「均質化」にどのような問題があるのかということについて、当事者らの「意味世界」の構造から描き出すという方向に研究は向かわず、「競争の強制法則」「不均等発展」「二重構造」というマルクス主義的な従来の視角から議論が組み立てられている。

こうした研究の方向はあり得る方向の一つだろう。しかし、課題がないわけではない。なぜなら、(上述したように)「競争の強制法則」「不均等発展」「二重構造」が人びとに「問題」として捉えられるかどうかは必ずしも自明ではないからだ。例えば、どこにでもあるような特徴のない場所、すぐに模倣されてしまいそうな場所など、経済的なメリットがないような開発は、一見無駄に見えるだろうし、再び終わりのない開発に追いやられるようにも見える。しかし、どこにでもあるような場所を現代の人びとが望んでいて、それなりに経済的なメリットが生じている可能性も十分にある(そうであるからこそ、日本の文脈では「生活圏の景観」の「喪失」が進行している)。また、「不均等発展」や「二重構造」が進展したとして、移動性が高い人びとはあまり問題視していないかもしれない(もちろん、エスニック・マイノリティなど移動性が高くない人はそうした状況を問題視するだろう)。政治経済学的な議論は「均質化」を外部視点から批判することで「均質化がいかに問題であるのか」という問いを回避しようとしたが、結局その批判的な立場そのものが問われるという課題に直面している。

こうした課題を乗り越えるためには、関係者らの「意味世界」の構造を描き出すことがやはり重要になってくる。単純に「場所を真正なもの」として捉えることなく、また、資本主義の弊害を従来のように前提に置くのでもなく、人びとの考えを理解する必要がある。

以上の点を検討していくうえで参考になるのが、日本の文脈で議論が蓄積されてきた「都市開発による景観問題」だ。

「生活圏の景観」の均質化を人びとの意味世界から捉える試み

日本では高度経済成長期から現在に至るまで、各々の土地の文脈を無視したような都市開発が進行することによって、「景観」の固有性が失われ、景観紛争が生じてきた。また、そうした開発を未然に防ぐために、もしくは開発を契機にして、それまでの景観を保存するための行政的、運動的な試み(まちづくり条例、町並み保全……)も行なわれている。景観紛争は法廷闘争/法学において重要な領域であり続けるし、八〇年代以降、まちづくりの領域で景観保全は注目を浴びてきている実践である。その点で、この景観問題は以前から続いてきている問題であるともいえる。

ただ、近年、新しい問題の側面も前景化しつつある。それは、これまでの「景観」の対象の多くが自然や歴史的環境であったのに対して、近年問題化されてきている「景観」が「生活圏の景観」(松原 2002: 12)という特質をもっている点である。必ずしも価値が明示的なものでもなく、その保全の法的根拠もほとんどないような対象である。これまでの景観紛争でも潜在していた問題ではあったが、このような対象の場合、住民、地主、来街者、商業主など属性によって、また各人の価値観によって、景観保存派になるか景観改変派になるかは流動的である。したがって、これまで以上に、景観をめぐって、人びとの諸価値・諸利益の共存というレベルの共生が問題化されている。

この「生活圏の景観」の「均質化」が進行することに対して、経済学者の松原隆一郎や、一部の都市計画家が問題化したことを起点として、三浦展の「ファスト風土化」言説、東浩紀・北田暁大の「ジャスコ化」言説が紡ぎだされていった（三浦 2004；東・北田 2007）。

ただ留意すべきなのは、これらの言説が均質化を批判する根拠や理論構成は一枚岩ではないということだ。松原や三浦展は都市の景観が「均質化」することに批判的であり、東と北田は中立的な立場に立っている。「均質な景観の何が問題なのか？」ということについて、松原はやや感情的な表現で「少なくとも私の身体は、それを不快と感じるのだ」（松原 2002: 16）と言及するのみだが、三浦は「地域固有の文化の喪失」が生じることが問題であるとして、以下のように主張する。「大型店の出店規制が事実上解除された近年、日本中の地方のロードサイドに大型商業施設が出店ラッシュとなり、その結果、本来固有の歴史と自然をもっていた地方の風土が、まるでファストフードのように、全国一律の均質なものになってしまっているのではないか」（三浦 2006: 14）。他にも、三浦は、この均質的な都市空間がもたらす弊害について、「環境・エネルギーへの負荷」「流動化・匿名化による犯罪の増加」といった点を指摘しているが、説得的な論理展開がなされているわけではない。彼の主眼は「景観の均質化による地域固有の文化の喪失」という問題提起にあったといえるだろう。

一方で、東・北田は中立的な立場から重要な指摘をしている。その概略を述べるならば、松原や三浦のような「都市景観を疎外論的に批判する人たち」（東・北田 2007: 51）は、ある種の「望ましい都市イメージ」から「景観の均質化」という事態を「疎外」であるかのように錯覚しているだけではないか、また、均質に見える景観のなかであっても人びとによる実践から差異や多様性というものが生じるのではないか、それゆえ、地元に住む当事者の人たちは特に問題にしていないのではないか、という主張である。これは重要な視点であって、換言すれば、外部視点に立って、ある現象を論評したところで、その現象が生活者、行政、開発者といった諸アクターの共生を浸食しているのでなければ、それは問題ではないのではないか、という主張として捉えることができる。

彼らの主張は、社会問題を客観的に存在するものとして捉える客観主義を批判した構築主義の主張に似ている。つまり、別の側面からいえば、人びとの「意味世界」を描きだすことの必要性を提示しており、まさに社会学的な問題設定を行なっている。

しかし、ここで大きな問題につきあたる。もし、景観の均質化のような「問題」が人びとに異議申し立てされていない場合、それは「問題がない」と本当にいえるのかどうかという問題だ。また、客観主義の立場に依拠して、研究者が人びとの生活からかけ離れた論点で、その景観の均質化を問題化することができるのかという問題もある。これは価値判断にかかわる限りにおいて容易には解決できないアポリアのように見える。

これは、構築主義的アプローチに対する批判とも重なる問題だ。構築主義の基本命題は、人びとが定義し、記述するという活動が記述されるものの意味や事実性を作り出すというものであるが、その「記述主義」が一部で批判を受けてきた（田中 2006）。田中耕一が示唆しているように、必ずしも記述という行為のみが現象の意味や事実性を作り出すわけではない。しかし、これまで、社会問題の構築主義は「記述主義」に陥り、ある特定の争点をめぐって展開するレトリックに研究対象を限定化する傾向があった。だが、それでは本来の構築主義の強みを引き出すことができない可能性がある。赤川学が論じているように、社会問題の構築主義は「とある時空間において、とある言説とレトリックが語られ、他のいかなる言説もその代わりには語られないのは何故か?」という問いも探求していくべきだろう（赤川 2001: 78）。つまり、異議申し立てをする住民運動の論理展開を追っていくのは重要な作業だが、異議申し立てが行なわれないこと自体も同時に問題化する必要があるのではないか。

一見、これは無謀な主張を展開しているようにも見えるだろう。だが、価値観が多様化した現代社会において、全ての人が積極的に同意するような状態を想定することも難しいのではないだろうか。従って、以上の主張は、異議申し立てという形で表面化していない潜在的な思考や価値観を浮かび上がらせていく必要があるという穏健な主張に過ぎない。「意味世界」の複数性というものを常に念頭に置きながら、それを浮かび上がらせることが重要なのだ。

これまでも、景観の均質化をテーマにした都市社会学、環境社会学の研究群は、（明示化してはいないが）構築主義的なアプローチを用いて、景観の変化をめぐって対立している陣営同士の論理の対立を描き出してきた。基本的には、これまでの研究も上述した「記述主義」の傾向があったが、それ自体はあまり問題ではない。なぜなら、これらの研究群は、「価値がある」とされるような歴史的な景観や自然環境を研究対象としている場合がほとんどで、意見の対立や変化がはっきりとしているものであるからだ（もちろん、レトリックという形で記述されないような複数の声が零れ落ちる可能性は捨てきれない）。問題なのは、「価値がある」とは簡単には根拠づけられないような「生活圏の景観」が、これまでの社会学的な研究においては、研究対象とされていないということだ。それは、すでに問題化し、言説化されている主題に対して「記述主義」という方法に立脚する以上、研究対象にすること自体が容易ではないことが影響している。なぜなら、自然環境や歴史的景観と違い、「生活圏の景観」を擁護する法体系は存在せず、保存する論理を構築していくことは相当に困難なことであり、そうであるからこそ異議申し立てという形でなかなか表面化しないことが多いからだ。表面化することはあっても、権利として保護されていないために、その異議申し立ては持続しないということもある。また、ショッピングセンターや道路など利便性を向上させるような物的施設が建設されることで、たとえ「生活圏の景観」が「均質化」していると考えられたとしても、そのことを問題とは考えずに歓迎する人も多くいる。

従って、現在の法体系でカバーできない領域において、市民社会の側が「どのような点で問題があるのか」という論理をどのように構築し、開発側の論理といかに対峙させ、どのように展開していくのか。そのうえで、いまだ言語化されていない対立を見極めていくことが重要な作業となるだろう。

「均質化」と共生

これまでの議論をまとめるならば、「均質化」にどのような問題があるのかは一義的には定まらない。空間の物質的な変化を契機にして、どのような論点が対立するのかということに依存するからだ。そして、この点は「均質化」を単に空間の物質的な変化としてではなく、意味の対立を引き起こす契機として捉えるべきだということを示唆している。

そもそも、都市空間には、多種多様な利益が同時に存在する――土地の所有権、土地の上で展開される営業活動、日常生活上の諸活動、景観・風景の享受など。また、現代社会において、人びとの価値観が多様化してきていることも周知の通りである。そのため、都市空間に対する意味づけは社会的属性、価値観によって多様化する。この多様な意味づけは日常においては潜在化しているが、都市開発などの空間の改変にともない、時に対立しながら前景化することになるのだ。したがって、「都市空間が物質的に均質になる」「どこでも同じような風景になる」という「均質化」の問題は疑似問題であって、都市空間の改変にともない、多種多様な利益や価値観が共存できなくなるという事態が問題なのだ。しかも、それが問題化することなしに、日常的に空間の改変は進むことが多い。

また、以上のように捉え直してみるならば、「空間の均質化」という現象から、「共に生きていくための社会形成」に向けた実践が起こる可能性もある。今後は、こうした次元での共生の課題を論究していく必要があるだろう。すなわち、「空間の均質化」を契機にして、対立する「意味世界」が共同の「意味世界」を作り上げていくためにどのような実践が行なわれているのか、そこにはどのような課題があるのかといったことを検討していく必要がある。

iii　都市空間の「荒廃化」

近年、都市部でも「シャッター街」などに代表されるように、人口や資本が流出することが問題視されるようになってきている。都市空間の「排除」「均質化」といった現象が、人口や資本が集中することによって起きている現象だとすれば、その逆の現象として人口や資本が流出することで生み出される現象が存在する。本書では、「特定の都市空間のなかの人口や民間資本、社会的資本などが流失することからもたらされる事態」を「荒廃化」として表現したい。土地利用が空白化した空地、「シャッター街」に象徴されるような商店街の衰退、学校・病院・公共交通などの公共施設の移転といった形で都市空間に表面化する「荒廃」したような状況が問題化されてきている。

「荒廃化」の問題は、「人口減少」「産業の空洞化」「貧困」「格差」といった問題と重ねられ（田中 2007；清水 2008）、政策的にも、近年の日本の地域社会学の重要な研究テーマとしても検討されてきている。すべての都市空間に資本が投下されるわけではなく「不均等発展」が生じる以上、「荒廃化」という問題は「排除」「均質化」という問題とコインの表裏のような関係として考えられる。特に日本社会の場合、二一世紀に入り、従来のような右肩上がりの成長が全体として見込めなくなってきているなかで、単純に財を再配分するというような解決策はとれなくなってきており、いかに社会を形成していくかということが改めて問われてきている。

荒廃化がもたらす地域社会への諸影響はさまざまな事例調査で明らかにされてきており（熊本 2007；藤井 2008）、「排除」「均質化」のテーマにおいて浮上した「それは都市問題なのか」という問いの立て方をめぐる問題は、この場合でも生じ得るが、現状として、人口や民間資本、学校、病院、公共交通などの社会的資源が流失した状況に対して、都市生活上の困難を抱え苦しんでいる人が多く存在していることは事実であり、重要な都市問題として存在している。「荒廃化」という問題は、「財や人の欠乏」を起因として、所得・社会関係資本・体力など基礎的な財を欠く人びとがその地域で生きていけなくなるという点で「共生」の問題を内包している。その点で、まさに社会学的な問題がそこには存在する。そして、「荒廃化」は「排除」や「均質化」の問題と同様に、「共生」を可能にする社会に向けた実践が起こり得る対象である。これまでの都市社会学の研究の焦点は「荒廃化」による諸影響を明らかにすることにあったが、その状況を克服するための試みがいかなる過程を経て実施され、どのような課題に直面するのかということを捉えることも今後は重要な研究課題となってくるだろう。

しかし、現状としては、そのような問題意識に立つ研究は管見の限り少ない。もちろん、「荒廃化」に対抗するための「活性化」に向けた試みについての分析は少なからず存在する（藤崎・佐藤 2005）。ただし、活性化に向けた試みはアプリオリに一つ存在するわけでもないし、それを関係者が皆受け容れるわけでもない。「都市をたたむ」という消滅の選択肢もあれば（饗庭 2006）、コンパクトシティという形で都心部に資本、人口を集中化させる試みもあるだろう。浦野正樹は、そうした実践を正当化する論理は何なのか、そうした実践が直面する私的所有の調整という課題をどう乗り越えればいいのかという点を検討する必要があることを指摘しているが、それは重要な指摘であるだろう（浦野 2009）。さらに付言するならば、なぜ人びとはその実践を推進する論理を受け容れるのか受け容れないのか、という「意味世界」を把握することで、そうした実践の課題をさらに補足することができるのではないだろうか。

また、「荒廃化」は必ずしも人口減少に悩む地方都市だけに起きているわけではない。例えば、経済的資源が投入されている地域には「景観」という社会的資源が失われている。結果、それまで「景観」に価値を見出していた人びとがその地域から離れ、さまざまな財が流出することになる可能性もある。程度の差はあれ、「荒廃化」はどの地域でも起きる。大都市で「排除」「均質化」が起き、地方都市で「荒廃化」が起きる、と綺麗に二極化されるわけではない。大まかな傾向としてはそうであるにせよ、大都市においても「荒廃化」は起きている。このことが意味するのは、必ずしも「荒廃化」は明確に物理的に表現されるわけではないということだ。地方都市ほどに商店街がシャッター街になっておらず、一定程度の交流人口が存在していたとしても、「荒廃化」が懸念されるということがある。人びとの「意味世界」のなかで、価値が与えられる対象は変わってくるのであり、「不均等発展」という形で、空間的に可視化できる「荒廃化」の問題に焦点を当てることによって、かえって、可視化できない「荒廃化」の問題を論じることができなくなってしまう可能性もある。こうした問題を回避するためにも、上述してきたように、人びとの「意味世界」を描く必要がある。

以上の議論をまとめるならば、「荒廃化」の問題についても「排除」「均質化」の問題同様に、人びとがどのような問題として捉えているのかというところから研究を始めなければならない。

都市空間における「共生」という課題

以上見てきたように、「排除」「均質化」「荒廃化」といった「都市空間の危機的状況」は、多様な主体が抱える諸利益・諸価値の「共生」を困難にする契機として捉えることができるだろう。ただし、物理的な「排除」「均質化」「荒廃化」が起きたとしても、必ずしも対立が起きたり問題が生じたりするとは限らない。「共生」が揺らいでいるかどうかを捉えるためには人びとの「意味世界」を捉えていく必要がある。

そして、序章で論じた「共生」の社会的な問題設定と、これまでの研究の成果や課題から、「共生」をめぐる以下の三つの問題設定が重要な問題設定として浮かび上がるだろう。

第一に、当該都市空間に対して多様な主体が見出していた諸利益・諸価値がどのようなものであり、それが対立する場合はなぜそのような事態が生じるのかということを明らかにする必要がある。第二に、問題解決に向けて、いかなる主体の利益・価値を特定の空間のなかで「共生」させるのが望ましいのかという、複数の構想の内容（論理）や背景を明らかにする必要がある。第三に、いかにして、多様な生の「共生」を可能にする空間を市民社会側の側から作りだしていくことができるのか、その実践の意義や課題を明らかにしていく必要がある。

換言すれば、①いかなる要因で「共生」が揺らいできているのか。②いかなる「共生」の構想がいかにして生み出されているのか。③いかにして「共生」を可能にする社会を作り出していくことができるのか、その実践にはどのような可能性や課題が存在しているのか、といった問題設定が要請されるだろう。

そして、何度も主張するように、これらの問題設定を論じていく際に重要になってくるのが人びとの「意味世界」なのだ。

2　都市社会学の危機的状況

i　岐路に立つ都市社会学

前節で明らかにしたように、近年の都市社会学は「都市空間の危機的状況」を「共生」の問題として社会学的に論究することができていない。その背景には、テーマが拡散し、理論を構築するという志向が弱まってきた都市社会学の危機的状況がある。（やや遠回りとなるが）本節ではその危機的状況について論じることで、本書の理論的立場を明確にする。

都市社会学とはどのような学問なのだろうか。あるいは、どのような学問であるべきなのだろうか。このような原理的な問題設定を行なうことに関して、何の実践的な意義も見出せない、という意見もあるかもしれない。実際、都市社会学の存立を問う問題提起は一九七〇年代から八〇年代にかけて（日本では九〇年代にかけて）新都市社会学によって打ち出されたものの、その問題提起はほとんど省みられることなく忘却された。その背景には、「どのような学問なのか／であるべきなのか」という問いよりも、現実の「都市問題」を論究するということに重要性が付与されたからに他ならない。しかし、「都市社会」の危機とともに、「都市社会学」の危機が強く意識されればこそ、かつての「新都市社会学」をめぐる論議があったのではないか。

近年の都市社会学の議論も、「都市問題の背景や状況やその影響」といった経験的実在の領域のみに目を向け記述を進めてきている。そうした作業に意味がないわけではない。しかし、そもそも「都市問題」とは何なのだろうか。また、その「都市問題」とされる問題群に対して、どのような社会学的な問いを立てるべきなのだろうか。こうした問いが浮上せざるを得ない。こうした問いは、都市社会学の危機をめぐる原理的な問題設定と表裏の関係にある。

もちろん、これまでの研究が、単に現象諸形態を探究するための技術的手段に化していたわけではない。理論的なテーマを設定し、「中範囲の理論」を形成しようと試みる研究も少なくはない。その意味では、社会学的な問いの探求はこれまでも行なわれてきているといえる。

しかし、その一方で、都市社会学に固有の問題設定のもとで探求がされてきているとは必ずしもいえない。特にここ二〇年間、都市社会学研究の主要な理論的枠組みとなってきた世界都市論、グローバルシティ論はこれまでの社会学の空間認識を国家的なものからグローバルなものへと拡大させる点で一定の意義はあったが（Friedman 1986；Sassen 1991）、その一方で、世界経済に議論を焦点化させることで都市研究を従属化させるという問題があった（Therborn 2011: 275）。これらの研究の視座には事実上、人びとが生活し、働き、社会関係を形成する具体的・現実的でかつ普遍的・理論的な「場」としての都市は、概念としては抹消させられている。

このように、「都市」が背景的要因へと降格する傾向は、他の都市社会学研究にも見られる。なぜならば、「都市」

のなかで生じるさまざまな現象を分析対象とすることで、都市社会学は漠然とではあるが存在意義を与えられ、そのことによって個別研究領域に分断されてきているからだ。日本の都市社会学会や地域社会学会が毎年発刊する年報を紐解けば、さまざまなテーマが内包されていることが一見して分かる。住民参加論、ボランティア論、エスニシティ論、コミュニティ論、公共交通に関する研究、子育て支援に関する研究、ホームレスに関する研究、都市開発に関する研究など、さまざまな分野を対象にした論文が収録されている。それらの集積をわれわれは「都市社会学」と呼び、承認してきているのである。

以上のような事態は日本に限定されているわけではない。アメリカの都市社会学においても同様に見られるものであり、問題化されてきている。例えば、それまでのアメリカの都市社会学を牽引してきたハーバート・ガンズは以下のように述べている。

> 都市社会学研究の大部分が都市自体を扱うのではなく、都市のなかで位置づけられた問題やトピックを扱っている。例えば、人種や階級のようなトピックが代表的なものである。（Gans 2009: 212）

このように、「都市」自体が分析対象として後景化する要因として、「都市」が拡大していく「都市化社会」が臨界状態に直面し、かつて農村や地方とされていた地域の生活にまで「全般的都市化」が進行したことが大きく影響していると考えられる。つまり「全般的都市化」が進行するにつれて、「都市」があらゆる社会現象の背景になることで、「都市」自体を論じる動機がなくなってきているのだ。

また、松本康も同様に、以下のように述べている。

> 都市社会学は、社会学の世界のなかでは、都市に固有の現象を扱うことを要請されるが、都市に見られる社会現象は、必ずしも都市に固有の社会現象ではない。（松本 2003: 64）

都市があらゆる社会現象の背景になるということは、「都市に固有の現象」というものが消失し、都市社会学に固有の分析対象（経験的対象）も後景化するということだ。ただし、松本はこの状況を必ずしも悲観的には捉えていない。松本が以上のように主張したのは、長谷川公一が「環境問題を扱うなら都市社会学ではなく環境社会学で」（松本 2003: 76）という形で連字符社会学（特定の分野を扱う特殊社会学）のアイデンティティにこだわっていたことに対する反発からであった（長谷川 2003）[7]。松本によれば、近年において、都市社会学には固有の経験的対象というものはほとんどなく、他の連字符社会学分野、他の社会科学・人文科学、さらには自然科学と経験的対象を共有するものである。そして、「学際的研究」「文理融合」という形でさまざまな知の交錯・発展が提唱されるなかで、都市社会学の存在感・強みを引き出すためには、「都市社会学」という個別の連字符社会学にとどまるべきではなく、社会学に対して「都市社会学」を開くべきだ、と松本は考えている。

そうであるが故に、都市社会学の今後のあり方について、以下のような見解を提示している。

> 〈都市〉という、それ自体複雑性の高い社会現象を対象としている都市社会学が、社会学の他分野からことさら差異化を図る必要があるのだろうか。……「都市社会学」は連字符社会学としてのアイデンティティを流動化し、まず社会学に対して開かれたものとなるべきである。それはたんなる武装解除ではなく、知の近代的生産様式を解体する戦略の一環なのだ。（松本 2003: 66）

このようにして、都市社会学という専門分野の研究対象を確定しようとする「知の近代的生産様式」が批判される。そして、そうした「知の近代的生産様式」を解体して、「他の学問領域と経験的対象を共有する都市社会学は、理論的対象を構築していくうえで社会学全体の理論・概念・方法を採用しよう」という「提唱」として、以上の主張は理解できる。

こうした批判意識がさらに先鋭化することで、都市社会学という固有の領域をそもそも維持し続ける必要性もないのではないかというラディカルな意見も生まれる。すなわち、「都市」という空間に、社会の問題が先鋭的・典型的に現われるという実践的な問題意識から研究が進められていたに過ぎないのであって、その舞台が普遍化しつつある以上「都市社会学」という看板を立て続けることにどれだけの意味があるのかという反論だ。特に、そうした反論は、社会学という専門分野の外から「学際性」という旗印の下で展開される。

例えば、二〇〇一年に開催されたイギリス社会学会（ＢＳＡ）とアメリカ社会学会（ＡＳＡ）のジョイント・セッションでは、さまざまな専門分野の都市研究者が集まり、都市社会学の未来について議論が交わされたが、そこでの共通認識としては、「都市研究が学際的になるのは不可避」というものだった（Perry and Harding 2002）。ただ、学際性の方向性に関しては、「都市社会学は都市研究に対して、固有の貢献が可能だ」という立場と、「都市研究における社会学的な問いを定義することは本質的に無意味なものであり、アナクロニスティックな試み」であるという立場が対立していた。後者の立場からすれば、「最も興味深い問いは専門分野間の境界線上のグレーゾーンにある」のであって、他の専門分野との境界線については忘れ、「新しいポスト専門分野な都市研究を開始するべき」だということになる。

しかし、連字符社会学としての都市社会学の領域内にとどまる傾向が批判されるべきであると同様に、簡単にポスト専門分野な立場として自己を正当化する傾向もまた批判されるべきものではないだろうか。「最も興味深い問いは専門分野間の境界線上のグレーゾーンにある」という学際性の推進を強調する立場の主張にも一定の境界線が存在すべきことが前提されている。つまり、各専門分野間を識別する一定の境界線がなければ、境界線の間のグレーゾーン自体存在しなくなる。複数の専門分野を識別する境界線を固定的なものとして考えることは非生産的であるが、同時に、その境界線をなくしてしまうことも非生産的ではないだろうか。あくまでも、境界線というものの存在を前提にしたうえで、その境界線を流動的なものとして想定する必要がある。そして、流動化せざるをえない条件や構造を現実的・経験的に探っていく必要がある。(8)

したがって、学際性には利点があるということを認識し、その学際性を活かしていくためにも、都市社会学は他の専門分野では十分に追究できない重要な問いを提起し続けなければならないという立場に本書は立つ。そのような立場からすると、分裂の様相を見せる都市社会学に再び何らかの「組織化原理 organizing principles」となるような研究テーマを設定する必要が出てくる。(9) この原理を考える上で、まず、「都市」をどう捉えるのかという基本的な視点に立ち返ってみたい。

ジンメル以来、都市そのものの変質を通して、社会の変化が分析されてきた。ただ、都市が一般化してしまい、その特質が不明瞭になってきた現代においては、都市という「水晶」から社会の変化や問題は見えづらくなってきていることも確かである。

しかし、現代の都市を論じることの意義について、若林幹夫は以下のように述べている。

> 都市がその局地的な空間の内部に全体社会に関わる関係や表象を集約するように、社会学的思考にとって都市は、社会の「近代」や「現在」をめぐる特権的な問題の磁場であると同時に、「社会の存立」をめぐる普遍的な問題が具体的な形をとって現われる「すぐれて社会学的な問題の場所」としても存在しているのである。(若林 1996: 24)

若林の議論を敷衍するならば、「都市とは何か」「都市問題とは何か」という原理的な問いに再度立ち戻ることで、「都市」という空間の特殊性をもう一度見つめ直すことが重要なのではないだろうか。ただし、急いで付け加えなければならないのは、「都市」についての一義的かつ固定的な定義づけをしなければならないというような机上の空論を展開しているわけではないということだ。「都市」を「社会学的な問題が起きる場所」として、社会学者が理論的に設定するスタート地点として捉え直す必要があるということを述べているに過ぎない。そして重要なのは、経験的に探究可能な仮説命題を策出できるような理論的対象として「都市」を設定するということだ。そうすることで、他領域の社会学の理論・概念・方法を共有しつつ、同時に、都市社会学の固有性を維持することが可能になるのではないだろうか。新規の概念を次々と作り出し、流動化する現実の諸現象に適用して説明することで満足するという事態が進めば、それこそが都市社会学の危機である。

この危機を克服するためには、都市社会学がこれまで対象にしてきたものを戦略的な拠点にして、現代の都市の状況を理論化するという姿勢が求められる。このことは二つの点を含意している。第一に、これまでの都市社会学固有の戦略・パースペクティヴを既存の社会学の遺産と対話させながら、都市社会学固有の理論的対象を構築していく必要があるということ。その構築を放棄した瞬間に都市社会学は破綻し、それまでの歩みとの断絶が生じる可能性があるだろう。第二に、アクチュアルな問題を捉えることができるような理論的対象を構築していく必要があるということ。研究の存在意義として、現実に問題となっている状況に対して何らかの貢献をすることが求められる。

もちろん、これまでの研究も、暗黙的にはそのような立場を採ってきたのかもしれない。数は多くはないにせよ、これまでの先行研究を批判的に検討しながら、実証的な調査を積み重ね、理論構築をしている研究も存在するだろう。しかし、それが次第に不明瞭になってきているのではないだろうか。一方では世界都市論のように焦点が拡大し、他方では数々の都市社会学的な事例研究のように焦点が絞られることで、「都市」は社会学的な問題が起きる「舞台」に還元されてしまっている。そのことによって、都市社会学は他の社会学との差異がなくなってきてしまっている。

重要なことは、他の社会学では扱われていないような問題を取り扱い、固有の経験的対象を探すことではなく、「都市」を理論的対象として構築していくことであり、「都市」という場で現われている社会の問題とどう関連しているかということを念頭においた調査・分析のあり方を考えるということだ。そうすることが、都市社会学の固有性を生み出すとともに、学際性に貢献することにもつながってくるのではないだろうか[10]。

そこで本書が注目するのが「共生」という、いわば中範囲の概念である。前節で見たように、近年の都市空間をめぐる問題は、「共生」という社会学的な概念によって捉えることができる。近年の研究は、この理論的対象を見失っているがために、経験的事象に埋没する傾向があった。そもそも、「共生」というテーマは都市社会学の当初からの主要な問題関心であったが、その認識＝方法の経緯は十分に省みられることなく現在に至っている。「都市」と「共生」とを軸に都市社会学の歴史的な「遺産」を検討する必要がある。

「都市社会学の認識を問う」というテーマは、かつて新都市社会学が提起したものでもあった。しかし、この重要なテーマはあまり省みられることなく、現在に至り、結果として、再びその認識を問わなければならないような事態が起きてしまっているのだ。

そこで、新都市社会学が提起したテーマは具体的にはどのようなものであったのか、また、何故そのテーマが省みられることなく現在にまで至ってしまったのかということを検討しておく必要があるだろう。

ii　新都市社会学の問題提起とは何だったのか？

都市社会学の「認識」が問われる事態は現代に特徴的なことではなく、かつてカステルが問題にした六〇年代末の都市社会学の状況と酷似している。それは、既存の都市社会学の「認識」が現実の現象を十分に捉えきれていないのではないかという問題意識であった。

「新都市社会学」がシカゴ学派批判として登場したことは周知の通りである。「新都市社会学」は必ずしもまとまりのある学派のようなものではなかったが、その問題意識として、都市の財政危機によって生じる社会的サービスの欠乏、公共空間の消失、労働者階級の生活苦という社会問題を重視していたことは間違いない。そして、そうした問題が、シカゴ学派の問題設定、視角では十分に捉えることができないどころか、その原因となっている資本主義をも問題化することができないという主張に特徴があった。「都市社会学は存在するか」という論文（一九六八年）で既存の都市社会学（シカゴ学派を含む）に対する攻撃の口火を切り、その後の新都市社会学の理論的支柱となったカステルは、シカゴ学派の理論は「空間形態」→「都市文化」、もしくは「都市文化」→「空間形態」といった因果関係を一生懸命捉えようとしているが、それはあくまでも疑似相関であって、その背後に存在する資本主義体制が両変数に影響をもたらしている事態を全く問題化できていないという批判を展開した(11)。

これが、シカゴ学派に対する「統合のイデオロギー」という有名な批判であるわけだが、カステルの主張のもう一つの要点が「既存の都市社会学は特定の経験的対象、理論的対象をもっていない」という点にあったことはあまり注目されていない。

以下、カステルの言葉を引用してみよう。

> 〈現状のままの都市〉を研究することに同意したとしても、その正確な実体が何なのかは依然としてあいまいである。それは都市であるか、凝集体であるか、都市地域であるか。またどの要素が研究対象となっているのか。社会階級か。都心部の利用法か。住宅の充足。歴史的建築物の象徴的魅力。輸送。大気汚染。近隣集団への社会参加。地方選挙の投票。居住の移動性。産業立地。都市再開発。明らかに、このようなリストは理論的に全く共通点をもっていない。それでも、これらの主題はすべて〈都市社会学〉として言及される。社会生活の空間的環境がほとんど全くと言っていいほど〈都市的〉となるにつれて、都市社会学の主題は無限に拡がり、都市社会学は一般社会学となるのである。（Castells 1968＝1982: 83-84）

すなわち、カステルによれば、全般的都市化が進行する時代において、都市社会学は固有の経験的対象を失いつつあった。カステルの言葉を借りれば、「〈都市的〉と呼ばれる現実の領域はどこにも存在しない」（Castells 1969＝1982: 115）にもかかわらず、都市社会学はあたかもそこに固有の対象があるかのようにふるまってきた。それは曖昧であると同時に、偽りの対象であると彼は断じる。

経験的対象の喪失――空間的単位と社会的単位

都市社会学の危機の位相の一つを「経験的対象の喪失」という実体的な次元に設定したカステルだが、いかにその危機を克服するかという点に関しても言及していた。彼曰く、都市社会学固有の経験的対象となるのは、「空間的単位と社会的単位が一致する対象」ということなのだ（Castells 1969＝1982: 86）。

しかし、何故、その二つの単位が一致する対象が都市社会学の固有の経験的対象となるのかについて、彼自身は直接的には説明していない[12]。その背景には、「一定の経済的基礎や空間的凝集体内部での政治的・行政的自律性」によって「都市」を定義するウェーバーの立場や、その「自律性」の消滅から「都市の危機」、さらには「都市社会学の危機」を論じたドン・マーチンデールの主張を前提に置いていることが影響している可能性がある（Castells 1969＝1982: 88）[13]。カステル自身のテクストに沿って、以下、空間的単位と社会的単位の関係について彼がどのように考えていたのかを検討してみよう。

重要なことは、彼が一貫して「社会的諸過程と空間の諸要素をつなげ」（Castells 1969＝1982: 89）ることに関心をもっていたということだ。シカゴ学派を批判する際に、「空間形態→都市文化」という論理展開を議論の俎上にあげている点で、カステルは一見「空間の諸要素と社会的な諸過程のつながり」自体を廃棄しているように見えるかもしれない。また、シカゴ学派が「自己完結的な都市領域」を想定していること自体を批判しているように見えるかもしれない。しかし、そうではなくて、彼が批判していたのはその論理展開であり、背景にある理論的前提なのだ。

> 都市の研究は、社会学が常にある特定の歴史的存在を介しての社会的行為の研究であると理解されてきたように、ある特定の空間的存在を通して見られる〈社会〉の研究であると理解される。その目標は時間的な断面を通して常に現われる同一の過程を、空間的な断面を通して明らかにすることにある。（Castells 1969＝1982: 84）

われわれは空間に対する関係すなわち物的要素である〈空間〉が社会構造全体に結び付けられる具体的な方法が社会学的分析の主題になり得るし、またそうならなければならないと考えてきた。都市化過程の研究と所与の空間的単位をめぐる社会的要素および社会的過程の配置ないし変化に関する研究は、人間生態学と社会史が分析しようと懸命に努力してきた領域であるが、それらは大量の個々の調査計画に方向を与えることができるような

理論的体系化に至らなかった。（Castells 1969＝1982: 115）

従って、カステルの慧眼は、都市社会学の危機の位相を「都市的理論的対象の喪失」という次元に設定した点に見出すことができる。つまり空間の解読を通じて「都市的理論的対象」を構築するという理論的な実践が失われている事態を彼は危機と捉えているのである。

理論的対象の不在――シカゴ学派批判

そして、彼はそれまでのシカゴ学派の重要な三つのテーマが以下の点で理論的対象を十分に構築してこなかったと論じる。概略的に述べるなら、第一に、シカゴ学派がもっとも重要な理論的対象と設定していた「アーバニズム」（都市文化）は、必ずしも都市だけに見られる現象ではなく、「現代社会の一般的傾向」（Castells 1969＝1982: 105）を述べているに過ぎないというのがひとつの認識論的切断である。そして、むしろ、そのような特徴的な行動の背景にある「技術社会的要素の変化」を構造的に捉えてこそ理論的に意味をなすと考えていた。

第二に、都市化についての研究などの「社会と空間の関係」は、「空間」が経験的対象に過ぎないため、理論的対象ではないという解釈が提示された（Castells 1969＝1982: 110）(14)。何故、「空間」を単純に実体化して考えているのかは十分に明らかにされないが、上述したように都市社会学固有の経験的対象を「社会的単位と空間的単位の一致」に設定していることが影響しているのだろう。

最後に、人間生態学が前提としてきた「生態学的システム」については理論的対象であることは認めるものの、それは都市を説明するというよりは社会全体を説明するものであるため、都市社会学固有の理論的対象としては棄却している（Castells 1969＝1982: 112）。

こうして、「都市社会学が科学たらんとして歴史的に維持してきた三つのテーマは、それぞれ理論的特徴をもっていない。都市社会学は理論的対象を何らもっていないのである」（Castells 1969＝1982: 113）と結論づけるのである。

このように、「都市社会学固有の理論的対象の構築」というカステルの主張は、先に示した現代の都市社会学批判と重なる。ただし、ここで注意すべき点としては、抽象的・哲学的な議論を展開する必要があるという主張を彼がしていたわけでもなく、また本書でもそうした主張を展開したいわけではないということである。上述したように、経験的に探究可能な仮説命題を策出できるような理論的対象として「都市」を設定すること、さらに「都市とは何か」といういわば上位の理論的対象を構築すべく、下位の理論的対象を重層的に設定すること、また、現実に生起した社会現象を素材にして理論的対象を構築していくことが重要であり、そのためにも既存の都市社会学の認識を問うべきだという、穏健な主張をしているに過ぎない。

だが、この点について、次節でも論じることになるが、カステルを含め新都市社会学に属する論者たちは、研究を十分に展開していかなかった。「都市社会学固有の理論的対象がない」と批判しておきながら、新たな理論的対象の構築方法を十分に練り上げてこなかったのである。また、自分たちの研究の認識を問うというような自己反省的な試みも十分に行なわれなかった。ここに現在の都市社会学の理論的危機の一つの要因を見出すことができる。

理論的対象の生産――アルチュセールの補助線

前提に立ち返るならば、この「理論的対象／経験的対象」という概念は、アルチュセールに由来している。何故、カステルはアルチュセールの概念を援用したのか。その背景には、アルチュセールがマルクス読解から導き出した経験主義的な認識に対する批判、すなわち、経験主義の理論的な認識への無自覚さに対する批判が、カステルの都市社会学に対する違和感と重なる部分があったからだ。

アルチュセールは「理論的な問いの構造」、換言すれば問題設定がその理論の可能性と限界を画定すると考え、マルクスの研究に対して「徴候的な読み方」を実践し、マルクスの問題設定の転換（「認識論的切断」）を描き出している（アルチュセール 1965＝1996）[15]。そして、マルクスの認識の特徴が、経験的対象と理論的対象に分け、後者から前者を捉える点にあったと主張する。具体的な経験的対象から抽象的な理論的対象を構築するという経験主義的な認識では、対象がもっている構造から非本質的なものが見つけられ、取り出されるという点で、その認識は実在する対象に依存しており、実在についての言葉遊びであるとして、(マルクスの代わりに)アルチュセールは経験論的認識を批判する。別の言い方で表現すれば、観察者の認識の対象は「生の事実」ではなく「抽象化され純化された事実」であるのであって、経験論はこうした抽象の意義を理解せず、一般的に眼前に与えられた事実を純化せずに分析し、結局は現象追随主義におちいってしまうという批判だ[16]。そして、マルクスが採ったアプローチは、理論的対象から経験的対象へ、換言すれば、抽象から具体という手法だった、とアルチュセールは論じる。

こうした立論は観念論に陥る傾向があり、実際これまでもそういう批判は多い(上野 1991)。ただ、こういった批判は、アルチュセールが思考を個人の能力に還元しているわけではないということを見過ごしている。彼は思考を主体の能力ではなく、思考の装置によって歴史的に構成されるシステムとして考えている。具体的にいえば、思考とは表象や直観などの原材料(「第一の一般性」)、問題を設定し素材を変形していく認識手段(「第二の一般性」)、理論的生産物(「第三の一般性」)といった三つの契機からなるシステムであり、各々の契機は思考する主体の外部で社会的、歴史的に決定されていると考えていた。ここで「一般性」と表現するのは、各々の契機は個人的なものではなく、社会的なものと考えているからなのだ[17]。

既存の都市社会学の経験主義的な傾向を批判するという目的で、カステルは以上のアルチュセールの概念を用いている[18]。しかし、ここでもう一歩踏み込んだ議論をするならば、カステルが既存の都市社会学を批判する文脈で「特定の理論的対象」を必要としたのは分かるが、何故彼は「特定の経験的対象」も必要としたのだろうか。都市社会学特有の経験的対象をもたなくても、特定の理論的対象をもっていれば、都市社会学は科学として成立するのではないか。アルチュセールの考えでは、経験的対象それ自体は決して認識しえず、理論的対象の概念的再構成によって近似的に接近できるものだ。カステルの理論的修正は、アルチュセールが批判したような経験主義的な認識に陥る可能性を内包する。明らかに、この点においては、カステルとアルチュセールの間で不連続面が存在する。

この点について、カステルは何の説明もせず、「科学は特定の理論的対象と経験的対象をもつことで成立する」という公理を最初に設定するだけである（Castells 1969＝1982）。また、カステル批判を展開する論者もこの点についてはあまり留意しておらず、カステルの良き批判者であったクリス・ピックヴァンスも「都市的経験的対象は他にもあり得る」というような批判に終始している（Pickvance 1977＝1982）。

推測するならば、カステルはアルチュセールの理論的実践の意義を十分に理解しておらず、観念論に陥ることを恐れて、「特定の経験的対象」という概念を持ち込んだのではないだろうか。その一つの傍証として、カステルは明らかにアルチュセールの理論的実践を意識しているにもかかわらず、論文中で明示的には理論的実践について何も語っていないのだ。この折衷主義的なアプローチによって、確かに明らかな観念論に陥ることもなく、同時に、それまでの都市社会学に見られたような経験主義に陥るということも回避することができたように、一見見える。が、結局、その折衷主義的なアプローチでは、理論的実践を十分に遂行できず、周知の通り、初期カステルは構造マルクス主義的なアプローチに基づく観念論的な議論にとどまってしまった。

『都市問題』のあとがきで展開したカステルの以下の自己批判は有名なものであるが、カステルがアルチュセールのアプローチから脱却したことを示す文章としてだけではなく、彼のアルチュセール理解が間違っていたことを示す文章としても理解する必要があるのだ。

> 本論文の最も重要な困難さは、理論的批判から極端に公式化された理論的システムへとあまりにも急激に飛躍したことから多分きている。……理論的作業の現段階の視点からみて、最も重要なことは、諸要素を定義すること、構造を公式化することでなく、いわゆる都市的矛盾や実践のなかで作用している歴史的法則を検出することである。提起された構造的形式化のレベルに達しようとすることは、現代のところ時期尚早である。なぜなら、歴史的法則は構造の形態を決定するのであって、その逆ではない。
>
> この観点から、われわれの作業は具体的研究に向かうまえにコード化され公理化された理論全体を構成しようとするアルチュセールの一定の説明によって影響された。具体的研究は必然的に形式主義と経験主義の併存をみ

ちびき、それゆえに袋小路に終わってしまう。問題なのは、実は理論的作業のスタイル、当の認識論的アプローチなのである。それは一方で、《偉大なる理論》（マルクス主義）の思想、あとで経験主義によって検証されるわけであるが、他方で理論的作業の提案、つまり特定の存在様式としての一定の社会法則を発見してゆく過程において諸概念やその歴史的関係を生産してゆくものであるが、この両者のどちらかを選ばなければならない。《実証的研究をする》ことだけが重要なのではない。むしろ《理論》は具体的な認識過程を抜きにしては生産されないという事実が重要である。（Castells 1972＝1984: 388–389）

確かに、「具体的研究に向かうまえにコード化され公理化された理論全体を構成」するだけで、あとは歴史的法則を導出し、説明するというのは機械的であり、観念論の誹りを免れない。しかし、上述したように、アルチュセールはそのような考えをもっていたわけではない。社会的に構築された理論的対象で経験的対象を加工する、そして理論的生産物を作り上げる、という一通りの手続きだけで科学が成立するなどとは考えていなかった。彼は、理論的生産物を作り上げた後で再び理論的実践を行ない、理論的対象の「問いの構造」であったり、経験的対象の取扱い方であったり、概念の構築の仕方を再審するというフィードバックを常に考えていたのだ。そもそも、アルチュセールのイデオロギー観というのは「常にイデオロギーはつきまとうもの」であって、イデオロギーが付随しない純粋無垢な理論的対象というものを想定したわけではない。理論的実践で、何らかのイデオロギーを指摘して、新たに問題設定を組み立てたとしても、その新たな問題設定にも何らかのイデオロギーが介在していると彼は考えていたはずだ。そうであるからこそ、イデオロギーとの不断の闘争を通じてしか、理論的実践はあり得ず、一回で終わるというわけにはいかない。カステルはそのことを十分に理解していなかったのではないか。

実証研究が「形式主義と経験主義の並存」という「袋小路」にはまる可能性があるというのは、社会学全般に関わる重要な問題である。アルチュセールの試みは、この「袋小路」を脱するために、理論構築や調査における「認識」を常に問い続けるという方向性を提示するものだったのではないだろうか。

すなわち、具体的な研究対象を選択し、調査方法を選び、何らかの視点で問題設定をし、問いを探究し、何らかの概念や、理論的な結論を提示するといったすべての段階において、あらゆる「イデオロギー」が介在するとアルチュセールは考えていた。そして、科学が進展するには、そうした「イデオロギー」を取り除くという実践を不断に行なうことで、それまでの「認識」では捉えられなかった問いを探究する必要がある、と彼は考えていた。

しかし、カステルはその試みを部分的にしか理解してなかった。集合的消費という新たな都市問題が研究対象として設定され(=「第一の一般性」)、構造主義的マルクス主義的な理論枠組みから「問いの構造」が設定された(=「第二の一般性」)。初期カステルの理論的意義は、新しい研究対象を設定したことにあるのではなく、既存の「問いの構造」では新たに社会的に問題化してきた「都市問題」を取り扱えないということを指摘したことにある。ただし、後述するように、構造主義的マルクス主義の「正しさ」を証明するために「問いの構造」を設定していることから、結局は理論先行的に現象を説明するだけに終始していることは、本人の自己反省の通りだ。

しかし、その反省は、理論的実践を十分に展開できなかったことに向けられるべきだった。だが、その後のカステルは初期カステルの反省として、かつて批判していたはずの経験主義的な立場に立ち、「問いの構造」に無自覚になるような方向性に舵を取ってしまった。結果、「都市的矛盾や実践のなかで作用している歴史的法則を検出する」ことに精力を注いでしまっている。その実証研究の「認識」はどのようなものなのかという問いを欠落させ、結局、その歴史的法則をマルクス主義的解釈と結びつけて考えているため、ある意味、「答えありき」の議論を繰り返してしまった。そして、近年は再び理論先行型の議論に戻ってきている。[19]

理論的実践の重要性

このような負のループが引き起こされるのは、カステル(+ニコス・プーランツァスらマルクス主義者たち)の「理論」の捉え方が影響している。彼らは「理論」を〈脱文脈的な抽象的な変数間の因果関係〉として捉え、さらにはある種の普遍的な法則として見ているため、結局のところ経験的に多様に現われる現象も、その法則の現われとして見てしまう。

しかし、そのような「理論」が唯一絶対の「理論」ではない。アンドリュー・アボットが指摘しているように、カステルが「無理論」だと批判したシカゴ学派は確かに〈脱文脈的な抽象的な変数間の因果関係〉を明らかにしていないという意味では理論をもたなかったが（Abbott 1999＝2011）、特定の空間の文脈のなかで変数間の関係がどのようなパターンになっているのかということを描き出すという意味で理論的であった。

もちろん、シカゴ学派に回帰すればよいという単純な話ではない。新都市社会学が批判したように、特定の空間内で起きる現象の構造にまで理論的な想像力が展開していなかったことは十分に批判されて良い。重要なことは、〈特定の文脈のなかでの変数間の関係〉と〈脱文脈的な抽象的な変数間の関係〉を統合していくことにあるだろう。前者から後者へという一方通行の流れだけではなく、常に後者が前者によって検証されるというダイナミックな理論の形成（修正）が重要になってくる。

本書は序章でも示したように、転繹法という方法を用いて、現実の対象を特定の仮象された理念に潜在的に近づいている対象（＝可能態）として設定し、現実の対象が理念に近づく契機や論理を捉えるという立場に立つ。これは〈特定の文脈のなかでの変数間の関係〉と〈脱文脈的な抽象的な変数間の関係〉の統合を意識した試みである。

こうした主張は当たり前なのかもしれない。これまでの多くの研究も明示化しないだけで、このような考えを前提にしてきたかもしれない。しかし、近年の研究には、〈特定の文脈のなかでの変数間の関係〉を議論したり、〈脱文脈的な抽象的な変数間の関係〉から〈特定の文脈のなかでの変数間の関係〉の説明が無自覚に行なわれていたりする傾向があるのではないだろうか。

こうした傾向は、これまでの研究の認識の蓄積を問うという意味での方法史的検討が十分に行なわれてこなかったことに起因すると考えられる。理論的生産物に関する学史的検討はそれなりに行なわれてきた一方で、その認識（広い意味での「方法」）に関する学史的検討は十分に行なわれてきていない結果、理論的実践のあり方が再考されてこなかった。

そこで、本書では、これまでの都市社会学の方法＝認識の歩みを辿ってみることにしよう。ただし、航路図もなく突き進むのは、破船してしまう可能性もあるので、新都市社会学の展開を導きの糸としたい。都市社会学固有の理論的対象と経験的対象という論点を導入した論者が、その後、どのような方法や認識で理論を構築したのか、その可能性と課題については十分に論じられてきていない。この点を明らかにすることによって、近年のカステルの議論の課題が浮き彫りになる。シカゴ学派の「共生」という問題設定を批判していたカステルだが、皮肉なことに、近年は「共生」というテーマを打ち出している。「共生」を社会学的に論じるうえで、近年の彼の方法＝認識の課題を明らかにする必要がある。

3　なぜ、新都市社会学は隘路に直面したのか？

i　newest urban sociology の自己矛盾――「共生」という理論的対象の設定

newest urban sociology という構想

二〇〇二年、カステルは以下のように、九〇年代以降の都市社会学をかつてと同じ語り口で批判している。

> 一九六八年に「都市社会学は存在するのか」という最初の学術論文を私は書き上げた。三二年が経過した今、歴史的なパースペクティヴの後知恵と、都市に関する社会調査を行なってきた経験から、回答するならば、「かつて確かに存在したが、現在は存在しない」となるだろう。（Castells 2002: 9）

これはすなわち、シカゴ学派の時代には都市社会学は存在していたが、九〇年代以降、都市社会学は存在していないということだ。何故、かつての主張をひっくり返したのか。そして、何故、近年の都市社会学は危機的状況に陥ってしまったのか。これらの点について、直接的な言及はせずに彼は以下のように述べている。

> 九〇年代に、深い沈黙が訪れることになる。都市社会学は不明瞭なものとなってしまった。学術的な仕事が進められ、二〇年代から三〇年代、六〇年代から七〇年代という都市社会学にとって二つの大きな流れのなかで生み出された論点、テーマ、概念を再定義し、洗練し、再述する論文が何千も掲載された学術誌が刊行されてきたにもかかわらずである。全般的に、都市社会学は都市や空間、さらには社会から生じる新しい論点と接続するのをやめてしまった。新都市社会学は、情報時代として特徴づけられる新しい都市の状況に相対してあいまいなものとなってしまった。シカゴ学派が産業社会の成熟に関連してあいまいなものとなったのと同様に。（Castells 2002: 11）。

シカゴ学派の不明瞭さを克服するために、自らも中心となって構想した新都市社会学派が何故、九〇年代に行き詰まりを見せたのか、彼の言い方を借りれば、何故、都市や空間、社会の新しい論点と接続することができなかったのか。この点について、彼はほとんど何も語っていない。

そして、newest urban sociology という、かつての新都市社会学を彷彿させるような表現を用いながら、二一世紀の新しいテーマとして「統合」というテーマを用いることで都市社会学は再び復興するのだとして、以下のように主張している。

> 社会統合というテーマがなぜ再び都市社会学の主要なテーマとして浮上しているのかを明らかにする必要があるだろう。しかし、重要なのは統合とはまさに異なる類のものであるということだ。二〇世紀初期、探究は下位文化の都市文化への同化にあった。二一世紀を迎え、それぞれ異なる文化とアイデンティティによる都市の共有が問題となる。主要な文化などはもはや存在しない。（Castells 2002: 14-15）

こうして、カステルは「諸下位文化を特定の都市文化に同化する」という意味での「統合」ではなく、「諸下位文化を共存させたまま秩序を形成する」という意味での「統合」というテーマを構想する。実際、彼は以下のように述べている。

> 統一した文化がないなかで、重要な問題は主要な文化の共有ではなく、多様なコードのコミュニケーション可能性である。（Castells 2002: 15）

こうした「統合」概念の再構成は、近年のエスニシティ論が展開している「同化」概念を再構成した「共生」の構想と類似している。その点で、最近の研究動向をおさえたテーマ設定であるといえるだろう。

ただし、シカゴ学派の問題関心は、そもそもカステルが述べるような、「下位文化を都市文化に同化させること」であったわけではない。つまり、カステルがかつてシカゴ学派に浴びせた「統合の社会学」という批判がそもそも的外れであり、シカゴ学派の問題意識というものは「多様なコードのコミュニケーション可能性」であったのだ。結果的に、カステルはシカゴ学派の問題意識を受け継いでいることに気づいていない点で、近年彼が構想しているnewest urban sociology は自己矛盾に陥っている。

何故、このような事態になってしまったのか。また、かつての主張をほぼ一八〇度変えたことと同時に、初期カステルの重要な主張が後景化してしまったのか。

前節でも見たように、三〇年前の都市社会学批判の重要な参照点の一つに、「都市社会学には特定の理論的対象があるかどうか」という点があったが、近年においては、その参照点は後景化してしまっている。そして、二〇〇二年の論文では、「都市社会学が存在するか否か」を「特定の理論的対象があるかどうか」という参照点の代わりに、「社会から生じる新しいイシューと接続しているかどうか」という点で判断しているのだ。その判断によれば、「多様なコミュニティの集合と生存のために競合する諸個人のなかから、いかにして社会を形成するか」という当時のアメリカ社会の中心的な問題を扱っていたシカゴ学派は「都市社会学」として存在していたが、近年の都市社会学はそのような現代社会の中心的な問題を扱っていない点で、「都市社会学」としては存在していない、というねじれた主張が展開されることになるのだ。

何故、カステルは初期の主張を一八〇度転換してしまったのか。これは想像するしかないが、初期カステルの理論的土台となったアルチュセール的な理論枠組みを棄却する過程で、「理論的実践」という重要な実践までも完全に棄却してしまったからではないだろうか。理論的素材、認識手段、理論的生産物（概念）に注目し、認識手段に含まれるイデオロギー的な要素を摘出し、新たな認識手段を生みだそうとした初期の研究の意義を、彼自身が打ち捨ててしまったのだ[20]。初期カステルならば、「新しいイシューと接続しているか」ではなく「重要なイシューに関して新しい認識を生産しているか」という点を重視したはずだ。カステルによる「認識手段の生産に関する仕事」がもたらした都市社会学への貢献は大きかったはずなのだが、その企図は彼自身、新都市社会学派、新都市社会学の批判を受けた側にも十分に受け容れられることがなかった。

従って、新都市社会学派以降の都市社会学的研究がどのような認識で問題設定を作り上げたのか、どのような認識で理論的素材を収集、整理、分析したのか、どのような認識で理論的生産物を構築していったのかといった認識＝方法に関する検討が必要になってくるだろう。

本書では紙幅の問題もあり、新都市社会学全般の方法史的検討は行なえないため、カステルの研究に焦点を当てて、彼が「どのような理論的素材、認識手段、理論的生産物に着目し、コミュニケーション可能性というテーマに辿りついたのか」といった過程を明らかにし、彼の認識＝方法に関する可能性と課題について見ていくことにする。

カステルは研究の展開から、一般的に初期・中期・後期と時期区分されて理解されることが多い。初期は構造的マルクス主義に立脚して、理論先行的に集合的消費の不足という都市問題を分析する時期、中期はアラン・トゥレーヌ的な枠組みに立脚して、経験主義的に「新しい都市社会運動」を分析する時期、後期は再び理論的な枠組みの強い議論のもと、「フローの空間」が支配的な情報時代における都市が直面する問題を「都市の意味」という概念に着目して分析する時期、という区分である。

しかし、「都市社会学固有の経験的対象」の導出という「理論的な問いの構造」は一貫している。その点に着目しつつ、彼の構造認識、空間認識というものが彼の議論を支えるとともに、課題も生み出していることを以下明らかにする。

構造／実践の二元論的な認識と、「空間」の経験的対象化

まずカステルが登場する七〇年代の知的文脈を指摘しておく必要があるだろう。七〇年代、ネオマルクス主義、ネオコーポラティズム論という国家概念に関心を寄せるヨーロッパ政治学が隆盛し始めており、カステルはその前者の流れに位置づけることができる。周知のとおり（本人も認めていることであるが）、初期カステルはアルチュセールやプーランツァスといった構造主義的マルクス主義国家論の論者の影響を受けており、都市空間内で起きる現象（集合的消費の問題など）を国家や政治体制に結び付けるという立場に立っていた。

具体的にいえば、集合的消費という「都市社会学固有の経験的対象」を「社会形態の生産」というアプローチから分析するのだが[21]、ここで「社会形態の生産」と言っているのは、端的にいえば、社会構造を構成する重要な要素が、どのような形態（関係性）で、空間的に現われるのかを探究するということだ。この点からも明らかなように、カステルは空間を単に物的なものとして経験的に捉えている。その後も、カステルは、空間に現われる社会の諸要素を演繹的に設定するか、空間に現われる社会の現象を実証的に探究し帰納的に理論を構築していくか、というアプローチに違いはあるにせよ、空間を理論的対象としてではなく、経験的対象としてのみ扱っていく。これは、都市社会学を、「ある特定の空間的存在を通して見られる〈社会〉の研究」として位置づけていることとも関連しているだろう。この空間認識を彼は近年まで持ち続けていくことになる。

そして、初期においては、空間を通してみようとした〈社会〉に、アルチュセールとプーランツァスの強い影響を

見出すことができる。それはすなわち、アルチュセールの「生産様式」だ。彼の「生産様式」概念は、相互に自律的な経済的、政治的、イデオロギー的諸構造と諸実践との接合様式を意味している[22]。そして、三つの構造の接合には経済的構造が支配的な役割を果たすとしている（「重層的決定の最終審級」）。カステルはこの生産様式を空間的に表現する空間構造として「都市システム」という概念を用意し、その重要な構成要素を「生産（P）、消費（C）、交換（E）、管理（M）」として設定している。

「空間形態の生産や機能の構造的法則を発見」するために、何故、このような構成要素を分析前に設定するのか。それでは、新しい法則などを発見することができないのではないか。おそらくカステル自身もその批判は承知していた。彼の言葉を借りれば、「（既存の）研究の視点の限界を示すことができるとしても、空間の社会組織について正しい分析を可能にする新しい要素を主張することは、ずっと困難」であり、「新しい理論の《基礎を築く》ことは主意主義的でもあ」るので、「マルクス主義的問題性が諸要素の正しい弁証法的融合を目論む以上は、われわれは若干の理論的明確化をすすめるために、史的唯物論の基本的概念を空間分析の領域にまで延長する事が重要」という認識論的な前提を彼は持っていた（Castells 1972 = 1984: 115）。この意味で、彼は構造主義的マルクス主義者であるが、その一方で構造主義の限界も当初から把握していたのだ[23]。

こうして、構造主義を援用して、都市システムの重要な要素内部の関係性や発展の諸傾向に対する分析が行なわれる。ここにカステルのオリジナリティがあるわけだが、それは単に既存の構造主義的マルクス主義では都市の現象を説明できないということだけではなく、初期の重要な問題設定でもあった「都市社会学固有の経験的対象」を導出するための理論的、経験的作業をする必要があったからだ。すなわち、彼は「都市社会学固有の経験的対象」となるのは、「空間的単位と社会的単位が一致する対象」（Castells 1969 = 1982: 86）という公理を設定しており、都市システム内のどの単位がその対象となるのかを検討している。その結果、経済システムのなかでも消費（労働力の再生産）の単位を「空間的単位と社会的単位が一致する対象」として位置づけている[24]。その理由としては、経験観察的に見ても、生産物の個人的、集合的消費活動は、地域的な日常生活単位を拠点にして空間的に確定できる点を挙げている

(Castells 1969＝1982: 225–226)[25]。

前節でも言及したが、アルチュセールの理論を歪曲してまで適用して、何故彼は「都市社会学固有の経験的対象」にこだわったのか、その理由がここで明らかになる。それは、「空間的単位と社会的単位の一致」＝「社会構造の諸次元の関係が特定の空間内に表現される」↓「社会構造の諸次元間の矛盾が特定の空間内で表現される」↓「特定の空間内の諸矛盾をめぐる階級闘争が社会構造に影響を与え得る」という論理展開で、「社会構造に特殊な影響を与える源泉」として「集合的消費」の問題を理論的に位置づけたかったからなのだ（Castells 1969＝1982: 226）。さらにいえば、構造を変革するものとして都市社会運動を捉えるという「問いの構造」がその背景にはあったからだといえる。

こうして都市社会運動（都市政治）について分析が展開される。しかし、その分析もプーランツァスの影響を強く受けている。それは、都市計画を都市システムへの国家の統合、規制作用として、都市社会運動を被支配階級の政治的実践の変革作用として設定するという前提に見出せる。この設定は、構造主義の行為主義批判に立脚しており、主体の能動性などは分析から欠落している。これは行為主義に立脚すると、階級関係が不明瞭化し、あたかも主体が全ての動因になってしまうように見えるからだ（Poulantzas 1978＝1984）[26]。アルチュセールの社会階級論、史的唯物論解釈に基づけば、各個人はあくまでも各構造の担い手であり、主体が動因になることは唯物論からすれば正しくない認識なのだ。そうであるが故に、カステルは人間主義的なルフェーヴルを批判する際に、「歴史的行為者が彼らの行動を通して社会を築き上げるか、それとも、（社会の諸構造の）支え手―担い手が彼らの実践を通して諸構造の特殊な接合を表現するか」と述べ、後者の立場に立っている。結果、支配階級と国家の関係、非支配階級の実践の役割も当初から規定されてしまう[27]。そのため、結論ありきの議論になってしまい、都市システムにどんな小さな変化でも生じれば、それは運動の効果とみなされ、何も起きなければ運動の失敗とみなされる。

以上、概略したカステルの都市社会運動論への批判は多い。それはプーランツァスに投げかけられた批判と、ある意味では同型のものである。特に、構造と実践を二元論的に把握している点は構造主義的な認識の問題として、現代においても検討すべき課題であるだろう。その後も、カステルは形や意味内容は変えつつも、構造と実践という二元論的な認識は維持し、後期カステルに至っては、「フローの空間」という社会構造と結びつくような社会運動に大きな期待を寄せている。

情報発展様式という構造認識

八〇年代からカステルは、グローバル化した経済、情報を核とした経済がもたらす社会編成、都市編成に注目するようになる。系統立てた議論を展開せずに、複数の論文にさまざまな理論的・経験的な分析、構想を散逸させているという問題はあるが、度重なって浮上するのが「(異なる文化間における) コミュニケーション可能性の危機」という現状に対する問題意識だ。

例えば、カステルは八九年の『都市・情報・グローバル経済』の結論で以下のように述べることで「コミュニケーション」の重要性を語っている。

> 新しい社会運動によって呼び起されたオルタナティヴかつ現実主義的な政策が、フローの空間の内部に地域現場の社会的意味を再構築する方途を見出さないかぎり、現代社会は互いのコミュニケーションを欠いた分節部分へと破砕され、そしてそれら相互の疎外関係によって破壊的な暴力にあるいは歴史的衰退の過程にみちびかれるであろう。(Castells 1989 = 1999: 279)

以前のカステルならば、コミュニケーションが多様な主体の間で成立しているように見えたとしても、それはあくまでも幻想やある種のイデオロギーであって、都市のさまざまな危機の基底となっている資本主義生産体制から目を逸らさせることにつながると批判していたかもしれない。この主張の変化は、単に、構造に焦点を当てていた初期カステルから、主体に焦点を当てた中期カステルの立場への変化ということだけでは説明できないものだ。なぜなら、この主張の背景には、社会構造についての認識の転換があるからだ。実は、強調点の度合いに違いはあるにせよ、カステルは常にその時代の社会構造がいかなるものなのかということを意識している。

その構造認識の変化は後期カステルにおける「情報発展様式」という新たな社会構造で明らかとなる。この「発展様式」という概念はトゥレーヌの概念を転釈したものであるが、「どのような主体のどのような利害関心によって当該社会の発展軌道が敷かれているか」ということに言及する概念であり、「情報的発展様式」は「科学技術的発展を志向する発展様式」だ。この新しい発展様式は、資本主義的生産様式がもたらした構造的危機への対応として生み出されたとされる。この新たな社会構造を近年の都市社会学は捉え損ねているという点で、二〇〇二年の論文で「現代のイシューと接続していない」とカステルは述べているのだ。こうした点からも、カステルは一貫して構造主義の立場に立っている。

この新たな社会構造は、従来の支配階級が強い影響力を及ぼしていたものとは異なるものだ。権力は抽象化し、グローバルに拡散している。そうすると、従来のような階級闘争の力を安易には前提に置けなくなってきたのだ。この新しい社会構造認識から、コミュニケーションの重要性が浮上する。

「集合的消費」から「都市の意味」へ

上述したように、初期カステルが都市社会学固有の経験的対象として検討していたのが、「空間的単位」と「社会的単位」の一致する領域であった。初期カステルにおいては、それが「集合的消費」であった。その後、カステルは構造主義から行動主義へ転向するなかで、「空間的単位と社会的単位の一致」という前提は後景化してしまったようにも見える。

しかし、後期カステルになっても、その前提は共有されたままなのである。彼自身明示はしていないが、「都市の意味」という理論的対象が「集合的消費」に代わる後期カステルの新しい理論的対象であり、「空間的単位と社会的単位」を一致させる仕掛けなのである。

カステルは『都市とグラスルーツ』でトゥレーヌの議論を参考にしながら、以下のように「都市の意味」について定義している。

都市の意味とは所与の社会における歴史的行為者間の闘争過程によって、都市一般に対して一つの目標として割り当てられる構造的パフォーマンスである。(Castells 1983 = 1997: 534)

すなわち、各行為者が想定する「社会において都市が果たすべき歴史的な役割」が「都市の意味」ということなのだ。そして、『都市とグラスルーツ』で明らかにしたように、その「都市の意味」は複数存在し、闘争的に決定されるものと捉えることで、階級闘争とは別の形で運動論をカステルは展開してきている。

この「都市の意味」が「空間的単位と社会的単位が一致する理論的対象」なのだが、そのことを明らかにする前に、もう一つ彼が前提としている「フローの空間」というものの意味を明らかにしておく必要があるだろう。

「フローの空間」とはグローバル化の進展によって、資本・人・情報・モノなどさまざまなものが特定の土地の論理、権力から分離して流動化する空間を意味している。それ故に、カステルは、それまでの特定の土地における人びとの関係性の影響下にある「場所の空間」と対置して「フローの空間」を考えている。この「フローの空間」を「情報発展様式」のキー概念として打ち出すことで、「空間的単位と社会的単位の一致」という試みを放棄しているような装いを後期カステルは見せる。

しかし、カステルは巧みにも「都市の意味」という概念を打ち出すことで、その問題を回避するだけでなく、「フローの空間」と「都市の意味」を連携させ、今後の都市社会の展望を切り開こうとしているのだ。

初期カステルにおいて、「集合的消費」が「空間的単位と社会的単位が一致する理論的対象」であったことは、上述したとおりである。そこから、ある特定の空間 = 都市にいる人びとが「都市が果たすべき役割」として想定する意味、機能、そして形式が「集合的消費」であったと捉え直すことができる。すなわち、このことから明らかなように、

「都市の意味」という理論的対象はかつての「集合的消費」を包含するより広義の理論的対象なのである。したがって、「都市の意味」とは、「ある特定の空間的単位における人びとが、そこにどのような社会的意味、機能を付与すべきか」という構想を意味しているのであり、「空間的単位と社会的単位が一致する理論的対象」なのである。さらにいえば、「集合的消費」という理論的対象の導出の仕方が構造決定論的であったのに対し、「都市の意味」という理論的対象は人びとの実践に開かれた、非決定論的な仕方で導出されているものでもある。

そして、カステルは、この「都市の意味」を「フローの空間」に連接させる必要があると考えている。そのことを先のカステルの引用は示しているのである。すなわち、人びとは、自分たちの文化、価値観、経験からさまざまに「都市の意味」を志向するが、「フローの空間」が支配的な現在において、ただやみくもに「フローの空間」に対立するのではなく、うまく「フローの空間」のなかに「都市の意味」を再定位させていく必要があるということなのである。

こうした主張から、カステルの運動論における立場が依然として初期から後期に至るまで変化していないことが分かる。つまり、「都市の意味」を「フローの空間」に定位させるという運動の位置づけ方は、都市社会運動を階級闘争に定位させるという、かつての運動の位置づけ方と実は同型なのである。トゥレーヌの影響を受け、構造決定論、さらには階級闘争史観を排し「転向」したカステルであったが、運動を既存の支配的構造に直接リンクさせて、その構造に変容を促さなければならない、という立場は変わっていないのだ。

また、こうした立論には、彼の「都市の意味」についての偏った評価も影響を及ぼしている。カステルのその後の「デュアル・シティ論」でも、その問題は明らかになるが（Castells and Mollenkopf 1991）、端的にいえば、カステルは「フローの空間」に対峙するさまざまな「都市の意味」は孤立化し、島宇宙化するものと考えている。この点については、特に明確な経験的根拠も示さないまま、多様な社会層は多様化・分極化し、さらには空間的にも分離化し、連携することができないものと、彼は捉えている。要するに、複数の「都市の意味」の間にはコミュニケーション可能性というものが存在しないという図式なのである。

そのため、そうした問題を回避するために、「フローの空間」という争点を共有する必要があり、そのように共有することでコミュニケーションの可能性が切り開かれる、とカステルは考えているのだ。

「都市の意味」の問題点——空間と社会の相互作用としての意味世界の重要性

しかし、「都市の意味」という理論的対象については不明瞭な点が残されている。

第一に、何故、「フローの空間」という争点を共有しなければいけないのかという点がある。特定の論点を共有することでコミュニケーションが始まるという公理を認めたとしても、それが何故「フローの空間」というグローバル化の論理でなければならないのかという点に関しては、十分な説明がなされていない。

第二に、「都市の意味」をめぐる「闘争」を想定しているが、最終的に複数の意味が分立することを想定しているのか、もしくは、複数の都市の意味の間でゼロサムゲームが展開すると考えているのか、明示的ではないという点がある。ただ、どちらにせよ、「都市の意味」相互の間は排他的で、その内部では同質的な「都市の意味」が複数分立して「闘争」を展開するという図式がある。結果、相互にコミュニケーションを経た結果、「都市の意味」が変化していくという側面が十分に捉えられないという問題を抱えてしまっている。

第三に、「都市の意味」は「社会的単位と空間的単位が一致する理論的対象なのか」、という根本的な問題がある。「ある特定の空間的単位における人びとが、そこにどのような社会的意味、機能を付与すべきか」という点で意見の一致は見られるのか、むしろ、そこには多様な意味が存在するのではないだろうか。「社会的単位と空間的単位の一致」という理論的関心を維持しつつも、構造主義的なアプローチから行為主義的なアプローチへと枠組みを変化させたために、齟齬が生じてしまっている。

第四に、「都市の意味」というものがどのように構成されるのか、明示的でないという点がある。「社会において都市が歴史的に果たす役割」といった場合に、たとえ特定の空間的単位の人びとの間で意見の一致があったとしても、その意味の内実は物的環境、社会関係、諸実践の意味づけが多様に重層的に絡み合って存立しているのではないだろうか。そうした側面を捉えない限り、意味間の対立、協調などの展開は理解できない。

以上の問題のほとんどは（一番目の問題を除いて）、カステルが都市空間を単に経験的な対象としてしか見ていないことに起因する。だが、「都市の意味」という理論的対象は、都市空間の認識の仕方によって、平板なものにもなるし、厚みのある重要な概念にもなり得るものである。空間を物質的な現われとしてだけ捉えるのではなく、物質的な空間をめぐる意味、関係性、実践などさまざまな要素が同時に存在する領域として捉えることで、「都市の意味」を重層的に構築されるものとして柔軟に思考することが可能になる。また、そうすれば、特定の空間的単位における複数の意味を捉えることも可能になるだろうし、また、闘争をゼロサムゲームのように対立的に捉えるのではなく、その変化も捉えていくことが可能になるだろう。

そうすると、後期カステルが提唱している「都市の意味」という理論的対象の問題点を修正したものとして、本書の「意味世界」を位置づけることが可能になるだろう[28]。

その後、二〇〇二年の「newest urban sociology」という構想では、カステルは上述したように、「空間的単位と社会的単位の一致」という論点を後景化させている。そして、「都市の意味」の間のコミュニケーションをどのように探究することができるのかを検討することの重要性を提起している。彼は以下のように述べている。

> ……考慮すべきことはコミュニケーション（すなわち都市生活）を回復するために何をするかではなく、その基礎となるプロセスをいかにして調べることができるかということにある。シンボリックなコミュニケーションのプロトコルという概念がここでは中心となる。プロトコルとは物質的で、社会的で、電子的である。（Castells 2002: 15）

人びとの多様なコミュニケーションがどのように規定されるのか、そのことを探るためには、物質的な次元と、社会的な次元、電子的な次元で探究する必要があるということである[29]。

しかし、別の視点からすれば、カステルの議論はそれほど目新しいものではなく、かつてのシカゴ学派の議論にやっと辿り着いたともいえる。つまり、先ほどの議論でいえば、「電子的な次元」以外の残りの次元は、かつてカステルが「統合の社会学」として批判したシカゴ学派が議論してきたことではなかったか。

そして最近では、カステルは多様な集団間のコミュニケーションの可能性や課題を実証的に検討するというよりは、規範的な議論を展開する傾向がある。例えば、「人びとが市民として集まり、多様な意見を交わしながら、政治組織に影響を与える空間」として「公共圏」を捉え、それがグローバルに成立し（「グローバルな公共圏」）、グローバルな市民社会とネットワーク国家を媒介していくことでサステナブルな世界秩序が形成されるだろうという規範的な議論を展開している（Castells 2008）。すなわち、コミュニケーションの可能性というテーマにたどり着いたものの、それを探求する為の方法的概念（理論的対象）の構築にカステルは成功していない。それはカステルの課題であり、都市社会学の課題でもある。

以上、カステルの長年にわたる研究の根幹部分に関して、その認識＝方法を検討してきた。カステルは時代ごとの重要なテーマを把握する点で優れた研究者である。その彼が現代において重要なテーマの一つとして考えているのが、多様な価値観、利害をもった人びとを特定の文化に同化させるのではなく、コミュニケーションを生み出し、いかに共生させていくのかというテーマであった。

そして、それを捉えるために、後期カステルは「都市の意味」という概念を用意した。序章の議論とのつながりでいえば、「都市が果たすべき社会的役割」という「都市の意味」それ自体が「都市への権利」の構想であるともいえる。彼はこの構想の争いを視野に入れていた。その点で、現代における「共生」を論じるためには何よりも人びとの意味世界を捉える必要があるという本書の立場に近い。

しかし、カステルはその概念を方法的な概念へと展開していくことに挫折してしまった。その背景には、彼が初期から常に持ち続けている空間認識が大きく影響している。彼は空間というものを物質的に可視化された空間そのものとしか捉えない。また、空間が何か社会的なものに影響をもたらすという考えを空間決定論として退けている。そのため、彼は空間を理論的な対象として捉え、物質的な空間をめぐる意味、関係性、実践などさまざまな要素が意味世界と相互に重層的に関連するという方法＝認識に立たないのだ。

それに対して、本書は、さまざまな空間的な要素を構成要素とするものとして「意味世界」を捉える。その意義については次章で検討していくことになる。

第二章　都市社会学の方法史的検討

本書における意味世界

前章の1節で見たように、現代の都市で問題化される「共生」について、多くの都市研究は物理的な空間変化に焦点を当てる一方で、人びとの「意味世界」をおざなりにする傾向があった。これまでの研究はあまりにも、人びとの意味世界を単純なものとして前提化してしまっていたが、そこを探究する必要がある。そして、それをどのように描き出すことができるのかが、社会学、特に都市社会学に問われている。

本書が想定する「意味世界」は、人びとが日々の思考過程のなかで、また実践のなかで構築する理念的な世界であり、〈同時に多様なものが理念的に存在する〉という意味において、空間的な対象である。そして、その理念的空間のなかには、その人が属する「社会」とはどのようなものなのか、それはどのようにして成立しているものなのか、といった「社会」についての意味づけが存在する。本書では、そのような意味世界における「社会」に着目する。

意味世界における「社会」には、どのような別の「社会」の人と共に生きることを受け容れるのが望ましいかという「共生」に関する規範的な構想も含まれる。つまり、必ずしも同じ「社会」の人間ではないかもしれない／対立する側面を抱えているかもしれないが、それでも互いの価値志向、文化、考え方を尊重、理解し、公的なことがらに関与する「コミュニティ統治」に向けて、より包括的な「社会」を形成していくというビジョンが、潜在的には含まれる。「共生」が問題になる時、意味世界におけるさまざまな「社会」の対立、交流、連携が重要になる。

また、序章で論じたように、本書では、「共生」を社会形成という側面からも捉えている。その点で、どのような方法で、そのような「社会」を形成していくのかという政治的な構想も「共生」には含まれる。そして、このような意味世界は静態的なものではなく、さまざまな条件にともない、動態的に変化していくものとして、本書では仮定している。

このように、意味世界をいかに経験的に捉え、理論的に構築していくかが重要となってくる。その際、意味世界の歴史性、多様性、構成要素といったものが重要になってくるだろう。意味世界は必ずしも静態的、一枚岩であるわけではなく、また必ずしも明示化、言語化されているとも限らないからだ。そこで、本書では、意味世界の歴史性や多様性を捉えるべく、意味世界を支える関係構造を「社会的世界」として定義づける。意味世界がどのような要因で生み出され、変化していくのかという視点を、この方法的概念によって導入したい。

本章の構成

そして過去の都市社会学の遺産との創造的な対話を実現すべく、本章では、都市社会学がこれまで意味世界に類するものをどのように捉えてきたのか、その方法と認識を検討することにしたい。その際、焦点となるのは「空間」である。

前章でも論じてきたように、都市社会学固有の経験的対象として、新都市社会学において注目されたのが「空間」であった。新都市社会学は「空間的単位」と「社会的単位」という論点の重要性を明示化した点では意義があった。しかし、結局のところ、いかなるものを「社会的単位」として考えているのか、その「社会」とは何を指しているのか、どのような構成要素があるのか、といった点についてはほとんど議論を展開してこなかった。また、「空間的単位」が経験的対象であると同時に理論的対象でもあるということは無視されていた。

そこで1節では、初期のシカゴ学派が、意味世界における「社会」を検討することの重要性を早々に指摘していた点、また、そうした意味世界の構成要素を捉える視角ももちあわせていた点で意義があったことを明らかにする。その一方で、生態学的な空間認識に課題があったことも論じる。2節では日本の都市社会学が、前章で明らかにした共生の社会学的問題設定について、部分的にではあるが、日本の開発研究や住民運動論が意味世界を焦点にして論究してきたことを明らかにする。その成果と課題から、「社会」と「空間」が重層的に絡み合う理論的対象として意味世界や社会的世界を捉える方向性を見出すことができる。

3節では、都市社会学という専門分野から視点を広げ、エスノグラフィを蓄積していた人類学に着目する。人類学は人びとの意味世界を捉えようとしてきた専門分野であると同時に、いかにして意味世界を捉えることができるのかということが常にテーマ化していた。近年の人類学では研究者と研究対象者の相互交流がテーマとして掲げられているが、同時に相互交流の難しさが表面化してきている。その困難を克服するために、近年アクティヴ・インタビューという方法が生み出されているが、その意義を明らかにするとともに、どのような課題があるのかを提示する。また、その課題を克服するためには、1節、2節で見たように「社会」と「空間」が重層的に絡み合う理論的対象として意味世界を捉えることが大事になることを論じる。

そして、4節では自覚的に「社会」と「空間」が重層的に絡み合う対象として意味世界を位置づけ、意味世界の歴史性、多様性、構成要素を捉えていくための方法＝認識の手がかりとして、ルフェーヴルの理論を参照する。

1　初期シカゴ学派における「意味世界」

都市社会学の歴史を紐解く際に、やはり参照しておかなければならないのは、現在の「都市社会学」にまで影響を及ぼし続けているシカゴ学派の歩みである。

シカゴは五大湖からミシシッピ川につながる水運の結節点として発展し始め、一八五〇年代には鉄道網の結節点にもなり、人や物資が次第に往来するようになっていった。一八九〇年代までにはシカゴの人口の七八％が移民で構成されていたという記録もある（Mayer and Wade 1969: 152）。急激に産業化が進展していくなかで、無統制の状態で大量の移民が流入した結果、貧困や都市中心部のスラム化などの都市問題が発生していた。そうした状況下で、アメリカ政府は社会的進化論にもとづいて、資本主義の急速な発展を放任し、貧困者や生活困窮者（それは主に移民で構成されていた）の淘汰を是認していた（玉井 2001）。

　こうした状況に対して、社会的弱者の生活状態がどのようなものになっているのかということを明らかにすることを通じて、社会改良に向けた計画を作成しようとするシカゴ学派（第一世代）が誕生することになる。

パークの都市社会学の構想――「意味世界」への焦点

　シカゴ学派は、社会学という専門分野のもと、研究対象者の意味世界をどのように描いたのか？　その構成要素は何なのか？　いかなる経験的現実から組み立てたのか？　どのような共同性があると考えていたのだろうか？

　以上の点を検討する際に注目すべきは、第二世代と呼ばれた社会学者たちの議論だ。もちろん、アルビオン・スモールら第一世代の社会学者たちの社会問題への強い関心と現実への志向性が、その後の都市社会学に大きな影響を与えたことは言うまでもない。ただ、第二世代によって、その宗教的な使命感にかられた改良主義が批判されたように（秋元 2002）、必ずしも「経験科学としての社会学」というアイデンティティを彼らがもっていたわけではなかった。むしろ、その科学性を前面に打ち出し、「都市社会学」という新たな専門分野の創設を目指したロバート・パークら第二世代の議論に注目する方が生産的であるだろう。

　特に理論的な側面から、都市社会学の意義や目的について論じているのがパークであることは周知のとおりである。彼は有名な「社会的実験室としての都市」論文（一九二九年）で、当時のシカゴ学派を理論的に位置づけようとしている。なぜ、彼は「社会的実験室 social laboratory」と表現したのだろうか？　実は、この表現から、彼が「意味世界」を重視していたことを見出すことができる。

　学説史的には、第一世代が、当時、調査協力をしてくれた「ハルハウス」（社会福祉事業を大規模に展開した施設）を「実験室」と捉えていたことと対比して、パークが「都市全体」を「実験室」＝研究対象にしたのだという理解が一般的な理解になっている。しかし、それだけではパークの意図を完全に汲み取ったことにはならない。そもそも、なぜ「社会的 social」という形容詞を付けたのだろうか？　そのことを理解するために、彼の言葉を引用してみよう。

> 都市が人間の創造した世界だとするならば、それはまた人間が今後生活し続けていくように運命づけられた世界でもある。こうして間接的に、そして自分の作業の本質的性格にはっきりと気づかぬままに、人間は都市をつくる作業を通じて自らを改造してきた。都市を社会的実験室として考えるということは、このような意味においてであり、またこのような点に関連してなのである。（Park 1929＝1986: 11–12）

> 新しい社会秩序は、多かれ少なかれ人間の創造物であり、つくりものである。それは絶対でも神聖でもないかわり、実用主義的で実験的である。……社会科学は同様の公平な観察や調査などの手法を用いて、人間自身を統制する方法を人間にもたらそうと現在努めている。政治問題、すなわち社会統制の問題が発生してきたのが都市においてであるように、その問題を研究する必要があるのもまた都市においてなのである。（Park 1929＝1986: 14）

以上の言葉からもわかるように、「実験室」は誤解を招きやすい表現だ。あたかも科学者が何かを調べるために実験室に入り、何らかの実験をして分析するかのような印象を読者に与える。そして「社会的実験室としての都市」と表現されれば、社会学者が「都市」という実験室に入り、何かを調べるために実験するような印象を引き起こすことになるだろう[1]。

しかし、パークはそう考えていたわけではなかった。彼は「人びとも都市のなかで実験をしている」という意味で「実験室」という表現を使ったのだ。「社会」が実験の主体でもあり、対象でもあるような舞台、それが「都市」だと彼は考えている（換言すれば、彼は「実験室」と実験主体の両方が大事であると考えているのだ）。そして、どのような実験をしていると彼が考えていたのかといえば、それは「いかに社会秩序を作るのか」という極めて社会学的な研究課題であった。

この点は些細なことのように見えるかもしれない。結局、「外部視点に立つ社会学者が観察するのだから違いはない」と考える人もいるかもしれない。先に引用した文章も、社会科学があたかも統制手段を「発見」するような文章に読めなくもない。しかし、都市のなかで人びとが秩序の形成に向けて、試みを展開し、そして影響を受けるという想定が社会学的に重要な意味をもつのだ。なぜなら、「秩序」というのは、必然的に、その対象となる「社会」がいかなるものかという想像、規範、意味づけが付随するからだ。また、「秩序」といっても、一義的にその状態を定めることができないものであり、「いかなる性質の秩序なのか」という問題も発生する。したがって、「社会的実験室」の主体を研究者ではなく、都市に生きる当事者に設定することは、「人びとが各々の「社会」をどのように意味づけているのか」という方向に舵を取ることを示唆しているのだ。(2)

パーク自身、このことについて明示的に論じているわけではない。ただ、「都市は、一種の心の状態、すなわち慣習や伝統の集合体であり、もともとこれらの慣習のなかに息づいており、その伝統とともに受け継がれている組織された態度や感情の集合体である」(Park 1925＝2011: 41) と表現した時に念頭に置いていたのは以上の点であることは間違いないだろう。

また、彼は有名な人間生態学の議論のなかで、society と community の区別を行なっている。パークの考えのなかでは、community とは、空間のなかで自然に分化され、秩序化された状態を意味するのに対して、society は人びとがコミュニケーションと合意で作り上げる道徳的秩序を意味していた。(3) こうした区別からも、人びとの意味世界が「社会 society」にとって核となるとパークが考えていたということが分かる。このような理論化の背景には、多様な移民が流入し、激しい変動を余儀なくされている当時のアメリカ社会の現実と、そうした実態に対する改革主義的な彼の立場が反映されているだろう。すなわち、異民族が接触して、コミュニケーションを図り、統制のとれた社会を形成していくべきであるというパークの実践的な意図が込められていたと考えられる。その後、彼の「同化」論は批判されることになるが、社会秩序の形成に向けた「コミュニティ統治」という意味で「共生」を考える可能性をこの時期からもっていたことは注目に値するだろう。

さらに、彼は道徳的秩序である「社会 society」の構成要素として、「コミュニティ community」という生態学的秩序や、経済的・政治的秩序を想定しており、それらが重層的に組み合わさると考えている。「社会は、習慣と感情、習俗とモーレス、技術と文化の社会的遺産」であると彼が定義づける時、想定していることは以上の点なのだ。

したがって、本来、パークの人間生態学という構想は、単に「競争」「闘争」「応化」「同化」といった生態学的秩序ですべてを説明するというものではなく、生態学的秩序をいかに道徳的秩序が制御するのかというところに関心があった(4)。つまり、意味世界とそれを支える社会的世界の関係性に関心が置かれていた。

しかし、生態学的秩序/道徳的秩序を二分法的に把握する空間認識によって、その後のシカゴ学派の研究は偏向していく。道徳的秩序と生態学的秩序を単純に分別してしまうことによって、研究は分化してしまうことになった。さらにいえば、パークにとって、最終的な研究対象は「社会としての都市」であったが、その後、人間生態学をもとにしたシカゴ学派の研究対象は「コミュニティとしての都市」であった。すなわち、研究対象が「社会」ではなく「コミュニティ」に移行する傾向があったため、彼の理論的着想はその後十分に、理論的には活かされることはなくなってしまった(5)。

その後、シカゴ学派第二世代は、膨大なエスノグラフィを蓄積することで「黄金期」を迎えることになるが、必ずしも無理論的な経験主義に陥っていったわけではない。その理論的背景などについての学説史的研究が我が国においても展開されてきたが、「理論的背景—経験的素材—理論的対象の構築」といった方法論的な関係性については十分に問われてきていない。パークが掲げ、十分に展開されてこなかった社会学の構想が、その後どのような方法で、エスノグラフィという形で結実したのかをおさえておく必要があるだろう。焦点となるのは、人びとの意味世界、さらには社会的世界をどのような方法で描き出したのかという点にある。それは単に人びとに話を聞けばいいといったレベルに留まるわけではない。個々の意識の総和を超えた社会的事実としての意味世界をどのような経験的素材から導き出すのかということに関して、正解が存在するわけではない。そうであるが故に、その方法史的な検討が要請される。

ミードの理論的枠組み――空間認識とその影響

初期シカゴ学派は、どのような方法＝認識で「意味世界」を捉えようとしていたのか。このことを論じていくうえで、上述したパークの議論と同等に重要なのがジョージ・ハーバート・ミードの議論である。これまでの学説史的研究においても、無理論的に見えるシカゴ学派に理論的枠組みを提供していたのがミードだという議論がされてきた。ミードは個人がどのような性質をもつことで社会が形成されるかという問題関心から、人びとが相互作用を通じて「一般化された他者」を形成し、社会的な役割を引き受けるという議論を展開したことは周知のとおりである（Mead 1934＝1995）。そして、彼の議論の中核には、「環境」と人間の相互作用があるという指摘がこれまでもされてきた（宝月 1997: 42）。この場合の「環境」とは、さまざまな要素――人間関係や、その土地の文化や、そこで流通する規範など――を同時に包含する「空間」として捉えることができるだろう。人は、そうした「空間」に規定されつつも、その「空間」を認識し、コントロールするという相互作用をミードは理論枠組みに設定していた。

宝月誠が指摘するように、シカゴ学派の研究者たちは明示的にミードの理論を援用しているわけではないが、しかし少なからずその影響を見出すことはできる。特に、ミードの理論枠組みは、シカゴ学派の研究者に対して、人びとがどのような「一般化された他者」＝意味世界をもっているのか、ということを経験主義的に明らかにする方向に舵を取らせた点で意義がある。

ただしその一方で、ミードの議論はミクロな相互作用からマクロな社会が生まれるという考えを暗黙に前提にしているという問題を抱えており（盛山 2011: 105–111）、その点が少なからずシカゴ学派の方法＝認識に偏向をもたらしている。なぜならば、人びととの相互作用から新たに生み出されるものとしてパーソナリティや規範を理論的に設定すると、それらが既存の社会秩序によって制約を受けるという側面を見失ってしまう傾向があるからだ。もちろんパークはミードのような単純なミクロ－マクロ・リンクを念頭に置いているわけではなく、パーソナリティがコミュニティの慣習によって規定されるということは十分に理解していた。ただし、既に成立し流通している表象や規範、物理的な環境や社会関係が人びとの意味世界を相互に規定するという重層的な関係性については十分に注意を払っていない。この空間認識が、上述のパークの生態学的秩序／道徳的秩序という二元的な認識をもたらすことにもなっている。

こうした影響について、ルイス・ワースの論考から以下、具体的に見ていくことにしよう。パーク以降のシカゴ学派の研究者のなかで、エスノグラフィックな調査、分析と理論的な作業の両方をワースほど行なってきた論者はいない。その点で、シカゴ学派の研究者が、経験的対象と理論的対象をどのように扱ってきたのか、どのような課題を抱えていたのかということを分析する際に重要な視座を提供してくれるだろう。

人間生態学的空間認識における意味世界——ワースの議論を参照にして

パークの弟子であり、その後のシカゴ学派の代表的な論者であるのがルイス・ワースであるが、彼の代表的な論文として『ユダヤ人と疎外社会』（一九二五年）を挙げることができる（Wirth 1928＝1971）[6]。この論文で、ユダヤ人自身に問題視されていた「ゲットー」の問題構造をワースは明らかにしている（つまり、マジョリティ側のアメリカ人にとって「同化」が進んでいないという意味で問題だったのではなく、マイノリティ側のユダヤ人にとっても、孤立化することの問題性が意識されていたということなのだ）。

彼はユダヤ人の「意味世界」で構成される「社会」をどのように描いていたのだろうか？　実のところ、『ユダヤ人と疎外社会』では、「共同体」「〇〇系ユダヤ人」といった表現がされるだけで、説明すべき対象としてユダヤ人の「社会」は扱われていない。対象とするユダヤ人たちが宗教的に特異な特徴をもっていたということもあり、その「社会」の境界線は当事者たちにもワース本人にも自明視されていた可能性がある。

そもそもワースはパークとは異なり、「社会」そのものが探求の対象となるとは考えていない。有名な「生活様式としてのアーバニズム」論文（一九三八年）において、「調査研究を有益に進めるための秩序だった一貫した理論枠組み」（Wirth 1938＝2011: 98）が提示されるが、アーバニズムの背景となる「社会」は暗黙の前提となっており、問われることはない。その代わりに、①物理的構造、②社会組織の体系、③パーソナリティの配置が、アーバニズムとどのように相互連関しているのかを探求することが、都市社会学の研究の方向性であると主張している（Wirth 1938＝2011: 109）。

この論文のなかでワースは、人びとの「意味世界」を探求することの重要性は主張していない。彼は、特定の物理的空間のなかで（①）、社会組織の体系が客観的に存在し（②）、そのなかで人びとがパーソナリティを変容させながら（③）、結果としてアーバニズムが生み出される、という単純化した空間認識をもっている。しかし、それではアーバニズムを理論的に偏向したものにおしとどめることに、彼は気づいていなかった。なぜなら、「アーバニズム」それ自体が構築される「意味世界」であるからだ。人びとが①②③の点をどのように意味づけ、そこにどのような「（都市）社会」の文化があるのか、ということを探求する必要があったが、都市空間のなかにアーバニズムが客観的に存在するものとしてワースは理論化してしまっている。これは、経験科学としての社会学という方向性を強く意識し過ぎたために、人びとの主観的意識から独立した対象を捉えようとしたからなのかもしれない[7]。

ただ、ワースは意味世界を全く捨象していたわけではなく、実証的な研究である『ユダヤ人と疎外社会』においては少なからず意味世界を捉えていたことには留意する必要があるだろう。例えば、エスニシティのルーツごとに、ユダヤ人の意味世界における「社会」は分立するものとして彼は考えていた。ロシア系ユダヤ人やポーランド系ユダヤ人は「ユダヤ人」としての同族意識が強く、特定の地域に集住するのに対して、ドイツ系ユダヤ人やスペイン・ポルトガル系ユダヤ人、オーストリア系ユダヤ人は「ユダヤ人」としての同族意識が弱く、地域に分離して生活する傾向があるという形で、同じユダヤ人であっても、全てのユダヤ人が一枚岩の「ユダヤ人」として、同じ社会を形成する人間として、自他を捉えていたわけではないとしている。

また、ワースは単にエスニシティや宗教で意味世界における「社会」が静態的・固定的に区分されたままであると考えていたわけではなく、人びとの生活スタイル、規範、相互作用などを通して意味世界のなかの「社会」が新たに作り出される、という形で「社会的世界」を視野に入れていた。たとえば、シカゴにおけるポーランド人とユダヤ人の関係について、当初は敵対的な関係にあったものの、若年層の接触を通して、商売仲間として「自らをお互いに適応させた」事例などが挙げられている（Wirth 1928＝1971: 277）。単純に社会的世界の構成要素をエスニシティや宗教として考えていたわけではなく、特定の空間で維持・生成される人びとの共同性を構成要素として見出していたと捉えることができるだろう。

また、そうであるからこそ、親世代の厳格な宗教的諸実践を共有しない移民第二世代によって、その意味世界は変動していくとワースは捉えていた。白人社会の価値観などを内面化した若い世代は、親世代の意味世界を相対化して、それまでの儀式や規範を無視するような言動をする傾向があった。また、若い世代は、他宗教の人たちと接触する機会が多いために、従来のようにゲットーに閉じこもるのではなく、ある一定の距離をとった形での交流が頻繁になされるようになっていった（Wirth 1928＝1971: 255–271）。その結果、親世代たちは、若い世代をユダヤ社会の「脅威」として捉え、さまざまな対応策を講じるようにもなる（Wirth 1928＝1971: 266–271）。

このようにワースは、ユダヤ人たちの複数の意味世界や、その対立も描いている。しかし、その描き方は不十分であり、何故そのような意味世界が生み出されるのかということに関して十分に論究していない。結果、対立する意味世界が何故、「応化（適応）」するのかということに関する論理的な説明が一切されていない。

これは、上述したパークの道徳的秩序／生態学的秩序の二分化という空間認識が影響しているのだろう。その両者の重層的な関係性を捉えるという視角がないために、結局、生態学的秩序に還元して現象を説明してしまっているのだ。パークの本来の構想に忠実に基づくならば、秩序が不安定な状況への「応化（適応）」をどのような道徳的秩序がもたらしているのかということを検討する必要がある。その際、生態学的秩序を人びとがどのように捉え、そしていかに道徳的な秩序を作り出しているのかということも、同時に重要な研究課題となるはずだった。しかし、ワースの議論では「応化した」という分析しか示されず、その根拠も十分には示されない。

そもそも、〈応化したかどうか〉という判定は難しい問題だ。応化しているように見えて、実は当事者たちは全くそう思っていないかもしれない。その点で、当事者の意味世界を見ないで判断することは難しい。ただし、意味世界を見れば、全て解決するわけでもない。そこには多様な意味世界が存在するであろうし、分析と意味世界の間にズレがあることも想定される。

そこで、意味世界がどのように存立しているのか、その存立構造である社会的世界を捉えていくということが第一に大事になってくるのではないだろうか。多様な意味世界が存在するとしても、その存立構造を捉え、示していくことで、「応化」しているかどうかという分析者の判断の妥当性を提示していくという稳健な姿勢が求められてくると考える。

だが、シカゴ学派の研究者の多くは、その分析の妥当性を示すことを十分にせず、ミードやパークの枠組みのなかで経験的対象を扱ってしまう傾向があった。

パーク同様、ワースは、社会学の目的は「時間と場所に関係なく見出すことができる人間性の探求」にあると考えていたので、人びとの対立は「人間の本性」にあると単純に考えていた節がある(Park 1929 = 1986: 25-26, 34-35)(8)。そのため、「同化」は困難ではあるが、一定の物理的距離を置くことで、エスニシティ間の社会的距離が保たれ、敵対的な関係というよりは、相互の黙認が可能な関係が形成されると考えていた(9)。

また、基本的にワースは生態学的秩序として「共生」を考えていたため、「共生」という状態に向けて具体的にどのような試みが展開されるのかということに関する分析はほとんど行なっていない。そうした点に関する分析としては、同時期に生み出されたハーヴェイ・ウォーレン・ゾーボーの『ゴールド・コーストとスラム』(一九二九年)がある。

人間生態学的空間認識における「共生」——ゾーボーの議論を参照にして

ゾーボーは、都市が発展していくにつれて、共通の意味世界や習慣をもたない多様な集団が流入し、秩序が不安定になるという事態に着目する。以下の彼の主張は、都市社会における「共生」を検討する上で、時代や地域を超えて共通する重要なテーマを投げかけている[10]。

われわれの政治システムは、同じ地域に住んでいる人々は共通の利害を持ち、それゆえ彼らは十分に信頼できていて、共通の福祉のために一緒に行動するようになるという信念に基づいている。この過程はあいにく大都市についてはあてはまらない。（Zorbaugh 1929＝1997: xv）

すなわち、制度化された民主主義的政治システム（議会制民主主義）は、今も昔も、理性をもったプレイヤーたちの議論によって、自己利害ではなく、公共的利益に向けて合意が達成されることを暗黙の前提にしているが、その困難性をゾーボーは早い時期から鋭く見抜いていたのだ[11]。

そして、ゾーボーは、シカゴのニア・ノース・サイドと呼ばれる地域が「古いものと新しいもの、土着の人と外国人というだけではなく、富裕と貧困、悪と尊厳、因襲的なものとボヘミア的なもの、浪費と困苦というあざやかな対照」（Zorbaugh 1929＝1997: 4）となっていることに注目し、都市が発展し、多様性が増大するなかで、いかに共生を可能にする民主主義を実現することが困難な状況に陥っているのかということについて論じている。

これまでも『ゴールド・コーストとスラム』は、エスノグラフィックな記述が評価されてきた。例えば、「ゴールド・コースト」「貸し部屋」「タワータウン」「暗黒街」「スラム」「リトルヘル」といった「遷移地帯」の人口構成、物理的環境、空間の表象などの動態的な描写。住んでいる人、生活している人の行動や生活スタイル、規範などの内実に迫る記述。こうした記述の「多様性認識」（吉原 1997: 315）が評価されてきた。

しかし、より重要なことは、ゾーボーがその多様性認識から何を理論的に導出したのかということだろう。それは、多様性が増大することで、共同性の形成が困難となり、結果としてさまざまに生じる地域の諸課題を解決するための民主主義的な試みが挫折を余儀なくされるという点だ。

特に、社会解体という都市問題が生じ、既存の民主主義的な制度（議会政治）では解決が難しくなる地域では、それ以外の民主主義的な試み（「社会政治」）が求められてくるが、そうした地域では共同性の形成が困難になるというジレンマが提起されている（Zorbaugh 1929＝1997: 291-299）。「議会政治に見られる政党協議に基づく闘争ではなく、事実に基づく立法を確実なものにしようとする試み」（Zorbaugh 1929＝1997: 293）として定義される「社会政治」の重要性の主張は、政治的無関心、民主主義政治制度の腐敗が起きているなかで、いかに制度外において、政治的な実践を行なっていくことができるかという現代的課題と共鳴する。そして、彼はその困難性を、（都市化の過程にともなう）「コミュニティ」の崩壊による不可避な事態として把握する。それを根拠づけるために彼は、前半のエスノグラフィックな記述で多様な都市的世界を描く。

共生の試みに関する重要な理論的テーマをゾーボーは先駆的に導出しているのだが、その方法＝認識には少なからず問題が伏在している。第一に、以下のコミュニティの定義＝「人々が同じ言語を使い、同じモーレスに従い、多少なりとも同じ感情をもち、同じ態度で行動するような地域」（Zorbaugh 1929＝1997: 256）からも推察できるように、必ずしも人びとの意味世界から共同性を把握しようとはしていない。彼は研究者が外部から「そこにコミュニティがあるかどうか」を把握できるという立場に立っている。したがって、各々のエリアの特徴は詳細に記述されるが、富裕者、アーティスト、貧困者、ギャングなどが自他をどのように定義しているのか、換言すれば、それぞれの意味世界における「社会」がどのように存在するのかということにはほとんど焦点を置いていない。

第二に、アーネスト・ワトソン・バージェスの同心円地帯理論が前提にあることは彼も明示しているところだが、その空間認識が議論に大きく影響を与えている。研究対象である「ゴールド・コースト」は「遷移地帯」として理論的に位置づけられているが、そもそも「遷移」という生物学の概念は、「植物が土地で生育することによる、環境形成作用が主な原因となり、時とともに場所の環境が変化していく現象」を意味している。この概念から、人種や諸集団のさまざまなタイプが「植物」のさまざまなタイプの近似として認識されることになる。その結果、各集団を、植物の種類のように、決して交わることのない、排他的な存在として想定することになり[12]、「社会的距離」がある諸集団が混在しても、各々の集団が孤立化するという十分に根拠づけられない前提、主張、結論が一貫して『ゴールド・

コーストとスラム』を貫いていくことになる。人間が作り出す諸集団や関係性は、植物のように同質的なものとして把握することはできないはずであり、コミュニティ形成の困難性の根拠としては弱い。一方で、エスノグラフィックな調査においては移民第二世代のような状況も捉えているのであって、理論枠組みに強く影響された分析を展開している。すなわち、前半の記述と後半の分析に齟齬があり、後半部での理論的主張がどのような経験的データで検証されたのかが不明なままとなってしまっている。

第三に、ワース同様にゾーボーは、「社会的距離」という概念で親密さを把握しようとしているが、「距離」というメタファーでは集団間の関係性を十分に捉えることはできない。(「遷移」という概念とともに)「距離」というメタファーからは固定的な関係性が想起され、可変的・動態的な集団間の関係性を視野に入れることが難しくなる。つまり、この概念を理論的前提に置いてしまうと、「何故、集団間の関係性はそのようなものになっているのか、また、それがどのように変化するのか」という理論的課題が後景化する可能性が高いのだ。

ただし、当時の人間生態学の議論は必ずしも一枚岩ではなく、すべてが生物学的なアナロジーで、決定論的な議論を展開していたわけではない。例えばロデリック・ダンカン・マッケンジーの『ネイバーフッド』の結論は、基本的にゾーボーと同じで、都市の人口は同質的な文化的道徳的価値をもつ集団で分立するようになるというものだが、「近隣感情」という人びとの意味世界を探求することを通して、移動性が増した都市部における文化的道徳的価値の配置を捉えている(McKenzie 1923)[13]。

しかし、基本的な立場は共有しているため、結局はゾーボーと同じ問題に直面してしまっている。そのことが象徴的に現われているのが、議会制民主主義に対する問題意識、そして都市政治の改革というゾーボーと共通するテーマについての議論だ。マッケンジーは、都市のなかにある区の区分けが人工的であるため、争点をめぐって賛否の比率が異なる複数の投票区を含んでおり、その点で、都市内の人口は自然な集団化をしていないのであり、都市計画などによって修正する必要性があるという主張を彼は行なっている。つまり、「近隣」が「政治的、社会的単位」として組織される必要があるということしか述べていない。結局、彼は、同質的な集団によって「政治的、社会的」単位が形成されるべきという主張を述べているに過ぎないのだ。これは、各集団を植物の種類のように、決して交わることのない、排他的な存在として捉えているために、異質な価値観や規範、生活習慣をもつ集団がどのように秩序を形成していくのかという視点、問題意識が欠落していることに起因する。

小括――初期シカゴ学派の可能性と課題

上述してきたように、初期シカゴ学派の議論のなかには、現在、問題になっているような「共生」のテーマと関連する研究群が存在した。特に、これまで明らかにしてきたように、「共生」を社会学的に分析する際に鍵となる人びとの意味世界にアプローチする方向性が早々に打ち出されていたことは注目に値するだろう。エスノグラフィックな調査から、人びとの意味世界を探求するというパークの構想は、その後の後継者たちの調査姿勢に受け継がれ、さまざまな都市世界の内実がリアリティをもって描かれてきた。

しかし、そうした記述が十分に分析に活かされているわけではなかった。これまでも度々批判されてきた人間生態学的な空間認識が、大きく分析に影響を及ぼしていたからだ。この空間認識に立脚すると、人間の主体性や多様性、さらには空間の種別性を十分に捉えることができない。そのため、意味世界が何を構成要素とするのか、何によって規定されているのか（＝社会的世界）ということが十分に分からず、結局のところ、何故「共生」が困難になるのか、そして何故「共生」に向けた試みが挫折してしまうのかということに関して、十分な分析ができなくなってしまっている。

そのため、「社会的世界」や意味世界における「社会」を、特定の空間で実践を介して形成される共同性などから描き出していたワースも、都市化が進み多様性が増大するなかでの共生の試みが抱える課題をいち早く明らかにしたゾーボーも、結局は生態学的な空間認識に引きずられてしまい、十分な分析を展開できなかった。(14)

2　日本の都市社会学の方法史的検討

日本では欧米ほどには「移民」が継続して大きな社会問題にはならなかったため、必ずしも「共生」というテーマが欧米ほどには都市社会学のテーマとして前景化してこなかった。しかし、人種、民族といった差異ではなくても、階級・階層、社会的属性、社会的利害・価値観などさまざまな差異は存在する。そのように解像度を上げれば、都市開発などのさまざまな領域で、多様な人びとの間で紛争が生じ、それをいかに解決し望ましい社会を形成していくのかという共生の問題が浮上しているし、実際、テーマ化されてきている。

本書では、都市社会において、①いかなる要因で「共生」が揺らいできているのか。②いかなる「共生」が構想されてきたのか。③いかにして「共生」を可能にする社会を作り出していくことができるのか、といった問題設定が重要となることをこれまで指摘してきた。

そのように考えると、「開発」という研究領域は①~③の「共生」に関する問題設定を検討してきたものとして位置づけることができる[15]。開発というものに関してさまざまな立場が存在するのであり、何故再び開発を受け容れる人がいるのか、逆に開発を受け容れない人はどのような構想をもっているのか、開発を契機にどのようなより良い地域社会を形成していくのか、といった点が重要なテーマとして浮上してこざるを得ない。その点で、人びとの意味世界を探求する必要が出てくる。

i　開発研究における意味世界

これまでの開発研究はこの点について、どのような方法＝認識で迫ってきただろうか。このことを考えるうえで導きの糸としたいのが、町村敬志の一連の研究である。これまでの開発研究を総括した町村は、『地域開発の構想と現実』を代表として既存研究が「国家独占資本主義」という「マクロ・レベルの要因」で開発を捉え、地域内の主体が地域開発に同意し受け容れていく過程を焦点に置かない傾向があったことを批判し、構造的な要因だけでなく、「人々の解釈過程を通じて構築される」開発を「ミクロ・レベルの要因」から捉えていくことの重要性を主張している（町村 2002: 8）。

確かに、住民運動論など、「地域内の主体が地域開発に反対し、違和を表明していく過程」についてはこれまでも十分な蓄積があったが、一方で、同意の過程については描かれない傾向があったことは否めない[16]。

これは、本書の視点から捉えかえすならば、既存の開発研究が構造的要因で①の問いに答え、国家的公共性に対抗する市民的公共性という図式で②の問いに答えるという比較的単純な図式で捉えていたことに対する批判であったと捉え直すことができるだろう。人びとが開発を受け容れていく過程を捉えることで初めて、共生をめぐる複雑な様相や困難な課題を捉えることができる。

そして、町村は開発を「思考と行為からなる一つの領域」として位置づけ、何故、開発が「社会の異なるスケールを横断する現象として受け容れられていったのか」という問いを立て、人びとの「了解の枠組み」に着目することで、佐久間ダム開発を研究対象として、その問いを歴史的に探求しようとしている（町村 2011: 15）。

町村の分析は社会運動論の枠組みの一つであるフレーム分析に準拠している。フレーム分析とは、社会運動論の一つの分析手法で、社会運動に参加する人びとの文化的、認知的要因を探求するものだ。町村は「無数に起こる出来事を、自らの生活空間とそれを取り巻く環境の狭間へと選択的に位置づけ、これらに既存のコードを当てはめ、それによって個人がより容易な形で経験を組織化し、行為を導いていくことを可能にするような解釈の枠組み」（町村 2011: 135）としてフレームを定義している[17]。

「フレーム」という理論的対象を設定することで、開発主義のイデオロギーが外部から注入されて、開発が受け容れられるのではなく、人びとの日々の生活の諸実践、慣習、社会関係などと結び付いた形で開発が受け容れられるという側面に光が当てられている。

また、それまでの運動論が焦点に当てていた運動組織、団体の「論理」とは異なり、「フレーム」という視点をもち込むことで、個々人のレベルでの解釈と「論理」の間のズレがいかに埋められるのか、埋められないのかという側面についても光が当てられるようになっている。

しかし、史料上の制約という問題も影響しているのだろうが、仲介者がどのようなフレームを生み出したのかということに関しては分厚い分析がされている一方で、何故、受け手がそのフレームを受け容れたのか、フレームによってどのような主体が生み出されたのかということに関しては明示的ではない。結局のところ、仲介者が生み出したフレームが人びとの解釈フレームと同値され、それが多様な意味を均質化するという形で分析が終わってしまっている。おそらく、町村もその点については自覚的であり、聞き取り調査などから集合的記憶を描き出して、分析を補強している。しかし、集合的記憶とフレームの関係性については十分に論じていない。

このような問題は、多くのフレーム分析が抱える問題でもある。人びとが特定のフレームによって、開発に賛成／反対したということは、フレーム単体の分析だけでは導出できない。そこで、フレームだけではなく、受け手の文化的基盤についての分析も併せて行なわれる必要がある（西城戸 2008）。特にフレーム分析は、フレームが対立する様相を捉えることができる一方で、必ずしも論理が明示化されない様相を捉えるのには不十分なものである[18]。例えば、開発を受け容れた／拒否した後、どのような社会を形成していくのかという構想は、必ずしもフレームとして現われるとは限らない。

また、フレーム分析は解釈枠組みとして設定されるため、複雑な構成要素を内包した重層的な「社会」の構想としては想定されない。そのため、フレーム自体が過程的に形成されることは想定されてはいるものの、どのような要素によって形成されているのか（＝社会的世界）、フレームそれ自体の内容の厚みについては十分には検討されない傾向がある。

後述するように、フレーム分析のような社会運動論の主要な問題関心は「何故、諸主体が運動に動員されるのか」というものであるため、以上の指摘は外在的な批判になるかもしれない。しかし、その問題関心は運動の質や影響を把握するための第一歩であったと考えるならば、意味世界や社会的世界という方法的概念によって、フレームの文化的基盤や、その内実、形成過程を捉えていく必要がある。そうすることで、①いかなる要因で紛争が起きているのか、②いかなる「共生」が構想されているのか（＝いかなる「共生」が公共的なのか）という従来の運動論の問いから、③いかにして「共生」を可能にする社会を作り出していくことができるのか、という従来の運動論の問いの延長線上にある問いをより分析的に探究することが可能になる。

ii　住民運動論における意味世界

開発研究の隣接領域に住民運動論がある。住民運動論は運動主体の「論理」に着目することで、社会構造の負の側面や「公共性」をめぐる争い、そして、社会構想の展望についての分析を行ない、上述した「共生」に関する問いを探求してきた研究群でもある。「論理」という形で意味世界に具体的に迫って研究を蓄積することで、意味世界における「社会」や社会的世界などの論点だけでなく、さらに別の論点を提起してきている。その点について、以下検討していきたい。

日本の住民運動論の特殊性

日本における住民運動論は社会運動論、地域社会学、都市社会学が交差する領域で、独自の理論的貢献をしてきた。そもそも、住民運動は地域性を固有の性質としてもっているということもあり、地域社会を研究対象としてきた地域社会学・都市社会学と親和性が高かった。また、それまでの社会運動理論の有効性が住民運動を研究対象として検証されたこともあり、社会学的運動理論の展開を語るうえで特別に重要な位置を与えるべきものという評価もある（片桐 1995: 62）。

しかし、住民運動論は社会運動論から大きく影響を受けているものの、その問題設定を異にする。社会運動論の問題設定は基本的に運動それ自体を被説明変数に置く。運動の性質であれ、運動の構造的要因であれ、組織間の関係性であれ、運動主体の動員要因であれ、運動それ自体を説明することに主眼を置く。それに対して、住民運動論はそうした社会運動論の理論を援用しながらも、現実の社会問題の構造と、その変革可能性を論じるということに主眼があった。

住民運動論の代表的な論者である似田貝香門は回顧的に以下のように述べている。「社会運動研究プロパーとしてではなく、社会思想史、社会理論、労働社会学、政治社会学、都市社会学、農村社会学、家族社会学など、すでに日本の社会学として一応のプロパーを構築しつつあった領域から、現実問題として取り組まざるを得なかったのである」(似田貝 1986: 3-4)。

特に、六〇年代から七〇年代にかけて、国家主導の大規模開発による社会構造の変化がさまざまな負の効果をもたらしたことにより、その対応と規制を求めて住民運動が発生しており、当時の社会運動の代表的存在となっていた。このような地域変動の激しさと住民運動の多発という点で日本は世界的にも珍しい地域であったため、オリジナルな分析が展開されていった(梶田 1986)。

また、日本の住民運動は、労働運動とは異なる「新しい社会運動」として位置づけられており、住民運動論も「新しい社会運動論」と親和性があった。「新しい社会運動」とは、「管理国家の市民社会への介入に反対し「ポスト・ブルジョワ的市民社会」の創設へと志向するもの」(高橋 1985: 7) として捉えられる「反近代主義的価値観」を内包する運動であり、「新しい社会運動論」は集合的アイデンティティや意味の共有といった文化的側面に着目し、こうした文化的側面を生み出した後期資本主義社会の分析をすることで「新しい社会運動が何故生じるのか」ということを明らかにしようとする研究群である(片桐 1995)。これは資源動員論が「いかにして人びとは運動に参加するのか」「いかにして運動は成功するのか」という how の問いを探求していたのに対し、why の問いを探求する研究であったと位置づけられる。

その代表的な研究としてトゥレーヌやカステルの一連の研究がある(Touraine 1978＝1983, 1981＝1984など)。ともに、運動主体の意味づけに着目し(カステルの場合は中期、後期)、何故、都市社会運動が生じたのか、社会構造の矛盾と連接させた分析を展開している。しかし、意味づけに着目するといっても、研究者側が措定する意味づけにたどりつけなければ、運動が構造に変化をもたらすことはできないという社会変動図式を前提にしてしまっている。それがトゥレーヌの「社会学的介入」の問題であり、（前章で論じた）カステルの「都市の意味」の問題であった。

ただし、こうした議論が日本に直接輸入されるのではなく、彼らの議論より前に塩原勉によって、社会変動論のなかに運動を位置づける試みが既になされていたという文脈があった。塩原は運動を社会変動のエージェントとして位置づけた分析枠組み（仮説体系）である運動の展開過程の一般図式を生み出している（塩原 1976）。「運動の展開過程の一般図式はここで大体議論されているので、あとは内実」（片桐1995: 67）という評価に象徴されるように、日本の住民運動論はこの蓄積を土台にすることで、「何故、運動が起きたのか」「新しい都市問題は何なのか」「どのように運動は社会構造にインパクトを与え得るか」という新しい社会運動論的な視点を既に備えていたのだ。

そのなかでも画期的な研究として、似田貝の一連の住民運動論がある。その後の住民運動論はこの研究に大きく影響されており、この研究の意義と課題を把握しておくことは、日本の都市社会学の方法=認識を検討する上で、有効な導きとなるだろう。

似田貝住民運動論の意義——「論理」への着目

彼の議論の特徴でもあり、その後の住民運動論に大きく影響を与えているのが「論理」への着目だった。何故、「論理」が注目されたのか。それは、「主体性」が隠されたテーマであったからだ。

この点について検討するために、少々長いが、以下の似田貝自身の総括を引用しよう。

一九六〇年代後半以降の我が国の社会運動の実証研究の一つの重要な成果は、次の点にあるだろう。マクロな社会構造の矛盾、危機の内容の析出と、それに対して社会運動を単に対応させるのではなく、社会運動そのものが、矛盾や危機の人間的表現そのものとして把握すべき、と考えるに至ったことである。多様な運動の噴出と多様な担い手の登場がそのことを示している。社会運動の担い手の主体過程の分析は、単に目標達成の組織化をあきらかにするにとどまらず、むしろそのような組織を可能にしていく論理の析出が求められている。つまり、社会における自己の状況の定義づけ、意味づけを行なうことによって、自己を表出していく内容の分析が求められている。それが、社会のマクロな構造の諸問題の生産＝再生産のメカニズムと、脱疎外の道筋を明らかにしていく重要な手懸りである。行為主体とマクロな構造の分析的連接こそが、本来、社会運動研究の基本的な視点であることを今一度指摘したい。（似田貝 1986: 12–13）

社会運動を社会構造の矛盾や危機に単に対応したものとしてではなく、「矛盾や危機の人間的表現」として把握するということはどういうことか。これはすなわち、運動主体が主体的に自らの状況、運動の方針、展望について意味づけ、運動主体として固有の論理（根拠）をもつという主体化が起きることによって初めて運動は可能になり、そして社会変動の展望が切り開かれるということなのだ。そして、社会運動論にとって、換言すれば社会学的研究にとって、こうした様相を捉えることで、構造と主体の両方を視野に入れることが可能になる。

似田貝は自身の方法との関連については明示的には述べていないが、当時の「主体性論争」がこの方法の背景にあったと考えられる。「主体性論争」とは、「どのような主体がどのような根拠で主体的になるのか」というテーマを内包した論争だったが、住民運動を研究対象とする研究者にとっては、この論争から共同態における人びとの主体性への契機が重要なテーマとして導出されたと思われる。なぜなら、近代主義的な思考のもとでは、共同態における人びとには主体性が発揮されないという前提が存在しているため（作田 1971）、地域共同体という共同態のなかにいる住民運動を研究対象とする場合、そのような近代主義的な理論的前提を留保して、どのような主体性がどのような根拠で発揮されるのかという点を探求することが重要となっていたからだ[19]。

ちなみに、ここでいうところの「主体性」とは単に「自己の認識、解放、確立を求める傾向」というような即自的な欲求を意味するだけではない。その即自的な欲求がまさに即自的な欲求として自覚される対自的な欲求という意味も含まれている。

ここで重要なことは、このような主体性が住民運動において明示的なものとして客観的に存在し、容易に把握できるものとしては認識されていないということだ。似田貝は、住民運動の主体が不確定であり、運動の目的意識や方向も不確定であるが故に、社会変動論に位置づけがたいという認識をもっていた（松原・似田貝 1976: 5）。これは当時のコミュニティ形成論が「価値志向型運動」という形で研究者の側が主体的な運動を設定し、意識調査をするという方法＝認識であったことに対する批判でもあった（奥田 1975）。

そこで、似田貝らは、運動の全体的な過程のなかでの運動主体の「論理」に注目し、主体性を把握するという認識＝方法を採用している。運動主体の論理が即自的なものから対自的なものに変化し、正統性を確保し、市民的公共性を打ち出していく過程が「主体性」の過程として捉えられた。また、その過程それ自体が社会変動への道筋として位置づけられたのだ。このように、人びとの「意味世界」に着目することで、構造と主体を同時に射程に収めることが可能になっている。

似田貝住民運動論の四つの課題

しかし、現代の共生をめぐる問いを探求する上で、相互に関連する四点について再考する必要がある。

第一に、「主体／主体性」に対する認識について検討する必要があるだろう。似田貝自身もその後、主体認識の転換を行なっているが（似田貝 2001）、住民運動論では能動的な主体を主体として限定的に認識していた。すなわち、「理性的で自律的な個人が、自生的かつ主体的な判断に基づき他者や自然に対して行為を選択する」という近代的能動的主体を認識の枠組みとしていた(20)。

そのような主体認識の場合、能動的に論理を構築している人が主体であるため、それ以外の明確な根拠があるわけでなく、論理化されていない言動などは視界から除かれる。そのようなものは即自的な段階にあり、対自的な段階に移行すべきものとして捉えられるからだ。しかし、こうした意味の世界が、対立の基礎をなして、その後の展望に影響を与えることも少なくない(21)。

また、主客二元論的に「能動的主体が論理を構築する」様相しか焦点化されていないために、論理や主体性が社会関係のもとで、いかに形成されるのかという側面が見えてこなくなってしまっている。もちろん、運動集団の分類などは行なわれているが、人びと、集団間の相互行為を基底として論理が作り出され、展開していく側面は十分に議論されていない。①いかなる要因で「共生」が揺らいできているのか、②いかなる「共生」が構想されているのかといった問いを探求していく上で、能動的主体を所与のものとして想定するのではなく、主体を関係的に形成されるものとして捉える必要がある。

第二に、これも第一の点と関係してくるが、運動主体の存在と主張の理論的根拠を「住むこと」という点に限定している点も再考する必要があるように思われる(22)。

似田貝の議論が優れているのは、「何故住民運動が起きざるを得ないのか」という客観的根拠を問うことで、当時の社会構造を明るみに出そうとしていただけでなく、それに対抗する運動主体の主張の理論的根拠とはどのようなものかという点についても分析を行なったことにある。具体的には、似田貝はルフェーヴルの議論を参照にしつつ、剰余価値の視点から遂行される開発政策に対抗できるのは、「居住地の本来的目的（使用価値）、そしてその基礎たる生活者の土地所有・利用の使用価値視点」（松原・似田貝 1976: 365）であるという考えから、運動主体の理論的根拠として「住むこと」を提示する。ここでは、単に居住機能を意味する「住む」だけではなく、地域社会の共同性を含んだものとして「住むこと」が意味されている。そして、使用価値視点から形成された共同性から、「公共性」の名のもとで行なわれる開発計画を批判する「批判的公共性」という観念が生み出される、としている（松原・似田貝 1976: 373）。

しかし、その共同性には、そこに住んでいない来街者などは含まれない。また、そこに住みつつ商売をする商業者も共同性は形成しているが、必ずしも住民の共同性と位相が同じであるとは限らない。不平等の状況＝共同性はあらかじめ階級や受益層では措定されない。つまり、研究対象となる地域が「居住地」であれば、「住民―共同性」を単一の組合わせとして想定することは可能かもしれないが、多様な主体によって、多様な意味づけがなされる都市空間を研究対象とする場合、複数の共同性が想定されるため、「住むこと」とは異なる形で共同性を把握する必要が出てくるのではないだろうか[23]。

第三に、これも第一の論点と関わってくるが、それはすなわち、「論理」という意味づけがどのように構成されているのかが分からないということだ。「日常生活の不安→問題点の発見→問題の対象化→論点の整理（理論武装）→課題の整理→運動対象の選択」という形で論理の展開は描かれるが、この展開は達成すべき過程として捉えられることで、各々の論理の構成要素やそれを生み出している社会的世界といったものが十分に論じられず、「論理」というものがどのように存立しているのかが実はよくわからない。

「論理」への着目は「公共性」をめぐる争いを議論していく上で非常に重要な着眼点であるが、その存立を把握することで、対立の社会的背景やその後の展開をより十分に把握することができるのではないだろうか[24]。

第四に、運動主体がその後、どのような「社会」を構想していくのかという点に関する論理が十分には分析されていないという点がある。これは本書の問いである、いかにして「共生」を可能にする社会を構想、実現していくかという点とも密接に関係してくる。

もちろん、運動のその後の展開について議論が全くされていないわけではなく、批判的公共性という運動主体の観念を実現するために、実質的な住民参加をもとに地方自治体をコミューン化することが重要な社会変革の課題として位置づけられている（松原・似田貝 1976: 374-384）[25]。ただし、これはあくまでも研究者の側の構想の提示であり、運動主体がどのような「社会」をどのように実現しようと構想していたのかということについては分析されておらず、結果として、その後の運動の多様な展開をみることはできていない。

以上、住民運動論の画期ともなった『住民運動の論理』の方法＝認識とその課題を見てきた。「論理」という形で運動主体の意味世界に迫りつつ、社会変革への展望を射程に収める日本の住民運動論は、欧米の都市社会学、社会運動論のなかでも異彩を放っている。しかし、以上見てきたように、その課題として、「諸主体をどのような布置連関のもとで捉えるか」「複数の共同性の根拠をどのように捉えるのか」「諸主体の意味世界がいかに構成されているのか」「諸主体の社会構想をいかに捉えるか」という点を導出することができる。

そこで、次に以上の論点について、その後の社会学的研究がどのように取り組んできたのかという点を検討していきたい。

主体への視点――能動的主体と受動的主体

意味世界を探求する際に、主体をどのようなものとして認識し、どのような方法で捉えるのかという点が重要な検討課題であることが導き出された。

地域社会学においては、阪神淡路大震災を契機に、一人暮らしの高齢者や精神障碍者など、住民運動の運動主体のような能動的な主体とは異なる、受動的な「弱い主体」という主体が注目されている。これは似田貝による自己批判的な論文「市民の複数性――今日の生をめぐる〈主体性〉と〈公共性〉」に拠るところが大きい（似田貝 2001）。災害という危機的状況に追い込まれた人びとが身体的、精神的に苦しみを抱えるなかで、いかにそこから立ち上がることができるのかという、従来とは異なる主体性のテーマを彼は見出したのだ。それは、以下の表現に集約されている。「近代的知の主体性が、全体として強さと力の〈能動性〉の原理から論ぜられてきたことに対置して、現代は、痛み・苦痛という人間の弱さ、すなわち〈受動性〉から出発する〈新しい主体性論の構築〉こそが緊要である」（似田貝 2001: 41–42）。

このように主体への視点を変化させることで、能動的主体を扱っていた住民運動論の時とは異なり、受動的存在に寄り添う人びととの関係性のなかから、主体性が立ち上がる様相そのものを捉えようとしている。すなわち、単独の主体を前提にするのではなく、主体が形成される過程を関係論的に扱おうとしている[26]。

ここで重要なことは、「受動的主体」を新しい研究対象の浮上として捉えるべきではなく、研究者の側の認識の変更と捉えるべきであるということだ。例えば、清水洋行は、「一九七〇年代の住民運動研究」が「自立した対等な個人どうしの共同性をみる「強い主体」」という視座に立脚していたとして、「弱い主体」を「新たな主体の胎動」として捉えようとしている（清水 2001）。

こうした視点が問題なのは、「弱い主体」と想定される研究対象を関係論的にみる一方で、「強い主体」と想定される研究対象を単独主体として扱う傾向を生み出しかねないからだ。すなわち、かつての住民運動のような研究対象においても、運動主体を支える支援者集団や制度、言説などとの関係性から、主体の形成過程を捉える方法＝認識もあり得るのだ。もちろん、これまでも組織連関図という形で、組織間の関係性は捉えられてきた。しかし、主体の形成過程との関係において、また、論理（意味世界）の展開との関係において、そのような連関図が分析に用いられてきたわけではなかった。求められるのは、主体の布置連関を射程に収めながら、論理（意味世界）の展開を把握していくことにあるだろう。

そこで次に、論理（意味世界）の根拠に関するその後の研究の方法＝認識を見ていくことにする。

主張の根拠――共同性と公共性（1） 空間に対する意味世界の共同性という根拠

意味世界を探求する際に、主張の根拠をどのようなものとして捉えるのかということも重要な論点となる。「住むこと」という共同性を根拠に設定した初期似田貝の議論に関しては、実際これまでも直接的な批判がある。例えば堀川三郎は、「住むことのもたらす共同性」という把握だけでは不十分であり、個々の具体的な空間に関する人びとの認識を変数に持ち込んだ共同性の把握の必要性を主張する（堀川 2010: 531）[27]。この指摘は重要で、「住むこと」という使用価値からだけでは単純に主体性の理論的根拠、換言すれば主張の正当性の根拠としては十分でない以上、たとえ困難だとしても、別の共同性のありようを実証的に捉え、理論的にその意義を論じていくことも重要になってくるのではないだろうか。

共同性の複数性に関しては近年の地域社会学でも議論されるようになってきている。例えば田中重好はこれまで「共同性」がブラックボックス化され、十分に問われてこなかったことを問題視し、どのような主体がどのような「共同性」を定義しているのかを探求する必要があることを述べている（田中 2010: 77）。田中が指摘するように、これまでの地域社会学が暗黙の前提に置いてきた「同質・閉鎖空間」という条件下での「共同性」とは異なる、「異質・開放空間」における共同性を捉えていく必要がある（これは後述する後期似田貝の議論とも重なる主張だ）。

ただし、田中の共同性の捉え方は少し分かりにくい部分がある。田中は理論的に、共同性の現われ方として、「基礎的条件（①価値・規範、②認識・関心、③感情）」「活動（④行為・活動、⑤関係、⑧運動）」「組織（⑥組織、⑦制度）」「有形の資源（⑨財、⑩空間）」を挙げているが（田中 2010: 72-76）、何よりも重要なのは人びとの意味づけであることに関心が払われていない。つまり、共同性は活動、組織、有形の資源として具体化するが、それを人びとが何らかの「共同」として意味づけていなければ、そこに共同性はない。明確に意識化されていない「共同性」の場合においても（例：制度の共有など）、研究者の側がそこに「共同性」があると判定することも可能だろうが、その判定の際にも人びとの意味づけは重要な要素になってくるだろう。

特に、「空間の共同性」に関して、田中は「私的所有の共同既定や共同管理により、共同の空間が守られてきた」（田中 2010: 76）という一文しか述べていないが、これは本人が問題視していた「同質・閉鎖空間」における「共同性」の現われ方ではないだろうか。空間は「共同性」の現われとして所与に存在するのではなく、人びとの関係性のなかから、「共同のもの」として意味づけられた結果、存在するという基本的な視点をもつことによって、「異質・開放空間」における「共同性」を探求する道が切り開かれていくことになるのではないだろうか。

そのように考えると、先に取り上げた堀川が、「住むこと」という共同性の代わりに、空間に関する人びとの意味世界の共同性から、理論的根拠を構築していく必要性を主張していたのは示唆的だろう。

主張の根拠――共同性と公共性（2）　対自価値という根拠

また、田中はこれまで地域社会学が「共同性と公共性のつながりを見逃してきた」（田中2010: 81）と、学の歩みをやや単純化して捉えているが、それは必ずしも正しくない。先に示したように、初期似田貝の議論は、運動主体の主張の公共性を、使用価値による共同性を根拠に設定していた。これは、当時の地域社会学の他の研究にも見出すことができる姿勢だ。重要なのは、これまでの研究がどのように「共同性と公共性のつながりを見てきたのか」という点を捉えていくことにあるだろう。

そのことを検討する上で、初期の住民運動論の議論の背景には、以下のような認識があることに注目したい。それは、能動的主体が即自的な欲求を対自化することで地域性を克服し、共同性を広げ、批判的公共性は理論的にも、現実的にも根拠をもつという考えだ。

例えば、鈴木広は以下のように述べている。「利害関係者＝当事者の自己意識が第三者や当局に対してより大なる説得力をもつためには主張の「自己」特殊性を「公共」普遍性に転換するに足る高次化の媒介が必要である。いわゆる「価値転換」の要件である」（鈴木 1984: 27）[28]。これは逆にいえば、対自化しない主張は根拠をもたないという考えでもある。それが「地域エゴイズム」という批判であり、結果、対自化されない主張は射程の外に置かれる[29]。

こうした地域社会学の方法＝認識を相対化する論理を打ち出しているのが、六〇年代〜七〇年代の横浜新貨物船反対運動での宮崎省吾だ（宮崎 1975[2011]）。宮崎は似田貝と同様に使用価値視点に基づいた共同性を根拠に主張を展開するとともに、「地域エゴイズム」という批判に対しては、「地域エゴイズム」に留まることこそが重要と考えている。

これまで、「公共福祉」と「地域エゴイズム」は対立する概念としてとらえられ、地方自治体を含むすべての権力は「公共性」の立場に立って、自らの生活を自ら守ろうとする住民運動に強圧的にのぞんできた。……「公共の福祉」と「地域エゴ」を対立させて考える限り、突破口はない。それよりも、この両者が対立させられてきたこと自体がおかしい、と考える方が素直ではないか。そもそも「公共の福祉」が、住民がそれぞれ住んでいる地域がよくなる、あるいは悪くなるのを防ぐということと矛盾し、対立するということ自体がおかしいのである。

（宮崎 1975[2011]: 138–139）

近年でも、道場親信が、宮崎のこの「地域エゴイズム」の論理などに着目して、「七〇年代半ばまでの問題構制は十分に継承されないまま運動史像が創造・想像されて」きたことを問題視している（道場 2006: 253）。しかし、道場は宮崎の議論と似田貝の議論の差異と類似点を分析的に見ているわけではない。

両者の差異は、使用価値に留まり続けることに根拠を見出した宮崎と、使用価値の視点から対自化し共同性を広げることに根拠を見出した似田貝というように捉えることができる。これは実践者、研究者としての両者の立場の違いにも拠るところが大きいが、研究対象の違いにも拠るところが大きいだろう。公害問題に限定して理論化を試みた宮崎と、都市におけるさまざまな住民運動を分類して理論化を試みた似田貝の間で違いが生じるのは当然の話だ。ここで重要なのは、どちらが正しいというわけではないということだ。主張をより普遍的なものに展開させていくことも、自分たちの生活を根拠に主張し続けることも、理論的にどちらが間違っているということではないだろうし、実践的にどちらが有効であるとはアプリオリにはいえない。これはあくまでも主張の根拠に対する認識の問題だからだ。

そのように考えると、両者の議論をさらに相対化する視点があってもよいだろう。その際、両者の議論は社会科学の研究者と実践家の違いを象徴していると同時に、共通点も示していることに留意したい。それは第一に、「能動的主体」という認識を共有しているという点だ。両者とも、能動的な主体（団体）が——対自化するにせよ、使用価値にとどまるにせよ——、価値・欲求を単独で保持、生成、変化させ、そこから意味世界を構築することを前提にしている。第二に、その価値の根拠を共同性に置いているという点だ。

しかし、先の受動的主体論の文脈に位置づければ、他者との関係のなかから生み出される固有の欲求、価値（そしてそれに対する意味世界）というものを想定することができるだろう。愛情、尊敬、生きがい、連帯など、個々人の固有の価値というものは単独では理解できるものではなく、人と人との関係のなかから生み出されるものである。「自分にどのような価値があるのか、どのような意味があるのか」ということを知ろうとする欲求は、真木悠介の言葉を引用するならば、「人間が単なる生命体ではなく、固有に人間的な存在」になるための欲求としての「対自価値」である（真木 1971: 141-142）。これは、住民運動論が想定していた「対自化された即自価値」といった客体に対する批判の根拠ではなく、「自己を価値のあるもの」として主体化する際の根拠である。

これは、個々人が生命、生活の固有性に関心を向けて、その固有性を出現させることこそが公共的であるとする（アーレントの議論に影響を受けた）後期似田貝の議論と軌を一つにする。引用すると、彼は以下のように述べている。「個人の具体的〈生〉の関心＝配慮は、個人的・私的領域であり、その在り方は決して必然＝必要でなく、「偶然性」といえよう。しかし、にもかかわらず、これが〈公共性〉領域であり得るのは、ひとが他者のため処遇する場、ひとが自己を表現する（＝自己決定する）場を創出することもまた、人－間のニーズとして根源的に捉えるからである」（似田貝 2001: 47）。

このように、似田貝自身は受動的主体が立ち上がる局面における、身体のニーズ、生きがいや連帯、といった「共約不可能な」価値、欲求を生み出すことが、公共性の最も基本的な原理であると主張している。

後期似田貝の問題は、共約不可能な公共性を受動的主体と重ねあわせて議論することにあり、これは上述した点と重なる。ここでは別の検討すべき論点を挙げたい。それは、共約不可能な公共性が何故、いかにして生み出されるのかという社会的背景に関してほとんど論じていないという点だ。共約不可能な公共性は「一時、局所的、具体的に」生じるものとして捉えられることで、運動主体の認識にすべてが還元される。新しい公共性についての人びとの意味世界、そして、その理論的根拠については詳細に議論がされる一方で、何故、そのような運動が生まれざるを得ないのか、いかに存立するのかということについては議論がされない。これは震災などの問題を研究対象とする場合には自明のことかもしれないが、あらゆる研究対象において自明なことでは必ずしもない。初期似田貝は、運動が生起する客観的根拠と、運動の主張の主体的根拠を同時に描き出すことを目指していたが、近年は前者の側面が後景化しつつある。従来のような形で、共約不可能な公共性を理論的、実践的テーマとして浮上させる社会構造を描き出すという研究の方向性もあっていいのではないだろうか[30]。

以上をまとめるならば、運動主体の公共性の根拠として、これまで「共同性」が設定されてきたが、今後は「共同性の多様性」に着目する必要がある。その際、空間に対する人びとの意味世界の共同性が重要な切り口となるだろう。

また、近年は、新しい公共性概念のもと、「共同性」とは異なる個々の生の固有性を根拠にした「対自価値」が公共性の根拠として捉えられるようにもなってきている。ただし、それがなぜ人びとに根拠として捉えられるようになったのかという点については十分に論究されていない。

このように「共同性」「公共性」を自明なものとして捉えるのではなく、「共同性」「公共性」それ自体を探求の対象として、その結びつきを捉えていくことが重要になるだろう。

意味世界の構成要素

共同性と公共性の結びつきを問う上で、意味世界がどのように構成されるのかという点も重要な論点となるだろう。検討の素材として、（先の論点において）空間に対する認識から共同性を描き出す必要性を主張している堀川三郎の議論を用いたい。

堀川は小樽市再開発をめぐる運動を長年研究対象にしており（堀川 1994；1998；2000；2010）、環境社会学としての立場からの主張が多いが、六〇年代・七〇年代の住民運動論の後継に位置づけることができる。時系列的に運動側の論理の展開を、行政の論理との対立や運動の担い手の変化などから詳細に論じている重要な研究である。

ただし、堀川は自身の研究の意義を明示的には示せていない。「まちづくりへといたる論理と経路」（堀川 1994: 97）は、従来の住民運動論の研究対象であった反公害運動と街並み保存運動では異なるから、街並み保存運動における「論理」を解明しなければならない、という形で研究の意義を位置づけている。しかし、これはあくまでも経験的な位置づけであって、理論的な位置づけにはなっていない。すなわち、異なる住民運動の論理を何故解明しなければならないのか、その理論的意義は何なのかを示す必要がある。

その答えは、先に述べた「共同性の多様性」という点にあるのではないだろうか。従来の公害のような都市問題の場合、生命、生活のニーズは共同のものとして容易に設定することができたが、街並み保存のような多様な意味づけがあり得る場合、容易には「共同性」を設定することができない。その空間に対して、どのような意味づけが分立しているのかということを捉えていく必要がある。

堀川自身も少なからずこうした点については言及している。「都市に対するイメージや意味はすべての住民にとって同一に見え、等しい意味をもっているわけではない。その都市のなかのどこに住んでいるか、あるいはまた、その人の社会・経済的位置によっても、その都市に対する意味付与は異なってくる」（堀川 1994: 95）と述べる時に彼が想定しているのは、かつての住民運動論が前提にしていたものとは異なる「共同性」の様相なのではないだろうか。

そして、堀川は明示的ではないが、「論理」と「意味づけ」を区別することで、複数の共同性の存立を議論する展望を切り開いている。つまり「論理」というのは、「支持を調達するため」（堀川 1994: 96）のものであり、その背景には多様な意味世界が存在しているのだ。どのような社会層がどのような意味世界をもっているのかを把握することで、共同性の分立状況を描き出すことが可能となり、そこから公共性をめぐる争いを議論することが可能になってくる。そのような試みとして堀川の研究を捉え直すことができるのではないだろうか[31]。

その一方で、堀川の試みの課題を見出すことができる。堀川は、小樽運河の保存を主張する人びとと、道路建設のために小樽運河を埋め立てようとする人びととの間の論理の対立の背景として、小樽運河に対する意味づけを見ているが、結局のところ、〈場所〉と〈空間〉の対立として分析してしまっている。すなわち、「思い入れや記憶、歴史を含んだもの、あるいは個人の生活との関わりで語られる」（堀川 2000: 122）のが「場所」であり、「個人の思い入れや歴史を含まず、土地をただ面積や体積として語られる」（堀川 2000: 122）のが「空間」なのだ。しかし、この分析は平板であり、かつての住民運動論が提示した使用価値vs交換価値の焼き直しに過ぎない。つまり、なぜ推進派の人びとが〈空間〉として見てしまうのか、その意味世界の存立（＝社会的世界）については議論されない。また、〈場所〉としての意味づけは推進側に全く見出せないのかという点も疑問がある。〈空間〉〈場所〉という二つの意味づけがどのように重層的に絡み合って存立しているのかという点を捉える必要があるのではないだろうか。

この問題は、運動の構想に関する分析にも見出せる。次の論点でもあるが、運動がどのような構想をもっているのかという点について、堀川は言及しているが、この分析においても構想の構成要素を見ていない。具体的にいえば、運動側は「道路建設の可否だけでなく、決定の代表性・正当性、再開発戦略の妥当性、あるべき都市像という三つのレイヤーがあった」（堀川 2010: 527）と言及するだけで、その中身までは議論していない。例えば「あるべき都市像」と言っても、都市の物理的状況、社会関係のあり方など、さまざまなあり方があり得るだろうし、そうした構想がどのような要因によって構築されているのかということを捉えていく必要があるだろう。また、堀川は、空間に関する意味づけの多様性を想定しているにもかかわらず、都市空間のあり方に関する構想の多様性を想定していないため、運動に関わる関係者がその多層的なレイヤー（議論の位相）を同じように共有していると考えている。その後の分析で、意味世界の違いによって運動主体の分類をしているにもかかわらず（堀川 2010: 528-531）、その後の社会構想に関しては単一の構想を共有しているような主張になってしまっているのだ。

あるべき方向性としては、それぞれどのような構想が分立しているのか（推進側の構想も含めて）という点と、それぞれの構想がどのような社会的背景によって生み出され、どのような構成要素によって成り立ち、集合的な構想として共有されるようになっているのかを明らかにしていくことではないだろうか。

「構想」への視点（1）　その後の社会構想をどう捉えるか

運動主体がその後の社会構想をどう意味づけているのか、という点は、初期似田貝の住民運動論の重要な課題であったが、この点についても、これまで少なからず批判がされている。例えば、庄司興吉は、似田貝らの議論が「住民的社会変革ビジョン」を明らかにしていないことについて、以下のように批判している（庄司［1980］1986）。

住民運動はその発生理由と存在理由とを明らかにされ、剰余価値に対する使用価値の闘いとして正統性を与えられた。しかしそれでは、この理論によって住民運動が勢いづくとして、その勢いをどこへ向けて持続していったらよかったのであろうか。「社会的所有」や「地方自治体のコミューン化」は良いとして、その具体的な内容を住民はどのように考えていったらよかったし、良いのであろうか。じつはここに、これまでの住民運動論のもっとも重大な未解決部分があったし、あるのではないであろうか。(庄司［1980］1986: 244–245)。

庄司は「ビジョン」の実現可能性は、ビジョンが科学的に基礎づけられているという客観的条件と、ビジョンが生活態度、生活様式、エートスに裏付けられているという主観的条件の両方によって決まってくると考えており、これは検討に値する批判だ[32]。

また、七〇年代初期に真木も以下のような重要な指摘を行なっている。「運動論、組織論、変革主体論などに関する論争が、しばしば不毛にすれちがうのは、じつは論争の当事者たちが、そもそもいかなる未来への変革を志しているのか、その暗黙の価値がそもそも異なっており、あるいは(より多くのばあい)、それぞれの当事者自身の内部であやふやなままにおかれているからである」(真木 1971: 7–8)。

これは二つの重要な論点を示唆している。一つは、運動主体がみな同じ構想を共有しているわけではないのであり、それらの構想を明らかにする必要があること。もう一つは、全ての運動主体がその後の構想を意識化しているわけではないということだ。後者の点は特に重要であり、単に話を聞けば構想を捉えることができるということではなく、研究者と対象者との相互交渉との過程で、対象者のなかで再帰的に構想が捉えられていくということだ。十分に自覚化されていない構想を浮かび上がらせていくことで、運動が置かれている状況や対立の背景を明らかにすることに、研究者が運動にもたらす積極的な効果があるのではないだろうか。

そして、真木は原理論的に、構想を捉える視座を提供している。真木によれば、人びとの日常的な意識のなかで〈未来〉という観念には三つの実践的な意味が存在する。一つは実践がそれに向かって進むべき「目的としての未来」、次に実践がそれを前提せざるをえない「予測としての未来」、そして最後に、目的の未来と情況の未来との矛盾を止揚する実践的な「計画としての未来」の三つだ(真木 1971: 29–95)。換言すれば、構想には、理想像、現状予測、理想と現実のズレを乗り越えるための計画の三つの次元があるのだ。具体的に、「目的としての未来」「予測としての未来」「計画としての未来」がいかに構想されているのか、この三つの次元の構想がどのような関係性のもとで存立しているのかという点は重要な論点になってくるだろう[33]。

「構想」への視点（2）　個人の志向性

また、塩原勉も部分的ではあるが重要な指摘を行なっていたことにも留意する必要がある。塩原は、社会システムのどの構造構成素を変革しようとしているのかという観点から、運動の類型化を行ない、〈価値志向運動〉〈規範志向運動〉〈権力志向運動〉の三つの類型を示している（塩原 1976: 58–59）[34]。塩原は、社会システム構造を「価値―規範―意思決定構造―実行構造―資源」から成るハイアラーキーな構造と考えており、価値志向運動は価値それ以下の構成要素を変革しようとする運動、規範志向運動は規範それ以下の構成要素を変革しようとする運動というように位置づけており、理論的には六類型あると考えている。彼は権力志向運動についてのみだが、以下のように定義づけている。「権力志向運動というのは、既存の意思決定の過程、および／または構造に影響を及ぼして一定の変化を引き起こし、それを通じて実行構造を変え、そして損害を受けた資源を回復したり、望ましい資源を獲得しようとする運動である。意思決定構造の根本的変革から意思決定過程への介入に至るまで、権力志向はさまざまでありうる」（塩原 1976: 58–59）。

塩原の理論は、運動の志向性を分類したラルフ・H・ターナーらの議論に基づいている（Turner 1957：1972）。ただしターナーたちは「権力志向 power orientations」「価値志向 value orientations」「参加志向 participation orientations」という分類を行なっており、塩原の議論とは少し異なっている。「価値志向」とは、「運動が望む社会変化を支持し、正当化するような価値、イデオロギーを社会に普及させようとする運動主体の志向性」として捉えられている（Turner 1972: 269）。また、「参加志向」とは、「運動に参加することそれ自体から満足を得ようとする運動主体の志向性として捉えられている（Turner 1972: 361）。そして、塩原とは異なり、ヒエラルキー的な分類にはなっておらず、全ての運動がこの三つの志向性をもっており、内外の状況変化にともない、どの志向性が前面に出てくるか変わってくると考えている。逆にいえば、塩原は社会構造論と結び付けるために、この志向性をヒエラルキー構造に理論的に位置づけ、参加志向というものを除外したのではないだろうか。

ターナーの分類はあくまでも運動主体の傾向性の分類であり、必ずしも「構想」の分類ではない。ただし、どのような構想にどのような主体が結集するのかということを捉えるために、個人の志向性は重要な視点を提供するものである。

そこで、「権力志向」を「既存の制度を変革することが運動の目的を実現するために重要と考える志向性」、「価値志向」を「特定の望ましい価値を社会に普及することが運動の目的を実現するために重要と考える志向性」、「参加志向」を「運動主体だけでなく、さまざまな人びとが参加すること自体が何よりも運動の目的を実現するために重要と考える志向性」と定義をゆるめておく必要があるだろう。「権力志向」「価値志向」「参加志向」という三つの志向性がどの運動主体、団体にも潜在化し、状況に応じて、その関係性が変化するという視点は依然として重要であるし、その後、十分に顧みられてこなかったのではないだろうか[35]。

もちろん、各々の志向性については、これまでの運動論で部分的には論じられてきている。例えば、片桐新自は社会運動の類型について、社会構造との関連から「体制変革運動」「制度変革運動」「狭義の公的状況変革運動」という形で類型化しており、これは「権力志向」の人びとの構想として捉え直すことができるだろう（片桐 1985: 74）。

片桐は、運動の価値観の一部が、広まっていくことに関しては「潜在的機能」として位置づけており（片桐 1985: 90）、「価値志向」についてはあまり念頭に置いていない。ただ、その後、新しい都市社会運動論が導入されることで「価値志向」の運動にも次第に焦点が当たってきた。例えば、新しい社会運動論の代表的な論者であるアルベルト・メルッチは、運動の効果を政治システムへのインパクトという点から判断する「政治還元主義」には批判的であり（Melucci 1989＝1997: 290）、近年の運動の特徴は「記号」として機能し、「集合行為そのものを体験するための方策」として運動が存在することを主張している（Melucci 1989＝1997: 270）。これは、「権力志向」に対して「価値志向」「参加志向」を顕在化させる運動が近年になって増えてきているという主張として捉え直すことができるだろう。もちろん、これらの志向性が完全に分離独立しているとメルッチは考えているわけではなく、例えば、記号として機能する運動によって、公共空間が創出され、権力と交渉や合意が可能になるということを考えている。ただし、結局のところ、メルッチにしても、片桐や塩原にしても、運動組織の構想と運動主体の志向性を区別しているわけではない。参加志向の主体が権力志向の運動団体に参加したり、その逆もあるだろう。どのような構想にどのような主体が参入するのか、また、構想の変化に合わせて、どのような主体が参入・離脱するのかという点も重要な視点となってくるだろう。

小括

共生をめぐる基本的な問題設定として、①いかなる要因で紛争が起きているのか、②いかなる「共生」が構想されているのか、③いかにして「共生」を可能にする社会を作り出していくことができるのか、という点があり、これを探求するうえで、人びとの意味世界を捉える必要があるということをこれまで論じてきた。

後期資本主義の問題が地域開発という形を介して人びとの生活・生命を脅かし始めた七〇年代から、都市社会学は住民運動論を軸に、以上の問題設定のもと「論理」に着目しながら研究してきたと位置づけることができる。そして、七〇年代の代表的な研究である初期似田貝の研究の課題は、その後の都市社会学にとっても重要な課題として存在し続けているだけでなく、意味世界を焦点にして「共生」に関する問題設定を探求していく上で、重要な論点となる。

第一に、研究対象となる運動主体をどのような主体として捉えるかという論点がある。これは①～③の問いすべてに関わる論点だ。研究対象となる運動主体を能動的主体として単独に取り扱うだけではなく、主体とその他の主体との関係性、言説、空間などとの布置連関を射程に収めながら、論理（意味世界）の展開を把握していくことが重要になるだろう。

第二に、論理の客観的根拠、理論的根拠をいかに捉えるかという論点がある。これは②の問いに主に関連する。既存の住民運動論は、「市民的公共性」の理論的根拠として「共同性」を暗黙に自明視しているが、今後は「共同性」

という理論的根拠について検討する必要がある。なぜなら、必ずしも共同性は単一のものとして従来のように自明視することはできないのであり（特に都市空間の場合）、その「共同性」それ自体がどのように意味づけられているのかを描き出すことが重要だからだ。

また、個々人が生命・生活の固有性に関心を向けて、その固有性を出現させることこそが公共的であるとするアーレント的な「公共性」も、運動の新しい論理として捉えていく必要があるだろう。この場合、なぜ、いかにしてこのような運動が生じるのかという客観的な根拠を捉えていくことが重要になるだろう。

第三に、意味世界をどのようなものとして捉えるのかという論点がある。これも①～③のすべての問いに関連する。まず、運動主体の論理化されていない意味世界を捉えることも今後重要になってくるだろう。なぜなら、都市空間における諸問題の場合、主体によって都市空間に対する意味づけが異なるため、単一の意味づけを共有するというよりは、多様な意味づけが分布していることが想定されるからだ。そうすることで、共同性の多様性に迫ることも可能になる。

そして、意味世界を単一の意味、単一の形態として捉えるのではなく、いかにさまざまな要素によって過程的に構築されているものとして捉えることができるかが重要になってくるだろう。つまり、意味世界がどのような社会的背景によって生み出されたのかという社会的世界を捉えつつ、またその意味世界のなかで主体、社会関係、言説、空間などがどのように配置されているのかを捉える必要がある。

第四に、どのような「社会」を理想として捉え、どのような目的や方法で変革しようとするのか、という運動主体の構想が重要な論点となるだろう。これは直接的に③の問いと関連する。その際に、構想を、理想像、現状予測、理想と現実のズレを乗り越えるための計画の三つの次元として捉えることで、構想の展開を理解することがまず求められる。

そして、運動主体の志向性として、これまでの蓄積から「権力志向」「参加志向」「価値志向」を導出できる。どのような志向性の主体がどのような集合的な政治構想を共有し、運動の展開に即してどのように変化していくのかという点が問われてくるだろう。

運動の展開にともない、構想の志向性や政治空間がいかに変化するのか、そして、各々の構想にどのような課題や可能性があるのかという点を、今後は探求する必要があるだろう。

以上の四点が、意味世界を捉える際に重要な論点となってくるだろう。

3 アクティヴ・インタビューの意義と課題

前節までは「都市社会学」の研究群を検討し、「共生」を論じる際の「意味世界」の捉え方について検討してきた。本節では少し視野を広げて「意味世界」をいかに分析のなかで取り扱うのかという方法について検討していきたい。

そこで、本節では、検討する研究群を社会学という専門分野に限定せず、別の専門分野についても目を配ることを試みる。都市について社会学的な分析を蓄積してきたのは、都市社会学だけではない。特に重要な研究群として挙げられるのが、人類学などで蓄積されてきたエスノグラフィである。人類学は、異なる文化で生きている「他者」を理解するための理論的実践を蓄積してきた。異なる他者を理解、尊重するための実践という意味で、必ずしも「共生」を明示的にテーマにしているわけではないものの、その理論的実践は「共生」を目指すものとして位置づけることができる。

ただし、その一方で、人類学はその方法＝認識について批判を受け、どの専門分野よりも自省的に方法＝認識について検討し、新たな方向性を模索しつづけている。自分と異なる文化に属する人びとの「意味世界」をどのように理解し、記述することができるのかという根源的な問いが繰り返し議論されてきた。それは、本書にとっても重要な論点である。

また、人類学が提起する構想は、かつて社会学においても「似田貝―中野論争」という形で現われていた。その構想をいかに現実の調査方法にしていくのかという点で参考になるのが、研究者と研究対象者が共同でパフォーマティヴに意味世界を構築していくための手法として近年生み出されたアクティヴ・インタビューである。その意義と課題について明らかにすることで、本書の方法が明らかとなるだろう。

ポストモダン人類学の試みとその課題――抵抗論に焦点をあてて

人びとが生きる世界のリアリティについて「厚い記述」を蓄積してきた人類学が、危機的状況を迎えたのは八〇年代であった。というのも、自明視されていた方法＝認識の問題が浮き彫りになったからだ。著書『文化を書く』で、人類学に大きな転回をもたらしたジェイムズ・クリフォードの批判の要点は、人類学者が他者の声を抑圧しているという点にあった（Clifford and Marcus 1986＝1996）。つまり、人びとの生きている社会の「文化」「価値体系」「意味」「構造」……といったものを研究者が一方的に解釈することが可能であるという、方法＝認識の無自覚さが批判されたのだ。

例えば、初期の人類学は、本質主義の立場に立ち、研究対象者である「他者」が、「文化」という本質を有していると想定し、それをそのまま客観的に記述できるという前提をもっていた。そうして、本質としての「文化」は「構造」として描かれるが、その「構造」は人類学者の解釈によって構築されるということになる。また、本質主義ではなく、人びとが意図的に、機能的に文化を構築していると想定し、その機能や意味を明らかにしようとする「設計主義」の立場も、結局のところ、その意味を研究者が構築しているのか、研究対象者が構築しているのかを曖昧にしている（杉島 2001: 15）。

以上のように、研究者が透明で中立的な存在として、対象世界に何の影響も与えることなく、対象世界の意味（それが本質的に存在すると想定するとしても、構築されていくものと想定するとしても）を客観的にそのまま記述できるという、それまでの人類学の方法＝認識が問われたのだ。さらに、エスノグラフィとは研究者が作り出した創作物に過ぎないのではないかというラディカルな批判に直面し、人類学はその地盤が大きく揺らぎ始めることになる。

この危機的状況に直面した人類学者は自身の問題意識を自覚化して、問題設定を打ち立てていく方針を採るようになる。人類学の危機を乗り越えるべく「ポストモダン人類学」として、さまざまな試みが展開されたが、そのなかでも注目すべき試みが「抵抗論」である（Scott 1985：松田 1999）。「抵抗論」とは、植民地支配のなかで、日常生活における植民地の人びとの能動的、創造的なミクロな生活実践（＝抵抗）に着目する研究群である。それまでのエスノグラフィでは、研究対象者の人びとを「彼ら」という形で一枚岩的に受動的に描いてきたのに対して、抵抗論は「抵抗」という個々人の能動性、創造性を多様に描くことを試みている[36]。

しかし、ここでも再び同じ問題が前景化することになる。それは研究者が研究対象者の意味の世界をどのような根拠で描けるのか、分析できるのかという問題だ。すなわち、人びとが意図していない抵抗実践までも、研究者がミクロな抵抗実践として意味づけることにどれだけ正当性があるのか、という批判が抵抗論に投げかけられたのだ（吉岡 2000：太田 2001）。例えば、サブカルチャーの実践から若者の抵抗を導出するディック・ヘブディジに対して、太田好信は以下のように批判する。

> ヘブディジの解釈を正当化するものは何なのか。少し意地の悪い見方をすれば、彼自身がパンクやスキンヘッドたちの「政治的無意識」を、裏付けなしに勝手に読み込んでいるように見える。……人類学が保持し続けてきた学問の信条の一つは、対象の「生きられた現実（lived reality）」を内在的に理解することである。（太田 2001: 67）。

こうして、「異文化についての客観的な記述を乗り越えるために生まれた抵抗論」は、「単にプチブル知識人の願望が投影されたもの」として批判されることになる（松田 1999: 12）。だが、抵抗論を積極的に日本で展開していた松田素二はこうした批判に対して、以下のように再批判する。

> たしかに観察者と現地の人たちとのあいだにある不平等な権力関係は、これまでロマンティックなフィールド

神話によって神秘化されてきた。そのイデオロギーを暴露することは必要な営みだった。しかしそこにとどまっていて、何が生み出されるのだろうかという問題意識が抵抗論の出発点だったはずだ。……なぜこのような問題設定をするかといえば、それは人類学のイデオロギー暴露の次のステップに進むためだ。イデオロギー暴露の結果、フィールドと観察者のあいだには構造的な不平等と絶対的な断絶が生まれた。しかしその断絶は時とともに、いびつに固定化され、相互の通行を遮断する役割を果たすようになる。たとえば、抵抗を「人類学者のかつてな願望」というとき、抵抗はフィールドの人々には閉じられてしまうのだ。（松田 1999: 15–16）

これは、すなわち、人びとの意味世界を研究者が一方的に創作するのでもなく、また、研究対象者が認めたものを意味世界とするのでもなく、研究者と研究対象者が「相互の通行」をすることで意味世界を構築する必要がある、それが人類学の新たな地平の第一歩になる、という構想として理解することができる。そして、研究者と研究対象者は同じような生活の実践を共有する点で同じ世界に生きており、相互交流が可能になる、と松田は考えている。つまり、「生活者の地平」を共有している研究者が「実感」を語ることで、研究者の一方的な分析ではなく、「同じ生活者の地平にたった交流・交感」が可能になるという立場なのだ（松田 1999: 250）。小田亮も同様に、研究者と研究対象者を同じ地平に位置づけることで、一方的・権威的な解釈を超えることができると考えている（小田 2012）。そして、「抵抗を可能性の領域で再構成すること」という形で、抵抗実践を潜在的可能態として位置づけている（小田 2003）。

したがって、抵抗論は、人類学の次のステップとして意味世界の新たな扱い方を構想しているといえる。しかし、その構想を十分に理論的に位置づけることには成功していない。抵抗論の初発の問題意識や意義は認めるとしても、問題の本質である「何を抵抗とみなすのか」という点については、以下のような形でしか対応できていない[37]。

抵抗概念を、あいまいで両義的なものにとどめておくことが有用である。そうしたあいまいな領域のなかに、はっきりとした意志と意図をもたない抵抗が対象化できる。このように抵抗を考える際に、もっとも重要なのは、多様な変革の過程にその主体が関与しているかどうかであり、関与していれば、その実践は行為者の意図にかかわりなく抵抗として定位できる。（松田 1999: 14）

ここで松田は「変革の過程」という基準を持ち出し、その基準に当てはまれば、研究対象者が意図していなくても、研究者は抵抗として意味づけることができる、と主張している。しかし、「変革」というのは研究者の意味づけから自由ではない。何を「変革」とするのかは一義的に定まらないからだ。そのため、結局のところ、一方的に研究者が人びとの実践から「抵抗」という意味を導出するという、従来とほとんど変わらない図式になってしまっている。

「共同行為」を可能にするための試み

以上見てきたように、人類学では、それまでの実践が反省され、研究者と研究対象者の相互交流が可能になるような方向性、立場が構想されている。しかし、その構想のもとで展開される具体的な実践の内実をみると、再びかつてと同じような課題――意味世界を研究者が一方的に記述してしまうという課題――に直面しているといえる。

これは対岸の火事ではなく、「似田貝―中野論争」を経由した社会学も同じ課題に直面し、方向を模索している。「似田貝―中野論争」とは、周知の通り「調査する側―調査される側」の関係性についての論争であり、直接的には意味世界が論点になっているわけではないが、意味世界の取扱い方に関する重要な方向性を示すものとなっている。

論争の基本的な構図は、社会調査という行為が孕む権力性を鋭く問題提起した似田貝が、その解決策として「調査者―被調査者との〈共同行為〉」（似田貝 1974: 7）を構想するのに対して、中野卓が「共同行為」という同一化の契機を孕む言葉に反発し、調査する者と調査される者の間の緊張関係、異質性を消し去ることはできないことを強調するという構図になっている（中野 1975a；1975b；1975c）。研究者が運動者の実践に「コミットメント」することで、「具体的な問題の意味をめぐって、この運動に参与する人々との間に、知識の共有と相互理解が可能となる」（似田貝 1974: 7）という似田貝の主張に、中野は（楽観主義的な）同一化の契機を見出しており、その批判は一定程度正しいだろう。

しかし、中野が想定したような「共同行為」を似田貝が念頭に置いていたわけではなかった。その後の「運動者の総括と研究者の主体性」論文では、運動主体が研究者と交流することで、運動者自身の経験を客観的に把握し思想として〈総括〉することが可能になるという主張を展開しており、「コミットメント」によって研究者が研究対象者の意味世界を代弁できると単純に考えているわけではないことを明らかにしている（似田貝 1977: 25–26）。

似田貝自身は中野の批判に対して直接的な応答はしなかったが、約二〇年後、阪神淡路大震災における被災地の支援活動の研究を経由して、初めて論争について直接的に言及している（似田貝 1996）。そこで明らかになったのは、彼の「共同行為」という構想は、研究対象者の実践に研究主体が直接「コミットメント」して研究対象者の意味世界を把握するというものではなく、研究対象者自身に「コミットメント」することで対話を続け、生み出されてくるテーマを把握し、リアリティのある意味世界に迫るという構想であったということだ[38]。

ボランティア活動から被災者の生活の自立の支援を実現していく方向を選択した多くのボランティアに関わる人々にコミットメントし続けてしか、社会学の実践性は生まれないのであろう。

……現実の問題が示している課題をどのように私たちが受け止めるか、についてもっとリアリティを構築していかねばならない。どうしたら課題が解決するのか。ヒアリングは、単に調査者―被調査者の関係に留まらない。私たちは〈希望〉の可能性への行為を反映している現在の〈絶望〉の具体的状況を把握することから出発すべきである。テーマは、そこに包摂されている。同時にまた、「未検証の可能性」の行為そのもののなかに包摂されていることを、対話によって発見し、共同で構築していかねばならぬところまできている。（似田貝 1996: 59）

引用した文章からも明らかなように、「共同行為」という構想で、似田貝は安易に研究対象者を理解し代弁することが可能になると考えていたわけではなく、研究対象者との交流・対話から協働してテーマを発見し、実践の可能性を検討することができるという考えに立っていたのだ。

中野も「共同行為」という言葉は使わないが、似田貝の「共同行為」と類似の構想をもっていた。「調査者と被調査者との相互信頼の場を発見し、あるいは創造し、調査者の研究生活と被調査者の生活のふれあいを通じ出て現実の示す本質を学び取る」（中野 1975a: 6）ことが社会調査に不可欠と述べており、これは似田貝の構想とほとんど違いはない。

したがって、この論争は「共同行為」という言葉の解釈をめぐり、やや議論がすれ違った部分が大きく、両者が望ましいと考える社会調査のあり方にそれほど大きな違いはなかった。さらにいえば、ポストモダン人類学が辿りついた研究の方向性に社会学の領域は先に辿りついていたともいえるが、その後「共同行為」という点については、管見の限り、十分には検討されてこなかった。

この論争をすれ違いのままに終わらせないためには、佐藤健二が主張するように、「共同行為」という言葉を分解し、「共同」と「行為」がそれぞれもつ射程を捉えることで、今後の社会調査の望ましい方向性を共有するという戦略があり得るだろう（佐藤 2000[2011]: 266）。すなわち、「共同」を単純に同一化が達成されたものとして捉えるのではなく、同一化が困難な状況のなかで目指す自己解放の試みとして捉え、「行為」を個々の行為者の不変の単独的なものとして捉えるのではなく、相互にパフォーマティヴなものとして捉えることが（佐藤 2000[2011]: 266）、より望ましい調査を導く糸となるだろう。

本書では、以上のように再定位した「共同行為」を捉えようとしている研究手法としてアクティヴ・インタビューに着目する。従来のような研究者による一方的な観察、聞き取りでは、意味世界を共同に構築するうえで不十分であるという問題意識から、対話型のアクティヴ・インタビューという新たなインタビュー方法が近年提唱され、用いられてきている。これは、人類学、社会学がたどりついた構想を押し進めていく上で、重要な方法になってくると考える。

何を、どのようにして見たら意味世界を捉えたことになるのか、ということに唯一の解答があるわけではない。また、研究方法は研究者の問題意識、問題設定、研究対象に依存するのであって、マニュアル化できるものではなく、個々の研究者の技法に委ねられる部分が大きい。しかし、技法を生み出していくうえで、これまでの試みから学べることはたくさんあるだろう(39)。

そこで次に、アクティヴ・インタビューという方法に着目して、その意義や課題について検討を加えたい。やや結論の先取りになるが、本書の「意味世界」の捉え方はアクティヴ・インタビューの課題を乗り越えようとするものである。

アクティヴ・インタビューの概要

従来のインタビュー方法は客観性、中立性を重視して、研究者は意見をできるだけ表に出さず、自らを透明な存在にすることが望ましいあり方と考えられてきた。そうであるが故に、エスノグラフィにおいても、研究者の存在はほとんど見えてこなかった。しかし、上述した人類学批判や「似田貝―中野論争」にも見出せるように、そうした方法の客観性、中立性に疑問が呈されるようになった。

そして、研究者とインフォーマントが相互に交流するという方向性が共有されつつある。その具体的な試みとして、注目すべきなのがアクティヴ・インタビューという手法である。研究者とインフォーマントが互いに能動的に関わり合い、情報を構築するというもので、近年、多くの研究分野で直接的、間接的に用いられるようになってきている。

アクティヴ・インタビューを提唱したジェイムズ・ホルスタインとジェイバー・グブリアムは、以下のようにそれまでの一般的なインタビューの前提について疑義を呈する（Holstein and Gubrium 1995＝2004）。

Ａ　調査対象者は基本的に受動的な「回答の容器」ではない
Ｂ　研究者と研究対象者がコミュニケーションを介して意味を構築する側面を無視している
Ｃ　研究者も研究対象者も変化することを想定してない

まずＡの点について、これまでのインタビューの暗黙の前提として、研究対象者は経験的事実や意味の「貯蔵庫」

という想定があった（Holstein and Gubrium 1995＝2001: 29）。そのため、適切な環境のもと、適切な質問を研究者が行なえば、「貯蔵庫」から中身を引き出すことができるという認識があったといえる。

これは重要な指摘であり、研究者が一方的に意味を構築することを批判していたポストモダン人類学の死角である。すなわち、研究者の一方的な解釈を批判する一方で、研究対象者のなかにあたかも情報や意味が客観的に存在していると考える傾向があったからだ。

例えば、ジョナサン・スペンサーは意味世界の多様性を提示する試みの重要性を以下のように指摘する。

研究者が自らの解釈を書くのは最後の段階である。むしろ、エスノグラフィの諸主体が自らの自己表出に積極的に関われるような方法を工夫することの方がより生産的であるだろう。（Spencer 1989: 159）

確かに、研究者の解釈の前に、意味世界の多様性を描き出すことは重要であるだろう。多様な見方を提示していくことから対話が生まれる可能性があるからだ。ただし、多様性を描き出すという試みは、「複数の意味世界が客観的に複数の主体に存在する」という実在論を前提にしている。そうであるが故に、研究者は解釈をする前に、できるだけさまざまな工夫をして、複数の「貯蔵庫」から意味を引き出せるような環境を整え、意味を引き出し、引き出した意味に解釈を加えるという構想がされているのだ。

しかし、ホルスタインらは研究対象者の意味づけは研究対象者の心の中に常に保存されたまま、研究者から導き出されるのを待っているようなものではないと考えている。

ここでBの論点になるが、彼らは「インタビューという行為が、一般的には回答者の内部にあると思われている意味それ自体を作り上げることに、深く、しかも不可避的に関わっている」（Holstein and Gubrium 1995＝2001: 20）という立場に立っている。つまり、意味世界のようなものは何か適切な質問を出せば導き出せる固定的な実在ではなく、研究者と研究対象者がコミュニケーションを介して、共同に構築していくものとして考えている。

これまで、研究者の介入は、中立性、客観性の観点からできるだけ排除されるべきものとして想定されてきた。しかし、結局のところ、研究者の問題意識のもと、インタビューの場が設定され、会話のトピックが選択され、研究者の解釈が必ず入り込む以上、そこに中立性、客観性という基準を持ち込んできても、あまり生産性がなく、むしろ研究者と研究対象者がそのプロセスにおいていかに共同に関与していくのか、その記述や分析が目指されることになったのだ。そうであるが故に、アクティヴ・インタビューという方法論のもとでは、インタビューのイメージは以下のように大きく転換することになる(40)。

対象者は封を切られるのを待っている容器というイメージではなく、むしろ反対に、対象者は自分の解釈能力を活性化し、刺激し、育むべきものとして捉えられる。つまりインタビューとは、公式的にそして体系的に対象者自身の解釈能力を活性化するものとして一般的に認められた機会なのである。(Holstein and Gubrium 1995＝2001: 51)

このことは、Cの論点につながってくる。すなわち、研究対象者は変化していく主体であり、特定の意味づけを所有したままであるというよりは、研究者との対話を通じてその意味づけを変える主体でもあるということなのだ。例えば、研究者によって質問されたことを契機に、再帰的になり考えを変えることもあるだろう。また、状況の変化にともない、その後、以前の回答とは異なる回答をすることも考えられる。

変化する主体は研究対象者だけではなく、研究者もそうである。研究対象者の回答からそれまでの問題意識や想定が変化することが想定される。また、多くの研究対象者の回答を得ることで、新たな問題意識が生み出されることもあるだろう。したがって、意味の構築作用というものは絶えず継続的に展開するということを念頭に置いておく必要があるのだ。それ故、文脈の変化や自己言及性に対応できるようなインタビュー形式が求められることになる。

以上のような点は、これまでも部分的には認識されていたかもしれないが、アクティヴ・インタビューはそれを明確に意識した実践となっている(41)。

アクティヴ・インタビューの意義と課題

意味世界を共同で構築していくという構想を実践に移す際に、アクティヴ・インタビューという手法は検討に値する重要な手法となっていることを、明らかにしてきた。

また、この手法を用いることで、意味世界の変化やその背景というものも視野に収めることができるというメリットもある。ホルスタインらはこの点について、以下のように述べている。

> 標準的なインタビュー方法は、回答者がどのようにしてインタビューのテーマや質問に志向するかについて、しばしば根拠のない想定をしてしまう。この想定に基づいて進んでしまうと、回答者たちが物語と物語を結び付けたり、意味の地平を作り上げたり、つまり、回答者たちが今問題になっている解釈的な課題に対していつも志向しているといったアクティヴなプロセスを無視してしまうのである。(Holstein and Gubrium 1995 = 2001: 150)

研究対象者がどのような意味世界をどのような要因で構築しているのかを、研究者と研究対象者の会話から可視化する点で、アクティヴ・インタビューが有効であるという主張がなされている。

しかし、この方法からどのように意味世界を構築していくのかということについては、まだ十全には示せていないのが現状である。なぜならば、個人個人の「物語」から、研究者と研究対象者が共同的に、個人の意味世界の背景を可視化し、探究することは可能になるとしても、そこからその個人の意味世界をいかにメタ化していくのかという点がほとんど念頭に置かれていないからだ。すなわち、アクティヴ・インタビューは個人の意味世界を共同で構築していく手法としてアウトラインは示せているが、そもそも、集合的な意味世界を共同に構築していく手法としてはあまり想定されていない。

ホルスタインらの目的は、何らかのマニュアルを提示するということではなく、「インタビューをめぐるさまざまな問題を意識化させ、明示化するための概念道具」（Holstein and Gubrium 1995＝2001: 24）を提示することにあったため、以上の点がアクティヴ・インタビューの根幹を揺るがすような大きな課題であるというわけではない。ただし、結果として、アクティヴ・インタビューを用いる多くの研究がこの点を念頭に置いておらず、集合的な意味世界やその存立に目が配られていないということに留意する必要がある（西村 2001；韓 2006）[42]。

ある社会の特定の成員の意味世界と、その社会の成員に共有される集合的な意味世界との間に明確な区別をつけることは難しく、集合的なものをどのように理論的に構築していくのかということに唯一の正しい解答があるわけではないだろう。ただし、意味世界がどのような要素によって媒介され、人びとに共有されるようになるのかという点は主題化すべきであり、アクティヴ・インタビューの可能性をさらに広げることになる。

その際に、個々の意味世界の構成要素／規定要因に着目する戦略が重要になってくるだろう。ある個人の意味世界を構成する／規定する要素が他の場合ではどうなのかという観点から、対話を進め、多くの人の意味世界を構成する／規定する要素を明らかにしていくことが可能になるだろう。そうすることで、意味世界がどのように存立し、そして共有されるようになっているのかというテーマについて論究することが可能になる（当然、その集合的な意味世界の構築にあたって、研究者が一方的に構築するのではなく、対象者と共同で構築していくことが望ましい）。そこで、都市社会学が蓄積してきた意味世界を空間的に捉えるという視点が重要になってくる。この視点をもつことで、個々人の意味世界の構成要素、多様性、変化といった様相を捉えることが可能になり、そこから集合的な意味世界というものを構築する道が切り開かれると考えるからだ。

本書は以上のような点を意識しながら、第三章以降の事例分析でアクティヴ・インタビューの手法を用いる。ただし、アクティヴ・インタビューを用いる研究の多くが、各人の膨大なインタビュー記録を掲載する傾向があるが、本書はあくまでもアクティヴ・インタビューを分析のために用いるので、膨大な記録の掲載は行なわない。

4　本書における「意味世界」の視角

本章の1節、2節で都市社会学のこれまでの歩みをたどってきた結果明らかになったのは、「社会」と「空間」が重層的に絡み合う理論的対象として、意味世界や社会的世界を捉える方向性をこれまでの研究は内包していたということである。シカゴ学派が捉えようとしていた意味世界のなかで、空間的な諸要素と「社会」は結び付けられていた。また、日本の都市社会学においても、意味世界のなかで主体、社会関係、言説、空間などがどのように配置されているのかといった点が研究課題として浮上していた。

そして、このような視角が、近年、エスノグラフィの理論的、方法論的課題を乗り越えるべく打ち出されたアクティヴ・インタビューをさらに強化させていく上で重要な視角となってくることを3節で明らかにした。

ただし、これまでの都市社会学研究は自覚的にそのような捉え方をしているわけではない。「空間」を単に経験的なものと安易に前提にするのではなく、理論的対象として捉え、構想するという形で社会学的想像力を発揮する必要がある。かつてカステルは、社会的単位と空間的単位の一致に都市社会学の固有性を見出すことを試みていたが、「社会」と「空間」がどのように重層的に絡み合っているのかということを理論的、実証的に明らかにすることに固有性を見出すやり方もあるのではないだろうか。

そこで本書では「社会」と「空間」が重層的に絡み合う理論的対象として、人びとの意味世界を考える。「自らが属する「社会」とはどのようなものなのか」「その「社会」はどのようにして成立しているものなのか」「その「社会」の境界線はどのようなものなのか」といった「社会」についての意味づけとしても「意味世界」は存在する。ここで言うところの「社会」とは、必ずしも明確に客観的に措定できるものではなく、人びとの意味世界のなかで想定される共同性として捉えている。正確に述べるならば、本書が捉える「社会」とは、①「持続的な相互行為の集積」、②「社会関係のシステム」、③「共属感情」を構成要素とするものとして捉えている（富永 1995）。ただし、これは

「社会」という経験的実在が存在する条件ではない。盛山がいみじくも指摘したように、「社会」とは経験的実在の領域ではなく、理念的実在の領域に存在する。すなわち、「そこに社会がある」という人びとの意味づけが最も重要なのである（盛山 2011）。

これまで明らかにされた「共生」の問題設定は、この「社会」概念を導入することで、より分析的に論究することが想定される。「意味世界」における「社会」は第一に理念的に空間的な対象である。なぜならば、どのような「共同性（社会）」を想定するにせよ、そこには必ずその「共同性（社会）」の「境界線」が存在するという点において、その意味世界は空間的な対象であるからだ。例えば、「自らが属する「社会」の成員はどのような人たちか」ということに関しては、そこには必ず「他の社会の人びと」が存在する。その点で、その意味世界はある種の空間的な対象だ。

第二に、意味世界における「社会」は、経験的にも空間的な対象である。なぜなら、その意味世界は空間のなかにおける実践によって想定される場合もあるだろうし、空間のなかでの社会関係や空間に関する規範・言説などで想定される場合もあり得るからだ。このように、意味世界と空間的な要素が相互に密接に関連することが想定される。その関連の仕方は一義的に定まるものではないため、経験的に明らかにする必要がある。本書では、意味世界を支える社会・空間的な構造を「社会的世界」という概念で捉えることを試みる。ただそれは単純に経験的に開かれるというのではなく、「意味世界（社会的世界）」の歴史性、多様性、構成要素を捉えていくための方法＝認識の手がかりも必要であるだろう[43]。

本書では九〇年代以降の社会科学における空間論の隆盛の中心となったルフェーヴルの理論を重要な参照点としたい。彼は、時に困惑するような論述を展開するために、管見の限り、彼の理論は十分に理解されていない。しかし、彼の議論は「意味世界」の歴史性、多様性、構成要素を捉えていく上で一つの重要な手がかりを提供してくれる。そこで、ルフェーヴルの空間論（「空間的実践」「空間の表象」「表象の空間」という概念）が何を明らかにすることができたのか、これまでの解釈がいかなる問題点を抱えていたのかという点を提示する。

ルフェーヴルは、マルクス主義的な問題意識を発展させ、「社会秩序が空間的に形成されると同時に、空間の物神崇拝が進行している」という考えから、空間が社会的に生産されている過程を明らかにしようとする。そうすることで、空間を媒介して再生産される社会秩序を捉えようとする。

彼は、大著『空間の生産』において、空間の成立契機として「空間的実践」「空間の表象」「表象の空間」という三つの契機を提示する（Lefebvre 1974＝2000）。多くの論者がこの概念に着目し、解釈を試みてきたのは、ルフェーヴル自身がこの三つの概念とその関係性について明確に体系化した議論を展開していないにもかかわらず、全体を通して度々重要な概念として使用し、空間が生産される契機を鋭く分析しているからでもある。

空間を「知覚されるもの physical space」「思考されるもの mental space」「生きられるもの social space」という三つの次元から捉えるアイディアは、ニーチェやハイデッガーの議論を借用したものという評価もあり（Merrifield 1995）、必ずしも斬新なものであるとはいえないだろう。しかし、ルフェーヴルは彼らの議論を活かすべく、方法論的にこれらの概念を生み出したのだが、近年に至るまで、彼の試みはほとんど評価されていない。

そこで、本節では、ルフェーヴルが提示する「空間的実践」「空間の表象」「表象の空間」という概念について検討し、どのような展望を切り開くことができたのかを明らかにする。そうすることで、これらの概念が「意味世界」の歴史性、多様性、構成要素を捉えるうえで重要な方法＝認識となることを示す。

プラティックとしての「空間的実践」――社会関係の創出

まず、「空間的実践」について、これまでの解釈はいかなるものだったのかを明らかにしよう。町村敬志は以下のようにまとめている。

> 「空間的実践」とは、それぞれの社会における生産・再生産の諸関係を人々が無自覚のうちに空間や場所へと反映させていく過程であって、空間に関わる多くの営みがこれに含まれる。（町村 2007: 234）

ルフェーヴルが論じる「空間的実践」はフランス現代思想が生み出した「プラティック」であって、一般的な意味として解釈される「プラクティス practice」やマルクス主義的な意味での「プラクシス praxis」ではないのである。すなわち、「実践」という言葉に付随しがちな、目的意識的な行動を意味しているのではなく、慣習的な行動を意味している。そうであるがゆえに、町村は「無自覚のうちに」という重要な論点を挿入しているのである。いみじくもルフェーヴル自身以下のように述べている。

> 空間的実践は歴史の過程で洗練化されるが、この空間的実践の中で、また空間的実践を通して、直感がまず強化され、ついで衰退するという過程を経て、習性へと変容する（Lefebvre 1974＝2000: 361）。

こうした点はアメリカの都市社会学ではほとんど認識されてきていない。ルフェーヴル解釈の第一人者として、近年台頭してきたロサンゼルス学派の中心人物の一人であるエドワード・ソジャは「空間的実践」を spatial practice と翻訳し、以下のように定義づける。

> 空間的実践は、「生産と再生産を、そしてそれぞれの社会構成体を特徴づける特定の場所と空間の集合を含んでいる」空間性を生産するものとして定義される。……社会空間性の物質的形態を生産する過程としての空間的実践は、それゆえ人間の活動・行動・経験の媒介・帰結として提示される。（Soja 1996＝2005: 86–87）

このように、「プラティック」としての側面を切り落として、空間のマテリアルな次元を生み出す目的意識的な活動として捉えている。

また、「空間的実践」は、単にマテリアルな環境を生産する実践活動を指し示しているのではない。先の町村の「反映する」という表現も、ソジャよりは適切に捉えているものの、ルフェーヴルの趣旨を理解しているとはいえない。なぜならば、ルフェーヴルは、マテリアルな環境に社会関係を反映させていく（建造するという活動も含まれるだろう）だけでなく、社会関係がそこから創出されるという側面も含めているからだ。

そうであるがゆえに、ルフェーヴルは「社会の空間的実践は、社会の空間を分泌する。それは弁証法的相互作用において、社会の空間を提起し、その空間を前提とする」（Lefebvre 1974＝2000: 82）と述べ、近代の空間的実践を分析するならば、郊外の低所得者住宅の住民の日常生活を研究対象にすればいいと論じているのだ。郊外の低所得者が、マテリアルな環境を作り出す典型的な主体であるというわけでは当然ないので、町村やソジャの定義づけは正しくないことが分かる。そして、近代の都市空間の象徴的な場所としてルフェーヴルが捉える郊外において、人びとがどのように社会関係を、空間を介して維持・創出するのか、その「社会－空間弁証法」について、「空間的実践」という概念で捉えようとしていると考えられる。「実践」という訳語を選んだ『空間の生産』の訳者の斎藤日出治は、「空間的実践は、現実の生産と再生産の諸関係を場所や空間に映し出し、それらの諸関係を創出する」と、この点については的確な主張をしている（斎藤 2000: 623）。

こうして、「空間的実践」という概念の構成要素として、「プラティック」という側面、社会関係との相互作用関係（弁証法的関係）があることが分かった。したがって、その「実践」のなかには、日常生活の身体的実践からマテリアルな環境の創出までが含まれると考えられる。ルフェーヴルが「空間的実践」を「知覚されるもの」と時折り言い換えることから、「マテリアルな環境を生産するプラティック」として、これまで安易に捉えられる傾向があったが、そうした読解では彼の議論を矮小化してしまうことになる。

ただし、これで「空間的実践」というルフェーヴルの概念について、彼の意図の全てを解読したことにはならない。なぜならば、他の概念である「空間の表象」「表象の空間」との関係性を明らかにしていないからだ。例えば訳者の斎藤は、無意識的な「空間的実践」は、意識的な「空間の表象」「表象の空間」を介することで対抗的な空間の次元を不可避に生み出すという解釈を提示する（斎藤 2000: 624-626）。しかし、これでは後述するように、ルフェーヴルが構想していた「空間的実践」「空間の表象」「表象の空間」の三次元的な弁証法的関係を、「空間の表象」と「表象の空間」の二元的な弁証法関係に縮減化してしまうことになる。

その点を明らかにするためにも、次にルフェーヴルが空間編成の契機のなかで最も支配的な契機として捉えていた「空間の表象」という概念について検討することにしよう。

「空間の表象」――思考される空間

「空間の表象」という概念は、それほど難解なものではないため、ルフェーヴルの主張と、その後の数々の解釈との間にほとんど差異はない。そこで、ルフェーヴルの主張に即しながら、「空間の表象」について明らかにしていこう。

> 空間の表象。つまり思考される空間。科学者の空間、社会・経済計画の立案者の空間、都市計画家の空間、区画割りを好む技術官僚の空間、社会工学者の空間、ある種の科学的性癖をもった芸術家の空間、これらの空間はすべて、生きられる経験や知覚されるものを思考されるものと同一視する。……これが、社会における支配的な空間である。（Lefebvre 1974＝2000: 82）

すなわち、「空間の表象」とは、空間に関する認識、空間をめぐる記号、空間に対する規範といった「言説空間」（思考される空間）を指し示している。上述したように、訳者の斎藤日出治は「空間の表象」を意識的なものとして捉え、「空間的実践」と対照的な位置づけを与えており、「空間的実践」は必ずしも意識的なものではなく、無意識に身体化している規範や認識なども含むものとしている。

そして、ルフェーヴルの議論の眼目は、この「空間の表象」が空間の生産において支配的な位置を占めているという点にある。「空間の生産者はつねに空間の表象にしたがって行動してきた」（Lefebvre 1974-2000: 89）と論じるように、物理的空間を生産する技術者や官僚などの諸アクターは、空間の認識、記号、規範をもとに計画を策定し、実行する。そして、その「空間の表象」に人びとの諸実践や、後述する「生きられる空間」＝「表象の空間」は含まれていないということに、ルフェーヴルは一つのプロブレマティークを設定している。すなわち、「空間の表象」は知識＝権力として体系化される一方で、各ローカルの慣習・文化などから分離することが問題化されている。

そこで、「空間の表象」と対立するものとして描かれる「表象の空間」について明らかにしよう。

「表象の空間」――規範的、集合的、歴史的な意味空間

「表象の空間」という概念は、「空間の表象」とは対照的に、難解な概念である。「空間的実践」が「知覚される空間」と表現される一方で、「表象の空間」は「生きられる空間」と表現されるが、その違いは分かりにくい。そのため、その後の多くの論者の解釈も、彼の主張をほとんどなぞったままのものを展開している。

「表象の空間」とは、映像や象徴を通して住民や「ユーザー」によって直接に生きられる空間である。それは空間的実践と異なり、受動的に経験された空間ではあるが、想像力を支えに象徴を駆使することによって物理的空間を覆い尽くすことができる。（町村 2007: 236）

それは〈空間の表象〉のように思考される空間の領域ではなく、映像や象徴を介して直接に生きられる経験の空間領域である。それは芸術家や文学者が芸術作品や文学作品を通して自己を表現する空間であり、ユーザーや居住者が生活を営む空間である。（斎藤 2000: 624）

使用を通じて長期間にかけて作りだされ、修正された空間であり、象徴や意味を付与されたものである。（Elden 2001: 816）

これらの引用は、「表象の空間」についてのルフェーヴルの定義づけをほとんどそのまま引用しているため、ルフェーヴルの主張をここで引用するのは控えよう。しかし、上記の解釈のように、「生きられる空間」という言葉をそのまま額面どおり受けとってはならない。なぜなら、「個々の生活者には個々の生活空間があり、多様な意味づけが与えられており、各々の生活者によって生きられる空間が存在する」といったような意味合いをルフェーヴルは意図しているわけではないからだ。「空間の表象」と対置するかたちで「表象の空間」を提示しているため、「官僚や技術屋が頭の中で考えた計画に対立する、住民たちの生活空間」という理解が生み出されてしまうが、ルフェーヴルの意図は少し別のところにある。

彼が「表象の空間」について言及している部分を幾つか拾い集めてみよう。

表象の空間。これは複合的な象徴体系（それは規範形成をともなうことも、ともなわないこともある）において具体的に表現される。これは社会生活の闇の、地下の側面とも、また芸術とも、結びついている。芸術は、ときには空間の規範としてではなく、表象の空間の規範として定義することができる。（Lefebvre 1974＝2000: 75）

表象の空間は、いかなる統合にも、いかなる結合力のあるものにも、拘束されない。表象の空間は〈思考されるもの〉であるよりもむしろ〈生きられる経験〉だからである。想像界と象徴体系がしみ込んだ表象の空間は、歴史の中に――民衆の歴史の中に、また民衆の一員である各個人の歴史の中に――その起源を持っている。

(Lefebvre 1974＝2000: 86)

すなわち、ルフェーヴルが想定している「表象の空間」とは、人類学的な意味での象徴体系なのだ。そのことを示すのが、以下の彼の主張である。

人類学がわれわれに教えてくれたのは、個々の「原始的」集団によって占拠された空間が社会成員の階層化された分類にどのような形で照応しているのか、ということであり、またこの空間がいかにして社会成員の階層化された分類をつねに現在のあるがままのものに維持するのに役立っているのか、ということである。古代社会の成員は社会の諸規範にしたがっているのであるが、そのことを知らない。つまりそのことに気づかない。むしろ彼らは空間においてこれらの規範を生きている。彼らはこの規範を無視せず、また誤認せず、それらを直接性において経験する。（Lefebvre 1974-2000: 340）

「表象の空間」という言葉を用いていないが、彼がこの文章で想定しているのが「表象の空間」であることは間違いないだろう。また、この文章から明らかなように、「表象の空間」は、個々人の意識的・意図的な活動のもとに生み出されている各自固有のものではない。その意味でも、人類学が研究対象とした象徴体系と近い意味で「表象の空間」を想定している。それは換言すれば、パークが論究しようとした「意味世界」における「社会」に近い（パークは必ずしも無意識下を強調しているわけではないが）。

ただし、「表象の空間」を固定的な象徴体系としてルフェーヴルが考えているわけでもないことに留意する必要がある。「表象の空間は生きている。それは語る。……この空間は本質的に質的なものであり、流動的なものであり、動態化されているからである」（Lefebvre 1974＝2000: 87）とあるように、彼は「表象の空間」を流動的なものとして考えている。その点で、加藤政洋がソジャの『第三空間』の翻訳で指摘した、『空間の生産』の邦訳では訳出されていない部分（傍点部）である「言語的な、いや、とりわけ非言語的な想像力はこの空間を変革し領有しようとする」（Lefebvre 1974＝2000: 83）という文章の理解が重要になるだろう。

すなわち、これまで「表象」という言葉に注目が集まることで、ルフェーヴルを単なる記号論者とみなす誤解が潜在していたが、彼自身は閉じた象徴体系（記号体系）を考えていたのではなく、人びととのコミュニケーションや身体的な実践を媒介にした可変的なものとして「表象の空間」を構想していたのだ。ルフェーヴル自身は明示化していないが、彼の議論を敷衍するならば、「表象の空間」は、特定の空間のなかにいる人びとを拘束し、一定の規範を経験させるものだ。ただ、常にそれは「空間的実践」「空間の表象」との関係において成立する。

ソジャ解釈の意義と限界――三元弁証法への着目

以上、ルフェーヴル空間論の要でもある三つの概念（「空間的実践」「空間の表象」「表象の空間」）について、既存の解釈とはやや異なる解釈を提示してきた。内在的に彼の議論を検討することで、ルフェーヴルにとって三つの概念は、「知覚されるもの physical space」「思考されるもの mental space」「生きられるもの social space」を探究するための方法論的な概念であるという展望が切り開かれる。

以下、そのことを説明しよう。ルフェーヴルは、マルクスの資本分析を空間に適用し、「生産物」としての空間自体をただ分析するのではなく、その生産物がいかにしてもたらされたのか、その生産過程を論じる必要があるという立場に立っていた。そのために、第一に、個々の社会科学が専門領域のもと空間を「裁断」して分析するという姿勢は避けられるべきであり、空間の多様性を総体的に捉える認識が求められると考えていた。第二に、物理的空間、言説空間、象徴空間という三つの空間自体を物象化することなく、それが生み出された過程を徹底的に可視化しようとした。そうであるが故に、「空間的実践」「空間の表象」「表象の空間」という概念化で、社会と空間の弁証法的な関係、人びとと象徴体系の弁証法的な関係といった背後要因をさらに追究しようとしたのだ。

そして次に、三つの概念の関係性が問題として浮上するだろう。三つの概念（概念が対象とする空間）は、その後の多くの論者の解釈が想定したように、意識的な「空間の表象」と「表象の空間」の間に介入する無意識的な「空間的実践」という関係なのだろうか。結論からいえば、これまで明らかにしてきたように、「意識的／無意識的」という区別はあまり有効ではない。

この問題を検討するために、三つの概念の関係性について言及しているルフェーヴルの言葉に立ち返ってみよう。

当面、わたしが指摘しておきたいのは、〈知覚されるもの〉〈思考されるもの〉〈生きられる経験〉、という三重性の内部に存する弁証法的関係についてである。

この三重性が重要である。それは三項であって、二項ではない。二項の諸関係は、つまるところ対立、対照、敵対に要約される。(Lefebvre 1974＝2000: 83)

既存の解釈はこのルフェーヴルの批判が当てはまってしまう。結局「意識的／無意識的」という区分の設定は、二分法的な対立関係を呼び起こしてしまうからだ。しかし、この難解な三項弁証法の可能性を探究した論者が全く存在しなかったわけではない。先にも取り上げたソジャは『ポストモダン地理学』『第三空間』『ポストメトロポリス』といった一連の著作のなかで、このルフェーヴルの三項弁証法という考え方に着目し、理論化し続けてきた(Soja 1989＝2003 ; 1996＝2005 ; 2000)。

ソジャは以下のように主張を展開し、三項弁証法の意味内容について解釈を提示している。

そのように二元化された範疇に直面したとき、ルフェーヴルはいつももうひとつの＝他なる語、第三の可能性ないし「契機」を導入することによって、それらを打破することにこだわりつづけた。それは、本来の対をともなうとはいえ、単純な組合わせではなく、また包括的な連続体のどこかに位置する「中間」でもない。この批判的な《他者化》としての三項化は、絶対的かつ排他的な二者択一 either ／ or の論理を、あれもこれも both ／ and also という弁証法的に開かれた論理に転換する、最初のそしてもっとも重要な一歩である。……それは言ってみれば、単にその二元的前件の付加的結合というよりは、むしろ類似すると同時に著しく異なる開放的なオルタナティブを生産する、前提された全体化の攪乱、脱構築、そして実験的な再構成に由来するのである。(Soja 1996＝2005: 80‒81)

以上のようなことを、ルフェーヴルは言っていないため、その根拠が乏しいという批判もある（Elden 2001: 812）。しかし、ソジャが構想する「三元弁証法」は、ルフェーヴルの思考を現代に活かそうとした試みであって、「ルフェーヴルはそんなことは言っていない」とする批判はあまり生産的ではない。より生産的な批判を展開するには、ソジャの解釈がルフェーヴルの可能性を広げることができていない点を指摘するべきだろう。

ソジャ解釈の重要な点は、彼が構想する三元弁証法の仕組み自体にある。その点が典型的に現われている部分を引用する。

> 表象の空間をルフェーヴルは、予備的な三項化における社会空間の戦略的な使用にもとづき、他の二つの空間とは異なるが、それらを包括するものと見なす。（Soja 1996 = 2005: 88）

すなわち、ソジャの三元弁証法の要点は、①第三項を「表象の空間」に設定している点、②第三項を残りの二項を包括するものとしている点にある。

まず、ソジャが、「三元弁証法」における「第三の可能性」として「表象の空間」を設定している点について検討したい。ソジャは、ルフェーヴルを「非還元主義者」として、あらゆる知・認識をラディカルに切り開く論者として捉えているにもかかわらず、この設定によって、ルフェーヴルの議論を矮小化させてしまっているように見える。ルフェーヴルの以下の言葉を読めば、ソジャはルフェーヴルの意図とは離れた定式化をしていると考えられてもおかしくはない。

> 〈知覚されるもの〉、〈思考されるもの〉、〈生きられる経験〉、という三つの契機の間の関係は、けっして単純なものでも、安定しているわけでもない。……この移ろいやすい三つの契機とそれらの相互関係は、実際に意識的なものなのであろうか。そのとおりである。だがそれは同時に、無視され、誤解されている。それは「無意識的

なもの」として描くことができるのであろうか。答えはふたたび、そのとおりである。(Lefebvre 1974-2000: 92)

ただし、ソジャはこの設定を敢えて戦略的に行なっていることには留意しておく必要があるだろう。物理的空間(「空間的実践」)と言説空間(「空間の表象」)に関する研究が二項対立的に存在することで、あたかも「表象の空間」は存在しないかのように扱われ、結果として総体的な社会的空間についての研究が進んでこなかったという想定のもと、第三項として戦略的に「表象の空間」を設定していると捉えることもできる(ソジャ自身は「第三空間」と表現している)。ある意味、都市社会学の伝統的な拠点に立ち戻ることで、空間の生産過程について、より総体的な、新たな認識を切り開こうとしているのだ。以下の主張は、彼の設定が一つの戦略であることを傍証するものであろう。

空間的知の三つの形態のうちどれかひとつが先験的あるいは存在論的に特権をあたえられていることはないのだが、ここでもまた第三の語――この場合は《第三空間》――を戦略的に優先している。これは、空間的知を《第一空間》と《第二空間》の認識論とそれらに関連する理論化、経験的分析、社会的実践に限定してしまう長くつづいた傾向を打破する手段のひとつである。(Soja 1996-2005: 96)

そのため、彼は「第三空間」を「つねに他の二つの語を超越的に包摂している」(Soja 1996 = 2005: 92)ものとして設定する。つまり、本書と同じような空間認識に立ち、あらゆるものを包含した、多様性に開かれた空間を想定することで、空間、社会、歴史の重層的な関係性を射程におさめた、新しい空間の捉え方をしようとしている。

これは、空間を何らかの要素によって「裁断」して分析する既存研究に対する違和感から生み出される立場であろう。しかし、全ての空間を超越的に包括した「第三空間」を戦略的な拠点とするにしても、その「第三空間」をどのように分析するのかということについて、ソジャは何も具体的な方法をもっていない。

そのため、「第三空間」という概念で多様な要素が絡み合った様相を記述することに終始してしまっている(Soja

1996＝2005）[44]。また、近年のソジャは「第三空間」という概念を用いることなく、「地理がいかに社会的プロセスに影響をもたらすか」「正義の空間性をいかにして考えるか」といった点についての理論的考察に進んでいる（Soja 2010）。結局、ソジャ自身「第三空間」という概念を用いることに失敗しているのだ。

ルフェーヴルの戦略は、より重層的な関係性を視野に入れた三項化の試みであった。すなわち、ルフェーヴルは、これまでの空間に対する認識が、物理的空間と言説空間を前景化させることで、人びとの象徴体系が後景化し、空間の生産過程を総体的に捉えられないことを問題化していた。そうであるがゆえに、象徴体系を第三項として挿入し、いかなる弁証法的な関係が形成されているのか、さらにいえば、そこから新たな多様な象徴体系がいかに生み出されるのかを探究しようとしていたと捉えられる。そして、各々の空間の生産過程を捉えるために導入したのが、「空間的実践」「空間の表象」「表象の空間」という方法概念であった。

この三つの方法概念の関係性をいかに捉えるのかという点で、ソジャも含めて多くの論者がルフェーヴルを切り詰めた形の刷新化を行なってきたといえる。当然、ルフェーヴル自身が体系化した議論を展開しなかった点に責任があり、彼が潜在化させていた論点＝「三元弁証法」を掬いあげたソジャには一定の評価があるべきである。ただ、彼はそこから、縮減化した形の「三元弁証法」を構築してしまった。そのため、ソジャは全くといっていいほど、実証研究において、空間の生産過程を明らかにすることができていないのである。すなわち、依然として、ルフェーヴルの空間論は実証研究に適用されないまま、その理論は十分に活かされていないのが現状なのだ。

そこで、本書では、ルフェーヴルの空間論を実証研究に活かすべく、「意味世界」「社会的世界」という方法的な概念と組み合わせることを提示したい。意味世界はソジャのルフェーヴル解釈同様に、あらゆるものを包含する空間的な対象として捉える。その結果、歴史的に、偶然的に形成されるものでもある。そして、その間接的な要因や構成要素としては、大別すると、ルフェーヴルが導出したような「知覚される空間（物質的な空間とそれと相互規定的な社会関係）」「思考される空間」「生きられる空間」といったものが想定される。

ただし、これらの三つの概念を箇条書き的に提示して、意味世界、社会的世界との関係性を導出するというような理論先行の方法論は用いるべきではないだろう。というのも、あくまでもこれらの三つの概念はヒントであって、三つの概念だけに集約されるわけではないからだ。そうかといって、「理論的枠組み自体は先行するものではなく、イシューから生み出すべきだ」という立場にも立つべきではないだろう。前章でも明らかにしたように、イシューから枠組みを導出するという姿勢にも、必ず研究者の理論的枠組みが先行して存在しているからだ。

このアポリアを解決するためには、経験的事象を捉え分析する際の「入口」として、過去の都市社会学の遺産を扱うという立場があると考える。つまり、ルフェーヴルなどの過去の研究が明らかにしてきた諸要因をあり得る複数の要因の一つとして設定するという柔軟な枠組みを設定し、理論と経験的事象との「対話」を行なう方が生産的であるだろう。そこから新たな要素や、関係性を捉えるということも可能になる。堅い理論的な枠組みを先に設定して、経験的事象を説明するというよりは、経験的事象を社会学的に分析するための入口として枠組みを設定し、事象から枠組みそれ自体を作り変えていくような試みが求められるだろう。

第三章　「共生」をめぐる「迷宮の盛り場──下北沢」の紛争

序章でもふれたように、現代日本の都市空間における「共生」のテーマがさまざまな形で先鋭的に表面化した事例が東京都世田谷区の下北沢地域における紛争だった。これまで検討してきた理論的枠組みと「対話」しながら、この事例を解読し、本書が対象としている「共生」という理論的対象を構築することが以降の目的となる。

紛争の内容については、以下で詳述するが、ここで概略的に述べると、街のなかを横断する道路計画と、街を高層化する地区計画、後年には鉄道跡地の利用計画をめぐって紛争が起きており、それは第一に地区住民や中小規模の店舗を経営する商業者、来街者を排除するものとして捉えられた。第二に、自然環境や歴史的景観と違い、保護の根拠が明確ではない「生活圏の景観」がテーマとなった紛争であった。第三に、計画を契機に街全体が経済的に衰退し、ヒューマン・スケールの街が可能にしていた社会関係も希薄化するのではないかという形で「荒廃化」がテーマになった紛争でもあった。その点で、第一章1節で見てきた「排除」「均質化」「荒廃化」の問題が起きている対象として位置づけることができる。

そして、下北沢地域の紛争が提起してきたイシューを見ていくと、先の理論的検討で示した三つの「共生」の問いがイシューとして浮かび上がってくることが分かる。それは、①いかなる要因で「共生」が揺らいできているのか。②いかなる「共生」が構想されているのか。③いかにして「共生」を可能にする社会を作り出していくことができるのか、といったイシューだ。当然、この三つのイシューは相互に複雑に関連している。

まず、一連の都市計画に対する対照的な語りを導入としたい。

街が死ぬとはどういうことだろう？　街の高密度化は一部の権利者に財産拡大の夢を一時的にみさせるかもしれない。しかし、その利益を享受するためには、ある一定の土地をまとめることが必須だ。土地がまとまり高いビルができれば、いままではとちがったカラーのテナントが街に入ってくることになる。それは多分、高い賃料を支払うことが可能な有力な店ということになる。今、下北沢の最大の魅力とは、やる気とシモキタへの愛に溢れる商店主や、常連客たちなのだ。そのような街の改変は結果として、このような財産を失うことになるだろう(1)。

戦前からの道路形態のままのところに，商店街の著しい発展により，数百倍の人たちが集まるようになり、災害時の対応（火災・避難・救急など）が満足にできないことが予測されており、それが心配だ。……反対している人たちの最大の主張は、今の街のごちゃごちゃしたところ、その雰囲気を求めてヒトが集まっているんだから、駅前に広場ができて、ある程度高い建物ができてきて雰囲気が変わってしまうというもの。だけど、生活とか財産とか生命の安全ね、その対策がなによりも必要だとわれわれ思っているわけね(2)。

これは、後述する下北沢地域における一連の都市計画に対する「反対派」と「推進派」の意見である。しかし、彼らの意味世界に迫ると、単に都市計画に対する賛否に留まらず、各々が「共生」の構想をもっていることが分かる。そうした構想（意味世界）の分布は、単に属性などによって簡単に決まるものではない。反対派は単純に「来街者」だけで構成されるわけではなく、「住民」「商業者」も多く存在する。同時に、推進派は単に「地主」で構成されるわけでもなく、「住民」「商業者」も存在する。

すなわち、意味世界の分布（や変化）がどのようになっているのかは社会的属性などで一義的に定まるものではなく、経験的な探求に開かれているのだ。そして、前章まで論じてきたように、意味世界（社会的世界）をみることによって、「何が争点になっているのか、対立の構図、より包括的な社会を形成しようとする試み」といった重要なテーマを論究することができる。

ただ、ここで留意すべきなのは、意味世界の分布を捉えるだけでは不十分な分析になってしまうということだ。なぜなら、その多様な意味世界自体の歴史性、成立条件が不明なままでは事象の背景を十分に理解することができないからだ。さらに、前章でも明らかにしてきたように、単に意味世界の外的要因を無自覚に想定するのではなく、歴史的に変化していく空間の諸要素が意味を担う主体を生産し、人びとの意味世界に影響を及ぼすという視点で分析することが重要になってくるだろう。そうすることで、対立が起きる背景、連帯が起きる可能性を検討することができる。

そこで、2節では、計画推進側と反対側の「共生」の構想をその論理や意味世界に着目しながら明らかにする。第四章では、それらの意味世界を支える社会、空間的な関係性である社会的世界がどのようになっているのかを検討する。そして第五章では運動の展開に即しながら、共生を可能にする社会を作り上げようとする実践の展開について議論していくことにする。時系列としては、初期の運動（2節）→運動の前史（第四章）→初期の運動から現在まで（第五章）、とやや錯綜することになるが、イシューによって見なければならない時期が異なるため、この記述の仕方を採用する。

ただし、その前に、本事例の焦点となる下北沢地域の簡単なプロフィールと、一連の都市計画（連続立体交差事業）の概要について明らかにしておく必要があるだろう。連続立体交差事業は単なる公共事業の一つに過ぎないのではなく、それ自体、日本の公共事業の問題が集約された典型的な都市型の公共事業であり、重要な研究対象である。半世紀以上にわたって、この日本社会の負の構造に対峙し、果敢に「都市への権利」を主張し要求したのが、世田谷区の小田急沿線の住民運動であり、下北沢地域はその最後の戦場でもある。

1 下北沢地域と都市計画の概要——紛争の社会的背景

i 下北沢地域の概要

下北沢地域は東京都世田谷区北東部に位置し、新宿とは小田急線、渋谷とは井の頭線と結び付き、周りには環七通りなどの幹線道路に囲まれており、交通の便が良い街となっている。重要なことは、「下北沢」という行政区画は存在しないということである。

「下北沢駅」を中心に発展した商業地、それを囲む住宅地一帯が「下北沢」とイメージされるが、その境界線も人によって多様なものになっている。例えば、下北沢駅の隣の駅である「代田駅」「新代田駅」「東北沢駅」「池ノ上駅」付近の住民でも「下北沢に住んでいる」とイメージする場合が多い。本書では、下北沢駅からおよそ一キロメートル圏内の北沢一丁目、二丁目、三丁目、代沢二丁目、三丁目、五丁目、代田二丁目、五丁目、六丁目を「下北沢地域」と設定する。

下北沢地域の人口数の推移は次頁の表1の通りになっている。一九六〇年代後半以降、緩やかに人口は減っていったが、九〇年代半ば以降は緩やかに増加し始めている。また、高齢化率も上昇し、二〇一三年で一九・六%となっている。ただし世田谷区全体の高齢化率が一九・一%であり、下北沢地域だけが突出して高齢化率が高いわけではない。これは人口数・世帯数の増加で高齢化率が抑えられているからと推察することができる。ただその一方で、年少人口割合も減っており、二〇一三年で七・八%となっている。これは世田谷区全体の年少人口割合が二〇一三年度で一一・四%であることを考えると、低い数値になっている。

年少人口割合が低い要因にはさまざまな要因が考えられる。中心の地区である北沢二丁目が盛り場で日中は人ごみに溢れており子育てにふさわしくないと考えられている可能性、公園など子供たちの遊び場がなく子供が生活する環境としてふさわしくないと考えられている可能性、小学校の統廃合が現在問題になっており、その年代の世帯が流入するのをためらっている可能性などを指摘する声も少なくない。重要なことは、「暮らしにくい街」としてのイメージと子供世代の減少がリンクされて人びとに考えられ始めているということだ。

商業地の構成は継続的な商業統計調査が行なわれていないため、正確な推移は明らかにできないが、小売業の推移は継続して調査されており、次頁の表2の通りになっている。ともに、二〇〇二年以降、販売額が減少しており、一

店舗あたりの販売額も減少しているのが分かる。特に北口は商店数も減少しており、景気が良くない状態となっている。(5)

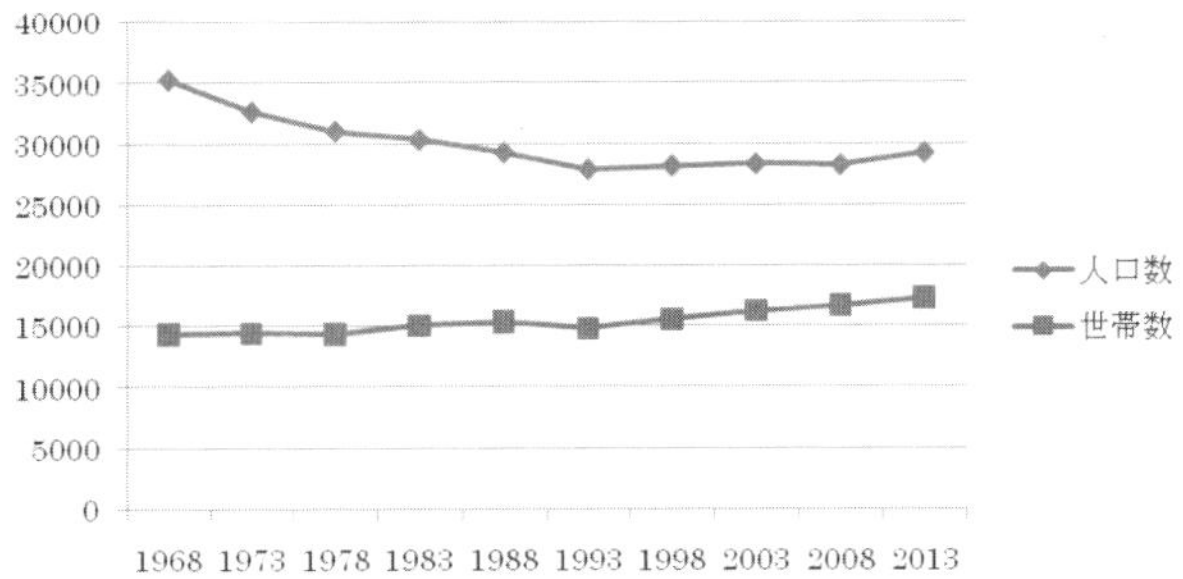

表１　下北沢地域の人口数・世帯数の推移(3)

	小売業（北口）		
	商店数	従業者数	販売額
1979	274	1073	15,081
1982	297	1141	16,937
1985	304	1198	18,871
1988	311	1266	19,823
1991	345	1484	28,626
1994	327	1573	27,299
1997	365	1699	27,910
2002	337	1717	24,419
2007	272	1205	16,686

	小売業（南口）		
	商店数	従業者数	販売額
1979	116	523	8,644
1982	108	462	7,859
1985	106	469	7,520
1988	101	549	10,388
1991	101	661	13,058
1994	117	772	13,092
1997	122	755	13,003
2002	158	980	13,341
2007	171	796	110,390

表２　下北沢地域の商店数、従業者数、販売額の推移(4)

ii　都市計画事業の概要

小田急線連続立体交差事業の概要

一九六四年、東京都市計画都市高速鉄道九号線（綾瀬～喜多見間）という鉄道が都市計画決定された。この都市計画が、その後半世紀にわたって、下北沢を揺るがすことになるなど、当時は想像すらされなかったかもしれない。この鉄道線は下北沢という街の空間構造にどのような変化をもたらすのか。その概要を明らかにしていこう。

都市高速鉄道九号線は、小田急小田原線（通称、小田急線）のことを意味している。何故、存在するはずの鉄道が都市計画決定されるのか。それは、この事業が鉄道を高架化、もしくは地下化させる連続立体交差事業と呼ばれるものだったからだ。何故、そのような事業が必要とされたのか。その背景には小田急線の「開かずの踏切」（ボトルネック踏

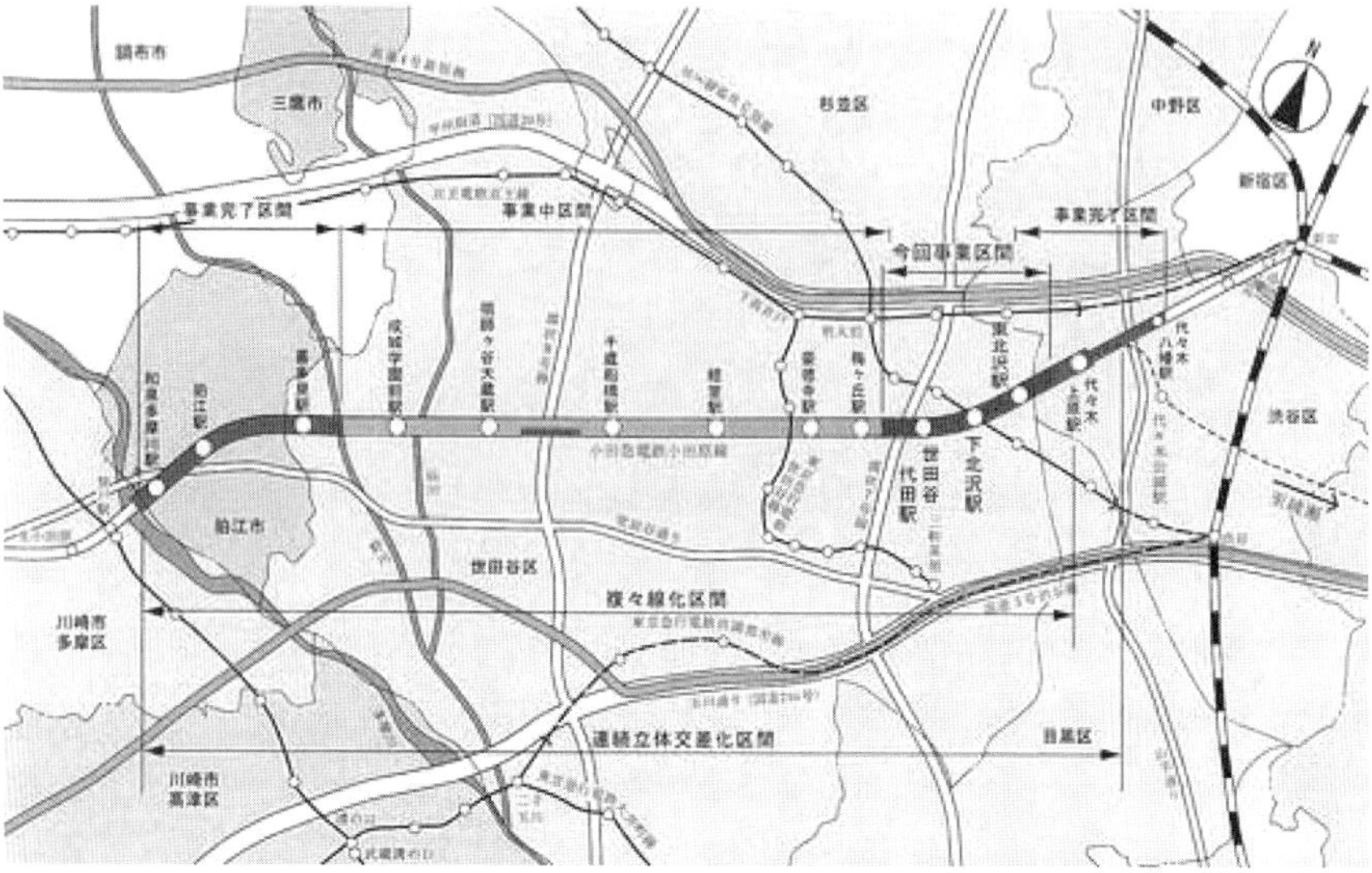

図1　小田急連続立体交差事業図(6)

切）の存在が影響を及ぼしている。

開かずの踏切が何故生まれたのか。それは、東京の一極集中と小田急電鉄の沿線開発にともない、新宿駅から神奈川県小田原駅を結ぶ小田急線の利用客が増加し、混雑率が上昇し続けたため、電車の本数を増やさざるを得なかったことが原因となっていた(7)。下北沢駅を含む代々木上原駅から梅ヶ丘駅の事業区間には踏切が九カ所あり、小田急線で最も列車が混雑するエリアとして知られており、ほとんどの踏切が一時間に五〇分以上遮断し、慢性的な交通渋滞を引き起こしていた（東京都建設局 2007: 16–17）。

そこで、線路の数を増やす複々線化事業が鉄道・運輸機構（旧鉄道建設公団）を事業主体とする大都市圏鉄道整備事業として事業化されるとともに、鉄道を立体化する連続立体交差事業が東京都を事業主体として事業化された。現在は代々木上原駅から登戸駅までの一一㎞の区間は、立体交差化・複々線化（四線高架化）が完成している。

国家事業としての連続立体交差事業

ここで、概略的にではあるが、連続立体交差事業という公共事業の特殊性、重要性について都市政策、国家政策と関連づけながら位置づけておきたい。この公共事業は、数ある公共事業

図2　連続立体交差事業の理念図[8]

の一つに過ぎないように見えるかもしれないが、都市空間を資本循環の回路としても利用する都市型公共事業の象徴的な事業なのだ。

まず、連続立体交差事業は踏切を除却するという点において「鉄道事業」である。二〇世紀後半のモータリゼーションの進展、さらに都市の郊外化、高密度化が進展していくにともない、道路網と鉄道網の接点が問題化されるようになった。具体的にいえば、交通渋滞、踏切事故、騒音・排気ガスなどの公害が問題化され、踏切の除却が進められてきた。

ただし、連続立体交差事業は単に踏切の除却を進める「鉄道事業」に過ぎないわけではなく、立体交差する道路の新設・拡幅を事業要件としていたため「道路事業」という性格も併せ持つという特徴がある[9]。つまり、連続立体交差事業とは、二〇世紀後半のモータリゼーションの進展にともない、それまでの都市交通の主要な手段であった鉄道を自動車交通の障害として捉え、道路を拡幅・整備していく事業なのだ[10]。そうであるが故に、財源は道路特定財源となっている。換言すれば、連続立体交差事業とは、名前からは想像がつかないが、都市空間を「自動車が快適に往来する空間」として表象する公共事業でもあるのだ。

具体的な事業内容としては、「鉄道と幹線道路が二ヶ所以上交差する区間（三五〇メートル以上）において鉄道と幹線道路を三ヶ所以上立体交差させ、二ヶ所以上の踏み切りをなくす事業」（建運協定第二条）となっている。ここで留意すべきなのは、「二ヶ所以上」の踏切をなくすのであれば、「二ヶ所以上」の立体交差で良いはずのところを、「三ヶ所以上」となっている点である。これは要するに、鉄道の高架化か地下化によって、二カ所以上の踏切をなくすだけでなく、さらに一カ所以上新しく幹線道路を整備し鉄道と交差させることで、「三ヶ所以上立体交差」させるということである。

また、連続立体交差事業は幹線道路を市街地に整備することで、都市空間の高層化をもたらすことにもなる。その点で「再開発事業」の意味合いもあるのだ。周知の通り、道路は、建築基準法、都市計画法などで用途地域指定、容積率、建ぺい率など都市の骨格を決定する役割を果たしている。それ故、市街地の核である駅付近に整備された幹線道路は、容積率、建ぺい率の緩和をもたらし、民間投資を誘導することで、駅舎の改築や駅前広場の整備などを核とした市街地再開発を促す働きをもつのだ。

さらに、連続立体交差事業は鉄道を高架化、地下化させることを契機にして、都市の中心部に広大なオープンスペースをもたらす事業である。制度的には、既設線の一五％に相当する面積までについては、公租公課相当分として国または地方公共団体が利用できることになっており、地域の諸課題解決に向けて行政だけでなく、地域内外のさまざまなアクターとの協議が必要となる都市計画事業という側面もあるのだ。特に、近年はシールド工法という技術の進歩にともない、地下化の工費が抑えられるようになったため、これまで以上に地下化という選択肢が現実味を帯びるようになっている。鉄道が地下化した場合、高架化した場合よりも、より多様な土地利用が可能になる。

以上のような複合的な性格を併せもつ連続立体交差事業は、一九六九年に建設省と運輸省による協定（建運協定）が成立したことから各地で事業化されてきた。それまでにも「鉄道高架事業」という類似の事業が存在していたが、

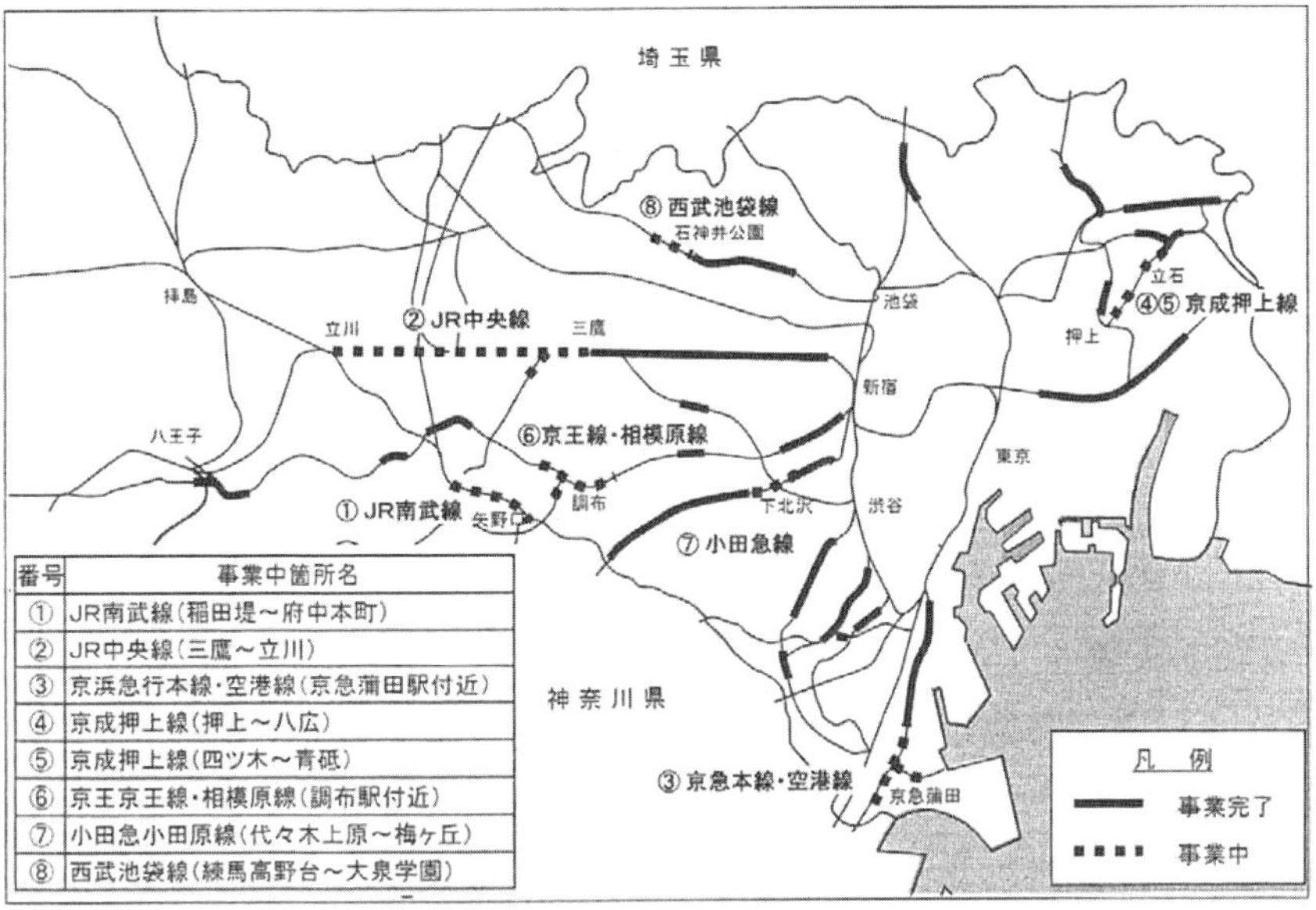

図3　東京都の連続立体交差事業箇所図（東京都建設局 2009）

連続立体交差事業は大きく性格を変えるものであった。端的にいえば、それまでの鉄道高架事業はあくまでも鉄道事業に過ぎなかったのに対して、連続立体交差事業は上述したような複合的な性格を併せもっており、道路事業、再開発事業としての性格を強くもつようになったのだ。また、連続立体交差事業は都市側（行政）が主体となって行なう都市計画事業として明確に位置づけられ、鉄道事業者は直接的な受益の相当額を負担し、事業費の大部分を都市側（行政）が負担するということになった。こうして、都市部に新しい複合型の都市施設に莫大な公費が投入される仕組みが出来上がったのである。

特に、東京都で多く事業化していくことになるが、そのきっかけは中曾根政権下のアーバンルネッサンス政策だった。八〇年代後半から、中曾根政権は、「金融の自営化」「国鉄・電々公社・専売公社の民営化」といった新自由主義的な政策を実施するなかで、都心部の容積率を大幅緩和することを目指していた[11]。そのため、国債償還に充てるはずだったNTT株売却資金約十兆円を土木事業費に回し、多くの開発計画を後押ししている[12]（斎藤 一九九六）。そして、この時期に、東京鉄道立体整備株式会社という第三セクターが設立され、NTT株売却資金の一部（NTT－A

資金）が充てられることで、東京都での連続立体交差事業が本格的に動き出していくことになる[13]。

八〇年代後半から、官民協働のもとでの東京都の臨海部でのウォーターフロント開発が、多くの注目を集めたが、同時期に、都心から放射線状に伸びる鉄道の高架複々線化を活用した大規模再開発が行なわれたことはあまり注目されてこなかった。その事業費は鉄道事業費用以外にも道路建設費、そのための用地取得費、再開発事業費用などが含まれることを考えると、巨大なものとなる[14]。そして、この大規模再開発はその後も現在に至るまで東京都の空間構造を変化させてきた[15]。

前出の図2に示されるように、郊外に向けて放射線状に広がる沿線で主に事業が行なわれてきている。連続立体交差事業は、鉄道を高架か地下にすることで、それまでの景観を大きく変えるというだけではなく、道路事業や再開発事業が付随して行なわれることで、それまでの空間のあり方を大きく変える事業である。

次に、この都市計画事業に直面した下北沢地域の人びとはどのような反応をしたのかという点について見ていこう。

iii　反対運動の成立とその展開
連続立体交差事業を契機に生み出された諸計画の概要

後述するが、下北沢地域は小田急線が地下化するか高架化するかという点で争いがあったが、二〇〇三年一月に東京都が「踏切での慢性的な交通渋滞の解消などを目的とし、小田急電鉄小田原線の代々木上原駅付近から梅ヶ丘駅付近までの約二・二kmにおいて、道路と鉄道を連続立体交差化する」という内容の事業を都市計画決定し[16]、多くの住民や商店が望んでいた地下化が実現している。踏切がなくなること自体も多くの人に受け容れられることであった[17]。それは、鉄道が地下に潜り、あとは踏切がなくなるだけのようにも見えた。しかし、事態はそう簡単なことではなかった。なぜなら、踏切がなくなることで、代わりに新しい道路が整備されることになったからだ。

道路整備が行なわれるのは、上述したように、連続立体交差事業が、道路事業であることが影響していた。特に、下北沢地域では、立体交差できる場所は、小田急線が環状七号線と補助二六号線とで交差する二地点しかなく、「三ヶ所以上の立体交差」という条件をクリアできていなかった。そこで、補助五四号線という「忘れられていた」都市計画道路が見出され、条件をクリアすることが企図されることになったのである（木村 2005）。

何故、「忘れられていた」と称されたのか。それは、この道路が一九四六年にアメリカ占領下の時代に戦後復興都市計画のもとで計画線が引かれ（当時の計画では幅員二〇ｍ）、そのまま事業化されることなく六〇年近く過ぎていたからだ。盛り場としての空間形態や表象が出来上がる前に計画されていた道路が、突如現われ、現在の盛り場を直通し、二分することになったのだ。正確を期せば、六四年に小田急線の連続立体交差事業が都市計画決定された際、当初は鉄道を高架化することが想定されていたため、補助五四号線も六六年に小田急線の上を高架でバイパスする道路に変更されている。しかし、結局事業化されることなく、現在まで至っているのだ。こうして、二〇〇三年一月に小田急線の地下化と同時に、補助五四号線が地表式に都市計画変更決定されることになる[18]。つまり、次頁の図4にあるように、街の北部を補助五四号線が通ることになる。このエリアは複雑な路地が多く、迷路性が強いエリアであった。

写真１　開かずの踏切

さらに、補助五四号線だけでなく、駅前広場から補助五四号線へのアクセス道路を含む「区画街路一〇号線」も都市計画決定された。これまで下北沢駅には駅前に広場と呼べるような空間が存在しなかったことから、高齢者や障害者などがバスやタクシーを利用する際に問題がある点、また、災害時に緊急車両を止めるスペースなどがない点などが問題視されていた。そうしたなかで、五四〇〇㎡という大規模な駅前広場が計画され、補助五四号線と駅前広場を結びつける区画街路一〇号線も計画されたのだ。

こうして、それまで車があまり通らなかったエリアに、多くの自動車が往来する可能性が浮上したのだ。それは、これまでの街の風景を大きく変えることを意味していた。

さらに、二〇〇四年一一月には、世田谷区は補助五四号線、区画街路一〇号線を活用した「下北沢駅周辺地区地区計画案」を提示することで、再開発の構想を提示する。

小田急線
補助54号線
補 54
世区街10号線
下北沢駅

図４　補助54号線、区画街路10号線、地区計画の計画図（点線部内が商業地区）(19)

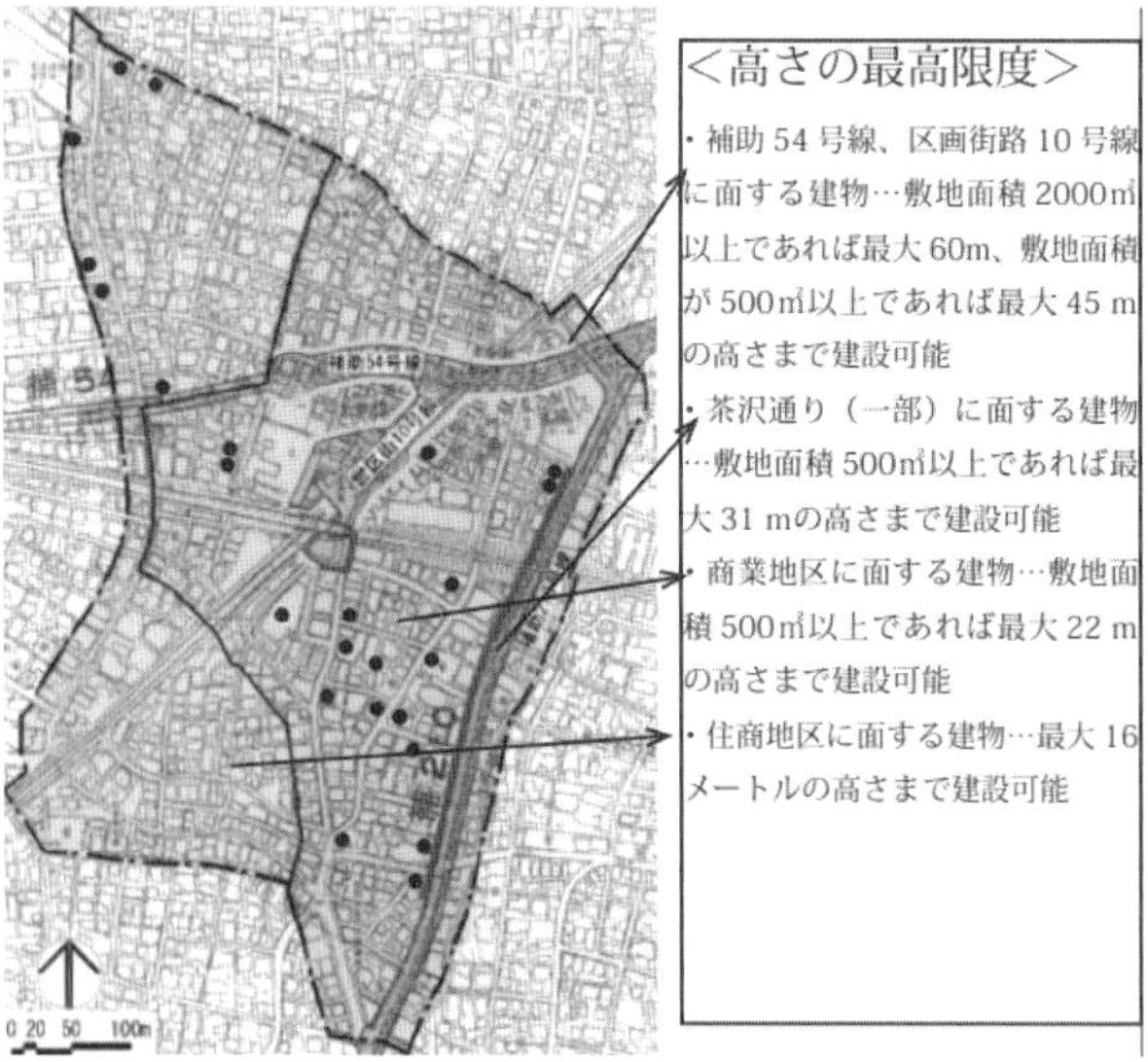
補助54号線
0 20 50 100m
<高さの最高限度>
・補助 54 号線、区画街路 10 号線に面する建物…敷地面積 2000㎡以上であれば最大 60m、敷地面積が 500㎡以上であれば最大 45 m の高さまで建設可能
・茶沢通り（一部）に面する建物…敷地面積 500㎡以上であれば最大 31 m の高さまで建設可能
・商業地区に面する建物…敷地面積 500㎡以上であれば最大 22 m の高さまで建設可能
・住商地区に面する建物…最大 16 メートルの高さまで建設可能

図５　2012年３月時点での高層建築物(20)

具体的には、世田谷区は、「街並み誘導型」の地区計画案を作成し、補助五四号線と駅前広場に面する敷地は五〇〇㎡以上あれば四五mの高さの建築物を、さらに二〇〇〇㎡以上あれば六〇mの高さまで建築物を建てることを可能にしたのだった。結果、道路に面した大規模な敷地にだけ高層の建築物が建ち、背後には日陰の影響を受ける低層建物が残るという不連続な街並みが生み出され得ることになる。それ以外の商業地域では、高さ二二mまで建設可能であり、その点で高さには一定の制限がされているが、「良好な街並み」を形成するという目標のもと、斜線制限をなくしているため、およそ七階程度の立方体のビルが建設可能となっている。[21] また、容積率の緩和のかわりに、道から〇・五m～一m下がって建てる壁面後退を定めているため、細い路地が広がり、建物の高層化が起きることが予想される。結果、街の特徴とされている「空」が見えなくなるのではないかという危惧も広まることになった。

補助五四号線は一期工区（街を横断する部分）に関して事業認可は下りているが、区画街路一〇号線とともに、多くの人びとの反対を受け、裁判闘争が今も続いているため、まだ具体的に事業化が進んでいるわけではない。一方、地区計画は紆余曲折を経て二〇〇六年一一月に認可が下りたために、街は緩やかに高層化が進行している。

反対運動の成立

街のありようを大きく変えるような一連の都市計画に対し、住民・商業者・来街者らを中心にして「Save the 下北沢」という運動団体が二〇〇三年一二月に結成され、反対運動が展開されることになる。[22]「Save the 下北沢」は、住民・商業者・来街者など社会的属性に関係なく、補助五四号線という道路計画に反対する人を多様に集めていった。

特徴的だったのは、早い段階からインターネット上で多様な人に呼びかけを積極的に行ない、仲間を集め、会議を開催し、運動体の活動方針を決めていた点にある。これは下北沢という街の価値に関して、一定の共同性があることを前提にしていたと同時に、インターネット上や実際のコミュニケーションを介してその共同性を確認していたと捉えることができる。[23]「Save the 下北沢」の基本的な主張は「補助五四号線、区画街路の見直し、修復型のまちづくり」であり、それは一〇年以上経過した現時点でも変わっていない。[24]

表３　「下北沢再開発問題」年表

年月	行政・計画推進側の動き	運動側の動き
1946年	補助五四号線の都市計画決定	
1964年	小田急線複々線化事業都市計画決定	
1970年代～		小田急線地下化を要望する陳情、運動が発生
1984年12月	「下北沢街づくり懇談会」設立	
1998年６月	「下北沢街づくり懇談会」がグランドデザインを提出	
2001年４月	小田急線・梅ヶ丘駅～代々木上原駅の地下化、「補助五四号線」の計画変更、「区画街路一〇号線」の新設の都市計画決定方針が発表される	
2003年１月	小田急線地下化、「補助五四号線」計画変更、「区画街路一〇号線」新設が都市計画（変更）決定	
2003年12月		「Save the 下北沢」 結成
2004年11月	世田谷区が「下北沢駅周辺地区地区計画案」を発表	
2004年12月		「下北沢フォーラム」 結成
2005年12月		「商業者協議会」 結成
2006年５月	「下北沢駅周辺地区地区計画原案」の説明会（16条説明会）	
2006年７月	世田谷区が補助五四号線などの事業認可を都に申請	
2006年９月		「まもれ！シモキタ行政訴訟の会」 結成
2006年10月	一連の都市計画が事業認可。また、世田谷区の都市計画審議会において地区計画案が強行採決される	
2006年11月		第1回公判が開かれる（東京地裁）
2006年12月	地区計画が策定	
2007年９月		「あとちの会」結成

一方、町内会、商店会の代表で構成された「下北沢街づくり懇談会」（主に地主層。以下「街づくり懇談会」）は、小田急線連続立体交差事業を契機に一九八四年に発足し、多くの住民や来街者が知らないところで[25]、この一連の都市計画について議論を蓄積し、時に要望を行政や小田急に提出してきていた（実際、そうした要望は九八年に「下北沢グランドデザイン」という構想にまとめられ、区長に提出されている）。（後述するように）「街づくり懇談会」は当初から計画の「推進派」であったわけではなく、むしろ世田谷区に利用された側面があるが、だからといって、「反対派」であるわけでは決してなく、事実上、都市計画の推進を認めている。

こうして、運動は町内会など既存の組織からは離脱して成立し、現在まで展開してきている[26]。そして、その後も、複数の反対運動が誕生し、区・街づくり懇談会・反対運動の三者でさまざまな議論が現在まで展開されることになる。これまでの問題の経緯と、その後の運動の展開を概略的にまとめると、前頁の表3のようになる。

2 どのような「共生」の構想が分立し、展開しているのか

i 「公共性」をめぐる争いから「共生」の構想へ

「Save the 下北沢」は、小田急線の地下化には反対しておらず、むしろ歓迎していた。問題視したのは連続立体交差事業の本質となった道路事業と再開発事業である。具体的には、①街を分断する幹線道路・補助五四号線（幅員二六ｍ）、②五四〇〇㎡にわたる大規模な駅前広場を含む区画街路一〇号線、③高層化をもたらす地区計画、の三つの都市計画である。

そこで、各々の都市計画が街の空間をどのように表象し、物理的に変容させようとしてきたのか。そうした変化を人びとはどのように受け止めたのか、その意味世界を以下で見ていくことにしよう[27]。

都市計画の論理

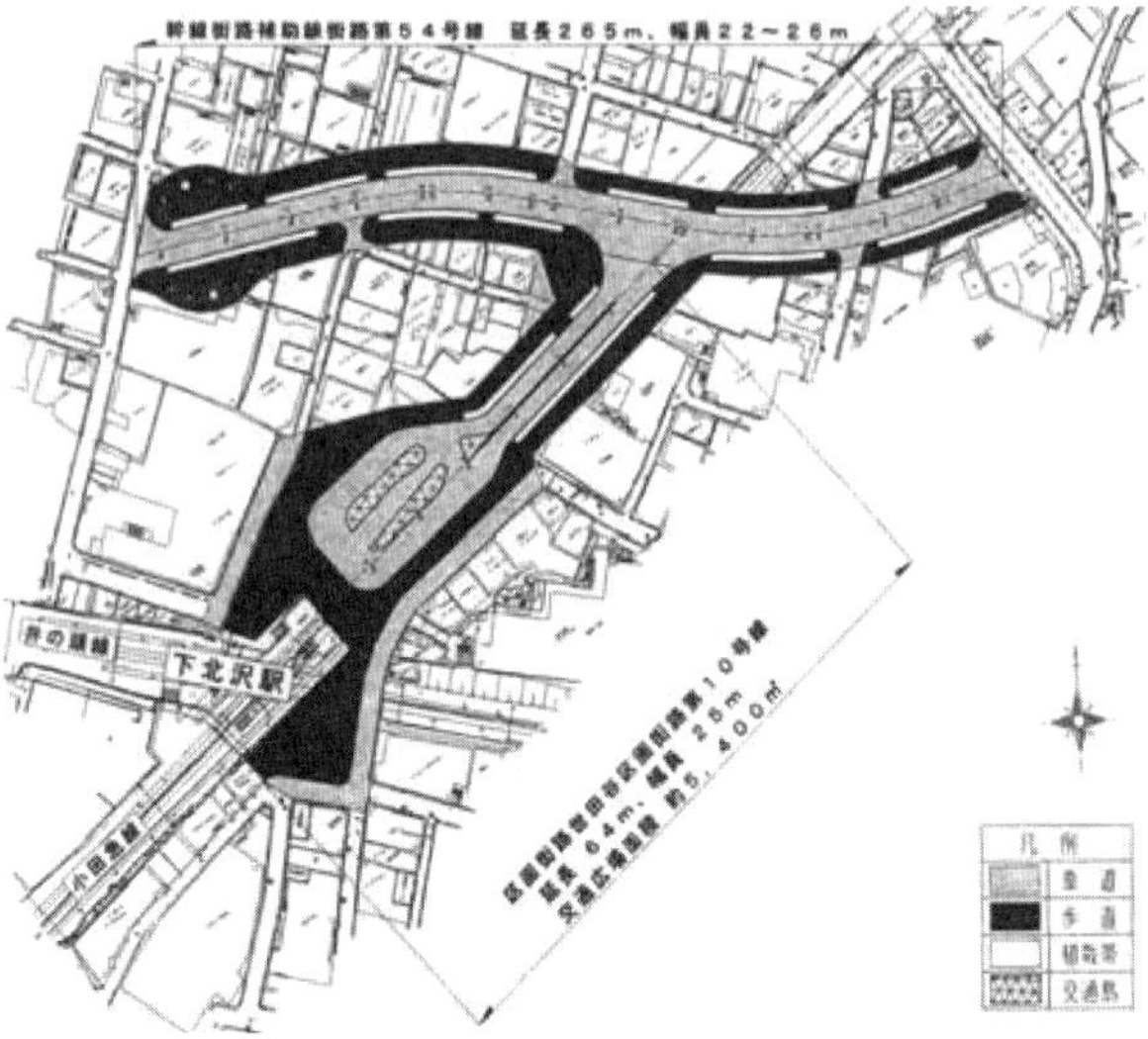

図６　補助54号線（一期工区）・区画街路10号線図(28)

世田谷区は補助五四号線の整備目的について、以下のように主張している。

■地区の交通の円滑な処理■災害時の避難経路や延焼遮断機能、緊急車両の活動空間など、駅周辺の都市防災機能の確保■駅周辺の歩行者・自転車の安全性と快適性の確保による歩行者ネットワークの機軸■道路緑化、電線地類地中化の推進など駅周辺の都市軸としての景観に配慮した商・住空間の確保■沿道土地利用の促進など、下北沢駅周辺の商業性向上への貢献(29)。

また、区画街路一〇号線の整備目的については、以下のように主張している。

■小田急小田原線と京王井の頭線が交差する交通の要衝である下北沢駅において、鉄道と他の交通機関との結節機能を強化する。■バリアフリー化により利用者の利便性を向上させ、南北一体的な歩行者の拠点とする。■商業地における希少かつ貴重な空間として、駅周辺地区の商・住空間の向上、下北沢の魅力を一層高めることをめざして、広域生活拠点としての整備を図る(30)。

以上の論点のなかでも重要なものは、補助五四号線の「地区の交通の円滑な処理」という論点だ。この主張は一見するとおかしなものだろう。なぜなら、上述してきたように、それまでの下北沢エリアは自動車交通が盛んであった

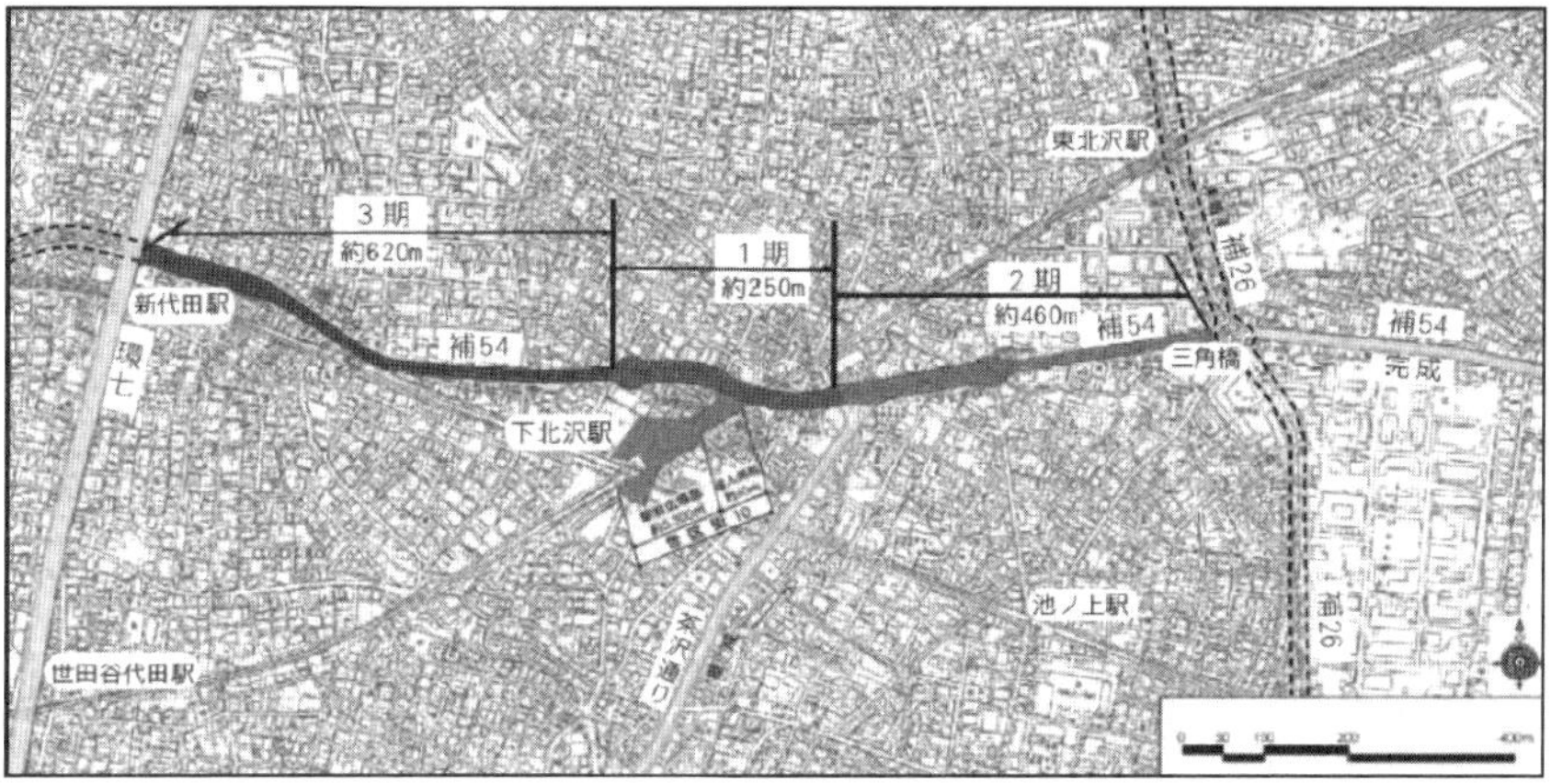

図7　補助54号線（一期工区、二期工区、三期工区）

わけでも、交通需要が多いわけでもなかったからだ。実際、専門家の協力を得て、二〇〇四年一一月には交通量調査を実施し、下北沢地域の交通量が減少しているという結果を得ている。

また、一期工区が完成したとしても、二期工区、三期工区が完成されなければ、幹線道路である環七や補助二六号線と繋がらず、自動車にとっては不便な道路として残り続けることになる。しかも、住宅街を通る二期工区、三期工区が実現するかどうかは定かでない。

しかし、道路行政の論理のなかでは、この主張は合理的なのだ。というのも、この主張の背景には、「道路は全てネットワークとして結びつかなければならない」とする「道路ネットワーク論」が前提になっているからだ。すなわち、「道路は全てネットワーク化することで、機能が発揮されるのであり、都市計画決定されたものの事業化していない全ての都市計画道路は基本的に事業化する必要がある」という論理なのだ。

反対運動の論理と意味世界

この「地区の交通の円滑な処理」という目的のためにそれまでの迷路性ある盛り場を自動車のための空間に改変してしまうことに、多くの住民、商業者、来街者は異議を唱えた。そして、「歩行者のための空間こそ守るべきものである」という主張を展開していく。例えば、以下の「Save the 下北沢」のメンバーの主張はその代表的な意見であるだろう。

下北沢の街の構造は自然発生的に生まれ、これまで少しずつ変化をしてきましたが、今回の大規模な開発計画は、これまでの街の変化のサイクルを破壊してしまいます。補助五四号線が計画されている場所は、下北沢のにぎわいの中心であり、そこを道路で分断してしまうことで街のにぎわいは大きく損なわれます。また、道路によって分断された北側の地域（主に一番街商店街）は、駅から人の流れが隔離されてしまい、商業的な痛手であるばかりか、住民にとっても道路を横断しなくてはならなくなるため大変不便です(31)。

私が下北沢に住むようになって素晴らしいと感じたのは、街がコミュニティとしての機能を強く持っている点です。住んでいる人や商店で働く人が中心となり、買い物にくる人も巻き込んで、互いに顔見知り同士となって言葉を交わしあうのが当たり前です。……しかし、この道路により街を分断し、地区計画による高層化の誘導が実現すると、大規模な住民の入れ替えが起こります。今までの下北沢は古くからの住民と新規住民が接点を持ちつつ変容してきましたが、ここまでの大規模な改変は、この街が持ってきたコミュニティ機能を確実に損なうことになるでしょう(32)。

ただし、この「歩行者のための空間」という論理の背景には、言語化することの難しい身体化された感覚が存在していることに留意しておく必要があるだろう。ほとんどすべての運動主体が論理を作り出し共有する前に、街で生活してきた経験から、感覚的に道路計画に対して拒否反応をもっている。例えば、以下のような発言はその象徴的なものである。

この今の街の構造が醸し出している居心地の良さというのがある。人と人が出会うことができて、和やかな雰囲気があって、過ごしやすい町を守りたい(33)。

結局は五四号線に関しては、アプリオリに要らないと思っている。理由云々の前に本質的に要らない。みんなに共通していると思うんですけど、アンケートをとっても、街で話を聞いても、五四号線要らないよね、というじゃないですか。何で五四号ダメなのですか?と聞いても、そりゃだめでしょう、と理由は言わないわけですよ。皆さん感覚的に要らない、というところが即座に出てくるわけ。理由考える前に。そういう風に考えていくと、要らない理由は身体感覚だと思っているんだよね。身体というのは、認識の前に存在していると。いろいろな論理というのは、認識と解釈じゃないですか。……街は空間なんだけど、空間は身体の置き場所じゃないですか。身体の感覚として要らないんですよ、道路は。身体の感覚として、こういう空間は心地良い、こういう空間には居たくないというのがある。(34)

この身体感覚を言語化したものが、「歩行者のための空間」というものであった。そして、保全の対象は「歩行者のための空間」という形で視覚化される「景観」だけではなく、目に見えない身体の実践を含みこんだ「風景」(佐藤 2004)として考えられるようになっていった。そうした「風景」が、「善き地域生活の構成要素」(似田貝 2008)として位置づけられていたために、車主体・高層化の街を生み出す連続立体交差事業とのコンフリクトが先鋭化したといえる。

そして「歩行者のための空間」という意味世界は複数の意味世界を共約している。大まかに大別すると、「歩いて楽しめる空間(社会関係が醸成される空間)」「文化が生み出される空間」「安心して歩ける空間」といった意味世界が存在している。当然、これらの意味世界は相互に排他的なものではなく、重なり合う。

第一に「歩いて楽しめる空間」という意味世界には、「多様な中小規模の店舗が存在している近年の業種業態の状況を維持すべき」だという意味世界が基本的には優勢である。第二に、「文化が生み出される空間」とは、下北沢に集う来街者によって形成される若者文化(音楽、舞台など)が想定されている。そして最後に、「安心して歩ける空間」とは、歩行者が自動車を気にせずに歩いて楽しめる空間を意味している。

ただし、この「歩行者のための空間」という意味世界は静態的に存続し続けているわけではなく、その後の状況変化にともない、動態的に変化していくものであった。具体的にいえば、都市計画の問題を告知したり、さまざまな関係者と話し合いをしていく過程で、意味世界の内実が豊富化したり、修正が行なわれたりしてきている。

イシュー化した「公共性」

以上のように、「地区の交通の円滑な処理」という、上からの公共性に対峙して、反対運動が保全すべきものとして主張したものは、それまでの盛り場空間を物質的に構成してきた細い路地空間であり、そこに存在してきた多様な中小規模の商店であり、また、そうした焦点を軸にして生み出された生活、社会関係であり、さらにいえば「文化」「個性」といった街のイメージであった。そして、以上の点を保全していくことが、下北沢という街にとって公共的なことであるという認識を、運動にかかわる人びとは共有していた。

さらにいえば、当時の運動主体は、以上の主張が多くの人に受け容れられる「公共的な主張」として考えていた。そして、「下北沢」という街の知名度を利用して、多くの著名人から反対運動に対する同意を得たり、マスメディアからの注目を集めたりすることで、この道路計画を止めることができるとも考えていた。[35]

Q：当初はどのような考えで運動をされていたのでしょうか？
A：この運動はミーハーにやっていかなければいけないと考えていた。最初はね。反対運動をやっていくと大体嫌われてしまうから。……何をするにしても、有名人がやらないとだめだということ。それで、国民的運動にしなければならない。下北沢だけに限らず。だから、日本国中の人に訴えかけようとした。[36]
Q：当初は全国的な運動にしようという話を聞いたのですが、そうでしたか？
A：最初は単なる道路の話と思っていて、あまりにばかげているからこれはなしでしょと。だから、全国的なブームにすればひっくり返せると思ってた[37]。

しかし、運動側は「公共性」をめぐる争い（「公共性の実体批判」）において、分が悪い状況に追い込まれる。具体的には、「昭和のぬくもりを守ろう！」という運動側のメッセージが掲載された『メトロミニッツ』（フリーペーパー）二〇〇五年一月二〇日の記事を境に、「Save the 下北沢」は「現状の街の問題点に目を向けずに、街を冷凍保存しようとしている運動体」として捉えられるようになる[38]。

なぜ「冷凍保存」というような表現がなされたのか。それは計画推進側が「街の課題を解決する上で、街を物理的に変化させることが必要であり、その点で一連の都市計画は公共的である」という論理を展開してきたからだ。こうして、運動側は、推進派が主張する都市計画の「公共性」に直面するとともに、自分たちが想定していた「共同性」とは異なる「共同性」を見出すことになる。

「安心して歩ける空間」をめぐる対立と展開

推進派の主張は以下のような主張に代表されるものであり、主に「防災」「バリアフリー」という点において、既存の街は課題を抱えているのであり、その課題を解決するために都市計画は必要だということを訴えている。

Q：反対している人たちについてはどのようにお考えですか？

A：反対している人の理由の最大のものは、今の街のごちゃごちゃした雰囲気を求めて人が集まっているんだから、駅前に広場ができたり、ある程度高い建物もできると雰囲気が変わってしまう、というものだ。だけど、生活とか財産とか生命の安全ね、その対策がなによりも必要だとわれわれは思っている。

……バスが駅前に入っていけない、駅前でタクシーを拾おうとしても拾えない、そうすると駅から茶沢通りまで歩いてこないと拾えない、ということはお年寄りや、病院に通いたい人にとっては問題だということです[39]。

以上のようにして構想される都市空間は、換言すれば「安心して歩ける空間」ということになる。つまり、運動側とは異なる「安心して歩ける空間」、そして、「歩行者のための空間」が提示されたのだ。

「防災」という点については、具体的には、①補助五四号線は「消防困難活動宅地」を通る点、延焼防止に役立つ点で「防災」に役立ち、②駅前広場は緊急車両のスペースや、バス停などの交通広場を提供することで、生命や生活の安全に資する、③土地の集約・高層化は建築物の不燃化をもたらす、ということである。

また、「バリアフリー」という点については、具体的には、①駅前にバス停やタクシー広場を設置することで利便性を高める、②補助五四号線と駅前に交通広場を整備することで車の便を良くする、といった点が指摘される。

こうした計画の公共性に、旧来からの住民層の一部は同意する傾向があった。旧来からの住民層のなかには、下北沢が「盛り場」として注目を集める前から居住しており、多様な店舗や「文化」「個性」などの盛り場としての価値よりも防災や交通利便性を優先するという側面があった。必ずしも計画に対して積極的に推進の立場に立っているわけではないが、消極的に計画を受容するという立場に立っているといえる。

例えば、住民や地権者に都市計画の問題を訴えかけても、以下のような反応が返ってくることがあったという。

Q：日々の生活で問題を告知したりすることはあるのでしょうか？

A：私の知っている人でPTAの人に電話したら、「私は賛成」と言うのね。二丁目の町会長なんだけど。その方は学校で活躍されてるから、電話してみたら賛成の方だった。来街者がいろいろ言ってるけど、災害の時なんかに逃げるところがないって。

B：火事の対応が必要だって○○も言っていた。そういうこと言う人、多いのよね。救急車が入れないとか。

A：地震の時は救急車も入れないでしょ。木造密集地域を説得する論理は、「火災を止めるために道路を作る」というものらしいよ。それを言われるとね、「そういうこともあるな」となってしまう。

Ｂ：災害をもち出すと賛成せざるを得ないという人が多いのよね。[40]

こうして、安全で交通の便が良い都市空間は、多様な主体の「共生」を可能にさせる「公共空間」として立ち上げられることになる。その後、『日経新聞』二〇〇五年二月五日付の記事が、「防災」vs「文化」という構図で一連の紛争を紹介したこともあり、「公共性」をめぐる争いにおいて、運動側は分が悪い状況に追い込まれることになる。[41]

こうした公共性をめぐる争いの背後には、推進側と運動側の間の「善き」景観・風景をめぐるズレが存在していた。推進側の「公共性」の論理は、単に自動車交通の利便性を高めるということだけではなく、高齢者や身体障碍者などのマイノリティも不便を被ることなく生活でき、将来世代が災害などのリスクをできるだけ回避できるようにするというものであった。

下北沢地区の紛争における推進側の公共性の論理の強さについて、東浩紀は「人間工学的な都市空間」という観点から以下のように表現している。

ポストモダン社会は多様な人間集団の共生を公準としている。したがって、街には老人も子どももこられなくてはならないし、いろいろな人が楽しめなければならない。だとすれば、やはり清潔で安全な「人間工学的に正しい」街区を作るしかない。……私たちは、公共空間はだれにでも優しくなければいけないと考えている。だから都市が平板化する。（東・北田 2007: 194–195）

すなわち、「人間と人間の取り扱う環境の関係が安全、正確かつ能率的に機能するようにシステム設計する営み」を意味する「人間工学」的な空間認識に立脚し、防災やバリアフリーの側面からも「公共性」を帯びた計画として、下北沢地区の一連の都市計画は提起されているのであり、そうした計画を多くの住民は求めているだろうし、また、受け容れざるを得ないだろうということだ。

この東の主張に直面して、運動側は自らの主張の根拠を再検討し、対抗的に主張を作り上げていった。例えば、以下のような主張が展開されていくことになる。

Q：東浩紀が言うような、「人間工学的な空間」というものが強力な論理として立ち塞がってくると思うのですが、それについてはどのようにお考えですか？

A：「人間工学的な利便性とか、効率性をある意味では求めざるを得ない。現在の下北沢の運動はそれに抗うことができないだろう」と〔東さんは〕言っている。……しかし、社会というものは、人間の生活というものは、まさに「意味」があるでしょう。それを人間工学的な効率性だけで決めれるのか。(42)

人間工学的な空間認識は、その空間に使用価値を見出さず利便性、安全性、機能性を享受する受動的な存在として「人間」を同質的に捉えていることを、運動側は問題視している。つまり、「誰でも快適に暮らすことができる都市空間」という表象のなかの人びとが、空間に対する愛着や感情をもたない非個性的な人びとであることが問題視されたのだ。この表象のなかでは、画一的な「主体－環境」の関係しか存在せず、地域の諸主体が環境に対してもっている使用価値の複数性は捨象されている。そのため、多様な人びとの「共生」を構想しているように見えて、多様性を縮減した構想であるという点が批判されている。また、その空間表象のなかでは、それまでの空間の文脈や固有性というものは軽視される一方で、(43)機能性が重視され、結果として、均質的な駅前の風景が生産されていくことになるということも大きな問題として捉えられていた。

計画の防災性や利便性に対する違和感

さらに、具体的な都市計画の内容が明らかになるにつれて、日々街のなかで生活している運動主体にとっては、その防災性や利便性そのものに対する違和感が増幅していった。特に、違和感が大きかった点としては、鉄道の地下化

によって地上に広大な鉄道跡地ができるにもかかわらず、それを防災にも交通のためにも利用しないという点にあった。(44)

Q：計画推進派は「防災」という点で公共性を主張していますが？

A：それが防災問題を解決するための唯一の正解なのかというと、そういうことではなく、もっと他にやるべきことはあるし、もっと有効な手立てがある。小田急線が地下化されるわけですから、地下化された跡地をどうやって使うか、ということが一番初めに検討されるべきなのに、それが検討されていなかった。あとは、この道路を作るといっても、一、二年でできるものではないです。下手したら数十年かかります。その間の防災計画はどうするのか、という問題もあります。すると、もっと即効性の高い計画を立てる必要があると思います。(45)

A：論点ずらされる感じはあるよな。だって、地下化の跡地利用って、そういった安全性の配慮ってもっと考えられてしかるべきなのに。駅舎のあり方によっても、下北沢地区だけで上部の連続性が損なわれてるじゃない？世田谷代田と東北沢は駅舎が邪魔していないわけで、駅舎が塞いでなければ、車いすで環七から代々木公園まで移動できるような作り方ができるのに。安全のためと言っておきながら、実際の計画はそうなっていない。(46)

また、「バリアフリー」という点についても、逆に計画案の方がバリアになるという可能性が指摘されている。

Q：計画推進派が主張する「バリアフリー」という点についてはどのようにお考えですか？

A：駅前にバス停留場ができて、ぱっとバスに乗れても、バスが迂回せねばならんじゃない？　駅前広場から、茶沢通りへ出るための時間を考えていないじゃない？……また、街から駅にいく場合、(補助五四号線ができることで)信号に止められるじゃない？　今よりも不便になるんだよね。そういう不便さを見ていないんだよね。

……駅からバスに乗るという利便性はあるかもしれないけども、それ以上に不便さが増える。不便さの方が圧倒的に多いんだ。(47)

足に障碍をもつY・Y氏は、障碍者のためにと言っておきながら、障碍者の意見を全く聞こうとしない計画の進め方に対して違和感をもつとともに、障碍者にとっては今の街の方がバリアフリーだと主張する。

Q：車いすだと健常者が気づかないバリアがあると思うのですが、どのようなバリアがありますか？　ハード面、ソフト面のバリアがあると思いますが。

A：下北沢はバリアフリー。ハードの面でも、街の人のあり方もボーダーレスみたいな感じがある。街がヒューマンスケールで、一番街なんかでも両側に店があるから、お店同士で声をかけられる距離で、何か困ったことがある時に、お店の人にすぐ声をかけられる。例えば、歩道があればいいじゃないと言うけど、歩道って、環七でもそうだけど、車を通すために、平らじゃないんですよね。横から車を出すために車道側に斜めに切ってあったりして、たいてい自転車が留めてあるし、歩道って逆に歩きにくい。茶沢通りの歩道なんて、狭いし、自転車が留めてあるし、でこぼこですごい危ないですね。今みたいな下北沢の道はちょうど歩きやすいし、車もスピードを出せないでゆっくり走ってるから、非常に安全な街。(48)

人間工学的な空間の表象においては、車道とは別の歩道を用意すれば車いすの人も安心して移動できることになるが、街で日々生活する経験からすると、大きな道路を整備し道の機能を車道／歩道と分化するよりも、細い道路のままで機能を混在させている今の街の方が、人と人の関係でバリアが取り除かれるということなのだ。

以上のように「安心して歩ける空間」の意味内容を安全性やバリアフリーといった公共的な価値から主張する計画推進側に対して、運動主体は日々の生活のなかから、個別具体的にその計画の問題点を指摘していった。

代替案の作成へ――「共生」に向けた試み

ただし、以上のように推進側の公共性の論理を批判しつつも、運動側はそうした異なる「共同性」の価値観も尊重していた。すなわち「防災か文化か」という二者択一のフレームワークは推進側とマスコミによって作り出されたものであり、運動側は「防災も文化も」という考えをもっていた。その背景には、「いろいろなものを取り入れて発展してきたのがこの街であって、住民だけの街では必ずしもない」という寛容の姿勢が運動側に共有されていることが影響していた[49]。そこで、どのような案が望ましいのかを住民や専門家などを集めて議論する勉強会を積み重ねていった。

その過程で、運動側は二〇〇四年末に「下北沢フォーラム」（以下「フォーラム」と表記）という別の団体を作り上げ、都市計画の専門家などを集め、今までの景観を保全しつつ、現状の街の問題点（防災、バリアフリー……）を解決するための代替案の作成に、二〇〇五年二月から取りかかっていくことになる。それまでの「Save the 下北沢」の代替案を、より具体的な実現可能な計画案として専門家が作成することを試みたのだ。この時点で、まちづくりへと運動が高次化していったと捉えることもできる[50]。さらにいえば、「異質な要素同士の共存から、相互理解などを経て、共に生きていくことを可能にする社会を新たに形成していく動き」としての共生に向けて動き出していったと捉えることができるだろう。

二〇〇五年一一月には地域住民に対しアンケートを実施し[51]、住民の意見を鑑みながら、勉強会を積み重ね、二〇〇六年二月には「シャレットワークショップ」と題する代替案づくりの話合いを地元住民・商業者とともに行ない、それらの結果を踏まえて二〇〇六年四月九日に「市民が望む・下北沢のまちづくり計画案」を発表する[52]。

「Save the 下北沢」と「フォーラム」の計画案では、「補助五四線・区画街路一〇号線は不要」「高層化を可能にする地区計画も見直すべき」という従来の主張も行なわれた[53]。

ただし、最大の要点は、地域が抱えるさまざまな課題――防災、交通の利便性など――は、小田急線地下化にともない生じる跡地を利用することで解決可能であるという点にあった。すなわち、跡地に避難路や緩衝地帯、防災水槽

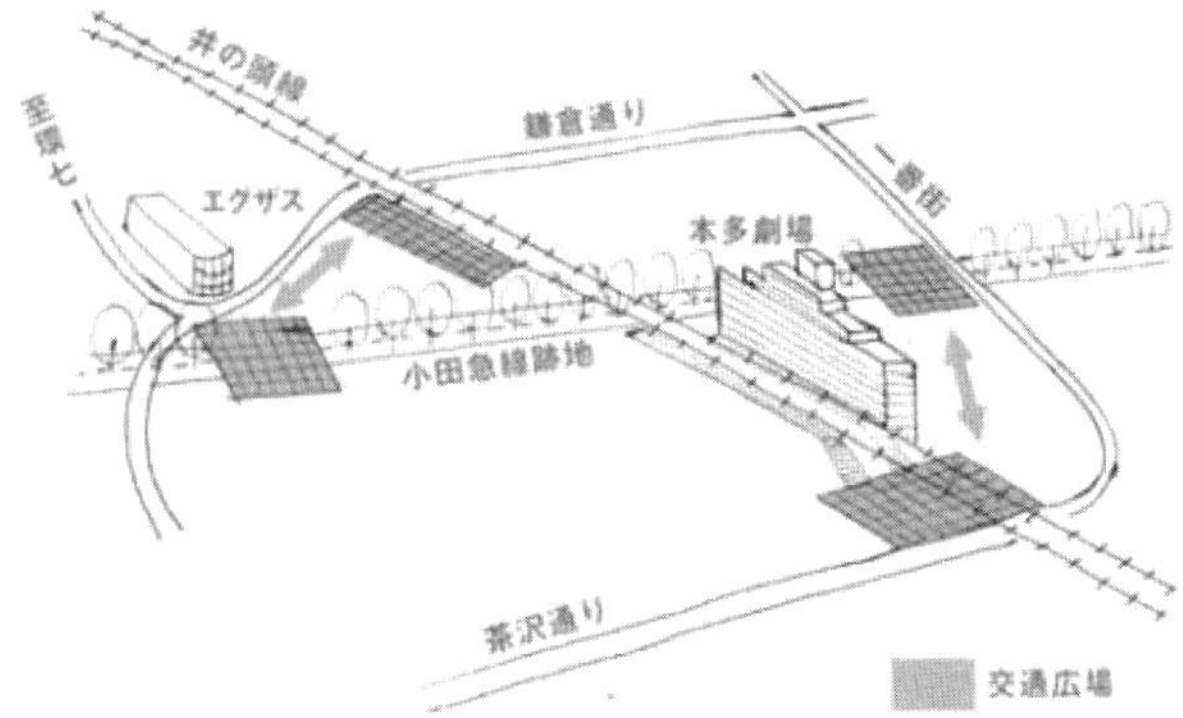

図８　「Save the 下北沢」の代替案(54)

を設置することで防災対策が行なえるだけでなく、バス停などを設置することで交通の利便性も図れるのであり、補助五四号線や駅前広場は不必要であるという論理を構築したのである。

安全安心の街づくりと言っていて、そのスローガンを言われるとやはり人は黙ってしまいます。仕方ないかなという気になってしまうんですね。それで、本当に再開発計画をして高い建物を建てることが防災によいのかどうかについては、結構いろいろな都市計画の専門家に検討してもらいました。

……例えば、駅前に地下の防水槽のようなものを埋め込んで、ポイントポイントで消防活動ができるようなシステムを作った方がいいという意見もありますね。それも専門家が提案しているのですが。消防車が隈なく動き回れるようにするよりも、ポイントごとに消火栓を充実させて、そこからホースを伸ばして消火活動をする方がよいということです。あとは、小田急線の跡地をもっと避難経路に使うべきだとか、そういった提案があります(55)。

こうして、〈跡地の公共利用〉に一つの問題解決の糸口を見出し、防災・交通の利便性を要望する住民と共存可能な代替案が作成されることになる。この案では、一番街と鉄道跡地の交差する部分に交通広場を作ることが構想されている。これは少なからず一番街における車の往来をもたらすことになり、必ずしも歩行者が安心して歩ける街にはならない可能性がある。しかし、防災性、安全性を求める生活者のニーズを汲み取ったものであった。

だが、推進側は運動側との話合いに応じる姿勢を見せず、運動側との意見対立は平行線をたどっていく。その背景には、「跡地は小田急電鉄のものだから」という考えがあった。

Q：反対派も代替案を出しているとおもうのですが、それについてはどのようにお考えですか？

A：地上から約三〇メートルまで、そこの人の権利があるわけよ。貯水槽はここにしかできないわけよ。ここの土地は小田急線が地下で走っているから、駅前広場の公共スペースの下にしかスペースがないわけ。[56]

すなわち、運動側の「共生」の構想には法的な根拠がないという理由で正当に取り扱われないという事態になった。こうして、運動側は、土地の私的所有権という大きな壁にぶつかることになったのだ。

「歩いて楽しめる空間」の焦点としての中小規模の商店

また、運動は「安心して歩ける空間」とは別に「歩いて楽しめる空間」という点においても、計画推進側や消極的受容者の異なる共同性（意味世界）と論理に直面していた。運動側からすれば「歩いて楽しめる空間」は下北沢という街の個性であり、その個性はこの街に関わる多様な人に共通する公共的な価値であるという考えがベースにある。そして、上述したように、「歩いて楽しめる空間」の重要な構成要素として、商店（商業者）が捉えられていた。以下の発言にあるように、運動は当初から、中小規模の商店（商業者）の保護を念頭に置いていた。

Q：再開発に対して何が問題と考えているのですか？

A：再開発について、一番まずいと思うのは、中小規模の個人経営のお店がなくなることです。……街の魅力が何かを考えると、「個性」とか、「文化」はあやふやですが、確実にいえることは、個人経営のお店がたくさんあったほうが、必然的に「個性」も出るということです。[57]

写真２　閉店する中小規模のお店[58]

Q：再開発の問題は何だと考えていますか？
A：再開発すると道が通る、駅前広場ができるとその前にビルが建ってナショナルチェーンができて、本当どこでもあるような都市になってしまう。ナショナルチェーンが問題になるのは、家賃なり入居料が釣り上がるということ。作為的にやるわけではないんだけど、ある程度言い値が出てきたとしても、資金力があるから払っちゃうのね。あまり値切らないで。そうすると、地元で昔からやってた人たち、新しく入ってくる人たちができなくなる。それがスタンダードになっちゃうから。小さい人たち、アイディアだけで勝負できる人たちが入る隙間がどんどんなくなってくるわけ。
そうなると、新宿渋谷と同じ町になっちゃう。単なる衛星都市になっちゃう。そうなると消耗戦になるんだよね。商売なり街のあり方として。下北沢が新宿渋谷と、ブランド力と同じものを扱うのに喧嘩したってしょうがないじゃん。勝てるわけないよ。バイイングパワーが違うんだから。勝てるとしたら飲食しかないわけ。あとは向こうにないもの。でも、道が通ったらおしまいだな、と。[59]

これは、「地区の交通の円滑な処理」のために補助五四号線や区画街路一〇号線が整備されることで、事業地における一〇〇店舗以上の店舗が立ち退きを強いられるからだけではない。運動が開始されて約一年が経過した二〇〇四年一一月に世田谷区が「下北沢駅周辺地区地区計画案」を発表し、「沿道土地利用の促進など、下北沢駅周辺の商業性向上」という名目のもとに土地の集約化、建築物の高層化を進めることを提示したことは運動にとっても、また商業者にとっても大きなインパクトをもたらしていた。すなわち、事業地だけでなく、下北沢という街全域で再開発が進められることで、地域全体で地価が上昇し、賃貸料が増加することが懸念されることになったのだ。土地をもった自営業者にとっても、大資本の店舗と競合することになり、苦しい経営に追い込まれることが想定された。このように大きな影響を被るにもかかわらず、商業者のなかでも借家層のニーズはほとんど検討されず、それどころか、情報すら十分には伝えられていなかった(60)。

このような問題意識があったため、住民・商業者を中心に「Save the 下北沢」は、「景観」の保護を地域内外に訴えるべく、チラシなどの作成や署名集めを展開していった(61)。特に、日々の商売に忙殺されている中小規模の商店に、一連の都市計画の問題性を告知することが、当初の活動の大きな目的の一つであった。また、商店会とも話合いを試みていった。

「歩いて楽しめる空間」をめぐる対立

しかし、こうした活動を経て、当事者である商業者自身のすべてが、中小規模の商店を軸にした「歩いて楽しめる空間」をそのまま現状維持すべきと強く考えていないことが明らかになっていく。第一に、無関心層が多いことが明らかになる。流動性が高く、数カ月で外の街に転居する店舗も少なくなく、当事者意識をもって、この問題を考えている人があまり多くなかったという(62)。

第二に、商店会の幹部の多くは中小規模の店舗が流出することをあまり問題視していないということが明確になっていった。幹部の多くは地主や、貸しビル業を営む場合が多く、中小規模の店舗ではなくて、高額のテナント料を支払う大型店舗が入ることを是としていた。

そして、最も重要な点が、そうした商店会の幹部、商業者、さらに一部の周辺住民が、今の中小規模の店舗の業種、業態に対して違和感があり、変えていくべきだという考えをもっていたという点だ。つまり、「近年の業種業態は若者向けであり、高齢化が進む周辺地域の住民構成に合わせたものにしていくべきだ」という考えから、「歩いて楽しめる空間」というものが求められているという状況に運動側が直面したのだ。

計画推進派の商店会理事長のY氏は以下のように述べている。

今ね、一番他から聞かれて寂しいことは、「どんな特徴のあるお店がありますか」って聞かれることだね。ないんですよ。マクドナルドは下北沢にもあるけど、あちこちにあります。ABC MARTもどこにもあります。コンビニもどこにもあります。下北沢にしかないっていうのがないんだよね。昔から東京に住んでいる人は、浅草のあの店に行って、おいしいうなぎを食べようというのがあるだろう。でも下北沢に行って、ああいうものを食べよう、買おうというのがないんだよ。どこの町にでもあるような町にどんどん変わってきたんだね。……いわゆる大人の人が入るような店が減ってきた。まぁ、それは社会の風潮だから仕方ないんだけど。(63)

これは一見矛盾した主張のようにも見える。なぜなら、都市計画事業が施行されれば、街の分断、高層化がもたらされ、高層ビルに入るテナントもそれ相応のテナント料を支払える店舗に限られ、結果として、どこにでもあるような街が実現してしまう可能性があるからだ。ただ、そうした可能性を否定できないにせよ、既存の若者向けの業種、業態の店舗を追い出すことで、高級志向の店舗が入る可能性に懸けていると捉えることができる。

また、商業者や周辺住民も同様に既存の街の業種、業態については違和感をもっているということが、運動を展開していく過程で明らかになっていく。

文房具屋さんに意見を聞いたら、成城の駅ビルが素敵で、ああいう風になるのは賛成ですといわれた（笑）。下北沢はお客さんがきた時にレストランがないからね、駅ビルのなかに素敵なレストランができるといいという意見。(64)

私の近辺の人は、シモキタなんか行くところないもんと言う。ミセスの人はオオゼキに行くぐらい。ファッシヨンもミセス向きのものがないというか、客層的に(65)。

こうして運動側は、自分たちの「歩いて楽しめる空間」という主張を受け容れない人びとが周辺住民に一定数存在することも了解し、自分たちの「歩いて楽しめる空間」の公共性をただやみくもに主張するということはしなかった。むしろ、今の街に居場所を感じられない人が多数存在するということの問題性を、明確に認識するようになっていった。

Q：中高年層は街に住みにくくなっているのではないでしょうか？

A：やっぱ街のなかで自分に与えられた場所がなくなっているって感じていると思うんですよね。若者じゃないと居れない、っていう風な雰囲気がある。「大人のいる場所がない」というイメージがある。物理的な場所ではなくて、意味の次元の問題で。そういうのって街にとって結構致命的だなって思う。自分の居場所がないと思うと、それだけで反発を抱いたりすると思うので(66)。

「安心して歩ける空間」の意味内容をめぐる計画推進派、消極的受容派との対立に関して、運動側は自分たちの立場の公共性を主張しつつも、相手の意見を汲み取るような代替案を提示するという形で、まちづくりへと転換していった。この「歩いて楽しめる空間」においても、同様に、運動側は自分たちとは異なる意見と公共性を争い続けるという方向性には向かわなかった。むしろ、周辺住民が自らの居場所として感じることができないということの問題性を意識するようになっている。そうした人たちの価値も尊重した形でより包括的な「歩いて楽しめる空間」を作ることが重要と考えている。

ただし、盛り場の業種、業態のあり方は私有地である以上、簡単に変えられるものでもなく、都市計画の代替案というような形で「共生」の構想を提案することはできていない。

その代わりに、打ち出したのが「文化」という論理だった。運動側は当初から来街者が中心となって形成する「文化」（音楽、演劇など）が廃れ、「文化が生み出される空間」でなくなってしまうことの問題性を意識していた。しかし、そうした大文字の「文化」は若者向けの中小規模の多様な店舗、そこで形成される社会関係と同様に、必ずしも多くの周辺住民に受け容れられているわけではなかった。

そこで、そうした大文字の「文化」とは異なる「文化」概念を構築し、「共生」の構想を提示することになる。ただ、それは、都市計画の代替案が検討されず、二〇〇六年一〇月に世田谷区都市計画審議会で地区計画が可決され、同日に東京都によって一連の都市計画が事業認可されるという挫折に直面して以降のことであった。

「共生」の構想へ――「文化的権益」という新しい権利の構築

後でもその経緯を詳述するが、二〇〇六年一〇月の世田谷区の都市計画審議会で、傍聴に訪れた住民らの怒号が交わされるなかで、地区計画は承認され、同日に東京都によって一連の都市計画が事業認可される事態となる。一連の都市計画が事業認可されたことは、計画に反対する人びとにとっては大きな挫折であった。

事業認可という挫折を機に、運動に参加していた人びとは大きく分けて三つのルートを辿るようになった。「事業が認可されてしまってはもう止めることができない」と考えて運動から離れる人、逆に行政訴訟を起こすことで事業認可の取り消しを求めようとする人、まちづくりをやめるわけではないが裁判を忌避し、行政と協働して跡地利用について構想する人、の三つの類型を見出すことができる。主に本書の対象となるのは後二者である[67]。

そのなかでも、行政訴訟という運動戦略を採用し、「まもれシモキタ！行政訴訟の会」（通称「訴訟の会」）を発足させ、事業認可の取り消しを求めた人びとは、「文化的権益」という新しい「共通利益」を法言説で構築することで、自分たちの主張の「公共性」を立ち上げていく。

「共通利益」とは、「個々人の権利、利益に分解して捉えることができない利益」を意味する（見上 2006）[68]。これまでの法制度では、法律が一般的・抽象的にではなく、個別的・具体的に保護している利益であるかどうかが重要視されたため（＝「法律上保護された利益」）、あらゆる人に関わる「環境諸利益」は、十分には保護されてこなかった。しかし、国立《くにたち》マンション事件の宮岡判決（二〇〇二年一二月一八日）で「共通利益」としての「景観利益」が画期的に認定されたことから、「共通利益」が景観紛争の現場で注目を集めるようになっている[69]。ただし、国立マンション事件の宮岡判決は、土地所有権を媒介に「景観利益」を認定するという点で、「景観利益」の公共的性格を十分には打ち出していないという限界を抱えている（吉田 2003）[70]。

そこで、下北沢の景観紛争では、下北沢の「共通利益」は地主らだけが享受できる「景観利益」ではなく、商業者、周辺住民さらには来街者も含めて共同に享受できる「文化的権益」であるという主張が展開されることになる。具体的には、「（下北沢）の文化は、居住者や在勤者だけではなく、下北沢に関わる多くの人びとによって享受されてきた。その関わり方は、各人の立場や世代などに応じて極めて多様である。多種多様な人びとの、それぞれの関わり方を受け容れてきたところにも、下北沢の文化の特徴がある」と、「守るべき下北沢の文化」の多様性が主張される。そして、そうした文化は「復元不可能性、景観的・風致的・宗教的・歴史的諸価値を含む重層性」を有するだけでなく、生活環境に関わるものであって、その侵害は認められない、と展開される[71]。

すなわちそれは、景観を享受する権利を「土地所有権からの派生」に根拠づけるのではなく、その景観を享受することで精神的・文化的生活を豊かにしようとする生活主体（来街者も含む）の人格的利益に根拠づけるという問題提起であったといえる。換言すれば、景観が都市空間にもたらした付加価値は、土地所有権上の利益なのではなく、人格的な諸利益にあるという主張であったともいえる。

また、下北沢の事例は、国立の判例のような、日照・通風・眺望などに関わる隣地からの「生活妨害」といった、侵害類型としては個人的な人格権、または所有権の侵害として捉えることが可能なものではないため、個々人に割り当てられた権利の範囲を超えるような広がりを有する「集団的環境利益」（富井 2004）として構築されている。それは、すなわち、大勢の関係者が公共財としての景観それ自体から生活利益の一部として、多種多様な福利を共同で享受しているという権利性を意味する。また、将来世代も含めた共同で享受されるべき利益という意味も内包している。

これは上述した、言語化することが難しい「街での居心地の良さ」という身体感覚を、「都市への権利」として言語化したものと位置づけることができるだろう。また、その権利は住民だけでなく来街者にも付与されるべきだという新しい主張であった。

「文化的権益」の理解と効果

この法的権利に対して運動主体はどのように理解しているのか。例えば、以下のように意味づけている。

Q：「文化的権益」をどのようなものとして理解しているのですか？

A：皆が同じように思っているわけではないと思いますが、例えば、ある人は、下北沢の街でいろいろ取材をし、人間関係を作り、飲み歩き……そういう文化のなかで仕事をしています。その人の言葉を借りれば、漁師が海に魚を釣りにいくように下北沢の街というのは自分にとっての漁場だ、ということです。地権者の日照権や騒音がどうのこうの、という視点で争っても面白くないんです。それはこの問題の本質ではありません。[72]

つまり、街に関わる人それぞれがもつ固有の利益、さらにそれは共約不可能な利益の擁護の主張として理解している。ただしそれは、どの街にもある利益という形で共約性を想定している。

Q：「文化的権益」というのは、どこの街でも使える概念なのでしょうか。

A：この街を歩いていて感じるものは確実にあるし、街の構造が人間関係に影響を与えていると思います。街に入って飲みにいくとすぐ友達ができるとか、街で知合いにあうとか、人びとがゆるくつながっているというか、なかなか言葉にするのが難しいのですが、そういうものがあるわけです。そういったライフスタイルなども含めて「文化」と言っているわけです。なので、必ずしも演劇などを僕らは文化と言っているわけではありません。

ライフスタイルというか、人間関係の築き方というか、そういうものです。「文化的権益」の「文化」というのは、下北固有の「文化」ではないと思います。下北沢にも他の街にも存在しているものだと思います。(73)

どの街にもある多様な「ライフスタイル」「人間関係の築き方」というものを形式として守ることが公共的な利益である、という主張として読み取ることができる。さらにいえば、特定の要件では定義することのできない共約不可能な権益を公共的なものとして主張する試みとして理解できる。

訴状を作る前段階での話合いなどを経て、このような意味世界から文化的権益という法的言説が構築され、その後も勉強会などが開催され、このような意味世界が学習、共有されている。例えば、原告となった運動主体の以下の「共生」の構想は、裁判闘争を行なっている多くの運動主体に共有される意味世界である。

住民の側も財産権は小田急のものだから文句はいえないと思っている。そうすると、都市の安全ということを街ぐるみでやろうというところに、いっていないということですよね。……社会に住む限りにおいては、私権は制約されるべきなんだよ。土地の所有権を認めても、外観は守りましょうよと。そういうことを下北沢の地主さん、商店の人も、もっと積極的にこういう街つくろうよと、話せばいいのに。みんな地主は「俺のところは何階建てると家賃どんだけ儲かるかもしれない」と腹のなかで思ってて、全然そこから出ない。(74)

これは換言すれば、より良い街にするためには、土地の財産権という「法律上保護された権益」を制限することも時に必要になるという認識への到達でもある。もちろん、こうした「共通利益」は、これまで権利として認められておらず、法廷で勝訴しなければ実効性がないだろう。(75) しかし、その主張は、「人格的な諸権利」という共通の権利を打ち出し、包括的に、空間を共有する人びとの諸価値を共存させる点で、運動側の論理に「公共性」を付与するだけでなく、「共生」へのモチベーションを高めていくことになっている。

後述するように、運動側はその後、多様な価値、利益が共存できるような土地利用や管理に向けた実践を行なっていく。具体的にいえば、外部視点から見た街の価値、街の歴史的価値を再検証するようなイベントを開催したり、時に、「まち歩き」というイベントで、これまで街が維持してきた景観や商店の紹介などを行ない、街の「履歴」を伝える活動などを行なった。他にも、ストリートでのさまざまなイベントを展開することで、土地の共有可能性を可視化するといった実践も行なわれていった。

公有地だけでなく私有地も含まれる都市空間において、「総有」のような形で、歴史的な共同体の存在を前提にすることは難しいが、こうした実践によって、空間の共用可能性を可視化させることで、都市空間の管理ということに関する自覚化を促している。これは、そうした実践によって、これまで維持してきた都市空間の生産・管理を行政や資本に奪われてしまっていいのかという問題提起でもある。

一方、都市計画推進派である「街づくり懇談会」は、そうした活動は行なっていない。「補助五四号線」「区画街路一〇号線」(駅前広場)の管理方針について行政との話合いが全くできていないことに焦りを感じているものの、「結局は行政が管理することになるのだろう」という形で行政に依存する意向を示している。[76]

こうした点からも明らかなように、都市空間を共有する諸主体の多様な利益を自覚した一連の運動は、そうした多様な利益を維持するための活動を行なっている。これは「共生」に向けた一つの試みであるといえるだろう。一方、都市空間における多様な利益に関して不寛容な都市計画推進派は、都市空間の生産・管理をめぐり主体性を欠き、結果として、行政・資本に都市空間の生産・管理を委ねる傾向がある。[77]

誰に発言権があるのか

以上、どのような都市空間が公共的なのかをめぐって、論理の対立や背景となる意味世界を見てきた。この事例では、各々の価値、利益が公共的なものとして主張され争われるという単純な図式ではなく、「いかなる他者と都市空間のなかでいかにして共に生きるか」という「共生」の構想をめぐって対立が生じていた。ただし、運動側は推進側の価値も含めた「共生」の構想を提示していたが、推進側は運動側の価値は含めない「共生」の構想を提示しており、「社会」の境界線が異なっていた。

そして「共生」の構想に関する対立と並行して、「どのような手続きで、その構想を実現していくべきか、街のあり方を決めるべきか」という点に関しても対立が当初から存在していた。つまり、土地の権利の問題においても顕在化したが、「誰に発言権があるのか」という点が重要なイシューとして浮上していた。

「街づくり懇談会」の正統性に対する異議

まず、運動が展開していく過程で、「街づくり懇談会」に参加していない人間には発言権がない、という批判が推進側から提示されることになる。住民の前に突然提示されたように見えた一連の計画は、区の論理によると、「街づくり懇談会」という「住民組織」と長年の協議の結果策定されたものであり、「手続きを踏んだものである」ということであった。

「街づくり懇談会」は、前述したように、八四年一二月には四つの商店会と二つの町内会で構成される住民組織として結成されている（事務局は世田谷区都市整備公社）。二、三カ月に一回の頻度で、小田急問題を含めた街のあり方についての議論が積み重ねられてきており、そこにはコンサルタントや行政の担当者も同席し、一見「まちづくり先進自治区」にふさわしい「官民協働」が推し進められているようにも見える。

だが、「街づくり懇談会」は「街づくり協議会」（行政が認定する住民自治組織）とは異なり、住民なら誰でも参加できるというわけではなく、商店会と町会の限られたメンバー（主に地主層）しか参加が許されない閉じた組織であった。そうした問題点を主張した「Save the 下北沢」は、当初、商店会、町会にアプローチし、運動側の意見を考慮した計画の再検討を要請していた。しかし、長い年月をかけて「下北沢グランドデザイン」の作成をしてきた「経緯」という形式を重視する商店会、町会を説得することはできなかった。

Q：「街づくり懇談会」についてどのようにお考えですか？

A：おかしいじゃないかと。非公開なのが。私が代沢五丁目に住んでて、街づくり懇談会に代沢五丁目は入ってないんだよね。町会は二つに分かれていて、線路の北側と南側と。北沢二丁目の北の町会と南の町会。あと代田六丁目が入っているんですよね。それは井の頭線の西口の鎌倉通りの反対側の町会だから。そういう意味では密接である。その三つが入っているんだけど、街づくり懇談会の議事録を、情報公開請求で取って見てみたら、途中で西口の代田の町会は抜けている。この前、Yさんと話したら、また復活していることになっているらしいんだけど、本当かいな。「町づくり懇談会」に入っている町会は実質、北沢二丁目の北と南だけだね。(78)

この発言は、メンバーシップが限定されるだけでなく、参加している組織も恣意的に選ばれているのではないかという批判でもある。

誰が「よそ者」なのか

こうした批判に直面した「街づくり懇談会」の側は、「反対運動をしている人たちはよそ者であり、そもそも発言権がない」というフレーミングをすることで論点をすり替えていく。

Q：「街づくり懇談会」に批判があると思うのですが、どのようにお考えですか？

A：反対している人はどういう人かというとね、大体下北沢に権利をね、もっていない人たち。商店街で生活していても、商店街組織に加入しないんだ。また、このエリアでワンルームとかで生活していても、アパートに生活していても、町会に入らない。だから地域活動に参加しない。そういう人たちのところにはね、町づくりの相談が、ほとんどいかなかったわけよ。当然ね。わからないから。

……まあ極端にいうとね、商店街の商店主、普通の住民で反対している人は非常に少ないわけ。下北沢にいても組織に入らない人を旗印にして、周りの人たち集まってきて反対しているわけね。[79]

確かに二〇〇五年前後から、来街者（「よそ者」）が実際に運動に多く参加し始めていたという点、また、「Save the 下北沢」は誰でも参加できる組織であったため、日常の媒体組織から独立して住民や商業者が自由に参加しており、誰が運動に参加しているのか実際に見えにくいという点があった。[80] そうした状況のなかで、区や「街づくり懇談会」は、一連の運動を「よそ者による運動」と、戦略的に一枚岩に捉え「住民以外の人間に発言権はない」と批判していったのだ。この「よそ者には発言権がない」という論理はその他の住民にも共有される傾向があったようだ。実際の運動は住民の多くが参加していたが、あまり事情を知らない人からすると、「下北沢で生活しているわけではない来街者が外から自分たちの利益擁護を訴えている運動」というフレームで捉える人も少なくなかった。

ただし、上記の引用で注目すべきなのは、単純に「よそ者＝来街者」として捉えているわけではないということだ。推進側からすれば、商店街や町内会に加入していない住民や商店も「よそ者」なのだ。「推進側のよそ者か否かの基準は、それまでの懇談会の活動に関わっていたか否かなのではないか」と運動側は以下のように批判している。

外部と内部の対立が顕在化するのは、一つには町会や商店街との対立です。彼らに言わせると、「Save the 下北沢」に限らず、その他の人間は外部とみなされてしまいます。それはいろいろな要素を含んでいるので、一概にはいえないと思うのですが。

……街づくり懇談会としては、今まで行政から説明を受けて話合いを進めてきたのだから、今更そうでない人たちが、この計画について知らなかったと言ってきても、われわれは今までやってきたんだ、というプライドがあるんですね。それと、行政としては街づくり懇談会を地元組織として認定しており、文句があるならそこに入ってきて何かをやれ、と。そのためにそうでない意見がなかなか入らなかった。[81]

一方で、運動に参加して長年下北沢に住んでいる住民からすると、計画を推進している人間こそが「よそ者」という感覚があった。

Q：運動している人がよそ者として批判されていますが？

A：僕らの感覚として、Yさんはよそ者という感覚があるんだよね。彼は池ノ上小学校を出て企業に勤めて設計か何かの仕事をやってて、下北沢で商売をやってないと思うんだよね。……根を下ろしてから二〇年、三〇年になっているかもしれないけど、生え抜きの商店会の店主ではないね。(82)

Q：よそ者批判についてどうお考えですか？

A：よそ者という定義があいまいで、Yさんは、もともと家は池ノ上の方だった。例えば、田舎に養鶏所がある所に越してきた人たちがうるさいという話と同じで、お前たち分かって越してきたんじゃないのかと。おかしな話だ。(83)

以上のように「よそ者かどうか」というのは、人びとの意味世界の基準によって恣意的に変わってくる。「地権者か否か」「懇談会に参加しているか否か」「住民か否か」「何十年以上住んでいるか否か」……。ただし、運動のその後の展開は「どちらがよそ者か」を争うことはせず、「よそ者とされる人にも発言権があるのではないか」という問題提起をしていくことになる。これは、上述した文化的権益の主張と同じ問題意識であったと捉えることができる。

「よそ者」の発言権をアピールする試み

区と地権者、商店会・町会を核として形成された「公共圏」から、それ以外の多くの住民や商業者、来街者が「よそ者」として排除されていることが事後的に明らかとなったなかで、運動側は「よそ者」とされる人にも発言権があることを主張していく。

運動側は大きく分けて二つの戦略を採用していった。一つは、「よそ者」とされた商店街に加盟していない商業者も地域内で商業、生活をしている点で、街の当事者であり、発言権があるという主張を展開するというものであった。そしてもう一つは、「よそ者」である来街者にも発言権があり、それを実際に行使するというものであった。

まず前者について、運動側は二〇〇五年一二月に下北沢地域で商売をしている商業者（主に借家層）だけで構成される「商業者協議会」を結成する。代表には、南口で七〇年代から「レディ・ジェーン」という音楽バーを営み、「下北沢音楽祭」などを企画運営してきたO氏が就任している。それまで「Save the 下北沢」に参加していた運動主体が立ち上げに携わっていたが、その後多くの加盟者を集めていった。「商業者協議会」の結成の目的について、当時運営の中心を担っていたK・M氏は以下のように述べている。

Q：「商業者協議会」というのはどういう経緯で生まれたのですか？

A：二〇〇五年の一〇月くらいから、明らかに地元の声だと分かる団体を作る必要があった。会である必要はなかったんですけど、そういう存在が必要だった。何故かというと、それまでは、「Save the 下北沢」とか「下北沢フォーラム」が活動していたんですけど、「第三者の意見」みたいに言われてしまったので、地元の声として立ち上げる必要があった。最初にやろうとしたのは要望書を出すということだったんですけど、要望書を出すだけじゃなくて、その後半年ぐらい行政と交渉するような局面がずっと続いたんで、交渉するときは、「地元の声だ」ということを打ち出す必要があって、存続してやったということですね。(84)

後述するように、当時の運動の目的として、ステイクホルダーを集めて話合いの場＝ラウンドテーブルを設置することを要求していた。

一方、制度内での発言権を要求するのではなくて、制度外で発言権を行使するという実践も行なわれた。これも後述することになるが、当時の「Save the 下北沢」は隔週のペースで「かわらばん」という情報誌を作り、一連の計画の問題を明らかにし、人びとに当事者として発言してもらうことを企図していた。重要なことは、この情報誌を運動主体が一軒一軒歩いて手渡しし、コミュニケーションを図っていたことである。当時のこの実践の狙いについて、共同代表だったK・K氏は以下のように述べている。

A：発言する権利というのは、誰にもあると思っているんだよ。本当に。権利をどういう形で行使するかだよな。で、それが街との関わり方だと思う。あの時、「Save」をやってた時、若者たちが集まってきて、かわらばんを一緒に配ったわけじゃない？　あれっていうのも自分たちがやれることを形にしてた。言うことを聞いてくれるか聞いてくれないかは別として、自分たちができることをやった。やりたい放題やらせてもらうぜということで、やってったわけじゃない？　そういう意味で、みんな権利があるんだね。権利があるんだということを示したいから、ああいうことをやった。それを聞いてもらえるか、聞いてもらえないかという結果の問題は別だと思う。
Q：人によっては権利がないと判断する人もいるとは思うのですが？
A：聞いてもらわなかったらダメって思ってるじゃない？　それって成果主義じゃない？　そんなことは気にしていない。……成果として得られなかったとしても、やりたい放題やらせてもらうということが大事だと思うんですよ。(85)

これは、街に関わっている商業者、来街者にも発言権があるということをメディアやコミュニケーションを介して可視化させる戦略だった。ただ、そうすることで、区や推進側にその権利を認めてもらうことを意図していたわけではなかった。むしろ、他の商業者や来街者にその当事者性を自覚してもらうことが狙いであったともいえる。当時、この実践の中心を担っていたK・W氏は以下のように述べている。

Q：当初、来街者に発言権があるということを伝えたかったということでしょうか？

A：下北沢という街は、当事者がはっきりしない街だと思う。どこかの地方都市に行ったら、完全に顔が見える関係でやるしかないじゃないですか。誰々さんがやってるんだよねとなるじゃないですか。ここはよくわからない世論だとか、テナントがあったり、オーナーと地権者が別だったり、その周りに住民がいて、それぞれ利益が相反したりしているので、いろいろな人が参加しうる曖昧な感じでやってきている。住民の人も参加できる、街のユーザーも参加し得る、お店をやってる人も参加し得る、著名人も乗りやすいみたいな、感じでやってるから、広がりをもつけど、逆に弱い。当事者が見えないんですよ。だからこそ、当事者として名乗りを上げることが必要で、今までのなかで一番わかりやすかったのは商店街。当事者としてね。(86)

一連の運動が多様なステイクホルダーの利益や価値を尊重した結果、どの社会的カテゴリーが主体となった運動なのかが分かりにくくなり、無関心層が当事者意識をもたないという状況認識があった。そうであるが故に、発言権の行使を可視化して、当事者として主体化させる試みが行なわれた。

区と推進派の対応

しかし、運動の一連の試みは結果としては、成果を得ることはできなかった。特に「商業者協議会」に関しては、加盟した人びとの多くが商店会には加盟していない借家人であったため、結局は、商店会から「発言権はない」という形で対応されることになる。

そうして世田谷区は、二〇〇六年三月末に補助五四号線と区画街路一〇号線の事業認可を強行する気配を見せるなかで、商業者協議会は区長への面会の申し込み、要望書の提出、さらにはデモ活動といった抗議活動を積極的に展開していった。二〇〇六年一月に区長との面会を断わられたため、二月上旬には区長に要望書を提出しており、要望書は、「計画が数多くの店舗を立ち退かせる点」「開発が進むと新しく建つビルのテナント料は高騰し、多くの現在の小規模な店舗は賃貸できなくなる点」「世田谷区は地権者と懇談会のメンバーとしか協議を行なわず、店舗の経営者の声を聞こうとしなかった点」で問題があるという論理で、この計画の見直しを求め、約五〇〇店舗から賛同の署名を集めている。

しかし、その後すぐに、二〇〇六年二月に下北沢の四商店会の理事長と北沢二丁目の二町会会長の連名のもと副知事に提出された「下北沢駅周辺街づくり推進に関する要望」は、あたかも地元の商店すべてが計画を待ち望んでいるかのような内容であり、再び借家層はその存在を無視された格好となった。そのため、再度、商業者協議会は五月に都知事と区長に対して、下北沢フォーラムの代替案の検討と、市民の参加を広く募ったラウンドテーブルを設置し、都市計画について協議するよう要望している。

六月には、商業者協議会は運動体としては初めて区長との面会を実現し[87]、「担当部署による結論が上がっていないために未だ回答はできない。結論が出次第、再面談し回答を行なう」という約束を取り付けたが、七月に世田谷区はその約束をほごにして東京都に事業認可申請を提出している[88]。そして、既述のように、一〇月に東京都が事業認可をすることになる。

このようにして、決して民主的とはいえない強引な手続きで、補助五四号線と区画街路一〇号線の事業が認可された。この手続きの問題について「商業者協議会」を中心として運動側は批判したが、世田谷区も東京都も聞き入れることはなかった。それは結局、地権者や商店街幹部以外の商業者（特に借家層）には発言権がなく、発言権がある人たちの間で進めた協議の仕方には問題がないということであった。

また、本来地域主導の民主的な手続きで進めるべく制度的に導入された地区計画においても、発言権を狭めたようなやり方を進めたために、さらに批判にさらされることになった。下北沢駅周辺地区地区計画については、原案に対する地権者の意見においても、賛成と反対が半々に分かれており、地権者以外の地域住民の意見では、七割が反対していた[89]。そもそもメンバーシップが限定された「街づくり懇談会」で計画は作成され、また、計画の存在を広く住民に周知することもなく、説明会も十分に行なわれていなかった[90]。

このような問題があったため、一〇月に開かれた都市計画審議会では委員の間でも議論が紛糾した。しかし、会場の外で運動主体らの怒号が飛び交うなか、地区計画も強引に認められたのである。

いかなる「共生」の構想が分立しているのか——意味世界のなかの「社会」に焦点をあてて

以上、一連の都市計画に直面した下北沢地域の住民、商業者、来街者など、さまざまなアクターがどのような論理を展開し、大別して「推進派」と「反対派」に分立しているのかを明らかにしてきた。「反対派」と「推進派」のなかでも多様な意見が存在しているが、いかなる「共生」が望ましいのかという構想、換言すれば、どのような「共生」の危機認識を抱いているのかという点において、二つの意味世界に大別することができる。

計画の推進側は、三〇年以上にわたって、街の課題を検討してきた経緯から、「住民」の生活の利便性というものを計画推進の重要な根拠としている。その「住民」のなかには、高齢者や身体障碍者などのマイノリティが含まれており、そうした人びとも街のなかで快適に過ごすことができるように車交通の利便性を高め、バリアフリー化を促進することを重要視している。逆にいえば、既存の物理的環境において、そのような生活の利便性が低下し、身体的弱者との「共生」が困難になってきているという空間認識がある。また、防災という観点からも、既存の街のあり方では問題があるという空間認識がある。そして、住民、地権者の「生活・生命・安全」を守ることは、来街者にとっても有益であり、結果として、これまで以上に来街者も街に往来するようになり、経済的効果もあるという考えをもっている。

このように、現状では生活する街としても、盛り場としても、住民、商業者、来街者といった人びとが共に生きていく上で不便であり、リスクがあるという危機認識をもっていたといえる。ただし、その人間工学的な都市計画の表象のなかでは、街で暮らす人びとと街に通う人びととは同質的、一枚岩に捉えられている。人びとの意味づけの多様性は捨象され、それまでの景観や社会関係を失ったとしても利便性、防災性をあらゆる人が求めるという前提を置いている。

また、推進派の「共生」の構想は、あらゆる人に寛容に見える一方で、多様な中小規模の店舗によって生み出された盛り場空間それ自体への価値には非寛容である。なぜならば、高さ制限を緩和する地区計画によって土地の集約化、建物の高層化が生じることをあまり問題視していないからだ。そうした土地利用の変化にともない、多様な中小規模の店舗が流出し、細い路地空間という物理的な特徴までも失うことになったとしても、各々の地主の私権に口をはさむことはできないという考えから、歯止めがかけられないという事態になっている。

さらに、推進派の意味世界のなかの「社会」の構成メンバーは地権者、住民、商業者、来街者と一見多様なアクターであり、寛容な「社会」を想定しているように見えるが、その内実は歪なものになっている。第一に、構成メンバー間の関係性は水平的なものではなく、一部のメンバーが意思決定権をもっているという点を推進派は受け容れている[91]。第二に、一定の権力をもっている地主層・商業者層においても、個々の成員は経済利益を追求する合理的なプレーヤーとして捉えられる傾向がある。そのため、互いに私権を制限することで、共同で何かを実践するという方向には至らない。第三に、来街者も重要なアクターとして想定されてはいるが、共に議論し、共に社会を形成していくアクターとしては捉えられていない。彼らのなかでは「来街者」はあくまでも「よそ者」であり、客体に過ぎないのだ。

一方で、反対派は都市計画を契機にして、諸アクターの諸利益が失われることに危機感を抱いていた。それは単に事業地で生活、商売している住民や商業者が立ち退きを余儀なくされるということだけでなく、都市計画事業を契機にして、それまでの街の物理的な環境が大きく改変されることによって、街全体で多様な中小規模の商店や、街で生み出された生活、社会関係が喪失することが問題視されていた。すなわち、「文化」「個性」といった表象で語られてきた街の「景観」が失われることは、街で生活している住民、商業者だけでなく、街を経済的に支えてきた来街者にも共通する大きな利害の損失であるという認識が彼らにはあった。

それは、逆にいえば、反対派の意味世界の「社会」のなかでは、来街者も街のあり方を決定していく上で重要な構成メンバーとして含まれていることが影響している。もちろん、人によって、どれだけ来街者に発言権があるのか、どのような形で来街者の発言権を組み込むのかという点で多様な考えが存在する。しかし、彼らの意味世界のなかで、来街者は単なる客体ではなく主体として想定されており、「社会」の一員であるのだ。

推進派が懸念していた防災、バリアフリーという問題についても反対派は、当初から論点としては明確に提示してはいなかったものの、重要な論点として考えており、別の生活者の価値にも一定の理解を示していた。そうであるからこそ、盛り場としての諸価値と対立する側面があるような諸価値――交通利便性、安全性……――も尊重し、共存可能な代替案を作成していた。

さらに、推進派への対抗論理として提示されている「文化的権益」は、空間を享受する人びとの共通権利として構築される点で、推進派を排除するものではないことにも留意するべきだろう。ここで重要なのは、この論理が単に諸価値を共存させるというお題目に過ぎないものではなく、この論理から都市空間を管理・維持していくための主体化が導き出されてきていることにある。現実問題として、今の若者向けの街と中高年層が居場所を見つけられるような街をいかに同時に作り出していくのかということは容易なことではない。ただし、その困難な課題を認識し、どうにかしなければならないという主体の形成が生み出されてきたことが重要なのだ。

そうであるからこそ、街のあり方に関して「よそ者」として発言権を認められてこなかっただけでなく、主体的にも発言権があると考えていなかったような多くの商業者、住民、来街者に対して、当事者性を自覚化させる実践を行なっていたと捉えられるだろう。

しかし、その後、運動自体のあり方も変化を余儀なくされ、構想の実現の仕方をめぐり分岐するようになっていった。新しい権利を自覚し、既存の制度のあり方に問題提起した運動が、その後どのような「政治」を構想し実践していくのか、そこにはどのような可能性や課題が存在するのかということが重要なイシューとして浮上してきた。

その点については第五章で詳しく見ていくことにして、次章では、何故、以上のような論理、意味世界が生み出されきたのか、その背景をさぐってみたい。偶発的に「共生」の構想が対立しているのではなく、歴史的な過程を経ながら、社会性と空間性が重層的に作用し、現在のありようを規定してきたことが分かるだろう。

第四章　「共生」の構想の社会的世界

　前章で見てきたように、いかなる共生が望ましいのかという点について、都市計画を契機に対立が表面化している。この対立は、街の空間に対する意味づけや「どのような手続きで、どのような人たちと、どのような社会を作るのが望ましいのか」という考えの違いに起因する。前章ではその対立を見たが、本章では、そうした対立が歴史的、空間的、社会的要因の重層的な絡み合いによって作り出されてきたことを明らかにしたい。

　そこでまず、運動側と計画推進側がともに「共生」の構想の核としている「歩行者のための空間」に着目する。なぜ、そのような意味世界が生み出されたのか。それを明らかにするためには、どのように空間構造が作り出され、「盛り場」としての街の配置が出来上がったのか、どのような「街」として人びとに捉えられるようになったのか、そしてそこに人びとがどのような魅力を見出してきたのか、その魅力はどのようにして構築されてきたのかといった空間的・社会的な関係性を明らかにする必要がある。そうした文脈が、現在の人びとの意味世界の多様性に大きく作用を及ぼしているのだ。

　次に、計画を推進する人たちの意味世界に焦点を当て、「歩行者のための空間」を志向する人たちがなぜそれとは対立するような一連の都市計画を推進するようになっているのか、その背景について分析を行なう。

1 「歩いて楽しめる空間」という意味世界の背景

下北沢地域の前史

はじめに、下北沢という地域がいかにして「歩いて楽しめる空間」と言われる盛り場になっていったのか、その歴史を簡単にたどってみる。

農村から緩やかに郊外住宅地に移行していた下北沢地域に、最大の転機が訪れたのは、一九二七（昭和二）年の小田急線開通であった。電車という交通手段の登場は、宅地化のスピードを速め、一九三三年に井の頭線が開通し、下北沢駅と接続すると、そのスピードはさらに加速することになる(1)。

下北沢についての、昭和初期から第二次世界大戦までの記録はほとんど現存していないが、残っている資料から推察するに、商店街が小田急線開通・井の頭線開通による郊外住宅地化とともに発展していったようである(2)。

図9にあるように、宅地化が進展した北側の区域に一九二九年に出来た北沢通商店街（現在の一番街商店街）は、着実に地歩を固めていったようで、当時世田谷区最大の商店街であった三軒茶屋に次ぐ繁華な商店街といわれていた（せたがや百年史編纂委員会 1992: 137）。当時の商店街の構成は、米屋・煙草屋・瀬戸物屋・呉服屋・荒物屋・金物屋が多かったようで、そのことから推察するに、銀座や浅草、新宿などのように遠方からの来街者を集める盛り場としての性格よりは、新しい郊外住宅地に生活財を供給する商店街としての性格の方が強かったと考えられる(3)。

そして、郊外住宅地の商店街は、戦後以降、次第に遠方からの来街者を集める盛り場へと発展していくことになる。その大きな要因として、近郊の新宿や渋谷とは異なり、戦災に見舞われなかったという幸運があった。下北沢地域が幸運にも焼け残ったことが、その後の街の命運を大きく変えていくことになる。

戦後の占領期には、北沢二丁目や代田六丁目付近の邸宅は米軍将校の居住地として借り上げられた。さらに、戦災に見舞われなかった幸運の地に、新たに近隣・遠方から農家や商人が集まり、闇市が誕生し、駅の北口付近に、生活

図9　1930年代の下北沢地域の地図

雑貨系の安価な商品（主に食料品）を置く店舗が次々に生まれた。それが、交通ロータリーの整備によって失われる可能性のある現在の駅前市場である。

また、それまではあまり商店のなかった駅の南口や東側も、戦災の被害がほとんどなかったため、商店が集まりだし、南口には下北沢南口商店街が、東側には下北沢東会が四九年に結成されることになり、結果、北沢二丁目だけで四つの商店街が並立するようになる。

一km²にも満たない下北沢地域で四つの商店街が並立するという事態が起きたのは、発展の歴史が違うということ以上に、物理的な環境が大きく影響していた。というのも、鉄道が交差していたために、物理的には近かったものの、南口、北口、東口を実際に往来するには時間がかかり、視覚的にも駅を挟んで各々の商店街は別のエリアとして捉えやすく、結果として社会関係が分化していたからだ。また、商店街が複数存在するということが、結果として、下北沢地域を一つの単位として考えるのではなく、各々の商店街を単位として議論する傾向を導き出していったと考えられる（その点については後述）。

「若者の街」という転換点

下北沢が、郊外住宅地とそれを支える商店街という構図から、来街者が集まる盛り場へと大きく性格を変化させた年代を統計的なデータから裏づけてみよう。表4に示されているように、下北沢地域に住む住民の数は一九六〇年代半ばから減少していく一方で、下北沢駅の一日の降客人数の平均は増加しており、その傾向は九〇年初頭まで続いている[4]。すなわち、七〇年代を境にして、住民以外の来街者が「下北沢」という街にやってくるようになったのだ。

下北沢はまた、この頃から、二つの意味で「若者の街」としての側面を新たに併せもつようになる。それが、盛り場への一つの大きな転換点だった。

まず、第一に、近隣に大学やそのキャンパスが設置されたことで、学生の下宿先として、下北沢が選択されるようになったという点が挙げられる。元来、交通の便が良く、生活雑貨系の商品を供給する商店街が存在していた下北沢は、サラリーマンに格好の居住地として選択されてきたことは上述してきたが、そこに新たに学生が加わったのだ。結果、南口商店街には、下宿屋が何軒も建つようになり、同業組合が設立されるほど下宿屋業が栄えてくる。

さらに、第二の側面として、若者文化が七〇年代に新たに流入するようになったという点を指摘することができる。特に、六〇年代にカウンターカルチャーのシンボル的空間であった、新宿の「名曲喫茶」風月堂が七三年に閉店すると、下北沢の老舗のジャズ喫茶マサコがカウンターカルチャーの新たなシンボルとなる。こうして、若者の居住、流入が増加していく。そして、増加する若者に合わせた店舗がさまざまに下北沢に進出するようになっていく(6)。

来街者の要求、欲望、需要に合わせる必要のある店舗は、「若者の街」というような言説から自由ではなかったことは想像に難くない。同時に、そうした言説自体が、実際の店舗の立地、特徴といったものに影響を受けていることも確かだろう。さらにいえば、来街者の行動がそうした言説=立地を支え、時に影響を及ぼすこともある。

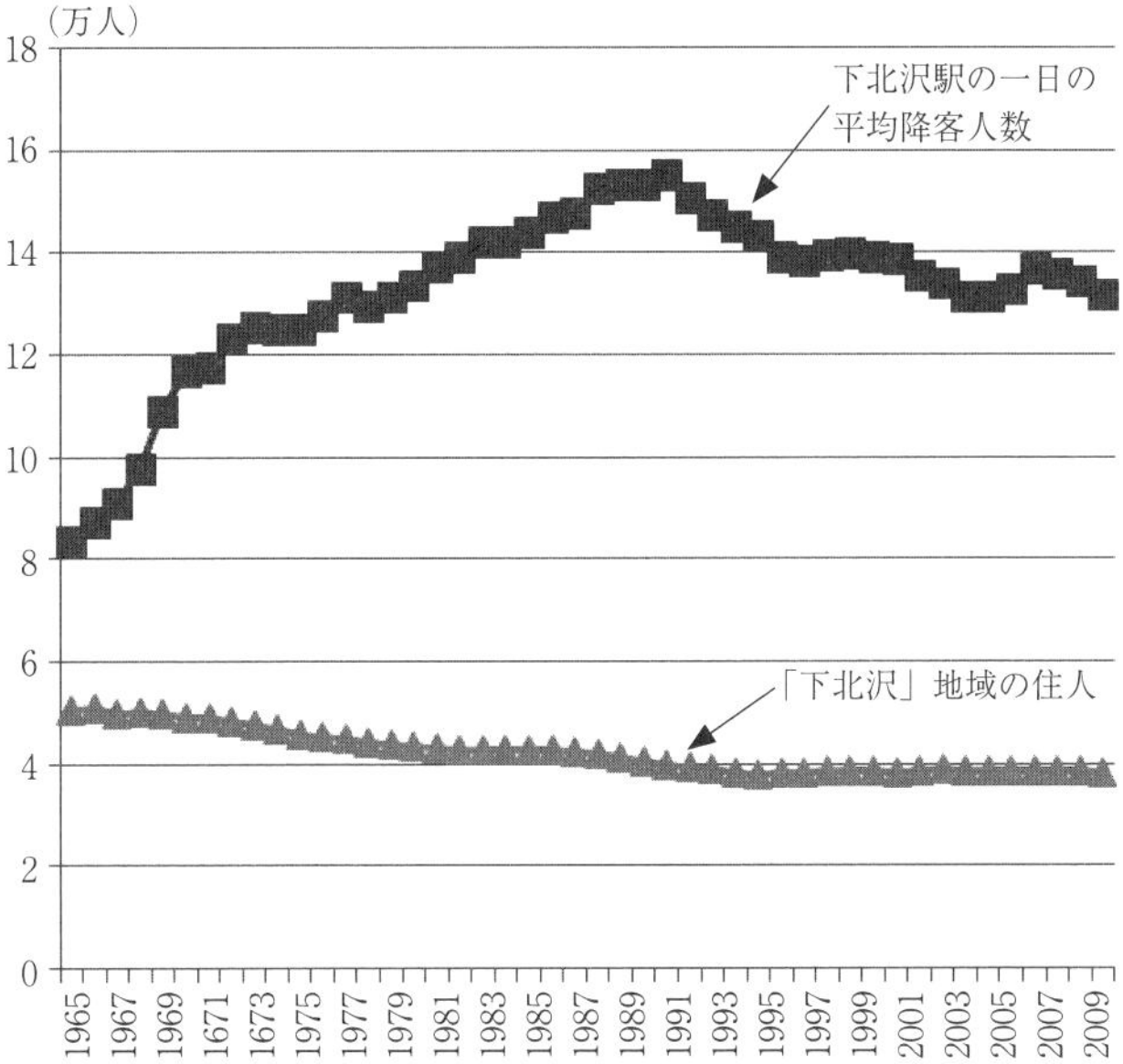

表4　下北沢駅の一日の平均降客人数と「下北沢」地域の住民数の推移(5)

「歩いて楽しめる空間」の背景——土地利用、表象、実践の相互作用に着目して

それは、土地利用・表象・実践といったものが、下北沢という街のなかで相互作用していったからと考えられる。

そこで、次に、以上のような相互作用を念頭に置きながら、下北沢の土地利用の実態はいかなるものだったのか、立地の動向に焦点を当て、いかに現在の人びとの意味世界を作り出していったのか、その背景を明らかにしておこう。街の空間がどのように物質的に表現されたのかという点は、どのような空間イメージが作り出され、人びとはどのような実践を街で行なっていたのかを把握する上で重要なポイントになる。

ただし、ある特定の敷地、建築物にどのような店舗が存在し、どのように入れ替っていったのかを把握することは、資料上の制約があり、非常に困難である。そこで、雑誌記事や、記事に掲載された地図から、土地利用の変遷を追い、業種ごとの分布の変化を明らかにしていくことにする。当然、雑誌記事に掲載されていない店舗が複数存在していたと考えられるが、出版年度が近い複数の記事を元にできるだけ多くの店舗を扱う(7)。一九七五年、七六年、七七年、七八年の雑誌の記事に掲載された地図から判断すると、この時期に、ジャズ喫茶、コーヒー専門店、ブティック店、輸入雑貨店、パチンコ店、レコード店、洋食屋など、その後の下北沢で中心的となる業種の店舗が進出してきたことが分かる。

そのなかでも、六〇年代のカウンターカルチャーを象徴するような、音楽を売りにした店舗が相当数進出していた。月刊『アングル』誌による「音楽村　下北沢」という特集（七八年七月一日号）によると、当時、音楽系の店舗は二四軒存在していた。ジャズ喫茶、ジャズバー、ロック喫茶、ロックバー、民族音楽喫茶など、音楽と飲食を組み合わせた店舗が相当数ある一方、レコード店、音楽製品を専門的に扱う店、さらにはライブハウスなど、より専門的に音楽をしている人を対象にする店舗も複数存在していた。当時、存在していた店舗の位置を示すと図10のようになっている。

北口に一三軒、南口に一一軒とほぼ均等に分かれているが、北口は飲食系の店舗が北東部に近接する一方で、南口はライブハウス、レコード店、音楽製品を専門的に扱う店が近接するという状況になっている。このようにして、あ

る特定の空間に集積することで、消費者の奪い合いがある反面、その特定の空間が「音楽を聴きにいくためのエリア」「レコードを購入するためのエリア」として、人びとに、そしてメディアに認知されるようになり、多くの人びとを惹き寄せていったと考えられる。

そうして、存在感を強めていった音楽系の店舗の経営者たちは、七九年に「下北沢音楽祭」を開催する。その狙いについて、「個性を失ったビッグタウンに対して、若者の街として注目される下北沢をアピールするには文化的イベントを。それには音楽祭が一番だ」(『朝日新聞』一九七九年九月六日夕刊)と、経営者たちは述べている。つまり、結びつきが必然的ではない、「若者／文化／音楽」が戦略的に結び付けられ、「音楽の街」としてのアピールが目指されていたといえる。

しかし、その後、オーディオ機器の普及によって、ジャズ喫茶やロック喫茶という業種自体が流行らなくなったこともあり、ライブハウス、レコード店やジャズバーなど何軒かの店舗はその後も経営を続けていくものの、下北沢を「音楽の街」として紹介する記事は少なくなっていった。その代わりに、新たに前景化してきたのが「演劇の街」という言説であった。

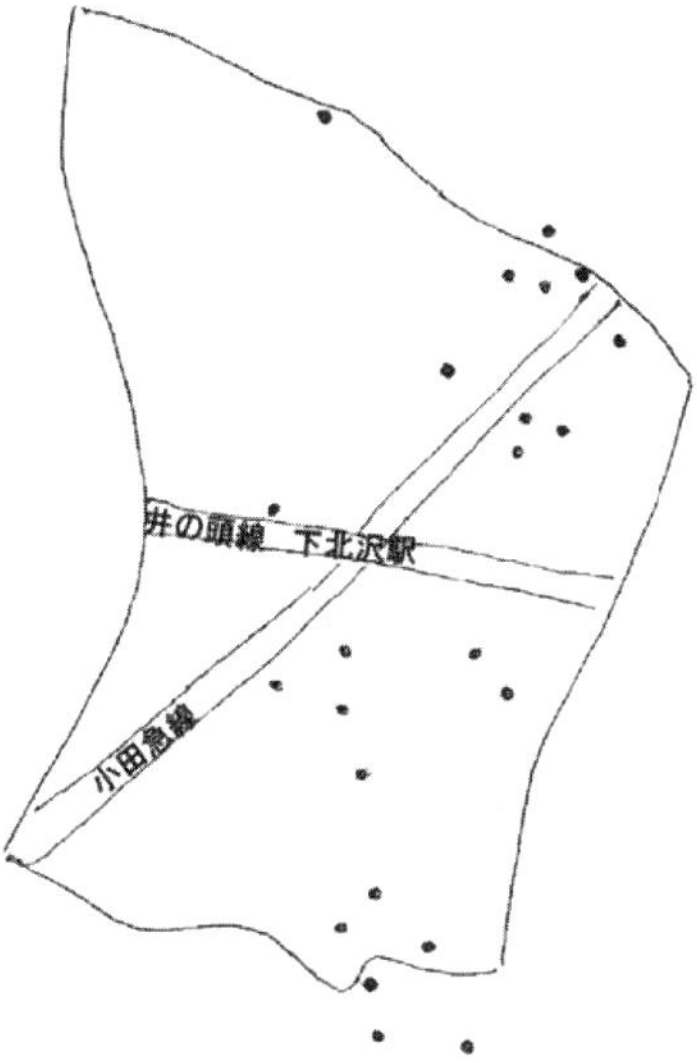

図10　1978年の音楽系店舗の立地状況

「ピンク街」から「演劇の街」へ

一方で、始まりは定かではないが、一部の南口や戦後生まれた東会(駅の東部)では六〇年代半ばから七〇年代初頭にかけて、新たに、女性を商品にしたキャバレーや風俗系のクラブが乱立していたようである。「若者の街」「音楽の街」と表象され、実際に多くの来街者が街にくるようになることで、新たな土地利用が展開していくことになったのだ。結果として「ピンク街」として下北沢を紹介する記事も生まれてくることになる。

その頃の急激な街の変化を体験している人は次のような証言をしている。

僕自身は、高校が新宿高校だったから、ルートとしては下北沢―新宿というのが一番良いルートだったんですけど、僕が通っている頃というのは、下北沢は怖くて歩けなかった。その頃、パチンコ屋とバー、キャバレーに急速に街が変わっていって、高校生が歩いていると、カツアゲと称して連れ込まれて金をとられちゃう。……今みんなこうやってね、下北沢を平気で歩いているじゃない？ それは僕にとってみれば驚異であって、非常に貴重なことなんですよ！ 何でこんな平気で歩ける街を……。(8)

そうですね。確かに昔は南口付近はキャバレーやら何やらで住んでいる人は歩きにくい街でしたね。(9)

急速な土地利用の変化にともない、住民が利用しにくい街になっていたが、「演劇」をきっかけに転機が訪れることになる。その最初の始まりは、ネグリジェ・バーの経営主だった本多一夫の業種転換、すなわち本多劇場の建設（一九八二年）があった。本多は、下北沢にとっての本多劇場の意味を「この劇場が一つのアクセントになって、下北沢の特徴も生まれるでしょう。いままで、僕は〝夜の宣伝係〟をしてきましたが、これからは昼のイメージアップをしていきたい」（『週刊平凡』一九七七年六月一六日号：144）と語り、当時注目されていた「音楽の街」ではなく、「演劇の街」が「下北沢の特徴」となるという戦略的な呈示を行なっていく。そして、その後、本多は劇場経営を拡大し、「スズナリ」（一九八一年）、「駅前劇場」（一九八四年）、「ＯＦＦ・ＯＦＦシアター」（一九九三年）、「「劇」小劇場」（一九九七年）といった劇場を下北沢の東部分に集中して建設している。そして、本多の戦略と歩調を合わせるかのように、多くの雑誌記事で「演劇の街、下北沢」が取り上げられていく。

以上のようにして、流入する若者に合わせて、七〇年代から八〇年代前半にかけて、音楽や演劇などを活用した土地利用が行なわれるとともに、戦略的に、そのような文化的な要素を「個性」とする言説が流布し、そうした「個性」に魅せられた若者が街に集まるという循環に入っていったと考えられる。表5にあるように、大宅壮一文庫で「下北沢」をキーワードに記事検索を行なうと、八〇年代後半以降に記事が増大していることが分かる。各種雑誌は、八〇年代に新たな盛り場となった下北沢を発見し、下北沢という街の特徴をさまざまに、そして何度も描き続けることで、「下北沢らしさ」というものの構築に大きく影響を及ぼし、多くの人びとを惹き入れていったのだ。

地図化される「下北沢」

カルチャー・マップを掲載した『ぴあ』の影響を受け、八〇年代に現われた情報雑誌全般に地図が掲載されるという傾向が見られるが、下北沢の場合、地図化されることで二つの効果が生み出されたと考えられる。

第一に、一㎢にも満たない狭い区域に五百以上の店舗が業態・業種に関係なく立地していることが地図化されることで、「下北沢＝ゴチャゴチャした街」という記事の定義が説得力をもった形で読者、そして来街者の認識に入り込んでいったと推察することができる。

第二に、地図化された「下北沢」と読者・来街者の関係は、他の街に比べて、より近接化したものになっていったと考えられる。なぜなら、下北沢は路地の幅が狭く、曲線で複雑に構成された密集市街地であるため、地図を携帯しないと、初めて行く際には目的地には到達しづらい場所であり、さまざまなスポットを紹介する記事と来街者の間の距離が近かったからだ。後述するように、店舗の移り変わりが激しいことも、八〇年代から現在に至るまで、地図化された下北沢と来街者の距離を縮めたと考えられる。

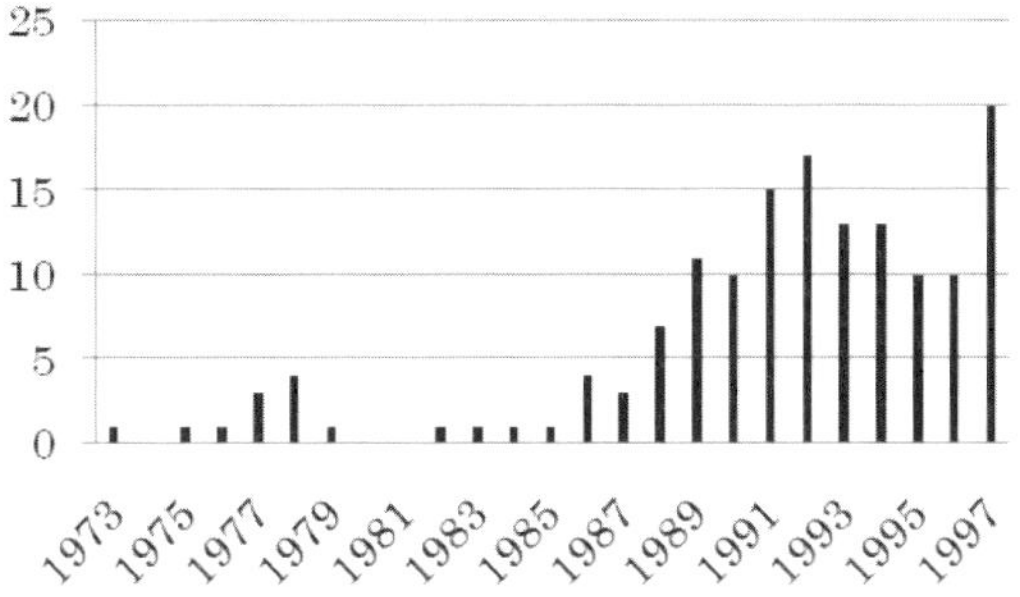

表5　下北沢に関する記事数の増減

以上の二点は、下北沢という街の特殊性であろう。すなわち、市街地区域が狭く、狭小な路地によって複雑に構成された密集市街地という物理的な空間形態は、下北沢という街の一つの特長なのだ。そのため、例えば、幹線道路が中核を占める渋谷や、区画整理が行なわれている吉祥寺などに比べて、下北沢という街では、地図化された「下北沢」と来街者の距離はより近接したものとなっていたと考えられる。

そして、こうした近接化した関係のなかで、情報雑誌が提供する下北沢の特長・個性は大きな枠組みとして、読者・来街者、さらには住民の意味世界を大きく規定していったと考えられる。

発見される「下北沢」——後発の盛り場の存在根拠

下北沢に代表される後発の盛り場は、渋谷、新宿などの先発の盛り場とは異なる新たな盛り場として、特徴的なスポットや店舗、新たな文化などが内外から求められていたと考えられる。もちろん、渋谷などの先発の盛り場においても、同様に、来街者の差異化欲求を満たそうとする動きがなかったわけではないだろう。しかし、その存在根拠が先発の盛り場との差異化であった後発の盛り場では、そうした動きが顕著であった。

特に、下北沢は複雑な路地で構成されていることもあり、「ラビリンス」(『アクロス』八八年五月号)や「ワンダーランド」(『宝島』八八年七月号)、「メイズタウン」(『Hanako』八八年一一月号)として八〇年代末に紹介されることになる。そのため、「捜せばこんなに素敵なものが見つかる」(『宝島』八八年七月号)、「北口メインストリート探索は一日じゃ終わらない・住宅街の間近には小粋な店が隠れているのが魅力だ」(『Hanako』八九年一〇月一二日号)といったような表現が八〇年代末に頻出し、何かが発見される対象として「下北沢」は捉えられるようになる。

雑誌記事はまた、「常に何か新しいものを発見することができる街＝下北沢」という捉え方をしていった。「歩いているだけで楽しい刺激たっぷりの街」(『週刊プレイボーイ』八七年八月一一日号)、「歩けば歩くほど味が出る」(『Hanako』八九年一〇月一二日号)といったような見出しが八〇年代に登場すると、九〇年代半ばまでは「いつも何かありそうな街がまた変わった!」(『Hanako』九〇年六月二八日号)、「次々と現われるニューオープンの店も半年経てば景色になじんで古株顔」(『Hanako』九三年九月三〇日号)といった見出しが主流となり、新規開店した店舗を紹介していく。さらに、九〇年代後半には、「シモキタフリークが目指すべきはここ」(『Hanako』九九年七月号)、「下北沢の穴場」(『東京1週間』九九年六月一日号)といった見出しが登場するようになり、知名度が上がった「下北沢」をさらに発見できる場所として捉えていく。

音楽文化・演劇文化の広域化──「下北沢」の特殊性

上述したように、下北沢には音楽文化、演劇文化を対象とする文化施設が存在しているという特徴をもっていた。各情報記事はそうした文化施設の存在、情報をただ伝達するのではなく、店舗での「文化」の楽しみ方を伝えることで、文化施設だけではなく、下北沢の街にそうした「文化」が散在しているという言説を組み立てていった。

まず、演劇に関しては、「開演前」と「終演後」という二つの時間軸が設定され、各々の時間帯での過ごし方が提案されていく。「開演前」は、お洒落で落ち着いた喫茶店で待ち合わせをし、観劇の会話を楽しむことが提案され(『Hanako』九〇年六月二八日号、九八年一一月一〇日号)、「終演後」では、舞台の余韻を隠れ家的な場所、家庭料理、居酒屋など、さまざまなタイプの飲食店で過ごすことが提案される(『Hanako』九五年一月二六日号、九七年一月九日号、『散歩の達人』九九年三月一日号)。また、終演後は、「役者が芝居をみにきて、飲食をしていく」という言説が生み出され、芝居関係者がいく店舗が紹介されていく。これは、発見される対象と同じ構図であったと考えられる。

また、音楽に関しては、直接的にはライブハウスと関連づけられることはなかったが、記事を介することで音楽文化の存在が伝えられていった。具体的にいえば、先述した「マサコ」など老舗のジャズ喫茶や、新旧ジャズバー・ロックバーといった、外見からでは音楽を商品にしているかどうかよく分からないような店舗や、それまで知られていなかった音楽系の店舗の存在が伝えられていくことで、「下北沢という街には音楽文化が息づいている」という捉え方を生み出すだけでなく、そうした店舗に通う来街者を生み出していった。

土地利用の実態――立地に焦点を当てて

盛り場として注目する記事には当然のことながら、肉屋や魚屋などの特徴のない業種には記事を割かない。そのため、下北沢は、言説空間のなかでは、「住宅地に生活財を供給する商店街」という性格を失っていくことになる。しかし、それは、来街者の目的においても同様であったと考えられる。そこで、盛り場の全盛期として注目されたバブル期において、いかなる店舗がいかなる区域に存在していたのかを調べた。

その地図（図11）から、七五年時には、「その他の店」のカテゴライズに含まれる商店が一番多く、その多くが、肉屋、魚屋などといった生鮮食料品を扱うような店舗であることから、下北沢はそれまでの住宅地の商店街としての機能を保持していることが分かる。ただ、七五年の時点でも、北側の一ブロックに「生地・ファッション」の店舗が集積し、「飲食、喫茶店」も、駅前の南口付近や東側に集積していることが分かる。

そして、八八年～九〇年には、ファッション系の店舗は集積する区域を次第に西の区域に移動させている。西の区域はそれまでは住宅地であり、込み入った路地の奥の場所に立地する店舗が多かった。それは、数は少ないものの、北側、南側にある店舗についてもいえる。同様の傾向は、八〇年代以降急激に店舗数を増加させた雑貨系の店舗についても当てはまる。雑貨系の店舗は駅付近にはほとんど立地せず、ほとんどが周辺部に立地している。そして、ファッション系の店舗と同様に、北西の住宅地に集積をし始めている。

こうした傾向は、先述した「隠れ家」「迷路」といった言葉をキーワードにして下北沢を宣伝したメディア誌の戦略に乗った、もしくは影響を受けたという側面があると同時に、新たに下北沢で商売をしていく上で、地価の上昇している既存の商業地域では賃貸料が高値で営業が困難であったことが影響していると考えられる。

また、音楽系の店舗は、その数自体は図10に示した七八年時の状況とほとんど変わらない。ただ、立地は北東部分に集積していた店舗が次第に東方向に移動し始めている（これは、東側が飲食店のゾーンになりつつあることから、飲食店のゾーンに組み込まれたのが原因と考えられる）。また、一〇年の間で、継続して営業している店舗は二店舗、継続して音楽系の店舗が営業している土地は五つしかなく、いかに移り変わりが激しいかを示している。

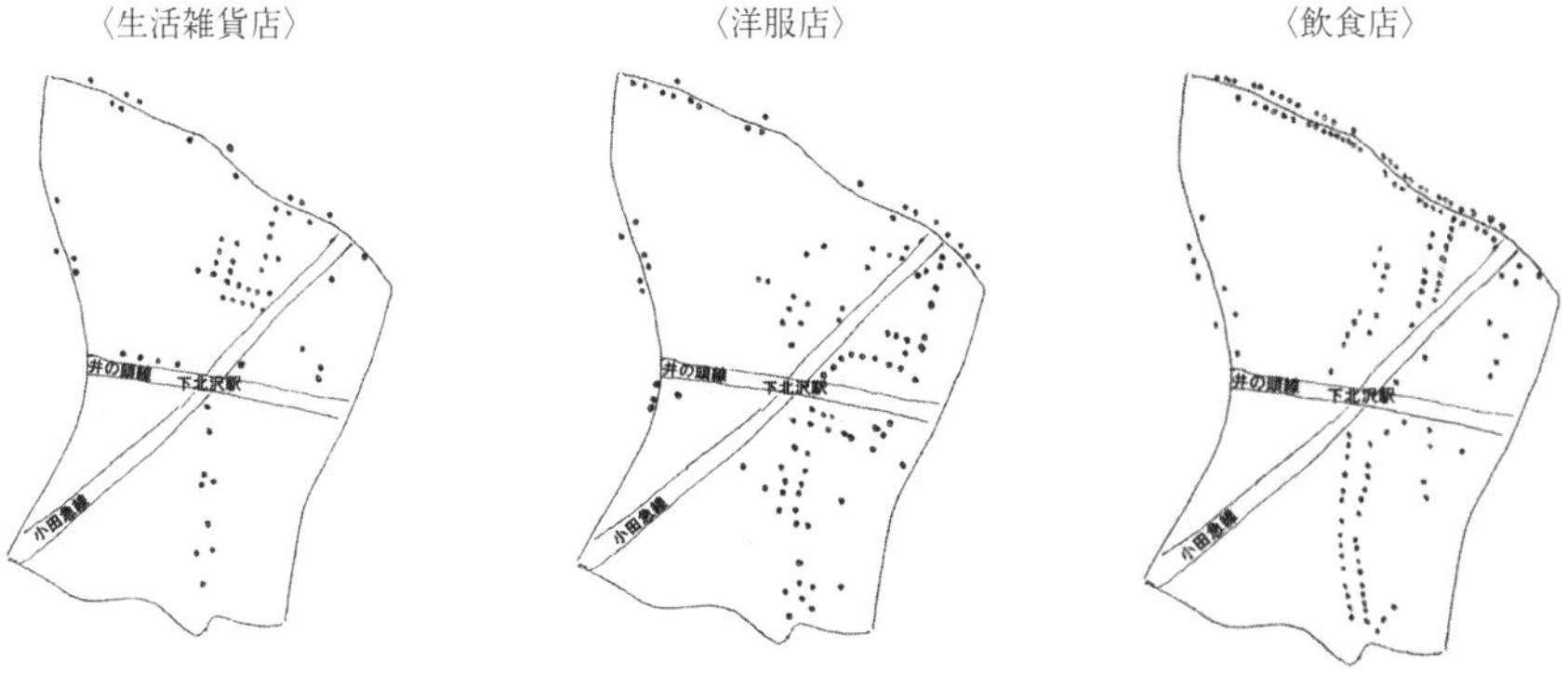

図11　1975年における業種ごとの立地状況

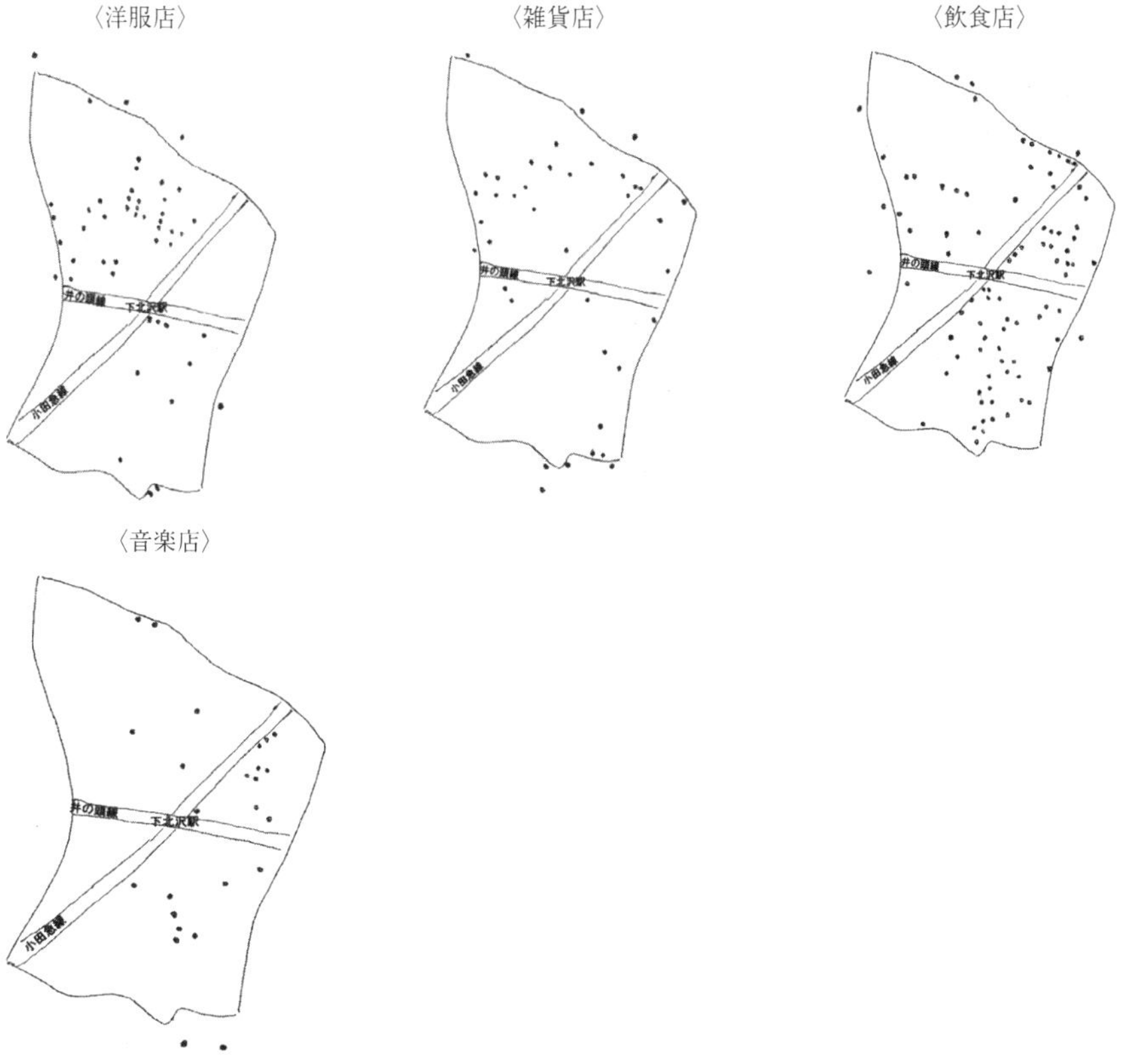

図12　1988-90年における業種ごとの立地状況

以上の点から明らかになってきたことは、第一に、店舗の入れ替わりの激しさによって業種ごとに集積地を移動しながらも、各々の業種の勢力を維持することで、全体からみれば、さまざまな業種の店舗が混在して立地するという、八〇年代末から情報雑誌で指摘されてきた特長が維持されているということである。第二に、路地の入り組んだ敷地に店舗が立地していく、また、新たな店舗を生み出していくことで、依然として「発見される街」としての特徴を維持しているということも明らかになってきた。

この立地の特徴は、「発見」「個性」といった言説と相互に影響しあっているといえるだろう。また、言うまでもなく、そうした相互作用は、大規模な店舗の立地が困難な細い複雑な路地で構成される密集市街地という空間の形態によって支えられている。(10) また、細い複雑な路地という空間形態は、車の進入を少なくさせることで、歩行者の「遊歩」に適した盛り場を形成することにも寄与していた。

このようにして、土地利用の変化、表象の変化、人びとの実践が相互に規定し、歴史的に蓄積していくことによって、下北沢に移り住んでくる人びと、商売をしにくる人びと、遊びにくる人びとなど、この街に積極的に関与する人びとの多くが「下北沢」を「迷路性があり、何かを発見する楽しみがある盛り場」として捉えるようになったと考えられる。(11) それは換言すれば、「迷路性のなかの遊歩」というものが、下北沢という街の特徴として、歴史的、集合的、規範的に意味づけられていったということではないだろうか。

しかし、そうした「表象の空間」が必ずしも共約可能な価値として全ての人に共有されていたわけではなかったことが、イシュー化した都市計画事業によって表面化することになる。つまり、空間形態が大きく変化することで、これまでの「迷路性」が失われることを危惧する人たちがいる一方で、「迷路性」よりも安全性や利便性を重視する人たちも多く存在しており、両者の間のズレが露わになったのだ。(12) そうした人たちも、下北沢の街の価値が「歩行者のための空間」であるということに関してはかなり共有する傾向があるが、前章で見たように、その意味内容は異なっている。その点について以下で見ていこう。

社会関係をめぐる意味世界の対立と共約——「空間的実践」の焦点としての多様な店舗

以上、明らかにしてきたように、街の空間のなかで土地の利用形態が多様に変化し、それと相互作用する形で街の表象が「音楽の街」「演劇の街」「若者の街」と変化してきた。さらに、そうした変化に対応する形で、来街者の実践や社会関係が生み出され、それがまた土地の利用形態や表象に大きく影響を生み出していくことになった。

このように空間のなかに店舗、表象、実践、社会関係が同時に多様に存在することから、そこから生み出されていく意味世界も多様に展開していくことになる。ただし、そこでは共約可能なものとそうでないものに分別していくのだが。

基本的に、都市計画を推進する側も反対する側もともに、「歩行者のための空間」に価値があり、それがこの街の特長であると考える傾向がある。それは長年この街に住んでいる人たちが——計画推進派であれ反対派であれ——、下北沢は「若者の街」であって、バーやキャバレーやパチンコ屋が乱立した時代には戻りたくないという考えを共有していることからも推察できる。

そこから、「現在再びかつてのような歩きにくく住みにくい街になっているのであり、都市計画によって改変すべき」という推進派の考えと、「現在歩きにくいかどうかはさておき、都市計画それ自体がより歩きにくくて生活しにくい街をもたらす」という反対派の考えに分かれていく。それは単に前者が昔から住んでいる人、後者が最近住むようになった人、というように、居住年月だけで判断することはできない。なぜなら、昔から住んでいる人で都市計画に反対する人もいるし、逆に自ら選択して住むようになった人で利便性を求めて都市計画に賛成、消極的に受容する人も多くいるからだ。このような違いがなぜ生み出されるのか、その点についてもう少し検討してみよう。

この対立は前章で見たように、「歩いて楽しめる空間」という意味世界の対立という形でも現われる。計画反対派の「歩いて楽しめる空間」は前項で見たように、土地利用、表象、諸実践の相互作用から歴史的に生み出されていた「街のなかで何かを発見する楽しみ」を構成要素とするものであった。運動主体の多くが各々事情は違えど、そのような楽しみに価値を見出し、住み続けたり、引っ越してきたり、定期的に訪れ、各々が求める社会関係を形成・維持していた。すなわち、既存の店舗のあり方を守るべきと考えている人たちの多くは、店舗を軸にして生み出される社会関係を楽しむ傾向があった(13)。例えば、以下のような形で、新しく偶発的に生み出される社会関係を肯定的に評価している。

Q：守るべき街の特徴は何なのでしょうか？
A：人間関係の濃さだろうな。
Q：「濃さ」というのは？
A：知り合ってから時間の経過をある程度共有できるケースが多いので、飲んだ場での話だけじゃなくて、お互いにどういうやつなのか、徐々に深く理解していく機会がある。実家の葛飾とかだと、かなりクローズな感じはするね、同級生同士とか。下北沢だと、入れ替わりもあるし、世代的にもいろんな世代の人とつながっていくからダイナミックだと思うな。
Q：それはどこで形成されるのでしょうか？
A：やっぱりお店かなぁ。昨日行った店だと、二〇代の女の子とか、五〇代の野郎とか、ごちゃごちゃに、すごい話してて楽しかったし。
Q：そこの場で知り合える？
A：そうそう(14)。

Q：守るべきこの街の好きなところはどういうところなんでしょうか？
A：歩いてダラダラしている街だから、みんな村なんだよね。この辺りで何十軒も友達いるけど、フラフラしながら歩いていても車に轢かれないしさ。もともとの生まれも育ちも下北沢ではなくて、その町でできた人間関係がある。その人間関係は飲んだくれて、街で歩いてて出来た。あと、この街に居ついている連中はアーティスティックな気持ちをもっているんだよ。下北沢を選んで住んだり飲んでる連中はアーティスティックな、音楽的、演劇的、美術的なアートの気持ちをもっているんだよ。共通していることは、腕力や金が一番じゃない。力が一番じゃないから、一緒に飲んでて楽しいし、偉ぶる奴もいないし。

Q：人間と人間のつきあい？

A：そう。その人間がもっている能力が大事になる。こういうものを作ったとかね、こういうことを考えてやっているという話をする。

Q：他の街は受け容れない？

A：受け容れないね。アートじゃないから。普通に店をやっているけど、アートな気持ちをもってない店は食事をして帰るだけで、そこに発生する会話がないわけよ。ここにはそこで発生する会話がいくらでもあるわけだ。(15)

ただし、このように肯定的に意味づける運動主体がいる一方で、運動主体のなかにもあまり積極的には肯定的に意味づけていない人もいる。

Q：若者が行っているようなお店や飲み屋には普段行かれますか？

A：行かないね。シモキタのお店なら知ってるだろうと思われるけど、地元の人は知らない。

Q：イメージとしては、たくさんいろいろなお店があるところが好きだから住んでいるのかなと思ったのですが。

A：そうですねぇ。街のなかで活動しているのは、かみさんの方で、サラリーマンをやっている限りにおいては寝に帰るって感じじゃない？　たまたま住んじゃったというのがあるんだけど、渋谷にも新宿にも出られるし、京王線と小田急を使えば高尾山にいけるし、交通の利便性が良いということが、この街の好きな所。(16)

以上のような回答に代表されるように、中高年層の運動主体は、店舗で形成されるような社会関係にあまり興味がないという傾向がある。「社会関係が醸成される空間」と言っても、そこにはある種の排除性がある。ただし、こうした点について、肯定的な価値を見出している主体もいる。

Q：守りたいものは何なのでしょうか？
A：コミュニティですね。
Q：そのコミュニティとは何なのでしょうか？
A：運動をやり始めてコミュニティに気づいてしまったというか。コミュニティというと排他的な響きがあるかもしれないですが、そんなに排他的ではないんです。でも店に入るか、入らないかが一番の敷居で、そこをクリアすると、いる人たちはすごいオープンなので、隣に坐ると、結構誰にでも、特に若い女の子だと絶対に話しかけられる。[17]

Q：一人でお店に行かれるようなことはありますか？
A：あの辺に住んでいたけども、一人で入るには敷居が高いなという気がしていた。……今でこそ入れるような感じになったけど、二〇代の頃はどんどん店に入っていくということはしなかったね。演劇は一人で見にいってたけど。[18]

Q：この街にくる人、お店にいく人はどのような特徴があるのでしょうか？
A：それまで一人で飲みにいくとかあまりしなかったのが、○○さんが可愛がってくれる感じで図に乗った。そういう感覚で仲良くなっていく店がどんどん増えた。コミュニケーションスキルがアップしたしね。コミュニケーションスキルというのは、あった方が人生楽しくなるじゃない？　いろいろな人との関わり方が増えてくるわけだから。

Q：一方で、昔からの住民や六〇代以上の人たちはそういうコミュニティから排除されている。そういうような所にいかない人も多い。それが、この紛争の一つの源泉になってるのではないでしょうか？

A：それはあるよね。例えば、極端な例として、この隣がベースメントバーといって、地下がライブハウスで、一階はデイケアセンターなのね。この部屋に移ってから最初はびっくりしたけど、金曜の夜とか、土曜の夜、朝方、オールナイトのイベントをやるので、明け方はすさまじいんだよね。「お疲れ様でしたー」という声がとどろくんだ。ひどい時は、悪酔いしている感じで、気持ち悪い～、吐け～ここで吐くんだ～、という声がとどろくんだよね。住んでいるという意識がお前らにはないだろう、という目で見られてしまうよね(19)。

このように、店を舞台に生み出される社会関係を肯定的に意味づける一方で、その社会関係のなかに入り込む勇気や技術が必要になってくるという認識をもっている。また、そうした社会関係の排他性も認識している。そのため、そうした場所に居場所を感じられない人びとがいることも認識して運動を進めてきている、と捉えることもできるだろう。

そして、社会関係が醸成される盛り場としてよりも、閑静な住商地区を価値づける主体が運動主体にも存在する。そうした人たちは「車を気にせず安心して歩ける空間」として「歩行者のための空間」を意味づけている。このタイプの人びとは、「若者の街」「音楽の街」「演劇の街」と表象される前の時代からこの街に住んでいる人たちという傾向があり、今の盛り場に居場所を感じているわけでも、盛り場それ自体の生成過程に積極的に関与しているわけでもない。

こうした人たちは、道路の整備や地区計画によって、周辺の閑静な住宅街での生活に悪影響がもたらされることを第一に懸念しているといえる。そして、そのことは、それまで大規模な開発がなされてこなかった商業地域に資本が投下され、風景が一変することに対する危機感にもつながっている。普段はあまり利用しなくても、多くの人が歩いて楽しんでいる空間それ自体に対しては肯定的に意味づける傾向がある。

また、顔なじみがやっているような店に出かけたりすることに、一定の楽しさや利便性を見出している主体もいる。

Q：街でお買い物とかよくされるんでしょうか？

A：よくしてるね。個人の商店とかあったならば、その商店の持ち主と顔見知りになるじゃない？　その時の話し相手にはなりやすいよね。楽しい。まして小学校時代から知ってるのがいたからね。

Q：下北沢はいろいろな業種があると思うのですが、いろいろな店舗に行って、いろいろな会話ができて楽しいということですか？

A：荒物屋とか電気屋さんとか、そういう店を使うのはめったにないじゃない？　ペンキ屋さんなんかあれば顔も知ってるし、口をきくし、何かの時に買い物にいけば教えてくれるしね。

Q：そういうのが楽しくてここに暮らしていた？

A：うん。都心へ通う人が多かったじゃない？　そういう人たちの家庭がここに定着していたと思う。(20)

Q：街の現状の課題として、買い物のしにくさがあるということですか？

A：すごくあるね。昔の商店ってさ、肉屋や魚屋だったんだけど、今は全部売ってるスーパーが中心になってきているのが問題だと思う。

Q：人によっては便利だと思う人もいると思うのですが。

A：そう人もいるんだけど、ある場面ではよくないなあと思っている。例えば、何か特定のものだったら全部あるなという店あるわけじゃん。そうじゃなくなってきている。スーパーの鮮魚部門で教えてくれる店もあるけれど、魚屋だったら、食べ方とか、そういうのを含めて教えてくれるんだよね。そういう文化が減ってきたなというのと、スーパーではパックで同じ量しか買えないわけじゃん？　肉にしても、魚にしても。(21)

盛り場以前からの住民で、必ずしも全ての人がこのような形で日々の生活の実践のなかで多様な店舗（店主）との関係性を形成しているわけではない。ただ、ここで重要なのは、来街者が遊歩しながらお店を発見し、人間関係を形成している空間のなかで、同時に住民が異なるやり方で人間関係を形成していたということだ。つまり、多種多様な店舗が同時に存在するということが、社会関係の多様な形成の仕方にとって重要だったのだ。

このような形で、盛り場としての街のあり方やその表象のされ方に必ずしも賛同しているわけではないものの、多種多様な店舗が存在することに肯定的な意味が付与される。そうであるが故に、彼らは多様性を縮減するような都市計画に反対し、盛り場としての価値を重視する他の主体とも連携をとっていると捉えることができる。もちろんそれは次のような形で、アンビヴァレントな感情が吐露されることにもなる。

俺が若い時はこのシモキタの街は安心して歩けなかったなーと。それがこうやってみんな全然心配しないで歩いている。羨ましいというか、ほっとしたというか。ただもう一方で、買い物にいくのに外の奴がきて、ぶつかって、何でこんなに混んでるのって煩わしさもある（笑）。まっすぐ買い物にきたのに、何で地元の住民が人をよけながら…（笑）。その頃まではそこまで人はいなかったからね(22)。

一方で、人間工学的な利便性、防災性という観点から「歩行者のための街」を優先する推進派の人びとがいることは、上述した通りである。そうした人たちも計画反対側の「歩行者のための街」を全く理解していないわけではない。ただ彼らは、以下で明らかにしていくように、経済的合理性の追求、他人の土地に口を出さないという規範や、経緯を大事にする手続き主義、街への発言権に対する狭い考え方などを構成要素とすることで、「生活・生命・財産」を守る人間工学的な空間を志向している。

基本的に推進派の多くは地権者であることから、こうした意味世界を経済的利権に起因するものとして単純に捉えることもできるだろう。しかし、経済的合理性の追求の仕方は街を高層化するという方法以外にもあり得たはずであり、何故、そのような形で経済的合理性を追求するようになったのか、その背景を探る必要があるだろう。これらの点を、次節で論じることにする。

2　計画推進側の意味世界の背景

i　高層化という経済的合理性の追求の諸要因

計画推進側の意味世界の背景を考えるうえで、多くの商業者が貸しビル業に業種転換した点が重要である。正確なデータはないが、下北沢では一九八〇年代末から、貸しビル業を営む商業者が増えてきている。その点について、南口商店街振興組合理事長のY氏は、次のように語る。

> 今私は七〇代だけどね。私と同じくらいの年齢の人が五〇代の頃、みんな、もう一つ前の世代の家業を継承しなくなっちゃったんだね。たとえば、お豆腐屋は三時頃から起きて、いろいろやって、冷たい水を使って、朝のおかずに間に合うようにする、朝早い商売なんだが、そんな朝早くね、毎日毎日、冷たい水使ってお豆腐を作るよりも、貸しちゃったほうが楽なんだね。……儲からないし、仕事が大変だし、赤字の月もあるし。それなら、貸しちゃった方がね、毎月決まったものが安心して入ってくる。(23)

すなわち、街の性格が来街者の集まる盛り場に変容していくなかで、かつて郊外住宅地を支えた商業者たちが、貸しビル業に業種転換したのだ。南口商店街に限れば、二〇〇九年には二九店舗が貸しビル業を営んでおり、南口商店街のなかでは二番目に多い業種となっている。テナントをビルのなかに複数入れることで積極的に賃貸料収入を得ようとする貸しビル業だけではなく、単に場所や建物を貸している商業者の数はさらに多いことを考えると、商業者の場所貸し業化が進展したといえる。逆にいえば、場所貸し業化が進展することで、結果的に、若者文化に合わせた店舗が建ち並び、さらには新規店舗が盛んに入れ替わっていくようになり、来街者やメディアの注目を惹き入れることをもたらしたといえる。

そして、下北沢地区の賃貸料の相場が割高なものであったことが、店舗の入れ替わりの早さをもたらしている[24]。特に、賃貸料が高いという状況は、元来、「若者の街」としての性格上、顧客対象が基本的に若い世代である店舗が多く、客単価を高く設定できないという条件のなかでは、各店舗に相当の負担であったことは想像に難くない。結果、店舗の入れ替わりの早さは「発見」というまなざしと合致し、一つの魅力として現在まで認識されるようになっている。

以上のように、場所貸し業化によって経済的合理性を追求する背景には、以下の四点ほどを挙げることができる。第一に、「盛り場として来街者が多い下北沢は経済条件に恵まれている」という認識が街に進出しようとする商業者に共有されているため、割高な賃貸料になっているという点を指摘することができる。すなわち、賃貸者は経済条件の良さを口実に割高な賃貸料を維持する一方で、借家者も経済条件の良さを期待して進出する側面があるので、割高な賃貸料を呑まざるを得ない。

その点に関連して、第二に、空き店舗の需要が一貫して多いため、割高な賃貸料を維持することができるという点も要因として挙げられる。特に、多くの商業者が口にするように、「若者の街」「音楽の街」「演劇の街」として有名な街に進出することが重要なステータスになっているという側面もある[25]。

下北沢の地価は盛り場になるにつれ急激に上昇し、バブル崩壊までそのまま増加し続けた。そのため、固定資産税の増加、地代、賃貸料は総じて増加していったと考えられる。図13は、商業地の北沢二丁目の地価の推移を示したものである。

しかし、この図からもわかるように、九〇年代半ばには地価は急激に下がる。その一方で、若者の街として人気を博し、さまざまな業態、業種の資本をそれまでと同様に惹きつけていたため、賃貸料は下げる必要がなかった。むしろ、維持し続けることで、さらに利益増を狙っていったといえる。そのため、近年の下北沢の賃貸相場について、

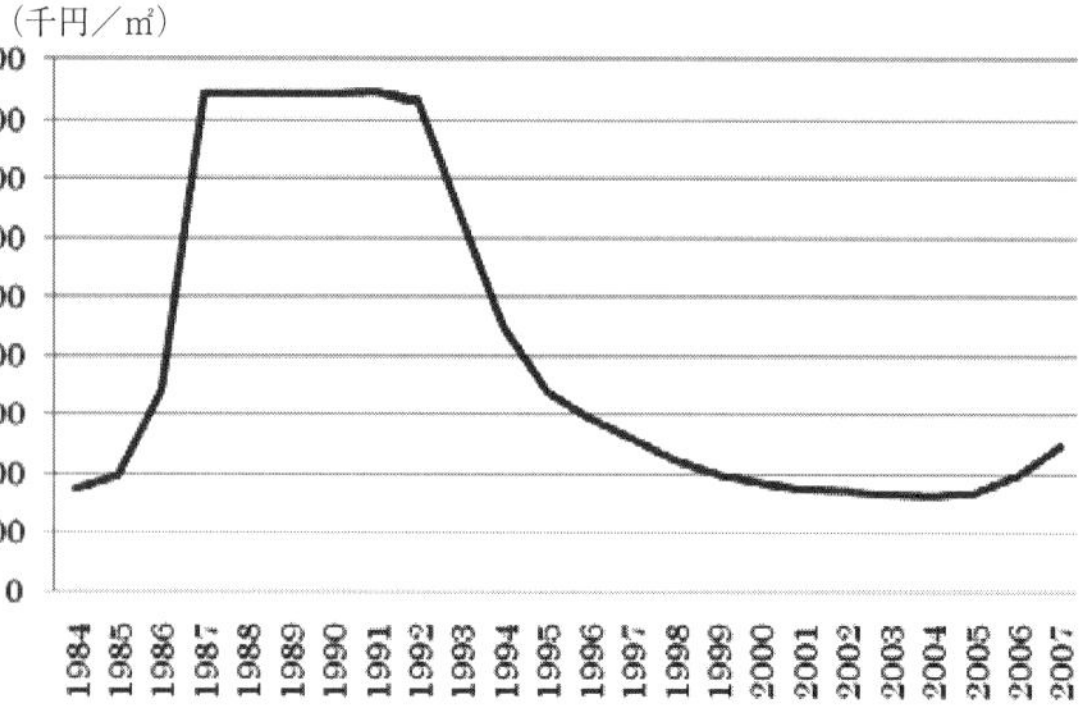

図13　北沢二丁目の地価の推移

「近頃の賃貸料はバブル期と同等、いやそれ以上だ」という関係者の発言が生まれることになる。

　第三に、経済的合理性を貫徹させる賃貸契約というシステムを指摘することができる。賃貸者にとって、店舗の継続性が失われ店舗の入れ替わりが進行することは問題ではなく、むしろ歓迎すべき事態であるという側面が、賃貸契約システムによってもたらされているのだ。というのも、店舗の入れ替わりが多ければ多いほど、契約ごとに入ってくる礼金・保証金が増えるからだ。礼金は全額手に入り、保証金は保証権償却によって数十％手に入ることになる。さらに、新しい店舗に対しては、それまでの賃貸料をさらに増額した賃貸料を提示しやすい。契約を継続している店舗に対する突然の増額要求は、「正当な事由」がないため、裁判に持ち込まれる可能性すらあるが、新規契約であれば、そういう問題は生じない。この点を傍証する事例として、新築・改築の建築物の賃貸料は相場よりもはるかに高いという状況を指摘することができる。実際、先の空き店舗のデータのなかで、最高値の賃貸料は二〇〇八年年末に新築される建築物の一階の物件で、坪単価五・五一万となっている。つまり、平均の倍以上の賃貸料なのだ。

　こうした入れ替わりを助長させるような傾向は、九〇年台後半ぐらいから特に顕著になってきたようである。その点について、地主で貸しビル業を営む経営者は次のように語っている。

　自分で色んなことをする能力がない地主や建て替えのための作業が大変だと思う地主は、不動産屋に任せるようになった。不動産屋が、資金繰りをして、建築して、テナントを斡旋して埋める、そして売上げの何％をオーナーに上げる。現在やっているよりははるかに楽なわけね。自分は新しい建物の上に住めて、毎月の収入も増加する、そういう手口が多くなった。この五年、十年。(26)

すなわち、ビルの新築、改築を促進させ、利潤目的の高賃貸料設定をするという経済的合理性の追求の仕方が、不動産業の介入によって維持されてきているのだ。再開発計画を機に密集市街地における土地の流動化が促進するという可能性に不動産業が目をつけ、消費手段の供給・管理に介入するようになっているのだ。

したがって、土地利用の経済的合理化が進展しているからといって、それは不動産資本や商業資本などによる土地所有が進行しているという、かつて問題化されたような事態が一斉に起きているわけではない。例えば、南口のテナント率が高い一画では、資本による土地所有はほとんど見られず、むしろ、五〇年近くもの間、少数の地主による土地所有が維持されている。これは地価の高さが影響していると考えられる。また、「土地所有と土地利用の分離」という近年の大手不動産業の経営方針の転換から、中小の不動産業者も、既存の地主に土地利用の経済的合理化を促進させるように働きかけ、超過利潤を共有する方向にあることも影響しているのだろう。

このような形の利潤の追求を、商店街組織が緩和させるように働きかけるということはされていないようだ。その背景には、「他人の土地に口を挟んではいけない」という規範が商業者の間に共有されているからだ。街のなかで四つの商店街が乱立し、商業者の入れ替わりが多いなか、こうした規範が共有されていることで、個々の商業者が各々の経済的合理性を追求するという事態が生み出されていると考えられる。近年は、不在地主が多くなっているということもあり、資産価値に直結するような、「(防災性が高く利便性のある)歩行者のための空間」が志向されるようになっているといえる。

しかし、計画推進派が当初から経済的利益だけを想定して、人間工学的な「歩行者のための空間」を志向していると考えるのは一面的である。歴史的な過程をみると、計画推進派として矢面に立たされている人たちが、「街づくり懇談会」という組織を通してまちづくりを行なっていく過程で、行政が提示する都市計画に直面し、対立し、結果的に受け容れるようになっていったという経緯がある。

そこで、次に、一連の紛争の前史である小田急高架問題をめぐる動きに焦点を当て、その経緯をたどることにしよう。

ii 「協働」の形骸化と正統化

下北沢地域の鉄道をめぐる紛争は半世紀前に遡ることができる。

一九六四（昭和三九）年、東京都市計画都市高速鉄道九号線（綾瀬〜喜多見間）が都市計画決定された。鉄道を軸に発展してきた下北沢という街にとって、その鉄道が高架を走るのか、地下に潜るのかということは、一つの施設の形状という単純な問題には還元できない、街全体のあり方を大きく変化させる重要なイシューであった。現在の都市計画をめぐる問題の発端はこの計画にある。

住民・商店会の反応——地下派と高架派の対立

六四年の都市計画の決定後、商店街を中心に結成された「下北沢地区再開発促進委員会」も区議会と同様に「地下化」の立場を表明し、都知事や区長に対して地下化の陳情を行なっている（一九六六年八月一日、一九六九年三月八日）。一九六九年には建設省、都建設局、区計画係長による下北沢地区での事業に関する説明会が開催され、この時期から事業地付近の下北沢住民に都市計画の内容が次第に知れわたっていくことになる。

当初の下北沢駅周辺における事業計画は、高架で走る井の頭線の上をさらに幅二三mの高架橋が跨ぎ、鉄道橋の躯体を下北沢駅ビルにするという計画であった。当時、下北沢で小田急線と井の頭線が交差するところは小田急線が下、井の頭線が上を通っていたが、計画では小田急線が井の頭線高架のさらに上を通ることになっていた。

これは、街の空間のなかに南北を遮断する「大きな壁」が生み出されることを意味していた。そのため、多くの住民・商店は反対の立場をとり、六九年の九月には小田急線地下化に関する署名運動が始まっている。そして、七一年五月には下北沢駅北口で菓子店を営む商店主を代表とする「緑と太陽を守る小田急地下鉄化推進の会」（通称「守る会」）が発足し、この会を中心にして、その後も署名活動や請願活動は定期的に続けられ、抗議活動も時には展開された。「守る会」は運動を下北沢地区に限定せず、小田急線沿線の問題として「高架反対」の立場を採り、複数の地区で構成される大規模な運動団体となっていった[27]。

「守る会」の当初の論理は「高架になると、日照が遮られ、騒音は激化し生活環境が悪化する」「地震などの際に高架よりも地下の方が安全だ」というものだった。当時から鉄道の騒音に悩んでいた周辺住民や商店は多く、その状況が高架化によってさらに悪化することを懸念し、地下化を望む声が大きかった。

その一方で、「地下に鉄道が潜ることで乗客にとって下北沢という街の存在感が薄れてしまう」と考える人びと（特に商店主）も、多数派ではないが存在していた。それに対して、「地下派」の人びとは「鉄道が高架化し、巨大な駅ビルが誕生することでありふれた街になってしまう」という論理で対抗していた。

この意味世界の対立に、利益構造の対立も重層的に重なっている。第一に、高架化によって立ち退きを余儀なくされる地主や借家層の多くは「地下化」に賛成し、逆に利権を得ることができるような大地主は「高架化」に賛成した。第二に、都市計画事業は主に北口で行なわれるため、北口の商店は「地下化」に賛成するところが多く、南口の商店は逆に「高架化」に賛成するところが多かった。ただし、地下派と高架派は必ずしも階層や居住地・立地条件などで綺麗に分別されるものではなく、それまでの実践や社会関係から、街や街のイメージに見出していた価値による違いから生み出されていた。

八〇年代に入っても、小田急の高架化をめぐる問題は沈静化せず、高架か地下かをめぐる議論や運動は継続していた。しかし、その一方で、八一年一〇月に四つの商店会が集まり、「小田急問題であまり仕事ができない」ということが話し合われており、一〇年以上続く問題に人びとが疲れを見せ始めていたことも事実であった。

そうした状況下で、世田谷区は基本的には地下化を要望しつつ[28]、商店会、町会などの行政の末端組織を積極的に包摂することで、別のイシューに関するプランニング作成と、そのプランへの同意調達活動を展開していくようになる[29]。

　そして、上述したように、八四年一二月に、四つの商店会と二つの町内会で構成される住民組織として「街づくり懇談会」が結成されることになる（事務局は世田谷区都市整備公社）。この背景に、小田急線の連続立体交差事業化を契機にして、今後のまちづくりについてさまざまな課題が表面化するなかで、構造形式が分からない事態が何年も続き、まちづくりに関する指針が何も打ち出せないことに対する商業者や地権者の焦りがあった。そこから、「小田急線の構造形式にとらわれずに、街としてどうしたいのか、何が必要なのか、どのような整備をしなくてはならないかという街としての考え方を明確にし、確認し合うことで、この先主張すべきは主張し、要求すべきものは求めていく」組織として「街づくり懇談会」が誕生したのである。(30)

「街づくり懇談会」はその後、二、三カ月に一回の頻度で、小田急問題を含めた街のあり方についての議論を積み重ねていく。そこにはコンサルタントや行政の担当者も同席しており、一見「まちづくり先進自治区」にふさわしい「官民協働」が推し進められているようにも見えるが、実際はその存在自体を多くの住民や商店が知らない組織であり、また町内会や商店会の幹部を中心にメンバーシップを限定するという閉ざされた組織であり、決して「公共空間」とはいえないものであった。

「街づくり懇談会」の試行錯誤——下北沢グランドデザインという空間の表象をめぐって

　八四年に結成された「街づくり懇談会」は、行政主導による都市計画推進派の合議体として、反対運動の人びとからは捉えられているが、現存する議事録（九八年四月〜〇五年三月）をみると、必ずしもそうとは言い切れないことが分かる。

「街づくり懇談会」は上述したように小田急問題をきっかけに発足し、街の将来像や課題などについてさまざまな観点から議論をしていた。そして九八年六月には、今後のまちづくり基本方針として「下北沢グランドデザイン」というものを作成し、世田谷区に提出している。グランドデザインについて「街づくり懇談会」は、「下北沢に住み・営み・下北沢を愛する者たちが、明日の下北沢を語り合い、街のあるべき姿について考え、過去に行われた意見交換・アンケート・その他の調査等もふまえてまとめあげたものです」と位置づけている。

内容を紐解いていくと、グランドデザインは、現在の運動側の主張と類似したものとなっている。「来街者と居住者、商業者と住民、商店街同士、大家と店子等、立場の違うものがお互いを尊重し合い、力を合わせて、……住宅と店舗のほどよい調和、ゴミのないきれいな街の実現、魅力都市〝しもきたざわ〟の持続と発展に向け」るべきと述べられている。

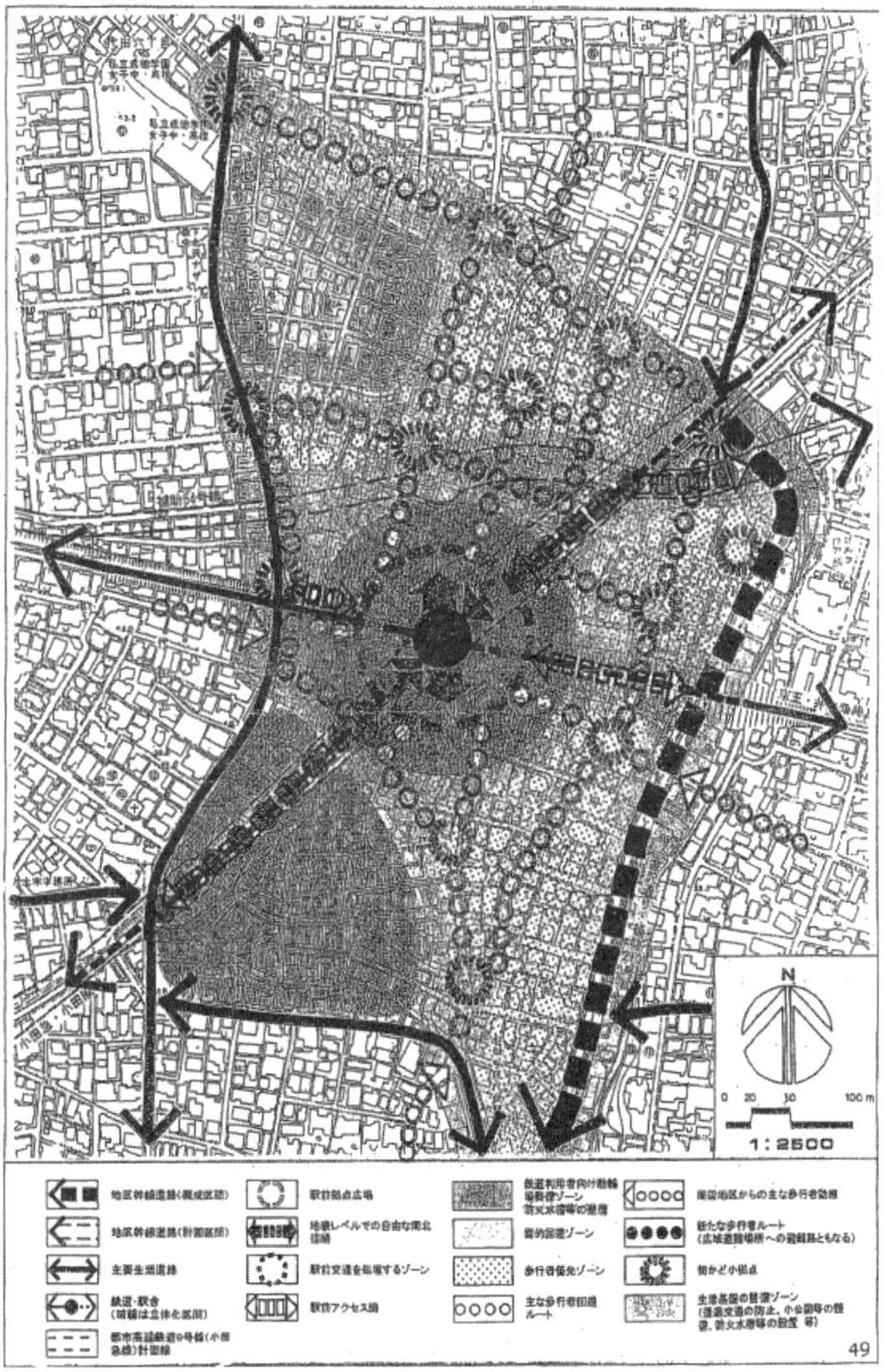

図14　下北沢グランドデザイン構想図(31)

しかし、「交通」「商店街の性格」「街並み」「建築物」「伝統・文化資源」などの論点について、箇条書き的に懇談会が望む方向性が書かれるだけともいえる。そのため、時に矛盾するような方針が書かれている。例えば、「人と車のすみわけを図った交通システムの確立」と「駅前交通機能及びアクセス方法の検討」という二つの基本方針が並列的に述べられている。

このような事態になっているのは、あくまでもグランドデザインは行政がまちづくりを進めていく上で参考にする一つの材料に過ぎ

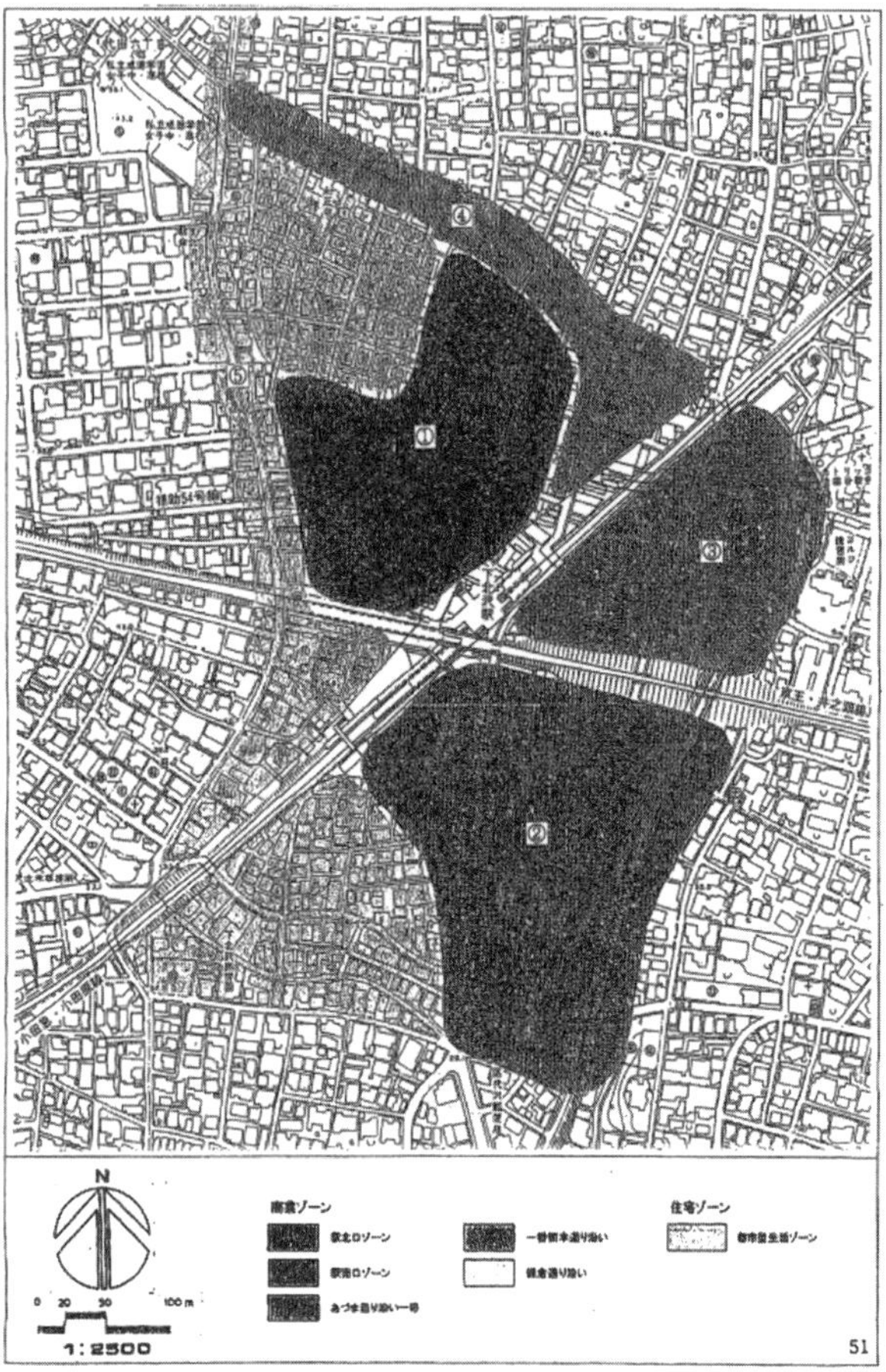

図15　下北沢グランドデザイン（土地利用）

ないからだ。その点は、「これには、今後、世田谷区が計画する下北沢駅周辺の街づくり計画に、私たち地元の考えを活かされたい、という強い思いが込められています。……世田谷区のたてる地区まちづくり計画に注目し、計画に参画できることを強く待ち望んでおります」というグランドデザインの位置づけに関する主張にも見出すことができる。さまざまな意見をある程度まとめあげることまではやるが、そこから先、どのような方針を採用し、具体的な計画にいかに落とし込んでいくのかという点については行政に任せるという依存主義が、そこにはある。

しかし、そのようなやり方では、「住民協働で行われた」という装いのもと、行政が望む方向性だけが採用されることになる可能性がある。実際、その後の展開をみると、そのような形で「街づくり懇談会」は区の正当化に利用された側面がある。

例えば、今の計画推進派の考えに近い人間工学的な都市空間をグランドデザインに見出すことができるが(32)、その一方で現在の計画のような道路整備を切実に訴えるような主張は全く見当たらない[33]。その後二〇〇〇年三月に提出された構想図においても、街中の歩行者動線を確保することが念頭に置かれている（図14）。また、土地利用に関しても図15にあるように、道路で分断されることをあまり想定せずに、各々の地区の土地利用の構想が描かれている。

街づくり懇談会の人たちが、その後、どのような展開のなかで計画推進に変化していったのかを捉えるべく、以下、議事録を見ていくことにする[34]。

議論の進め方に対する違和感

第一に、街づくり条例に基づく制度化された合議体としての「街づくり協議会」ではなく、私的な合議体としての「街づくり懇談会」という組織のあり方それ自体についての疑問が、懇談会に参加しているメンバーから何度も出されている。下北沢という街のあり方について議論をしていくうえで、いかに多様な利害を調停し、行政の計画のなかに組み込んでいくことができるのかということに関する、さまざまな悩みや意見の対立が存在していたのだ。

街づくり懇談会という組織を構成するのは、四つの商店会と四つの町会のそれぞれの会長が推薦したメンバーである。そのなかで、世話人が選出され、会の取りまとめを行なっている[35]。また、会議には区の役人も数名参加している。他には、区から専門家が一人派遣されている[36]。以上のように、限られたメンバーシップのもとでの議論であるため、それは「公共空間」とは呼べるものではなかった。

しかし、重要なことは、すべての構成メンバーがそのような形骸化した「公共空間」のあり方に同意して参加していたわけではないということである。九八年六月に開かれた第五五回の会合では、当初の方針としては、上述したグランドデザインを私的な一団体としての街づくり懇談会で作成し、その後は、公的な組織として財政的な援助も受けられるまちづくり協議会に移行するというものであったことが述べられている。つまり多くの構成メンバーは、当初から「自分たちの考えだけで全て街のあり方を決定してしまおう」というような自己中心的な考え方にあったわけではないのだ。むしろ協議会という組織に移行することで、多様な人びとの意見を聞いて議論しようとする姿勢を見出すことができる。

だが、この第五五回会合から、「協議会に移行する必要はない」という世田谷区職員の「誘導」が行なわれ、この姿勢に変化がもたらされることになる。具体的には、「国からの補助金などを導入できなければ、まちづくり計画は実現されない。だが、協議会を作っても補助金を導入できる保証はないので、懇談会のままでいいのではないか」「協議会になれば具体的に道路の幅や位置等の話をしなければならない」「全ての人が合意する特定の事業があるならば、協議会に移行しても良い」というような誘導が行なわれている[37]。これは「まちづくり＝都市計画」というフレーミングであり、さらに、都市計画を構想するための幅広い議論の場という機能を世田谷区が協議会に付与していないことを意味している。すべての人が合意する都市計画事業というものは現実的には想定し難く、協議会という場は多様な人びとが議論をしながらさまざまな意見を調停していく場であるはずなのだが、世田谷区からはそのような意味づけがなされなかった。さらに「協議会は出入りが自由であるために、議論が前進しない」と、限定的なメンバーシップの優位性も主張されている。

こうした行政の誘導に対する懇談会のメンバーの反応は、大きく分けて「協議会にするべき派」「協議会にするのは後回しにしよう派」「あまり重要なことと考えていない派」の三つのタイプに分類することができる[38]。「協議会にするべき派」は次のような主張で、行政の主張に反対意見を表明している。

協議会発足に向けてチーム作りをして、（グランドデザインの）一〇項目の検討と並行してすすめるべき。南北通路や来街者・来住者などすべての方を意識したグランドデザインであるので、今後は商店街などのみではなく、痛みの議論を含めて広く意見を求めた協議会で検討した方が良い[39]。

このように行政の主張に対する異議を明確に表明する主張がある一方で、行政の主張に影響を受けて、さまざまな意見の調停の困難さばかりに気をとられ、協議会への移行を後回しにしようとする主張もある[40]。

われわれが痛手をまったく背負わないで街が整備されることは有り得ない。現実に建て替え時のルールや自己負担分の経費など、痛みの部分の話をしないと、いざとなって足並みがなかなかそろわない。こうした点に触れざるをえないことは明らかである。……協議会では当面混乱が生じる。とりあえず、グランドデザインの一〇項目を具体的に掘り下げることが先決と感じる。[41]

一方で、「協議会への移行」という論点自体の重要性をあまり意識していない反応もある。

協議会や懇談会などの議論で時間を費やしたくない。こういう状況だからこうしたいということを示してもらわなければ困る。……われわれは全然わからないから、行政の経験を生かして協議会にするタイミングについての指導がほしい。[42]

重要な論点であるはずの組織のあり方をあまり重要視していないのは、基本的に組織の運営のほとんどを行政に依存しているということに起因すると考えられる。

その後も組織のあり方に関する議論は続いていくが、意見の対立の構図は、「懇談会のあり方自体に対する違和感から協議会への移行を押し進めようとする人たち」と、「協議会への移行はせずに懇談会のままでいようとする人たち」との対立に変わっていく。これは、協議会への移行を後回しにしようとしていた人たちと、協議会への移行自体をあまり重要視していない人たちが「懇談会のままでいい」という意見に合流したからと想定される。というのも、その後、後回しにしようという主張や軽視する立場からの主張をはほとんど見られないからだ。

懇談会のあり方に対する批判は、第一に、懇談会での議論をほとんど反映せずに世田谷区側が計画を策定しているように見えることにあった。[43] 協議会とは異なり、懇談会には権限がないために、さまざまな意見をくみ取りながら、一つの計画にとりまとめて行政に提言するという方向には向かわない(44)。さまざまな意見を出して議論することは問題にならず、意見のみが行政に提示される。結果、行政に都合のよいものが行政計画として策定されることになり、結局懇談会は「ガス抜きにされているのではないか」という違和感が増幅していったのだ(45)。こうした違和感は、行政に対して、グランドデザインなど、何度も提言してきたにもかかわらず、ほとんど十分な回答を得られてこなかったことにも起因する(46)。

こうした批判に対して、区の方は、「地区計画の案は区独自でつくれるものだ。通常、協議会のご意見をいただいて参考にはするが、街づくり懇談会を協議会と同等に扱っているので、改めて協議会をつくる必要はないと思う」(街づくり部長)という形で、協議会を低く意義づけ、暗に行政優位の立場を主張している。この街づくり部長の発言に対して、「区としては、まとまらないほうがいいんだね」という皮肉が懇談会のなかから投げかけられている(47)。

一方で、行政の立場に共鳴する人びとも存在した。それは、「長年議論してきたものを白紙に戻すかもしれない協議会への移行」に対する拒否反応だった(48)。当初から彼らが自分たちの利害を主張するために集まったわけでは必ずしもないにせよ、懇談会のメンバーとして長年議論してきたものが無視されるということに危惧を示したと考えられる。その結果、協議会に移行して、幅広い人びとの意見を聞くということは「後戻り」として捉えられるようになっていく。

そして、二〇〇三年の六月四日に行なわれた第九九回街づくり懇談会では、世田谷区と世話人が「協議会への移行はしない」という方針を明確に打ち出している。「協議会をつくってはということだが、ここでは昭和五九年から街づくり懇談会として九九回もやってきているので、これまで積み上げた形態で今後もやっていかれればよいのではないかと思う」(副参事)、「協議会と懇談会の違いは議会でも質問されたが、私は同等であると明言している。平成一〇年度、一一年度、昨年度と三回も提言をいただいているので、それをもとに区として案を作り、懇談会に提案し、町会などにもお知らせする。さらに、説明会などもやり、公告・縦覧等の手続きを踏むことになるので、懇談会であっても十分ではないか」(街づくり部長)というように、協議会と懇談会を同じものとして、さらにいえば、同程度に権限がないものとして意味づけ、協議会への移行を阻止しようとしている。

結果、その後も懇談会での議論の進め方などについては度々意見が提出されるものの、協議会への移行というアジェンダは次第に後景化していった。こうして、行政の介入のもと、長年の議論を経て、「懇談会という組織で議論してきた経緯を重視する」という意味世界と論理が強固なものになっていった。

以上のような経緯で、街づくりのあり方を議論するメンバーシップは限定されるという方針が既成事実化していくが、その他の議論において、どのような利害が公的な利害として設定されたのか、さらにいえば、どのようなアクターが「社会」の構成員として捉えられていたのだろうか。

懇談会のメンバーは主に地主や借地権者で構成されているが、借家層の利害を擁護しようとする意見が出されている(49)。これは、地主や借地権者が商売をしなくなることで、街の商店を担う主体として借家層の存在を無視できなくなってきたことに起因する。

その一方で「来街者」については、まちづくりについての発言権がないと捉える傾向を見出すことができる。必ずしも「来街者」の利害を無視しているわけではないが、それは結局のところ「来街者」の利便性などを尊重することを通じて商店街の繁栄を目指すということでしかない。したがって、「来街者」はある意味で恩恵の対象に過ぎず、共にまちづくりを担う主体の一員としては位置づけられていないのだ。

そして、後述する反対運動の盛り上がりに直面すると、懇談会のメンバーは「反対運動＝来街者の運動」と意味づけ、過剰に拒否反応を示すことになる。その拒否反応は、次のように、来街者が懇談会のメンバーの意味世界のなかでは同じ「社会」のなかに含まれてないことに起因している。

　住民でない外野のような人がたくさんいて、いままでの街を壊してなるものかという感じで「やめてくれー」と押してきたような気がする。懇談会と役所の人が一日も早くやりたいと思っているのとだいぶ温度差を感じた(50)。

外部で発言されているのは下北沢から離れたところの人が多く、実際に血を流している人達のこと、街の実情を知らない。私どもも住宅地なので、お話を聞いて初めて分かる事が多々ある。懇談会は本当の意味の下北沢を考える為に始まったもので、他からの参加は望まないが、そういう方たちも情報がほしいかもしれないので、何らかのかたちで場をつくることに手を差し伸べてあげられたらとは思う[51]。

懇談会は下北沢のことを本当に真剣に考えている最大のグループだというプライドを持っており、私は別の人達を加えたい気持ちは全くない。しかし、外に出ていってさまざまな人と意見を交わすのは大いに結構だと思う。……四月以降に意見交換の機会をつくりたい[52]。

このように、来街者は住民とは異なり「外部の人間」であり、「下北沢のことを真剣には考えていない人たち」として意味づけられている。意見交換の場の必要性は認識されているものの、それはあくまでも意見を交換するだけであり、共に街づくりを担うメンバーとしては位置づけられていない。

補助五四号線に対する違和感

ただし、街づくり懇談会の当初の主張自体は、反対運動の主張と重なる部分が多かった。特に、問題となった補助五四号線に対しても当初は多くのメンバーが反対の意を表明している。例えば、二〇〇一年六月一八日の会議で、補助五四号線の必要性について、「将来の街を考えると、しもきたのよさを残しながらも、やはり利便性は追求すべきだろう」と述べた世田谷区の街づくり部長に対する参加者の次の意見は、その後の反対運動の意見とほとんど同じと言っても過言ではない。

利便性というのは車中心の社会での利便性であり、歩行者にとってはそうはいえない。歩行者優先やバリアフリーの流れと逆行すると思うが、いかがお考えか[53]。

回遊性が下北沢の街づくりの柱の一つとしながら、現実には駅のすぐ近くに街を分断するかたちで補助五四号線の線が引かれている。先ほどのご説明のように来街者は縦方向にということだと北口は駅を降りるとすぐ補助五四号線で分断されてしまう。……すでに決まったものという固定概念で考えず、これが最後のチャンスだと思うので、補助五四号線をもう一度見直すことを提案し、皆さんでご検討いただきたい[54]。

このように、商店街を利用する来街者の立場に立ち、それまでの盛り場としての諸価値の中心部分であった「回遊性」の保護を訴えている。それ以外にも、商業主、地主としての不安を吐露する声もある。

私は南口だが、北口にうちのビルがあり、五四号線が入ると、その向こう側になってしまうので、大反対だ[55]。

広幅員の道路は、必ず回遊性に影響する。一番致命的な打撃は、商店街の真ん中で回遊性が切れることだ。これでは商店街が体をなさない。一つの商店街であり得なくなるだろう。ことに五四号線の外側は弱小な店が多いので自立する事さえ難しいかもしれない。回遊性を維持するというなら、どのようにしていただけるのか、ご説明いただきたい[56]。

実際、下北沢の空間は基本的に細い路地で構成されているため、基本的に小さな店舗が多く、またそのほとんどが小資本の店舗であった。そうであるが故、回遊性が失われ、客の足が遠のくことは、多くの店舗に打撃を与えることを意味しており、最も避けなければならない事態であった。

また、それ以外にも、補助五四号線の構造形式の変更を代替案として主張する意見も多く出ている。

補助五四号線について、下北沢周辺はあまり交通量の多い場所ではないので三～四車線も必要なく、できれば鉄道交差部の膨らんだ二二～二六m道路幅を道路部分は一五m幅にし、残りの部分は公共空間として使い勝手の良いものにして頂きたいとお願いした[57]。

私どもしもきた商店街では、歩行者空間を第一にという信念を持っている。……われわれは数年の検討の結果、補助五四号線は浅深度の地下方式というのを提案しているが、構造が決まってしまえば、それを覆す事は不可能だと思われる。……また、われわれは緊急車両、弱者に対するもの、商業への配送以外、一般車両の自由な流入には反対で、外周の部分で何とか解決できないかと考えている[58]。

このように、懇談会の人びとの意見の大多数が補助五四号線については異論を唱えていた。しかも、その意見は、反対運動の論理とほとんど違いはないものであった。

同様に、道路整備や地区計画にともなって生じる再開発や街の高層化に対しても、当初は反対意見が多かった。

私の個人的な意見だが、グランドデザインをやったころは下北沢には高い建物はふさわしくない、せいぜい五階程度の街並みがいいという意見だった。……条件を緩和し過ぎると大資本がどんどん入り、われわれの計画とは大きく異なった将来像になってしまうのではという懸念がある[59]。

敷地規模によって高い建物が建ったり、建たなかったりすると、地上げ屋などがきてある敷地は大きくまとまり、ある敷地はまとまらないということが起こると、土地の虫食い状態が起こらないか心配だ。高さ制限を考えるよりも、そうならないことを考えることの方が重要だと思う[60]。

地権者が多いとはいえ、街の再開発や高層化から経済的利益を得ることができると単純に考えていたわけではなく、大資本に街を蹂躙されてしまうことの危惧を抱いていたといえる。そして基本的には、その後の反対運動側が主張するように、街の内部に自動車を入れるのではなく、外周にある道路を活用すべきだという考えがあった。当初の基本的な主張は以下の主張に象徴されるようなものであった。

> 車を入れないことが弱者にやさしくない街だとは思わない。下北沢は車が入らないことで現在の賑わいがあると思うので、下北沢にさえ着けば、車の心配なしに買い物ができるのも、ほかには見られない部分ではないか。商業者のエゴと言われればそうかもしれないが(61)。

すなわち、必ずしも、現在の人間工学的な空間が当初から明確に志向されていたわけではなかった。しかし、事業地に位置する／しないという違いもあり、下北沢地域の商店街として集合的な意見を形成するという方向にはむかわず、各々の商店街の意向が並列的に出されるのみであった。

補助五四号線の正当化

以上のように補助五四号線が当初から受け容れられていたわけではなかったが、迷路性のある空間に対する賛否両論、防災性への懸念、開発が進まなかった焦り、「他人の土地に口を出さない」という規範、そして行政の誘導から、現在の推進派の意味世界が作り上げられていくことになる。

まず、街が細い路地で構成されている物理的特徴に関して、次のように賛否両論が存在している。

> 迷路性は長所でもあり短所でもあるが、迷路性で現在の集客力を持つというのは明らかに長所だ(62)。

居住している街なので、あまり夜中まで営業せず、昼間の商店街になってほしいのが実情。夜中に大声で話しながら歩いたり、ポイ捨てなど、あまりにマナーが悪い。住宅街のなかのお店は迷路性があって楽しいと思うが、なるべく中高年相手のお店に発展してくれればと思っている。(63)

「迷路性」は商業地にとっては個性的な魅力になるという反面、住宅地にとっては生活環境を悪くするという両義的な性格をもつものであった。そして、生活環境の改善という論理から区が都市計画の必要性を主張し、誘導を進めていくことになる。

まず、区は防災や車の利便性などの点から一連の都市計画の必要性を主張していく。

地域性とは街を特徴的に表現するものであろうが、評価の仕方により功罪があり、プラス面・マイナス面となり得る。賑わいはあるが防災面で不安、閑静でよいが車が入れない、将来相続等でミニ開発が起こり得る等。人口増に対して基盤整備が伴わず、脆弱な街になっており、より災害に強い建物とともに、道路、公園など公共的な空間の整備が求められている。(64)

グランドデザイン作成時から、懇談会のなかでも「防災性」は論点として挙げられており、その観点から、計画の正当化が図られた。

また、車交通の利便性についても、次のような形で正当化が図られていく。

将来の街を考えると、しもきたのよさを残しながらも、やはり利便性は追求すべきだろう。(街づくり部長)

利便性というのは車中心の社会での利便性であり、歩行者にとってはそうはいえない。歩行者優先やバリアフ

リーの流れと逆行すると思うが、いかがお考えか。（不明）

茶沢通りや五四号線沿いでは、通過する車と同時に地区内の方の利便性もある。（街づくり課長）[65]

補助五四号線は東京二三区の区部全体をネットワーク化するために広域的なものとして計画されたもので、下北沢の人達が専有的に使える道路との認識は都にないだろう。（街づくり部長）[66]

「利便性」が単に下北沢の住民だけではなく、都民にとっても必要という論理が提示されている。これは前章（一六五頁）でも明らかにした「道路ネットワーク論」の論理だ。

当初から、懇談会のなかでは、防災性や車交通の利便性を求める声もある一方で、そのために大規模な道路や駅前広場を整備することで街の個性を失う可能性に対する危惧があったことは上述したとおりである。こうした状況に対して、大きく前者に舵を取らせる方向に行政は誘導していった。そして、その最大の誘導の仕方が、都市計画という固いレジームの提示であった。それは二つの点から示された。

第一に、「補助五四号線という道路をもしやめるのであれば、連続立体交差事業の要件は満たされないため、踏切は解消されない」という主張によって補助五四号線の整備の必要性が示される[67]。第二に、「都市計画の事業に適合した大規模な駅前広場でなければ助成金が得られない」という形で、多目的な利用に開かれた大規模な駅前広場の必要性が示されている[68]。

こうした誘導を懇談会のメンバーがすぐに受け容れたわけではなかったが、その後、議論の俎上に上がることはなく、議論の前提になっていった[69]。そして、こうした行政の誘導に乗ってしまう背景には、下北沢という街がその物理的空間の特徴によって、なかなか開発が進まなかったという歴史的経緯を挙げることができる[70]。

また別の要因として、この会の方針が「小田急の動きには関係なくまちづくりのあり方を決めていく」という方針であったために、小田急に直接アプローチして要求するという方向に向かわず、補助五四号線や駅前広場の代用となる小田急線跡地の公共利用という有力な解決策に向けて諸力を結集させることにならなかったという点も挙げられる。さらに、条例に位置づけられた協議会ではなく、私的な懇談会という位置づけである以上、一定の議論を経て、行政に要求し、その要求に行政が真摯に対応するというようなプロセスが曖昧となっており、一種の諦観のようなものが生み出されやすい構造になっていた(71)。

以上のような経緯で、「街づくり懇談会」という組織のなかで街の諸課題について検討するという実践が、長い年月のあいだ行なわれてきた。そこでは、商店街組織などの権力構造が懇談会のメンバーシップに反映されていた。また、その実践や構想は都市計画という制度に直面し、変化を余儀なくされた。特に、行政と協働して議論してきたという経緯を重視するために、異論や反論があった人間工学的な空間を受け容れるという傾向があった。つまり、その歴史的な経緯は、集合的な規範として推進派の人びとを拘束しているのだ。このような表象の空間が生み出されたのは、推進派がどのような政治的な空間を構想していたのかという点に密接に関連している。

上述したように、街づくり懇談会は当初から世田谷区が進める政策に参画したいという志向性があった。そこでは、行政という制度体がさまざまな利害を調停するのであって、住民や商業者はあくまでもその手助けをするという一種の上下関係が前提となっていた。そして、この政治的な空間のなかには来街者やその他多くの住民、商業者は含まれていない。推進派の人びとがこれまでの経緯を重視して、多少内容に問題があったとしても一連の都市計画を容認するのは、このような政治空間に参画してきたという経緯があるからだ。もちろん懇談会のメンバーすべてがそのような意味世界にいたわけではないだろうが、懇談会のやり方に異議を唱えて抜けてしまった人も少なくない。その結果、このような政治空間を志向する人だけが残り、その意味世界がより強固になっていったと考えられる。

小括

以上、歴史を振り返りながら、計画推進側の意味世界がいかにして形作られてきたのかを明らかにしてきた。街の変化、商業の変化にともない、土地・建物を貸すという形で経済的合理性が追求されるようになってきたことが、人間工学的な都市空間を是とする一つの間接的な要因になっている。

そして、小田急線高架化という都市型公共事業を契機に、それまでの街の実践や表象からはかけ離れた都市計画の表象が提示されることになる。現在の推進派の人びとも当初は否定する傾向にあったのだが、その後何十年にわたる話し合いの過程で、この空間の表象は人びとのさまざまなニーズを包摂することで強化され、正当化／正統化されていった。

また、行政を上位の政治的主体とし、来街者やその他多くの関係者を議論の参加者から外すという街づくり懇談会における議論の進め方は、推進派の意味世界における「社会」の内実を示していると同時に、その「社会」の実現方法の構想をも示している。

このように、土地の物理的状態やそこから生み出される経済活動、表象、まちづくり活動などの構成要素から、推進派の人たちは現在の意味世界を作り上げ、正当化すると同時に、これらの要素をもとにして「社会」を構想していく。

第五章　「共生」を実現するための構想・運動の可能性と課題

第三章では、どのような「社会」が構想されているのか、そこにはどのような「共生」のあり方が構想されているのか、どのような要素によって／をもとにしてそのような構想が存立しているのかという〈目的としての未来〉についての意味世界を分析してきた。

本章では、そうした構想をどのような方法で実現しようとしているのか、その〈計画としての未来〉にはどのような可能性や課題が存在するのかという構想（＝意味世界）について検討していきたい。

前章までで明らかにしたように、推進側の「共生」の構想は、基本的に行政に委任するという方式で実現が待たれていた。一方、運動は、その構想の実現の仕方をめぐり、運動のなかで次第に分裂するようになっていった。

具体的には、一連の運動は現在に至るまで三つの局面に分けることができる[1]。第一局面は運動が始まり、一連の都市計画の事業認可が下りるという「挫折」を経験するまで（二〇〇三年一二月～二〇〇六年一〇月）であり、第二局面は事業認可が下りた後に運動が構想の違いから分裂し始め、保坂区長が誕生するまで（二〇〇六年一〇月～二〇一一年四月）、そして第三局面は運動側が擁立した保坂区政誕生によって政治的機会構造に変化が期待された時期から現在に至るまで（二〇一一年四月～）[2]である。

この運動の展開それ自体が、いかにして「共生」を可能にする社会を作り出していくことができるのかというイシューを提起しているものとして捉えることができる。そこで、以下、運動の展開に焦点をあて、共生の実現の仕方をめぐり、複数の運動がどのような構想を生み出し、実践を展開していったのか、その構想にはどのような集合的記憶や現状予測が影響しているのか、そして、その構想にはどのような可能性や課題が存在するのか、ということについて検討していきたい。

1　三つの政治的な構想

これまで、「共生」を可能にする望ましい「社会」が構想されていることを明らかにしてきたが、その「社会」をいかに実現するかという点については、複数の構想が存在する。本書では、いかに「社会」を形成していくかという点までを含めて「共生」の構想として捉えている。この構想は、どのような「政治」で既存の制度を問題化し、新しい社会の形成を実現させるのかという意味世界であり、理論的、経験的に空間的な対象である。その点を以下説明することにしたい。

下北沢地域の運動における政治的構想

下北沢地域の運動における政治的構想は、以下のような形で三つに分類して設定することができる。

一つは、〈対抗型の政治的構想〉である。これは、一連の都市計画を推進する制度内の諸エージェント——国交省、東京都、世田谷区、街づくり懇談会、小田急電鉄……——を「敵」として設定し、境界線を引き、そして制度内外で自身の主張の正当性、正統性を主張することで、計画を止めることが共生社会を実現するためには最重要という構想である。計画の止め方としては、制度内では行政訴訟での勝訴、行政権力の掌握、制度外では「公共性」という根拠で、権利や支持を獲得することが構想される。この場合の「公共性」とは、正式な手続きの下、誰でも自由に参加することができる討議空間（ラウンドテーブル）を設立するということである。後述するが、これまでの紛争の経過から、討議空間（ラウンドテーブル）の不十分さが不正義として捉えられていた。この政治認識は、さまざまな実践、表象、関係性といったものについても「敵／味方」という二項対立で捉える空間認識である[3]。

二つ目は〈連帯型の政治的構想〉である。これは「敵／味方」というような境界線を引くのではなく、運動主体と制度内の諸エージェントが協働して討議をしていくことが、より良い共生社会に向けた第一歩となるという構想である。この政治認識は、その社会的地位に関係なく、「住民／よそ者」といった区別も関係なく、多くの主体がそれぞれの意見を出して、関わり合い、実践を展開していくことがより良い社会を生み出していくという空間的な認識である。(4)

最後に、三つ目は〈イベント型の政治的構想〉である。これは、さまざまなイベントによって、問題に関して無自覚な多くの人を巻き込んでいくことを優先する構想である。これは既存の制度に対して異議申し立てをする点で対抗的であると同時に、あらゆる人との価値の共有を想定している点で連帯的なものでもある。さらにいえば、既存の秩序のなかに、秩序を攪乱するような空間（物質的なもの、表象的なもの、実践的なもの）を作り出そうとする構想でもある。(5)

以上のように、構想を空間的に捉えることで、主体、実践、関係性、表象、物質などの構成要素を同時に射程に収めることが可能になるとともに、それらがどのように配置されているのかということについても検討することができる。政治的な構想においては構成要素や、その配置が重要であり、ここに意味世界を空間的に捉えることの重要性がある。(6)

そして、下北沢地域では、これら三つの構想は、当初は一つの運動に三つの構想が未分化のまま混在していた。それが次第に構想ごとに運動が分化していった。そこで、各々の運動がどのようにして分化し、何を問題提起し、何を獲得し、どのような課題を抱えているのか、その過程を捉えていきたい。

また、その後、各々の運動は基本的には各々の構想のもとで実践を展開するが、状況の変化にともない、構想とは異なるような実践を展開することもあった。特に、構想が現実の壁にぶつかった時に、運動がその壁をどう克服するのかしないのかという点が重要な視点になってくる。その点で、構想と運動の関係性についても目配りする必要がある。特に連帯型は、一見すると「共生」の構想として望ましいものであるように見えるが、構想通りに実践を展開することはできず、さまざまな課題を抱えていく。そうした課題を捉えることで初めて、社会形成の課題について分析することが可能になるだろう。

そして、本章では一つの分析概念として「正当性／正統性」を導入する。「正当性（Rechtfertigkeit）」とは、言うまでもなく、ものごとの内容の「正しさ」であるが、人びと・集団・社会の間で、どのような内容が「正しい」のか、常に一致するわけではない。それ故に、時に「正当性」の対立が起きるわけだが、そうした対立を緩和させ、ある内容への自発的な服従契機をもたらすのが、ウェーバーが論究した「正統性（Legitimität）」という形式要件である（Weber［1922］1970）[7]。

現在の紛争の前史となる小田急線高架化計画から一連の都市計画は、手続き的な「正統性」を全面に出すことで、住民や商業者の自発的な服従を生み出していた。しかし、運動は半世紀にわたり、行政訴訟を通して、その正統性を揺るがし続け、現在にまで至っている。その点で、現在の運動を理解するうえで、行政訴訟の展開を把握しておく必要がある。

2 対抗型の構想の前史——小田急高架訴訟の意義と課題

小田急線高架化問題は一九八〇年代後半以降、鉄道の構造形式にとどまらないさまざまな問題を表面化させていく。特に制度の形骸化が問題視された。そのなかでも重要な問題として、環境アセスメントの問題がある。八〇年には東京都が東京都環境影響評価条例を制定し、環境問題に対する制度化が実現されたように見えていたが、小田急問題におけるその実際の運用は趣旨に反するものであった。なぜならば、公費で調査し、構造形式（高架か地下か）を決定する際の判断となったはずの「小田急連続立体基礎調査報告書」が公開されなかったからだ[8]。

小田急線沿線住民を中心とする運動は、公共事業の構造を決定する際に参考とした公費の調査を隠蔽することを「公共事業の最大の問題」としてテーマ化する。そして、九三年一〇月に事業主体である東京都に対して、東京都情報公開条例に基づく情報公開訴訟を提起する。その結果、東京地裁が東京都に対して、九四年一月に調査報告書の全

面開示を求める和解勧告を行なうという勝利を得ることになる。(9)

一連の計画の正統性に異議を唱え、その正統性を揺るがすために法廷という対抗的な討議空間で争った結果、一定の成果を得たことによって、対抗型の運動スタイルは強化されていく。そして、対抗型の運動は公表された調査報告書が実際は高架化案と地下化案の比較を十分に検討していないという問題点があったことを指摘し、「小田急線の地下化」という従来からの主張の正当性を訴えていった。

九三年一一月には、世田谷区の沿線住民で作る「細川総理に小田急線の地下化を要請する実行委員会」が建設大臣に要請書と一万七六四六人の署名を提出している。その論理は、「環境面、コスト面において地下化の方が優れている」というもので、裁判の成果を利用したものであった。

しかし、その後、小田急線沿線のなかでも地域によって明暗が分かれていく。下北沢地域(正確には、東北沢―梅ヶ丘間)は地下化に決まったと非公式に九四年一一月に元建設大臣から住民に伝えられた一方で、梅ヶ丘―喜多見間は九四年五月に高架化を構造形式とする連続立体交差事業の都市計画が認可されている。(10)下北沢地域では「市民運動の画期的勝利」として位置づける一方で、それより西の地域では裁判闘争(小田急高架訴訟)に入るという形で運動は分断されることになる。

ただ分断されたものの、小田急高架訴訟はその後の下北沢地域の運動に大きく影響を与えるものであり、対抗型の政治空間の意義と課題が典型的、象徴的に現われた事例でもあった。その点を以下見ていこう。

「都市への権利」を阻んできた行政訴訟

九四年五月に小田急線の連続立体交差化(喜多見駅付近から梅ヶ丘駅付近まで)を内容とする都市計画事業が認可されたことを契機に、運動側は六月に東京地裁に提訴し、事業認可の取消しを訴えている。

取消訴訟とは、行政事件訴訟のなかでも、行政庁の処分によって原告の被っている権利・利益の侵害を排除し、権利・利益を回復することを目的とする主観訴訟である。ただし、これまでの取消訴訟においては、「誰がそのような権利を主張することができるのか」「どの範囲まで権利は認められるのか」といった「原告適格」（訴えを提起する資格）が争点となり、多くのケースにおいて原告側が「門前払い」されてきた[11]。

詳細に述べるならば、行政事件訴訟法第九条一項では取消訴訟の原告適格を「法律上の利益を有する者」と規定しており、これまでの法廷は「法律上の利益」を「処分の根拠法令が直接保護している利益」として解釈してきた（法律上保護された利益説）。そのため、土地所有権などの直接的な権利をもたない「第三者の原告」は「反射的利益」（法律が公益を保護している結果として生ずる間接的な利益）をもっているにすぎず、取消しを求めるための「法律上の利益を有していない」という形で「原告適格」が認められないケースが一般的であった。

また、「原告適格」が認められるような権利をもつ人びとに対しても、「取消訴訟においては、自己の法律上の利益に関係のない違法を理由として取消を求めることはできない」という行政事件訴訟法第一〇条一項の規定から、「処分の根拠となる法規・関連する法規においてはその権利を守ることを趣旨としていない」という形で「違法事由」を制限するのが一般的であった[12]。

このように行政訴訟は、これまでの傾向として住民に「都市への権利」を与えてこなかった。これは単に法廷闘争への参加阻止を意味するわけではない。運動の最終的な局面である訴訟の場での「門前払い」という状況は、行政訴訟それ自体の鎮静化をもたらすだけでなく、運動の停滞をもたらすものであった。「起こらなかったこと」を経験的には直接検証することはできないが、その傍証として、行政事件の新受件数は近年微増傾向にはあるとはいえ、およそ二千件前後であり（最高裁判所事務総局行政局 2002）、他国と比べても圧倒的に少ない。日本の行政が他国と比べて圧倒的に優れているというよりは、日本の法システムが非常に偏りをもったものとして存在してきたために、多くの運動が「泣き寝入り」をしてきたと考える方が説得的だろう。

小田急高架訴訟が行政訴訟に与えたインパクト——原告適格の拡大と公私二元論の批判

そして、奇しくも、司法制度改革の一環で、これまでの行政事件訴訟のあり方を改善すべく行政事件訴訟法改革が行なわれていた時期に、小田急高架訴訟が行なわれた。最高裁での大法廷判決は、行政事件訴訟法改革が始まって以来の大きな判決としても注目された。最終的には最高裁で運動は敗訴することになるが、それまでの過程で、その後の下北沢の運動につながる論点を提起するだけでなく、その他一般の住民運動にとっても拠り所となるような判決を獲得した法廷闘争であった。

小田急高架訴訟の最大の成果は、「原告適格」という権利をそれまでよりも幅広いものとして最高裁で認めさせたことにある。「根拠法が守ろうとする一般的公益のなかに当該私益が含まれるのかどうか」をまず根拠法の分析から検討し、原告適格を判断する（行政訴訟の世界ではこれを「保護範囲要件」と呼んでいる）。これは簡潔にいえば、「根拠法が想定していないような私益は保護されない」ということを意味する。

また、既存の判例では、保護範囲要件が認められたとしても、当該私益が個々人の個別的利益として保護されるものでなければ、原告に原告適格を与えてこなかった。これは「個別保護要件」と呼ばれるものだが、この要件は要するに、「原告が主張する権利が不特定多数の人に共通するものではなく、特別に保護される「個別的利益」でなければ争えない」というものだ。

弁護団はこの要件に対して、「「個別的利益としてもこれも保護すべきものとする趣旨を含む」かどうかの判断を、すべて関係実定法の解釈に委ねていて、肝心の判定基準の指摘がない」と、その判断の恣意性について批判する（小田急高架訴訟弁護団 2006: 78）。というのも、被侵害法益が生命、身体にかかわる重大な利益である場合のみ「個別的利益」として保護される一方で、「良好な生活環境に関する利益」のような利益の場合は保護する根拠が弱いということで、「一般的公益のなかに吸収解消」させられてしまっていたからだ。

そして、「一般的公益」「個別的私益」に分けて、「個別的私益」が「法律上保護された利益」であるかどうかを「保護範囲要件」「個別保護要件」で当該法規の規定から判定し、原告適格を決めるという従来の判例の方法論（公私二元論）とは異なる方法論を、弁護団は主張していく。具体的には、「個別的利益のなかに普遍性があり、それが一般的公益となる」（ibid: 82）という前提に立ち、「法文だけにとどまらず、関連法令はもとより立法事実から対象とする事象の社会的性格等を総合的に考えなければならない」(小田急高架訴訟弁護団 2006: 82) と主張している。これは要するに、法律には、明確には規定されていなくても、保護すべき個別的利益をさまざまな側面から判断していこうということだ。

そして、都市計画法の基本理念にある「健康で文化的な都市生活」は、「住民が個人としてするものであって、「公衆」という抽象的な存在としてするものではない」(小田急高架訴訟弁護団 2006: 83) のだから、都市計画法それ自体には住民の個別的利益の保護を具体的に指摘する文言はなくても、「住民の「健康で文化的な都市生活」を確保することを目的とする法の保護法益は、文字通り住民の個別的利益であると言わざるを得ない」(小田急高架訴訟弁護団 2006: 83) という主張を展開するのである[13]。

弁護団側の以上の主張に対して、第一審 (東京地裁 二〇〇一年一〇月)、控訴審 (東京高裁 二〇〇三年一二月) は、事業地内の不動産につき権利を有しない者については「原告適格」を否定したが、最高裁第一小法廷は原告適格にかかる論点を大法廷に回付し、大法廷は (二〇〇五年一二月) はそれまでの判決とは異なる画期的な判断を下した[14] (以下「小田急大法廷」と略称)。それは、「法律上保護された利益」説に依拠することを明らかにする説示を繰り返してはいるものの、弁護団の主張を大幅に受け容れるものであった。

都市計画事業の認可に関する都市計画法の規定の趣旨及び目的、これらの規定が都市計画事業の認可の制度を通して保護しようとしている利益の内容及び性質等を考慮すれば、同法は、これらの規定を通じて、都市の健全な発展と秩序ある整備を図るなどの公益的見地から都市計画施設の整備に関する事業を規制するとともに、騒音、振動等によって健康又は生活環境に係る著しい被害を直接的に受けるおそれのある個々の住民に対して、そのような被害を受けないという利益を個々人の個別的利益としても保護すべきものとする趣旨を含むと解するのが相当である。したがって、都市計画事業の事業地の周辺に居住する住民のうち当該事業が実施されることにより騒音、振動等による健康又は生活環境に係る著しい被害を直接的に受けるおそれのある者は、当該事業の認可の取消しを求めるにつき法律上の利益を有する者として、その取消訴訟における原告適格を有するものといわなければならない。

これは、具体的には、都市計画法を環境法と位置づけ、環境影響の及ぶ範囲（小田急線沿線南北それぞれ一キロに達する約五万三千世帯）に「原告適格」を拡大するという画期的判断であった（斉藤 2006）。

法廷における「都市空間の表象」の転換

以上の法学的な権利論を「共生」という視点から捉えかえしてみるならば、既存の行政訴訟の法制度は近年に至るまで構造的に「共生」を困難にしてきたといえる。本来ならば、法廷という制度化された政治空間のなかで、当該文脈における当該権利・利益の「公共性」を争うという審議が行なわれるはずであるが、「原告適格」が狭く制限されてきたため、多くの人びとがその政治空間への参加を拒絶させられてきたのだ。都市計画をめぐる紛争だけにとどまらないが、複数の権利・利益の対立が生じた際に、公権力と結びついている権利・利益が「公益」として優遇され、それに対立する権利は「私益」として粗略に扱われてきた。その背景には、都市空間のなかには「公益」というものが固定的に存在し、当該法規が保護する個別具体的な「私益」以外は保護の対象にはならないという空間の表象が大きく影響していた。これに対して、運動側は、「私益」と「公益」は明確に固定的に区分されるものではなく、時代の変化や社会情勢の動きのなかで、複数の「私益」のなかから「公益」が生み出されるという、表象の転換を図ったのだ。

行政訴訟の構造的な問題に対して、単に原告適格の拡大をもたらすだけでなく、公私二元論からも脱却した小田急大法廷の判決は、行政訴訟の質を大きく転換させる可能性をもつものだ。なぜならば、個別の事例ごとに国民の権利利益の実効的救済のための柔軟な解釈の場（オープンスペース）を司法の場にもたらす契機となり得るからだ(15)。実際、小田急大法廷の判決は、都市計画法の解釈を一八〇度転換し、それまでとは一線を画する解釈を提示している。これは変動する社会のなかで、司法の場が公共性を柔軟に判断し、「応答的法」を作り出していく第一歩と、肯定的に捉えることができる(Selznik and Nonet 1978=1981)。

しかし、小田急大法廷は原告適格を広く認めたものの、結局、最終的な判断を下す小田急第一小法廷の判決は原告の訴えを棄却している。原告の前に立ちふさがったのは行政の裁量権というハードルだった。結局、司法の場は、行政の計画の進め方のさまざまな問題を「裁量権」という形で認め、その統制を放棄してしまったのだ。

運動は行政訴訟の調停の場を大きく支配し、多くの人びとを沈黙させてきた法律の世界における空間の表象――私益と公益の関係――に初めて変革の楔を打ち込むことに成功し、法廷という討議空間への参加を勝ち取ったものの、一連の都市計画の認可取消しを勝ち取るという具体的成果を最終的には得ることはできなかった。

以上が、小田急高架訴訟の到達点であり、同時に課題である。ただし、すべてが無駄になったわけではなく、原告適格を広げたという成果は、その後の下北沢地域における行政訴訟においても活用されている。また、「来街者」という住民とは異なるアクターの登場で、「文化的権益」という新たな権利が主張され、公私二元論という論点がさらに深く議論されるようになったのは、上述したとおりである[16]。

このように、下北沢地域の一連の紛争の前史となる小田急高架訴訟は、法廷という制度内の「原告/被告」という形の対抗的な討議空間であり、情報公開や原告適格の拡大など、法廷外の運動ではなかなか実現することができない成果をあげることで、その有効性を運動主体に共有されるものであった。

その一方で、課題としては、法廷という対抗的な討議空間が主要な舞台になる結果、法廷外での運動が十分に展開されず、結果として、地域内外の人びとの価値観、意識や関係性を変えていくというところまでは運動が展開しなかったという点が挙げられる。個人の権利利益の保護を訴える主観訴訟の場合、さらにいえば、今まで社会的に認められてこなかったような権利利益の保護を主張する主観訴訟の場合、法廷上の勝敗だけですべてが左右されるわけではなく、同時に社会関係の変革が重要になってくるが、この事例では十分には展開することができなかった。そして、この課題は、その後の下北沢地域の行政訴訟においても引き継がれる課題となった。

そこで、次に下北沢地域の運動の展開に即して、いかに「共生」を実現するか、その実現方法の構想がどのように生み出され、展開していったのかを明らかにしていくことにしよう。

3　対抗型、連帯型、イベント型の構想・運動の誕生と展開

下北沢地域は小田急線地下化という構造形式に決定したが、その後新たに一連の道路計画が浮上したことは、これまでも明らかにしてきたとおりである。

ただし、ここで留意すべきなのは、地下化を要望していた運動主体がその後も同様に道路反対運動を担っていったわけではないということだ。なぜなら、地下化運動は数十年も続き、多くの運動主体は精神的、肉体的、経済的負担に疲弊していたからだ。また、地下化という形で、一定の成果を得たということも大きく影響している。

当時運動に関わっていた商業者は次のように述べている。

Q：補助五四号線についてはどうお考えですか？

A：一応地下に決まってから、一切声を出すのをやめようって。今度は補助五四号があるでしょ。長い間、網がかかっていた人たちのことを考えるとね……。新しい道路は反対なんだけど。地下化みたいに強く言うには、みんな体力がなくなっちゃったから、引いちゃった。自然消滅しちゃった。

Q：地下化した後の踏切跡地の上部利用については、どのような考え方だったのですか？

A：理想は公園よ。それ以外のことは決めずに自然消滅しちゃった。(17)

この語りは運動が対抗の局面に諸資源を導入するあまりに、その後、まちづくりをどう進めていくべきなのかという局面に展開していかなかったことを物語っている。そのため、一連の都市計画が明らかになった後の運動主体と、

それまでの地下化の運動主体は、数人を除いてほとんど重なりがない。ただ、正当性/正統性を欠く都市計画を法廷の場で退けることに成功したという過去の実践の経緯や記憶がその後、対抗的な構想を呼び起こすことになる。

運動の当初は、「どうすれば多様な共生が可能となるより良い街が実現できるか」という点について、対抗型、連帯型、イベント型の構想が未分化のまま混在し、運動が展開していた。ここで、当初どのような形で複数の政治的構想が構想され、共存し、実践されていたのかを見ておこう。

i　政治的構想の生成と混在

一連の都市計画に直面し、「Save the 下北沢」という運動体が誕生した（二〇〇三年一二月）ことはこれまで明らかにしてきた通りである[18]。

「Save the 下北沢」は、住民のK・K氏とS・K氏が共同代表となるものの、ヒエラルキー型の組織ではなく、年齢や社会的立場や住民か否かに関係ない水平型の組織が目指され、運営されていた。自由に活動の方針や具体的な活動について意見を言うことができるという組織のあり方は、参加志向を重視する主体を広く集めることを可能にした[19]。また、それだけでなく、メンバーシップを特に設けることなく、だれでも自由に参加することができたので、さまざまな構想や志向性をもつ主体を「Save the 下北沢」というネットワーク型の組織に結びつけることも可能にした。ただ、個々の主体が個々の構想や志向性で活動していったわけではなく、勉強会や実践を通して、次の三つの構想に集約されていった。

一つは、世田谷区、東京都、国を「大きな敵」として捉え[20]、手続き上の問題や計画の内容の問題を明るみに出すことで計画の正当性/正統性を揺るがすという対抗的な構想である。これはこれまでの小田急訴訟の成果に対する肯定的な位置づけが影響していることは言うまでもない。二つ目は、多くの利害関係者と一定の距離を保ちつつ、多くの人にとって望ましい解答をみつけていくことを目指すという連帯的な構想である[21]。三つ目は、街の内外に住む無関心層に下北沢という街の価値や都市計画の問題について情報を伝え、考えてもらい、「問題の当事者」として、計画の見直しやその後のまちづくりに導くというイベント的な構想である。

第一局面においては、これらの構想が混然一体となることで、さまざまな実践が展開されることになる。

そこで、以下、運動結成から事業認可申請がおりるまでの各々の構想における実践の展開を見ていこう。第一の類型として、対抗型の構想を中心としつつも他の構想と結びついた形で展開された実践を挙げることができる。第二に、連帯型の構想を中心としたもの、第三にイベント型の構想を中心としていたものを見ていく。

どのような狙いによって、どのような内容の実践が展開されたのか、もし特異的な要件がある場合、それはどのような要件によって可能になっていたのか、また、その実践はどのように評価されていた／されているのか、ということについても検討していく。その上で、分析を提示する。

ii　対抗型の運動の成果と課題

①　行政との直接交渉の試みと挫折――「対話」という構想の挫折

運動は当初は、以前の地下化運動の時のような形で、対抗的に計画推進側を糾弾するような反対運動を展開しなかった。先に引用した（一六八頁）「この運動はミーハーにやっていかなければいけないと考えていた。最初はね。反対運動をやっていくと大体嫌われてしまうから」という「Save the 下北沢」現代表のS・K氏の想起にあるように、「計画推進側＝敵」として明確に設定し、追及するという方針を当初は採らなかった[22]。

その背景には、初期の運動主体の構想が影響している。「一連の計画にはさまざまな問題があり、その問題を広く告知することで、事態は好転し、推進側との対話も可能になり、計画をストップすることができる」という考えを当初の運動主体の多くが共有していた[23]。そのため、さまざまな立場の人を巻き込むために、政治色を避けることが目指された[24]。そして、理性的な対話が可能と考え、行政や街づくり懇談会など推進側に対して、何回も面会の要請や、質問書、要望書などを提出していた。

運動自体は賛同者が増え、メディアにも注目されるようになったが、行政は淡々と手続きを進め、運動側と推進側の話し合いもなかなか実現しなかった。それは「街をどのような街にしたいのか」という点が対立していたことにも起因するが、同時に、「どのような方法でその構想を実現させるのか」という点に関する対立が顕在化したことにも起因する。上述したように、街づくり懇談会や地権者の意向はそれなりに尊重される一方で、それまで計画のことを十分に把握していなかった住民や借地層・借家層、さらには来街者にはそもそも発言権が与えられていなかったのだ。

さらに、行政の発言の虚偽性や非民主的な対応などが次第に明るみになる。その象徴的な出来事として、二〇〇四年九月のTBSラジオの報道番組を挙げることができる。世田谷区の都市計画課の担当者が「補助五四号線は広域的な問題の解決に資する道路である」と取材に回答したことに対し、当時の「Save」の共同代表であったK・K氏は「いままでは地元の防災の役割のためにとか、地元対策とぼやかした言い方をしていた」と批判する[25]。さらに、担当者が「過去にどのように決まったのかは知らない。行政の基本は継続、一貫性が重要。この道路計画は反対派が生まれる前から決まっている。一度決まったことは決して変えることはできない。変えてはならないもの。都市計画で決まっているのだから。行政に停滞は許されない。手続き上、法的に瑕疵はないのだからこのまま進めることに何ら問題はない。それを問題があるかのように言う反対派はおかしい」と回答したことに対しても、K・K氏は怒りをもって批判している[26]。

こうして、合法的正統性を根拠に、話し合う余地を見せない行政の態度が明らかになっていった。また、二〇〇四年一一月の段階で、懸案となっていた補助五四号線と区画街路一〇号線を前提として高層化を可能にする地区計画案が発表されることで、問題は「単なる道路の話」ではなく、さまざまな利権が絡んだ「国策」として、多くの運動主体は理解するようになっていった。

二〇〇四年一一月に住民に初めて明らかにした地区計画に関しても、あわただしいスケジュールで説明会を行なったために、多くの住民から不満の声が噴出し、「Save the 下北沢」はそうした住民と連携しながら二〇〇五年二月に世田谷区に十分な話し合いの場を要請したが、これも世田谷区は「ご意見としてそれは何度も聞いてます」と回答するだけだった。

二〇〇五年六月には、「Save the 下北沢」は、後述する代替案をその根拠となった交通量調査、便益計算の報告書、さらには一万人の署名と合わせて提出し、計画の根拠の不十分さを追及した。しかし、世田谷区は「署名には地区内に住所がある対象者が少ない」という理由でこの要求にも対応しなかった。これは暗に、(懇談会のメンバーであった)下北沢地域周辺の町内会が計画の推進側であることを根拠とした、行政側による計画の正統性の主張でもあった。

もともと町内会が反対していなかったというのが大きいわけですよ。でも、町内会が地元の利益を代表しているかというと、そうじゃないと思う。その人たちが反対していないというのが、この下北沢問題の大きなポイントで、町内会が反対していないから運動がある。[27]

下北沢地域に居住する運動主体も多く存在するため、運動側は町内会にアプローチをかけたが「決まったものだから覆せない」の一点張りで取り合ってもらえなかった。ここでも再び計画の正統性に運動側は直面する。そこで運動側が展開した戦略が、第三章でも明らかにしたように、地域で商売をしている中小の商業者で構成される「商業者協議会」の設立だった(二〇〇五年一二月)。これは、居住を根拠にする推進側の正統性に対して、商売を根拠とした正統性の主張でもあった。しかし、商業者協議会が区長や小田急電鉄、東京都などのステイクホルダーとの話し合いの場であるラウンドテーブルの設置を要求しても、世田谷区は何度もその要求を断わったのだった。

このように二〇〇五年までは、運動側は行政との議論の場を平和的に要求するが、行政は「地元の合意形成はできている」「正しい行政手続きは踏んでいる」という論理のもと、面会にすら応じなかった。

こうした経緯を経て、「対話」という実践のもつ意味が変わっていく。当初、「対話」は、問題状況を十分に把握していない推進派の人たちと連携して街について議論するための重要な実践として捉えられていた。しかし、運動側は推進側の不誠実な対応に直面することで、次第に推進側を「敵」として認識するようになり、「対話」は計画の正統性や正当性を揺るがすための対抗的な手段として位置づけられるようになる。

二〇〇六年に入ると、運動側は推進側の回答の根拠を問うようになる。二月には、後述する「かわらばん」というミニコミの企画で、街づくり課の副参事と対談することに成功する。その対談で、それまで行政が実施していなかったアンケート調査を下北沢フォーラムが行なったところ、七割の人が「区の計画に納得できていない」と回答したが、その結果をどう捉えるのかという質問に対して、「計画についての地元の合意形成はできているため、フォーラムのアンケートは見ていない」という、これまでと同じ回答しか得られなかった。

運動側は三月に、このような回答しかしない世田谷区に対して、「「下北沢フォーラム」が実施し、街づくり課を通じて区長に提出した下北沢の街づくりに関するアンケート調査と、それに関連する区が作成した資料のすべて」と「下北沢の街づくり（特に補助五四号線、区画街路一〇号線、地区計画）について、地元の住民や商業者の合意形成ができているという区の説明の根拠となっている資料すべて」について情報開示を請求するという手段に踏み切ることになる。

その目的は、一点目は、「実際に街づくり課がアンケート結果を受理しているのか否かを確認すること」であり、二点目は「合意形成の根拠がどのようなものなのかを確認すること」であった[28]。そして、二点目に対しては、「商店会と街づくり懇談会からの要望書が根拠である」という回答を得ることに成功している[29]。そこから、アンケート調査などが根拠なのではなく、多くの住民や商店主に知らされないまま、町内会、商店会幹部によって提出された最近の要望書が「地元の合意」の根拠とされているということが明らかになったのだ。つまり、その主張の正統性の根拠の弱さを明るみに出すことに成功したといえる。

そこで、すぐに（二〇〇六年四月）、世田谷区、東京都に対して、運動側は「懇談会ではどのような話し合いがされたのか、また具体的にどのように地域住民に説明が行なわれたのか、道路は正しい行政手続きで計画されているのか」という点に関する資料の情報開示を請求する。その結果、街づくり懇談会の資料などを入手し、前章で明らかにしたように、懇談会と行政が協働して計画を作ったというよりは、行政が誘導して計画を推進していた状況を明るみに出すことに成功した。

また、当初の予定では世田谷区は平成一七年度内（二〇〇六年三月まで）に、補助五四号線の事業認可申請を行なうはずだったが、運動の盛り上がりもあってか、事業認可申請を延期していた。ここに少なからず運動の成果が見出されていたが、急転直下、二〇〇六年五月に世田谷区は、補助五四号線の事業認可がおりていないにもかかわらず、補助五四号線を前提にした地区計画の手続きを進めるべく、説明会を開催しようとしたのだ。

この動きに対しては、「卑劣な行為」と批判した運動側だけでなく、[30]都市計画に関する事項の調査や審議を行なう立場の都市計画審議会も疑問を呈する事態となった。そこで、運動側はサイトを開設し、そこに人びとの意見を募集し、審議会の議員に閲覧するようにアプローチを行なうという活動にも出ている。

そうこうしているうちに、七月には世田谷区は補助五四号線を突如、事業認可申請することになる。都市計画法では地権者に対する意見提出の機会（一六条）の他に一七条において、広く区民に対する計画の公告・縦覧と意見書提出の機会を設けることを義務づけているが、世田谷区は説明会を省略する方針を区議会の都市整備委員会で明言する。すぐさま「Save the 下北沢」は抗議文を提出し、申請の取り下げと話し合いの場の設置を要求する。その主張の根拠として、「まちづくりに参加する権利と責任」を明記した世田谷区街づくり条例を挙げている。[31]しかし、この主張に対して、世田谷区は、「都市計画道路は都市計画法に基づく手続きによって進めているため、街づくり条例によった規制をうけるものではない」と答え、さらに、「都市計画法に準拠しているので、計画の基礎となったデータの情報を提供する必要もないし、市民代替案を検討する必要もない」という回答もしている。「住民の意見を聞くこと」という都市計画法の要件ともなっている説明会の開催も十分に行なわず、「限定的なメンバーシップの懇談会との協議で問題ない」という論理を世田谷区は提示してきたのだ。

都市計画法という根拠は新しいものであったが、行政が提示する基本的な論理は変わらなかった。その後、地区計画の進め方に関しても、世田谷区は意見書提出の際に計画賛成の意見書を配布し、書き方の指導をして、地権者の合意率が五〇％前後であるにもかかわらず強引に進め、一〇月には一連の計画が事業認可がされることになる。

このような強引な手法に直面して、対抗型の運動の構想も強化され、行政を敵として捉え、以下のような直接的行動も採られるようになる。

②　反対する人びとを空間的に可視化する試み

運動はデモ活動を事業認可がおりるまで、以下のように四回行なっている。

二〇〇五年二月　要望書提出セレモニー
二〇〇六年一月　商業者協議会が区長に面会を求めるデモ・パレード
二〇〇六年三月　計画見直しを求める「まもれシモキタ！」パレード
二〇〇六年一〇月　サウンドパレード「下北 insist」

デモ活動は反対する人びとを空間的に可視化し、世間に訴える運動レパートリーとしては一般的なものである。ただし、「Save the 下北沢」のデモ活動が特徴的だったのは、「一般的なデモ活動とは異なるものにすること」が意図されていた点にある。何故ならば、第一に、逮捕者などが出てしまうと、世田谷区と面会して議論することが難しくなるという考えも影響していたからだ。

第二に、多くの人びとを動員するために、いわゆる対抗的な反対運動ではなくて、「若者の街」「音楽の街」「文化の街」という表象に合った形の実践にした方が効果的だという判断も影響していた。これはまた、著名人にアプローチするという当初の運動の方針や、運動主体に音楽関係者も多いという関係からミュージシャンとのコンタクトが可能であったことも影響している。そこで、対抗的な言動はせずに、ミュージシャンの演奏を混じえて街のなかを行進し、その存在を街の空間のなかで可視化するという形のデモ活動が行なわれた。写真にもあるように、道路の幅を示す黄色い布をもって行進するというような実践もされている（一回のデモ参加人数一〇〇人～一五〇人程度）。

写真３　デモ・パレードの様子[32]

このようなサウンドパレードは、計画に反対している人たちの存在を街のなかで可視化させるというイベント型の実践であると同時に、運動の機運を高めることで区長との面会を実現しようとする対抗型の実践でもあった。そのことが象徴的に現われるのは、この実践の宣伝の仕方の違いである。前者は幅広く外部に向けて発信したもので、後者はメールマガジンに登録している、問題に興味をもっている人に向けて発信したものである。

とにかく、目立ちたい、自分をアピールしたい、売り込みたい、チャンスが欲しい人、何でもいいから面白いことをやりたい人、この日ヒマな人、参加してください。テレビカメラも入りますし、音楽関連マスコミの取材もきますから、ここで目立って注目をあびれば、Road to The Major への第一歩となる可能性大です！　参加資格は「シモキタを愛する心」です。この心さえあれば、動機が多少よこしまでもかまいません。（二〇〇六年一月一五日　mixi コミュニティ）

下北沢の再開発を問題視する人々はこれまでにも、意見を街づくり課などの担当部署に数多く提出してきました。しかしながら、これらの動きによっては再開発計画がどんどん実現化に向かうのを差し止めることはできませんでした。そのようなかで、商業者たちは今回、直接区長に要望を伝えることを決めました。下北沢の再開発問題にとって初めての直接行動です。（二〇〇六年一月一七日　メルマガ）

しかし、この実践に対する評価は現在において賛否相半ばする。その動員力を肯定的に評価する主体がある一方で、その効果について否定的に評価する主体が存在する。

パレード方式でミュージシャンを先頭に立てて、ちゃんどん屋みたいなのがいたけど、僕はこれついていけませんと家に帰った（笑）。運動としてプラスにならないんじゃないかと。何か訴えるなら分かるけどさ。……こんなことやって何の足しになるんだろうということはありましたね[33]。

デモも二、三回やったけど、デモやって何か変わるかというと、そんなに目に見えて状況が変わらないと、どんどん人が減ってくると思うんですよ。減ってくると、次やることにどういう意味があるのか、ということになった[34]。

このような否定的な評価は、対抗的な構想を共有する主体によってもたらされている。多くの人を動員して計画に反対する人びとを空間的に可視化することに成功しても、その外見がさまざまなコスチュームをまとった人びとであり、具体的に行政に対して明確な政治的メッセージを主張するものではない以上、政治的なアピールにはならず、また運動に参加する仲間を増やすことにもならないと捉えられたのだ。

こうした否定的な評価に対して、当時、積極的にサウンドデモを企画・実施していた主体は、次のように再帰的に意味づけている。

Q：サウンドパレードのような手法では人びとにはメッセージが伝わらないという意見がありますが？
A：俺はそれで言うと、両方ある気がするね。人がわざわざ関わってくるのは、楽しそうか、気持ちよさそうか、お金が儲かりそう、というところがあると思う[35]。

Q：普通の人たちは、こういうことが問題だと主張すれば理解できるはずだという意見もあります。つまり、わーわーやっているだけでは、問題を認識しないという考えだと思います。
A：だから別に訴訟の会は訴訟の会で明確な主張をすることが大事。あれ〔訴訟の会の主張〕で、みんなそうかと思うわけだから。それを、もうちょっと可視化すればいいわけだ。両輪なんだ。俺だって別にこんなことやらなくていいんだもん。[36]

このように再びサウンドパレートを実践として評価しているが、その一方で、明確に政治的メッセージを発するような対抗的な実践とは別のものとして位置づけていることが重要である。つまり、初期の段階ではさまざまな構想を共有する主体がサウンドパレードという実践にそれぞれの効果を期待していたが、直接具体的な結果を得ることができず、イベント型の構想を共有する主体の実践として純化していったということだ。しかし、後述するように、イベント型の構想を共有する主体が減っていくことで、サウンドパレードも近年は全く行なわれなくなっていく。

③　情報告知を通した政治的主体化の試み

「Save the 下北沢」は、二〇〇五年八月から、一連の都市計画の問題や近況、街に関するさまざまなトピックを取り上げる情報誌の「かわらばん」を毎月発行するようになっていた。これは、特に商店主の人びとがほとんど状況や情報を把握していなかったことが明らかになったため、そうした人たちに情報を告知する必要があると考えられたからだ[37]。

しかし、「かわらばん」は単に情報を告知するための実践としては捉えられなかった。それは、この問題の当事者として自覚化させ、主体化させるための実践としても位置づけられていた。これは上述したように、推進側の不誠実な対応に直面して、推進側を理性的な対話者としてではなく「敵」として捉えるようになり、この閉塞した状況を打開するためには商業者に「当事者」として主体化してもらう必要が認識されるようになっていたからだ。「かわらばん」の編集を中心的に担っていたK・W氏は、当時を次のように振り返っている。

それまでは、運動だと思ってなかったですね。要するに広報活動。問題を広めることで自動的にこの問題のおかしさがおのずと知れ渡り、おのずと行政の人も問題に気づき、自ら間違いを正してくれると思っていた。……

ただ、初めてまともなパイプでまともな専門家が意見を言って書面を提出してもそれが通じないと分かった時に、これではだめなんだということで、「かわらばん」を発行しようということになった。それで、もっと街のなかで商売を営んでいる人、日々利用している人たちがこの問題に真剣に取り組み、専門家がダメなら住民の声でひっくり返すしかないのかなと、スイッチが入った。PR活動ではなくて運動にしなくてはということで、煽るというかアジるというか。知ってくださいというよりは、立ち上がりましょうという呼びかけになっている[38]。

対抗型の構想を共有する人びとにとってはこの実践は、「仲間を増やす」試みとして、また、「意見を出すことの重要性を分かってもらう」試みとして位置づけている[39]。そこで、「Save the 下北沢」は、積極的に「かわらばん」というメディアを介して、商店主との対話を試みている。「かわらばん」をおよそ二週間おきに発行し、約五百軒近くの商店に毎週二〇人近くの主体が配布し、店主とのコミュニケーションを図っていた。

この実践を可能にしたのは、ネットを介して、若い年齢層を中心に多くの来街者を集め、この実践自体が一つのイベントとなっていたことによるところが大きい。また、この実践がイベント化したのは、複雑な細い路地という物理的形態から、どこにどのようなお店があるのか分からないという「発見的な楽しさ」があったことも影響していると考えられる。

K・W氏は以下のように、その意義を振り返っている。

A：追い返されたりすることもあるし、逆に理解を示してくれるところもあったりして、励まされたり、いろいろなこともあるんですけど。それを報告し合った。それが活動のメインでしたね。

Q：「かわらばん」でアジるようになった結果、変化はあったんですか？

A：街のなかでの存在感が一気に増しましたね。街の世論を作るということになってたんだと思います。それまでは誰がやってるか分からないけど、メディアでやってたね、ぐらいの噂レベルだったのが、実際毎週誰かが配りにくるわけですし、顔が見える関係になって、賛同店という形で、お店ごとに賛成するかどうか、署名を求めていったんですね。(40)

また、上述したように、かわらばんの配布は商業者や来街者にも権利があるということを街のなかで可視化したイベントでもあった。配布を受けた商業者の多くは自分には発言権がない「非当事者」と考えていたが、そのような人たちに対して訴えかけたのだ。その点で、この実践は後述するイベント型の実践であったともいえる。しかし、その後、この肯定的に捉えられていた商店主との対話、さらにいえば、商店主との間で共同性を生み出していく実践は、第二局面、第三局面と時が進むにつれて後景化していくことになる。それは、後述するように、運動に来街者が参加しなくなったことで、人員的に困難になってきたという点が大きく影響している。

iii 連帯型の運動の成果と課題

① 代替案作成

運動が当初から力を入れていた実践に代替案の作成がある。その目的の一つは、これまでも明らかにしてきように、「公共性」を帯びた都市空間として提示される一連の都市計画に対して、別の「公共性」をもつ都市空間を提示することである。つまり、公共的なものとして表象される防災性の高い都市空間、交通利便性の高い都市空間に対する違和感から、街で生活、商売、買い物をしている経験をもとに、より望ましい空間を幅広く議論し、専門家の支援のもと、具体的な計画案として提示することが目指された。そして、もう一つの目的は、開かれた議論、専門家の幅広い意見、代替案の基礎となるデータなどすべてを公開することで、それらの要件を欠く行政の計画の正統性を揺るがすということであった。

まず、補助五四号線という道路が不要な道路であることを示すために、交通量調査分析の専門家でもあった運動主体H・T氏の指導のもと、二〇〇四年一一月から調査が進められた。結果、下北沢の交通量は横ばいかやや低下していることが明らかになった。つまり、そもそも交通需要がない所に道路を通す必要性などないという主張の正当性を確かなものとしたのだ。

また、調査をすることによって、行政が根拠とする調査の不十分さが明らかになっていった。第一に、道路交通量の根拠を一九九九（平成一一）年の七五〇〇台に設定しただけであり、その後の交通量の予測を立てないで計画しているということ、[41]第二に、交通量が地域内でどのように配分されるのかということを見ていないこと（配分の単位が下北沢地域よりも大きな単位でしか設定されておらず、交通量が地域内でどのように配分されるのかを全く調べていないこと）、第三に費用効果分析の結果（効果÷費用が一・七）がどのようなデータに基づいて出されたものなのかを全く明らかにしていないことを指摘し、[42]計画の根拠の不十分さを示している。[43]

そして、「補助五四号線は不要な道路」という前提のもとで、何度も勉強会を開催して、最終的には専門家集団の「下北沢フォーラム」を結成した（二〇〇四年一二月）。下北沢フォーラムと「Save the下北沢」は相互に交流しながら、代替案の作成を行なっていった。これまで明らかにしてきたように、代替案は小田急線の跡地を有効利用し、防災や交通問題の解決を試みている。これは単に行政の計画にすべて反対するというよりは、行政の目的を尊重しつつ、それを実現するためのより良い方法の提示でもあった。

調査や代替案の作成という実践は初期の運動の重要な成果であり、実際多くの運動主体が一定の評価をしている。計画の正統性と正当性は自明なものではなく、より望ましい方向性があり得ることを共同的に確認し、各々の意見を出し合って案を作っていくという実践の価値を広げた点で意味のあるものであった。[44]

その一方で、現在の時点から振り返って、課題を指摘する主体も少なくない。具体的には、代替案作成の見せ方や、[45]その効果、[46]意義それ自体について課題が述べられている。[47]これは対抗型の構想を共有していた主体からの連帯型の構想への批判、もしくは権力志向の主体からの価値志向の主体への批判として捉えることができる。そして、対抗型の構想を共有する主体は、行政に対する影響があまり生み出されなかったという意味づけから、その後は代替案作成という実践にあまり活路を見出さなくなり、連帯型の構想を共有していた主体は代替案作成をより実現性の高いものにするために対抗色をなくして、その後は跡地利用の作成に行政と連携をとりながら関わっていくことになる。このように実践の結果を介して、構想に対する評価も変わり、未分化だった構想が純化し分化していくことになる。

② 開かれた討議空間の提供

「Save the 下北沢」や下北沢フォーラムは何回にもわたって、専門家を呼んだ勉強会を開催している。それは代替案作成や運動主体各々の論理構築、その後の運動にとっても重要な機会となっている。重要なことは、こうした機会を中立的、オープンなものとして、計画推進反対の立場に関係なく、議論する討議空間を構築しようとしていた点にある。基本的に、運動主体は「Save the 下北沢」と「下北沢フォーラム」では重なる部分が多かった。当初は「看板の立て替え」で、専門家で構成される中立的な立場の下北沢フォーラムが表に出ることで、多くの関係者の参加を促し、議論することが目指されていた。これはまさに連帯型の構想を象徴する実践でもあり、近年においても、連帯型の構想を共有する主体によって、こうした実践は積み重ねられている。

ただ、第一局面におけるこの実践は、さまざまな関係者が集まって議論するような「ラウンドテーブル」としては機能しなかった[48]。なぜなら、推進側の人びとがほとんど参加しなかったからだ。対抗型の構想を共有する主体は、このようなオープンな形での勉強会を開催するということの意義は認めつつも、この勉強会であまり成果を得られなかったこともあり、実践の優先順位としては高くなく、結果として近年は開催されていない。

iv イベント型の運動の成果と課題

① 空間を可視化する諸実践

下北沢の運動や「Save the 下北沢」がマスコミなどに注目を集めた大きな要因の一つが、事業認可がおりるまでのさまざまな文化的イベントであった。そのなかの一つのカテゴリーとして、街の空間をさまざまなツールで可視化し、街の今後のあり方に再考を促すというイベントを挙げることができる。

「なくなる場所の写真を撮るイベント」「撮り尽くせ」「シモキタ映像祭」「風の人シアター」など、参加者が写真や映像で撮った街の風景を公開するというイベントが行なわれた。これは、複雑な細い路地で構成される街の空間のどの部分に補助五四号や区画街路一〇号が通るのか、多くの人が理解していなかったことを省みて行なわれた企画でもあった。また、さまざまな生活者、来街者の思い入れが歴史的に蓄積されてきた風景を写真や映像というメディアを通して共有化することで、改めて街の価値、そして都市計画の問題について再考する機会を提供するという企画でもあった。

実際に都市空間のなかを移動するイベントとしては、「まち歩き」という月に二、三回のペースで開かれたイベントを挙げることができる。これまで街が維持してきた景観や商店の紹介などを行なうなど、街の「履歴」を伝える活動を行なっている。そうした活動をすることで、これまで維持してきた都市空間の生産・管理を行政や資本に奪われてしまっていいのかという問題提起を行なっていたと捉えることができる。

写真４　キャンドルライト・イベントの様子
（@世田谷教会）[49]

都市空間のなかでの大規模なイベントとしては、キャンドルライトのイベントを挙げることができる。このイベントは、事業認可申請がされた後の二〇〇六年九月に、道路予定地の世田谷教会で行なわれた。教会に集まった参加者に光が灯されたキャンドルを渡され、参加者はそれをもって夜の街中を歩き、幻想的な空間を九〇分の間、作り出すというイベントであった。[50] キャンドルをもった人びとが街中を自由に歩き回るため、警察が取り締まることができないデモとしての狙いもあった。

また、参加者がキャンドルの風景を写真におさめ、その画像とそれぞれの想いと位置情報をメールで投稿することで、グーグルマップ上に大量の画像とコメントが掲載されるという、キャンドルマッピングを行なっていた。このような形でメディアイベント化することで、外部の注目を惹きつける機能も併せもっていたのだ。

当日の参加者は五五〇人であり、このイベントを機に「Save the 下北沢」に参加するようになった運動主体もいるほどの影響力のあるイベントだった[51]。その狙いについて当時の共同代表のK・K氏は次のように述べている。

> 今回のイベントの特徴は豪華な出演者によるパフォーマンスはもちろんなのだけれど、本当の意味はイベントが終わったあとにあると考えています。それぞれの「シモキタへの想い」をもった参加者が街に広がっていくというイベントなのであります。しかもあくまで自主的に、それぞれの意思でもって。その想いがシモキタを明るく灯し、日本全国に広がっていくという、なんともロマンティックなコンセプトなのです[52]。

このイベントを運営していたY・Y氏も当時、次のように、その感動を表現している。

> 私の生まれ育った下北沢を、こんなにたくさんの人が愛してくれているなんて。どんな人も心にあふれる愛をもっていることを土曜日に知りました。下北沢は今いろいろ大変だけど、その愛の心を信じていけばきっとうまくいくと私は信じています[53]。

キャンドルライト・イベントは、下北沢という街の空間の価値をキャンドルというツールを介して可視化した実践として捉えることができる。それは、イベントの準備を通して、また、キャンドルマッピングというメディアを通して、空間の価値を共有していることを遂行的に確認／発見する実践でもあった。あるいは、そのような形で、「何かしらの意見を持つ主体」として「来街者」を空間に可視化するイベントであったとして捉えることもできるだろう。これまでも見てきたように、来街者は「意見を持つ主体」として扱われてこなかったが、意見を持つ主体として、参加者、他の来街者、推進派の人びとに可視化する実践であった。さらには、そこから何かが創発的に生み出されることが期待されていたともいえるだろう。
今の時点からこの実践を振り返って、K・K氏はその意義と同時に課題について、次のように認識している。

Q：キャンドルライトが終わった時に「イベントが終わった後が大事」、とおっしゃっていました。つまり、それぞれがその後どうその思いを社会、街に還元していくかということが大事だということですよね？
K・K：大事大事。何か心に火を付けたかったんだよね、みんなの。そういうことなんだよ、あれは。……いやぁ良いイベントだったと思うな、あれは。綺麗だったしな。綺麗というのは良いことだよな。
Q：キャンドルライトは面白いイベントだったと思うのですが、具体的な成果が目に見える形ではなかったとも思いますが。
K・K：そうなんだよ。一過性だから。イベントは楽しかったから一つの成果なんだけど、それはジワジワこないんだよね。何かを得たかったんだね、あの時。それだからちょっと凹んだんだよね。(54)

つまり、街の価値をさまざまな形で可視化し、人びとに再考を促し、そこから何かが創発的に生み出されることを期待するのがイベント型の構想の基本的なコンセプトであるが、その最大の課題として「本当に考えてもらえたのか」という成果が見えないというジレンマがあるのだ。この課題は以下に述べる実践にも共通する課題であり、最後に検討を加えたい。

②　人びとの身体的感覚に影響を与える諸実践

（キャンドルライト・イベントもこのカテゴリーに含めることができるが）もう一つのカテゴリーとして、人びとの身体的感覚に影響を与えようとするイベントや企画を挙げることができる。音楽イベント（「「Save the 下北沢 NIGHT」……）が運動の出発点となったバーで開催され、一連の問題に関心をもつミュージシャンたちによる音楽のメッセージが伝達されるだけでなく、下北沢という街の魅力が伝えられた。その後「Save the下北沢」の活動の中心を担っていったK・W氏はこの音楽イベントをきっかけに活動に参加するようになっている。

こうした試みが象徴的に現われたのが、The Sound of Shimokitazawa（以下、S・O・S）という企画である。[55]これは、「下北沢を愛するミュージシャン」が「音楽を通して下北沢の街のもつ魅力について考えてみよう！」という趣旨で、レーベルという枠組みを超えて楽曲を作成しアルバムを販売する企画であった。基本的には、運動と連携はしつつも、ミュージシャンたち主導の活動だったので、CDの売上げは運動に還元されないものであった。[56]二〇〇五年から二〇〇七年にかけて一〇枚のアルバムが販売されている。その第一弾アルバムは、全国的にも著名なアーティストである曽我部恵一が二〇〇五年六月に出し、下北沢地域のみで販売、かつ、下北沢地域の三カ所のCDショップで発売イベントを開催している。「Save the下北沢」もそれぞれの会場で署名活動をし、一五〇名程度の署名も集めている。

S・O・S自体は、道路に対して反対でも賛成でもない立場であり、「みんなで下北を考えよう」という中立的なスタンスにあった。これに対して、当時、ミュージシャンの曽我部本人は以下のように少なからず違和感をもっていた。

S・O・Sの運動ってもうちょっとコンセプチュアルなんすよ。みんなあーだこーだいってる街って素敵じゃない？　みたいな。で、みんなで街のことを考えるっていうコンセプトを楽しんでる感じはちょっとするのね。俺はどっちかというと、そうじゃなくて。……俺としては、反対派だから。まぁ反対の運動だと思ってたから。俺は基本としては道路ができて欲しくないっていうのが、まずは最大の目的なんですよ。で、これを出すことによって、道路の問題を知ってもらって、「まじで？」って思うキッズが増えればいいなと思ってる。

……内容的に、みんな、下北沢ってこういう街なのかな～みたいな、ちょっとその下北のメロウさが伝わっていくようなもんにしたいなと思って。下北に遊びにきた子に買って欲しい。[57]

中立的な立場ではなく反対の立場として自らの位置を自覚しつつも、内容は「反対の立場」を明確には表現しない、というこのアンビヴァレントな発言は、音楽という文化作品を通して価値を伝達しようとする政治的な実践の難しさを表わしているのではないだろうか。

そして結果からいえば、この企画を機に運動主体が増えるなどの具体的な成果は見えなかった。この企画に関して現在、K・K氏は次のように意義と課題を指摘している。

社会的に与えた影響は結構大きかったと思うし、具体的に人が音楽、映像、芝居とか、そういう風に直接的にみるもののなかで運動が広がっていくのは面白かったたね。……ただ、一般の人たちに浸透していって、すぐに何かが起きるわけではない……。成果が得られないのは辛い、という話につながってくると思うけど。(58)

これは上述した空間を可視化する諸実践と同じ課題であるといえるだろう。この点については、本章の最後に再び論じたい。

③　雑誌メディアを介した表象の形成

「Save the 下北沢」の一部のメンバーが、「かわらばん」の他に、より政治色の薄い雑誌として『ミスアティコ』という雑誌を二〇〇五年一月に創刊している。価格は無料で、「かわらばん」と同様に、許諾してくれたお店に置いていた。

公式HP(今は存在しない)には、次のような文章が掲載されていた。

下北沢の居心地のよさをみなが知っているならば、道路問題のような問題は起こらないはず！　下北沢という街の魅力についていろいろな言葉で自由に語りビジュアルで表現する雑誌『ミスアティコ』が創刊されました。

その内容は、あまり知られていないお店の紹介や、街の知られざる歴史、有名人と街との関わり、街を歩いている人に対するインタビューなど多岐にわたり、運動主体が発行している雑誌とは思えない内容になっている。もちろん運動と全く関係ないわけではなく、下北沢について考える人を増やす、下北沢についての新たな表象を生み出そうとする戦略だったと捉えることができる。

Q：『ミスアティコ』は運動の一環にも位置づけられるのではないでしょうか。下北沢という街の新しい表象を自ら作り出していくという試みにも見えるのですが。

A：そうですね。本当にそういうことは思ってました。裾野を広げるということをすごい意識してやってました。……運動の話、問題の話だけをやっていても、人として仲良くなれない。仲良くならないと始まらないということもあった。その一環ですね、『ミスアティコ』も。(59)

つまり、不特定多数の人びとに雑誌メディアを通して、新たな表象を伝え、その保護を訴えかけることで、事態が良い方向に向かうことを期待していた。当時編集に関わっていた運動主体も次のように述べている。

「単に〝下北が好き〟ってだけで打ち解けられる連中の集まり」を紙媒体にしたようなものになればいいなと思ってます。……創刊号をつくってみて、だいぶ下北沢に友だちもできて、いくらか手ごたえをつかんできた感があります。まだまだこれからですけどね。のんびりできないとはいえ、長期戦の構えでいきたいと思います。そこでやっぱり、〝下北沢再開発に対して何ができるのか〟ということは切実な問題として捉えたいと思ってま

す。より正確にいえば、〝下北沢再開発という状況において何をするのか〟ということです。身体感覚を研ぎ済ませたい。(60)

しかし、編集長を務めていたK・W氏が就職し、東京を離れたことで、その後、『ミスアティコ』は廃刊状態になっている。これは、「Save the 下北沢」という組織がネットワーク型組織でさまざまな構想をもつ人びとが集まり自由にアメーバのようにさまざまな実践を展開することが可能であった反面、コアの人材が抜けると実践が持続しないという、組織の脆弱性の課題が表面化した事例の一つでもあるといえるだろう。

v　対抗型・イベント型の構想とその変化——第一局面の総括

以上、明らかにしてきたように、運動が結成され事業認可がおりるまで、「Save the 下北沢」、商業者協議会、下北沢フォーラムと三つの団体が結成されるとともに、対抗型、連帯型、イベント型という三つの政治空間の構想が生まれ、共存していた。ある主体が、時に対抗型の構想の下で展開される実践に参画し、時にイベント型の構想の下で展開される実践に参画する、ということがコンフリクトなく行なわれており、三つの構想がバランスよく節合していた可能性がある。これは個人が複数の志向性をもっている場合が多かったからだと考えられる。

具体的にいえば、行政の手続きの不備を指摘し、その正統性に異議を示し、都市への権利を獲得しようとする対抗型の構想と、仲間を増やして、みんなで議論して代替案を作成するという連帯型の構想と、イベントなどを通して多くの人びとに街の価値を理解してもらい、状況を創発的に変革していくというイベント型の構想が、矛盾することなく、またそのズレが自覚化されることなく、展開していたと考えられる。

しかし、状況が刻々と変化するなかで、実践の効果に関して、また、実践の背景となった構想に対して、運動主体は評価していくことになる。(61)特に、第一局面において、対抗型の構想とイベント型の構想は評価され、変化を余儀なくされた。

まず、第一局面において対抗型の運動は先鋭化し、対抗型の構想を共有する運動主体は他の構想から分離していくことになる。対抗型の運動が先鋭化し始めたのは、その実践の過程で、計画を推進する世田谷区の後ろに、東京都、国がいることが明らかになったことが大きく影響している。単に、世田谷区を相手に話し合いをするだけでは計画は止めることはできず、権力そのものに影響を及ぼしていく実践の重要性が認識されるようになった。これは、前章で見た、この運動に小田急高架訴訟を戦った運動主体が含まれていたことも影響していると考えられる。

K・Yさんはいろいろなことを経験しているから、いくら合理的な話をしても行政は分かってくれないから裁判で争うしかないと最初から思っていた。K・Kさんとかわれわれみたいに甘い考えの人たちは、言っていけば通じるのではないかと思ってた節がある。認可までの間に止められると思っていた。少なくとも僕はそういうことを目的にしていた。K・Yさんはたぶん認可まではいくと思っていたと思う。……事業認可されてショックだった。それで、裁判をするしかないねという雰囲気になっていきましたよね。(62)

当初から、「国を相手に裁判しかない」といったような対抗的な構想も主張されていたが、それは潜在していた。しかし、住民や商業者の要請や主張をほとんど無視して強権的に事態を進めようとする行政、町内会・商店会が築き上げる権力構造に直面するにつれて、推進側を「敵」と見なし、運動側が一定の権力を握ることでこれまでの決定を覆す、という構想が次第に強化されていった。

そして、道路というハードは敵の構想の産物であり、街を破壊するものとして断固拒否という強硬な志向性が生み出されていくことになる。また、推進側の「誰にでも住みやすい街」という空間の表象に対抗して、代替案などを通して、より多様な人びととの共生を可能にする対抗的な空間の表象を提示する。

そして、この対抗的な構想のなかでは「敵／味方」の外に無関心層が想定されている。こうした人びとをどのように政治的に主体化させるのか、換言すれば、いかに仲間にするのかという点も重要な構想の要素となっている。(63)ただし、政治的な効果が重要になるので、政治的に主体化した個々人の個性の発揮はそれほど重要視されず、集団としての力が重要視される。

　また、敵の計画の正当性／正統性を揺るがすことによって、制度内外で調停を行ない、計画をストップさせ、一度計画をゼロに戻し、そこから街の当事者（来街者も含まれる）が討議する場である「ラウンドテーブル」を設置して計画を考え直すという解決策が構想されている。つまり、最終的には境界線そのものを消失させ、街の関係者との協議の上で、多様な人びととの共生が可能な社会を形成する構想となっている。そのためには、まず都市計画をゼロに戻すことが優先事項となるために、計画を前提とした活動は行なわれない。連帯型の構想を共有する主体が第二局面以降、推進側との社会関係を形成するために都市計画を前提とするのに対して、対抗型の構想は都市計画を前提としないため、推進側との社会関係を形成するという運動の志向性は後景化している。逆にいえば、対抗型の構想をもつ運動主体の関係性は密となり、推進側の人びとから分離していく。

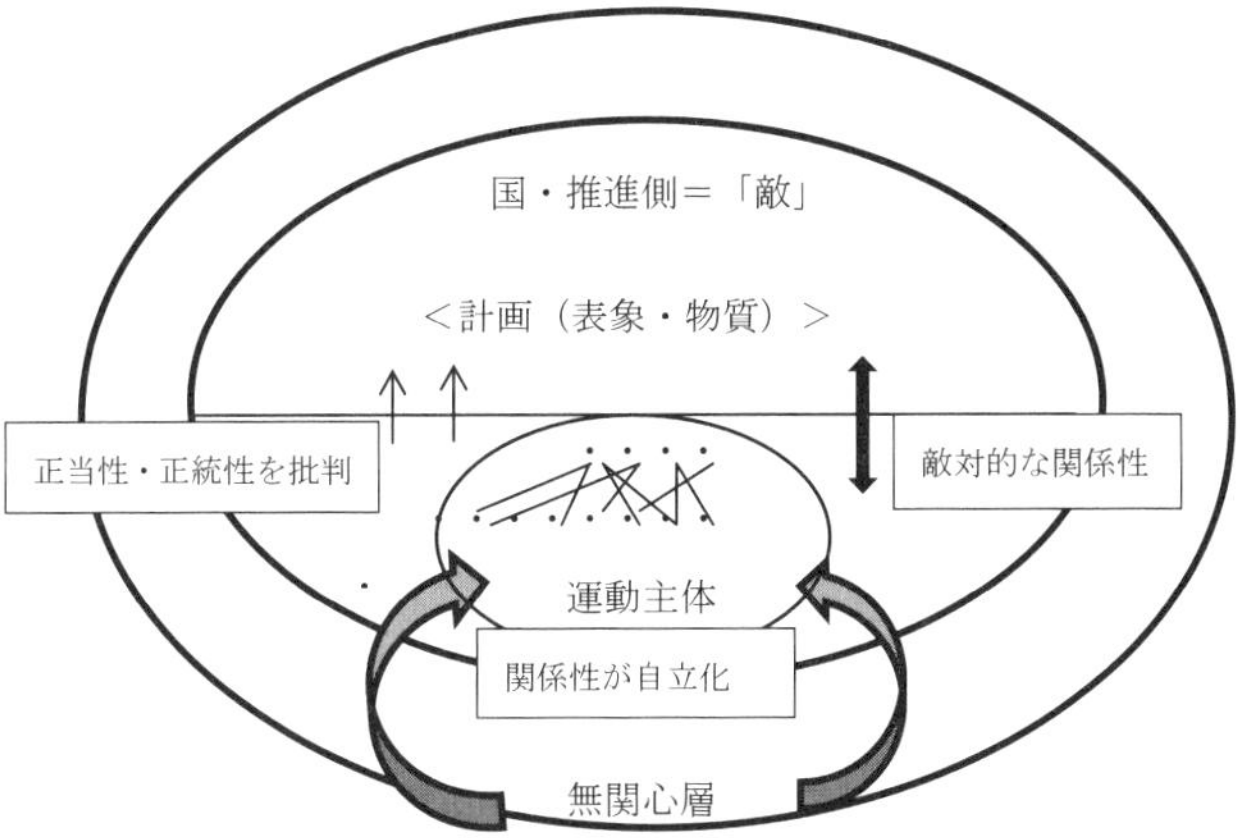

図16　対抗型の政治的構想の理念図（「・」は主体、「—」は関係性を意味している）

　そうして、第二局面の初めに行なわれたのが、「裁判」と「選挙」であった。認可がおりる前の二〇〇六年九月には、事業認可差し止めを求めて「まもれ！シモキタ訴訟の会」が結成され、地裁に提訴されている[64]。また、二〇〇七年四月の都知事選、区長選に向けて、活動が実施された。

　現在から振り返ると、この「裁判」と「選挙」がその後の運動の展開の「分岐点」であったし、その捉え方に関してほとんど全ての運動主体も同意している。それはつまり、全ての運動主体がこの対抗型の運動についていったわけではなかったからだ。第一に、裁判を忌避する人が一定数いた。事業認可がおりてしまった以上、決定は覆らないという判断からだった。行政訴訟の敗訴率の高さもその認識に大きく影響していたと考えられる。第二に、政治活動を忌避する人が一定数いた。「Save the 下北沢」は当初から「脱政治色」を掲げ、道路計画に反対するさまざまな人びとを集めていたこともあり、この活動に参加しない人も存在した。第三に、都知事選、区長選で擁立した候補が敗北することになり、そこでの挫折感、疲労感から多くの運動主体が離れていった。勝ち負けが明確に分かる局面が対抗型の実践においては非常に多く、そこでの挫折感、疲労感が実践の継続性を難しくするという点が大きな課題として存在していた。つまり、行政との交渉の過程で、既存の権力に打撃を与えるべきだと強固に考える権力志向の人びとが対抗型の構想と運動に集結する一方で、必ずしも権力志向ではなかった人びとは対抗型の構想と運動から離れた。また、権力志向の人びとも「敵」の強大さに挫折し離脱していった。そして、次節で論じるが、「敵」ではなく共にまちづくりを担う主体として捉えることに意味を見出す主体は、一連の都市計画を前提とした「官民協働」のまちづくりという連帯型の構想と運動に集結するようになったのだ。

こうして、第一局面が終わる段階で、イベント型の運動は縮小を始め、次第に、先鋭化する対抗的な運動と分離していくようになる。

イベント型の構想は、対抗型の構想と同様に、既存の秩序と望ましい秩序との間に境界線が引かれるが、既存の秩序を転覆し、最終的にその境界線をなくすことを構想しているわけではない。既存の秩序における都市空間のあり方、表象のされ方、都市空間の権利者の自明性を攪乱することで、むしろ不断に既存の秩序の外側から変革を与えることを構想するものだ。その攪乱の仕方としては、直接的なコミュニケーション・音楽・映像・雑誌・文化イベントなど、さまざまである。ただ、共通しているのは、何らかの感覚的基盤を共有していることを前提にしており、その基盤に訴えることで、創発的に変化が生み出され、既存の秩序が望ましい方向にいくのを期待していることである(65)。

その際、働きかけを受けた人びととの間に何らかの連帯的な関係や、構想を共有することを最優先事項とはしていない。匿名的、偶発的な関係性のもとで各自の創発的な活動から何かが生み出されることを期待している。その意味では楽観的だが、効果が持続的であるという保証もない。都市計画を受け容れる人々が出てくる可能性もゼロではない。このイベント型の構想は、当初は対抗型の構想と混然一体となっていた。何故ならば、イベント型の構想における創発的な変化と対抗型の構想における無関心層の政治的主体化という側面が結び付くことが想定されていたからだ。

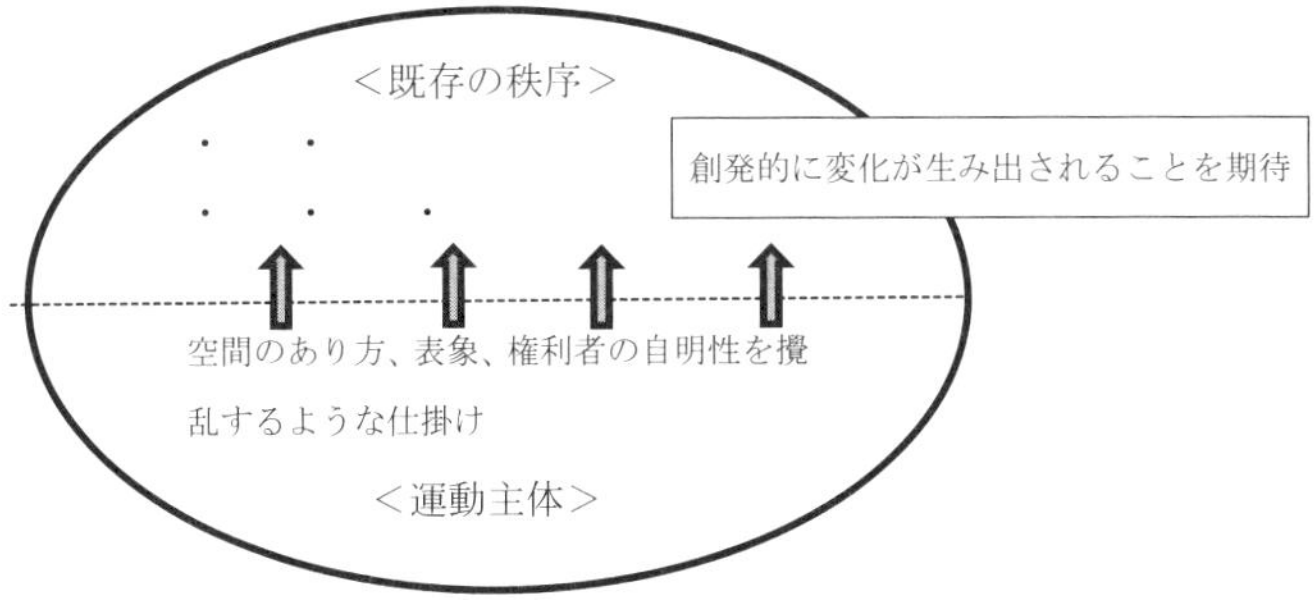

＜既存の秩序＞
創発的に変化が生み出されることを期待
空間のあり方、表象、権利者の自明性を攪乱するような仕掛け
＜運動主体＞

図17　イベント型の政治的構想の理念図

しかし、状況の変化や実践の成果を経て、その結びつきが必ずしも自明なことではないことが分かってくると、次のようにイベント型の構想自体が対抗型の構想を共有する主体からは否定的に捉えられ始めていく。

　最初は、個別道路の問題だけだと思っていたんだけど、要するに何が何でも土地の値段を上げるようなやり方を総動員でやってるんだと思った時に、これは裁判抜きではありえないと思った。その頃からK・Yさんと裁判をやろうと言い出していた。だけど、二〇〇四年の一一月以降というのは、「Save」が名前を知られる感じになって、敵がデカすぎると思っていたのに、人がどんどんくるから、お前らマジかと思っていた。要するに、ここまで大きい敵を相手にしているのに、分かっているのかなと。ブームでがんがん乗ってくる人がいた。流行の種をまいたのは俺らなんだけどね[66]。

実際、「Save the 下北沢」の活動を担っていた運動主体の多くは、イベント型の実践をきっかけにして運動に参加している。さまざまなイベントや企画を通して多くの人が運動に参加するようになり、メディアも注目し、それなりの効果が生み出されているようにも見えた。しかし、上記の発言からも分かるように、結果としては、若い来街者を中心に、参加志向だけの運動主体が増えるようになっていた。当時、「さまざまなイベントに参画していた運動主体の多くは、あくまでも参加することに楽しさを見出していただけで、問題意識をあまりもっていたわけではなかったのではないか」という、次のようなラディカルな（自己）批判もある。

変な話、イベントをやっていたころは、イベントが楽しければいいというような雰囲気があった。イベントが成功すればいいみたいな。それはもちろん、人が大勢来て、イベントが成功すればいいわけだけど、それが目的ではないわけで。イベントによって、いろいろな人に知ってもらうとか、問題意識をもってもらうということが重要なはずなんだけど。実際には、問題意識をもたないわけで。僕ももっていたかというと、もってなかったかもしれないし、楽しいから行ってた面も強いかもしれない。I・Kさんみたいな人は、楽しい楽しくないに関係なく使命感があるから、あれだけ頑張れるじゃないですか。若い人たちでそういう意識をもつ人がいなかったのかなと。残る人が少なかったのは、下北沢という問題に対して飽きちゃったというか。(67)

これは先に何度も指摘したが、その後の成果がよく分からないというイベント型の構想の最大の課題が影響している。都市空間のあり方などについての自明性を揺るがし、人びとに再考を促しても、本当に人びとがそこから問題意識をもったのかどうかは分からない。人びとの創発性に期待しているので、実践の後のプランをもっていないのだ。この点について、ある運動主体は次のように回答している。

Q：「Save」は、これを機に街について考えてもらうということをやっていた気がします。ただ、そういう活動の難しい点だと思うのは、実際に考えてもらえたのかどうかが分からないということです。その点についてどうお考えだったのでしょうか。

A：そうなんです、そうなんです。あの当時、誰と話しても、「何が大事なんですか？」と誰に聞いても、「この問題を広めることが大事です」ということしか言わなかったね。「広めてどうするの?」と聞いても、「まず広めて、考えてもらうことが大事です」ということしかなかったわけよ。結局そういうことだった。僕が気になったのは「広めてその後どうするのか」というところで。団体というのは目的のためにあって、目的が達成されれば、もしくは不達成が確定した時点で通常はなくなるんだよね。「Save」の場合は、目標が広めて考えてもらうことだと、目標が達成されるのか達成されないのか、永遠に分からないということになるわけですね(笑)。だからそれは日々難しいわけですよね。

Q:言い方は悪いですけど、一部には、ただイベントを楽しんでいるだけのような人もいた印象があるのですが。

A:まさにその通りだと思いますよ。だから僕は見てて、イベントは大いに結構で、どんどん広めてもらえればいいけども、それと違う部分がないとたぶんそれで終わってしまうだろうなというのがあったんですね[68]。

仲間を増やすために集団として問題を共有しようとする対抗型の構想とは異なり、イベント型の構想の場合、そのような志向性は弱かったため、問題意識を共有しようとする対抗型の構想とは異なり、イベント型の構想の場合、そのような志向性は弱かったため、問題意識の学習の機会が十分に確保されていなかった。何が「政治」であり、何が「運動」なのかという対抗型の構想について、地下化運動の頃からの運動主体から学習する機会が多かった対抗型の運動とは異なり、あまり政治に関心のない参加志向の人びとをイベント運営に動員するために、「イベント部隊と政治部隊を切り離す」という方針を当時の「Save the 下北沢」はもっており、イベントだけに参加する人も多かったのだ[69]。

そして、上述したように、事業認可が下りるという挫折を経験した運動主体の多くは、より先鋭化した対抗型の実践を行なうようになり、その政治的効果が見えにくいイベント型の構想や運動からは分離するようになった。結果、イベント型の実践はそれまでに比べて行なわれなくなっていった。

こうした状況の変化にともない、参加志向の人びとは運動から離れるか、対抗型の運動に参加しても挫折することで、結果として多くの人が運動から離れるようになっていった。その状況について、K・S氏は次のように述べている。

A：裁判的な運動ってかっこよくないから。今までのポップな運動というものから完全にずれている。ある人が言ってたのは、I・Kさん的な運動、というのは面白くない、つまらないと。そう言って、離れてしまった。

Q：面白くないというのは、弁護士に任せてしまって、自分たちで能動的に何かをやるという余地がないからですか？

A：それもあるし、結局裁判官が判断することになるから。認可決定が出るまでは、運動の意味が分かりやすかったと思うんですよ。認可決定を断念させるという意味で。ただし、おりちゃった以上は、それを覆すのは行政の内部ではありえないでしょうし、裁判でしかなくなってしまった。(70)

この話は、「参加志向の人びとからすると、対抗型の運動にはやりがいを見出すことができなかったのではないか」という指摘として捉えることができる。

対抗型の実践に参画した人も、その後、燃え尽きてしまう人が多かったようだ。この点について、共同代表のS・K氏は次のように、その見解を述べている。

Q：「Save」の活動はどうして勢いを失っていったのでしょうか？

A：「Save」の運動は若い連中がワイワイガヤやるような運動で、だから、今もそうなんだけど、政治嫌いな人が多いわけよ。選挙いかないとか。そのなかにおいて、選挙を戦ったわけだ、二回も。都知事選挙と区長選。それで両方とも負けたらみんなボロボロですよ。そのあたりで「Save」がダメになった。(71)

政治嫌いであるにもかかわらず選挙活動に参加した主体の多くは、対抗型の構想をその後、肯定的に評価することができず、運動から離れていった。こうした分離について、S・K氏は次のように述べている。

Q：運動から離れていった人たちは燃え尽きてしまったと思うのですが。
A：夢幻ではないんだけど、幻想を抱いているんだよ。運動ですべて何かが変わっていくというね。運動はあくまでも運動であって、最終的に決定するのは政治なんだよ。で、みんな、政治がダメだとか言ってた割には政治に自分たちが携わっていくという気持ちが何もない。どちらかというと、ニヒリズム。自分たちの運動を理解してくれないのはダメだと言っている。そうではなくて、どこかで自分自身が政治にかかわっていくなかで、自分たちが変わっていくということをもっと考えなければいけない(72)。

これは、状況を変革するためには、運動にただ参加するのではなく、政治というものに関わっていくなかで成長していって欲しかった、という要望として捉えられる。

以上のように、来街者などを中心に幅広い人びとに街の価値を自覚化してもらい、創発的に望ましい社会を作り上げていこうとする試みは、第一局面の段階で躓いていた。「若い人の場合、就職などをすることで運動に参加し続けることが難しかった」という意見もあるが、就職した後も運動に参加している人、中高年層で参加しなくなった人もいる。したがって、事業認可がおりたことを契機にイベント型の構想の意味が見いだせなくなり、さらに、その後の対抗型の実践で挫折を経験したことが大きかったと考えられる。

皮肉なことに、その後の裁判闘争では、「文化的権益」という新しい権利を提唱し、来街者の権利を主張していくことになるが、運動に参加する来街者の数それ自体は減っていた。第二局面に入り、二〇〇八年の夏頃になると、イベント型の構想だけを共有していた運動主体の多くは運動から離れていった。結果、イベント型の実践は毎年夏に開かれる「シモキタボイス」というトークと音楽のイベントに集約されていく(後述)。

その一方で、「Save the 下北沢」や商業者協議会の中心的な運動主体は、第二局面に入ると、対抗型と連帯型の運動にそれぞれ分化し、活動を展開していくことになる。次項では、主に各々の実践である裁判闘争とまちづくり活動の意義と課題を見ていくことにしたい。

4　対抗型と連帯型の運動の分岐と対立

運動主体は、当初は計画の正統性と正当性に対する違和感を共有しており、その構想の違いは都市計画審議会で一連の都市計画が事業認可されるまでは表面化しなかった。だが、事業認可がおりると、認可取消しを求めて、地下化運動からの成果を引き継いで行政訴訟に向かう運動主体と、行政を敵とするのではなく互いにwin-winの関係でまちづくりをめざす主体に、大きく分岐することになった。また、それまで積極的に行なわれていた非政治的なイベントは縮小した結果、それを支えていた層（主に来街者）は運動から離れていく傾向があった。すなわち、対抗型の構想を担う対抗型の運動、連帯型の構想を担う連帯型の運動、イベント型の構想を担うイベント型の運動、という形で構想ごとに運動が分化していった[73]。対抗型の構想を共有していた主体は、行政の強権的なやり方に直面し、裁判闘争という実践に全力を注いでいくことになる。

その一方で、裁判という実践から離れ、別の実践にシフトしていく運動主体も存在した。「裁判ではまちづくりはできない。街を良くするためには行政と連携していかなければならない」という構想の下、「下北沢フォーラム」に参加していた専門家と「Save the 下北沢」の運動主体が中心となって、行政と協働して小田急線の跡地の有効利用への提言に活動を行なう「小田急跡地を考える会」（通称「あとちの会」）が発足している[74]。

ただし、当初は、「訴訟の会」と「あとちの会」は対立するのではなく、「役割分担」という形でスタートしている。また、必ずしもすべての運動主体が裁判闘争か跡地利用の協議のどちらかの実践にすぐに分化したわけではない。特にそれまでさまざまな実践を展開してきた中心的な団体であった「Save the 下北沢」の共同代表のK・K氏は第一局面における運動を「私たちの運動は一般的には「道路の反対運動」として認知されていて、それが将来のライフスタイルを変えるような新しい提案としてみられるようになるためには、まだまだ力不足だったのだと思います」と総括している[75]。それ故に、第二局面においてもキャンドルライトや街歩き、トークイベントなどの実践を展開し、二〇〇七年からは、毎年夏に「シモキタボイス」というトーク&音楽イベントを商業者協議会とともに開催するようになっている。裁判闘争や跡地利用を実践する運動主体も、こうしたイベントの意義自体は否定しないため、運営に参加し、協力している。

しかし、「Save the 下北沢」のメンバーも減り、活動も減っていくなかで、かつてのイベント型の実践は次第に「シモキタボイス」というイベントに集約されていくことになる。

そこで、まず対抗型の実践であった裁判闘争の意義と課題を明らかにしておこう。

i　裁判闘争という運動の意義

裁判と運動の連携

二〇〇六年九月、東京地方裁判所に下北沢都市計画道路事業認可処分差止等請求事件が提訴され、補助五四号線・区画街路一〇号線の事業認可の差し止めと、二〇〇四年三月の連続立体交差事業の認可処分の無効確認が請求された。中心となったのは弁護士でもあったI・N氏であり、氏は「Save the 下北沢」の初期から運動に参加し、地区内で事務所を開設しているため商業者協議会にも参加していた。裁判を始めるにあたり、I・N氏は弁護士主導にならないように、二〇〇六年の春から「Save the 下北沢」の中心的なメンバー六、七人とともに毎週勉強会を始め、運動主体主導で弁論、準備書面を書くという方向性を模索していた[76]。結果として、この試みは挫折するが、弁護士主体で裁判をやるのではなく、運動と連携して進めようとしていたことが分かる。

誰を原告にするのか

そして、裁判闘争の重要な主体である原告を集めるにあたって、二つの立場があったという。一つは原告になるための出資金の額を一口千円から二千円ぐらいに設定して、地権者だけでなく、地区内外の多くの人に原告になってもらうという立場だ。これはそれまでの「Save the 下北沢」の運動が対抗型、イベント型の運動とともに、多くの地区内外の人びとに訴えかけるという志向性をもっており、その延長線上の立場だといえる。それに対して、一口一〇万円から三〇万円ぐらいの出資額にして、少人数ではあるけども覚悟をもった人（主に住民）を原告にするべきだという立場があった。行政訴訟は原告適格の問題もあるため、後者の立場が一般的であったが、それまでの運動との整合性も考慮され、妥協案として、初年度一口三万円、次年度以降一口一万円という形になり、原告になる資格も土地や建物の所有権をもつ住民、商業者に限定せず、来街者であっても原告として参加させる方針を採ったのだ。そうすることで、それまで運動に参加していた多くの来街者も裁判に参加することが可能になった。

原告募集も三回に分けて行なわれた。これは、それまでの運動主体とは別の視点を運動に持ち込むことが運動の展開にとっては重要だという、I・N氏の意図が影響している[77]。結果、第一次原告五三名（二〇〇六年九月）→第二次原告三七名（二〇〇七年四月）→第三次原告一〇名（二〇〇八年二月）と人数は増えていき、原告という形で新しい運動主体が参入してきた。そして当初から運動に参加し、事業予定地に住んでいたH・K氏の夫であるH・M氏を原告団長とする「訴訟の会」が結成された[78]。そうした新しい主体のなかにはその後、訴訟の会の中心的な運営を担っていくI・K氏、S・R氏も含まれる。

この裁判の最大の特徴であり画期的だったのは、来街者を原告にした点である。二〇〇七年二月に行なわれた第二次原告募集の説明会では、次のような説明がされている。

> 後半は訴訟の進め方についての説明をI弁護士が行ない、その後は、質疑応答。今回特にポイントになったのは、どのような人が訴える資格をもつのかという点です。道路対象地の住民はもちろんですが、この計画によって影響を受ける範囲の居住者、商店を営んでいる方々、従業員、さらにこの計画によって文化的被害を被るという方は訴える資格を有するという点は、この訴訟の大きな特性といえるでしょう。私たちの訴えは、〝まちは誰のためにあるのか〟という問いでもあるのです。（K・W氏[79]）。

それまでも「誰に発言権があるのか」というテーマは、一連の運動の隠されたテーマでもあった。前節でも明らかにしたように、運動は「来街者に権利がある」という形で権利の行使はしていたが、その権利を認めてもらうことを明確に要求していたわけではなかった。だが、裁判という行政や企業と論理的な対話が可能になる場ができることで初めて、「来街者にも街に対する発言権がある」ということを明確に主張するようになったのだ。「文化的権益」という主張は、運動主体の「共生」の構想の現われであり、その後の実践にも影響を与える主張でもあった。

暗黙的には、それまでのさまざまなイベントでも来街者の権利は想定されていたが、明確な主張、問題提起を行なうための実践として選ばれたのは裁判闘争という対抗的な実践であった。これは、行政訴訟という公開の議論の場で、来街者の権利を主張し問題提起するということが運動の重要な問題意識であったことが分かる。

町というものがどういう形で意思決定されてきたか、ということなんですけど、土地をもっている人間だけが決定権をもっていていいのか、と。せんじつめると。もちろんわれわれのなかには、道路のど真ん中に土地をもっている人もいるんですよ。ですから、わざわざ原告適格で争わなくても、訴訟としては成立しています。つまり原告適格がないからということで門前払いされるようなタイプの訴訟ではないということです。にもかかわらず、あえて原告適格で議論をするのは、やはり地権者だけが問題の当事者ではないということが未だ根底にあるからなんですね。(80)

事業予定地の地権者がいる以上、原告適格で門前払いにされることは、この裁判ではありえない。だが、敢えて論点にするという方針からも、それだけこの運動が「保護に値する新しい権利」として来街者の権利というものを構想していることが分かる。

表6　原告適格をめぐる論点の推移(81)

	国（東京都）の主張	原告の主張
2006年11月	「一部の原告は訴える権利がない」（国） 「アセスの範囲内でしか原告は認めない」（国） 「原告ごとに失われる法律上の権利を明らかにしろ」（東京都）	
2007年１月		「文化的権利は復元不可能性、景観的・風致的・宗教的・歴史的諸価値を含む重層性を有している。このような文化の特性からすれば、住民だけでなく、在勤者及び同地域に深く関与する人について、広く原告適格が認められるべきである」「文化的利益は、公害対策法の規定、都市計画法の理念からも保護の対象となる」「日光太郎杉の判決から文化的財産を保護すべきということが端的に示されている」
2007年３月	「原告の主張は、結局のところ、下北沢の住民一般が有する地位を主張するものにすぎず、個別具体的なものではないから保護に値しない」（国） 「日光太郎杉の判決は、特別な価値のある文化財の場合のことを述べているにすぎず、文化的利益が個別的ないし具体的な被侵害利益として認められる旨を判示したものではない」（東京都）	
2008年１月		「行政事件訴訟法の改正の趣旨は、法令の規定の文言のみによることなく、保護に値する権利を考えることにあった」「小田急高架訴訟の平成17年最高裁判決は、「都市計画法は個別的利益を保護しない」という従来の判決を覆したことに意義がある」

原告適格をめぐる論点の推移

また、法廷のなかで主張を展開することで、それまで議論の場に出てこなかった行政の論理を導き出すことに成功している。

原告適格をめぐる論点の対立は以下のようになっている。

第七回の口頭弁論まで原告適格の論点は以上のように議論された。国、東京都の主張はその他の行政訴訟一般と同じ回答をしている。つまり、「法律上保護に値する権利」というのは、他の人とは共有されない個別の具体的な権利であり、特別な価値のある文化財以外の文化は保護に値しないという主張であった。この行政の論理は現行の法律の制度内では通る可能性はあるが、運動主体がこの論理を法廷の外で告知し、問題提起をし、制度の外で人びとの判断に委ねるという実践を展開していく。

補助五四号線の正当性と正統性に対する異議

これまで明確にされなかった行政の論理を明らかにし、その正統性／正当性を争うという対抗的な実践は、原告適格という論点以外にも、具体的な都市計画についても行なわれた。これまでも、一連の都市計画の必要性、必要性の根拠となるデータの挙示を求めてきたが、ほとんど明らかにされておらず、裁判の場で初めて、計画推進側の構想の根拠が示されていくことになる。

補助五四号線に関しては事業主体の東京都と、区画街路一〇号線に関しては世田谷区とやりとりが行なわれた。補助五四号線の計画内容に関しては、主に四つの論点をめぐり議論が行なわれている。それは、都市計画の目的として提示されている「都市交通の円滑化、都市防災の強化、魅力的で質の高い都市空間の創出」に対する、運動側の四つの異議申し立てから構成されている。具体的には、以下の四つだ。

一　補助五四号線の建設が具体的にどのように「都市内の交通の円滑化」に結び付くのか。
二　道路交通網とほかの交通機関との連携および結節機能はどのように強化されるのか。
三　延焼遮断帯の効果は都市計画道路の反射的な効果でしかなく、本来の機能ではないから、まずは本来の機能の必要性を主張すべきなのではないか。
四　きめ細やかな街路で構成された歴史ある街に幅二六メートルもの都市計画道路を通すことと「魅力的で質の高い都市空間の創出」は、いかに結び付くのか。

単に都市計画の内容をただ批判するというのではなく、その根拠を問うという形で、論争が展開された。例えば、「何故、道路交通網が出来上がっている所に、新たに道路を整備するのか」という一の論点に関しては、「道路ネットワークを形成することで通過交通を減らすことができるから」という回答を得たので、それに対してさらに具体的に追及し、どのような調査データをもとに通過交通が減ると判断したのか、その過程を問うている。

そして、その質問に対しては、「二〇〇〇年の小田急線の街づくりに関する意見交換会資料を根拠に判断している」という回答を得たので、さらに資料それ自体の問題を指摘し、「下北沢地域を走る幹線道路の鎌倉通りと茶沢通りはいずれも南北方向に走っており、もし両通りに通過交通が生じているとすれば、それはいずれも南北方向に移動する自動車によるものであり、両通りを交差する補助五四号線を整備しても通過交通の総量は何も変わらないのではないか」という形で、判断の正しさを追及している。その後も、東京都の判断の具体的な根拠を問い、それに反論するという形で議論は展開し、最終的に東京都の回答が抽象論で終わるようになると、「東京都の回答は、抽象的主張を引用するばかりで、具体的な比較考量のプロセスや調査資料は未だに示されていない」と再批判し、「具体的な根拠を示さないのは、道路建設が再開発の為に整備されるという他事考慮だからではないか」と主張することで、計画の手続き的な違法性を主張し、その正統性を揺るがしている。

区画街路一〇号線の正当性と正統性に対する異議

区画街路一〇号線の計画内容に関しては、五三〇〇㎡という大規模な面積となった根拠と、交通広場に接続しない区道を区画街路一〇号線に含めることで、容積率の制限を緩和させようとしているのではないかという点が、主な論点となった。補助五四号線の論点とは異なり、この二つの点は裁判という実践を通して初めて浮上した論点であり、この実践の有効性が確認されることにもなる論点だった。

区画街路一〇号線の面積を算出する計算方法に関し原告側がその詳細を求釈明する過程において、東京都はその回答を二転三転させ、根拠となるデータも非合理的なものであることをあらわにした。そして、そのように明確な根拠のあるデータや計算方法で区画街路一〇号線の面積を出していないということは、「既に面積だけが先に決まっていたからであり、地区計画と連動することで駅前周辺の高層化を誘導しようとしているからではないか」という、補助五四号線の場合と同様に「他事考慮」（本来考慮すべきでないものを考慮しているということ）を主張することで、計画の正統性に疑問を呈している。上述したように、地区計画では、区画街路一〇号線に接する敷地は六〇mまでの高層建築物を建設することが可能であり、区画街路一〇号線の面積が大きければ大きいほど、高層建築物を多く建てることが可能になるのだ。

　この問題は、もう一つの論点とも密接に関連する。問題になったのは、区画街路一〇号線の外延部にある区道だった。計画の内容を詳細にみると、区画街路一〇号線というのは、高低差のある駅前の空間に交通ロータリーと歩道を整備するものであったが、何故か既に存在する区道も区画街路一〇号線の外延部として含められていることが分かったのだ。

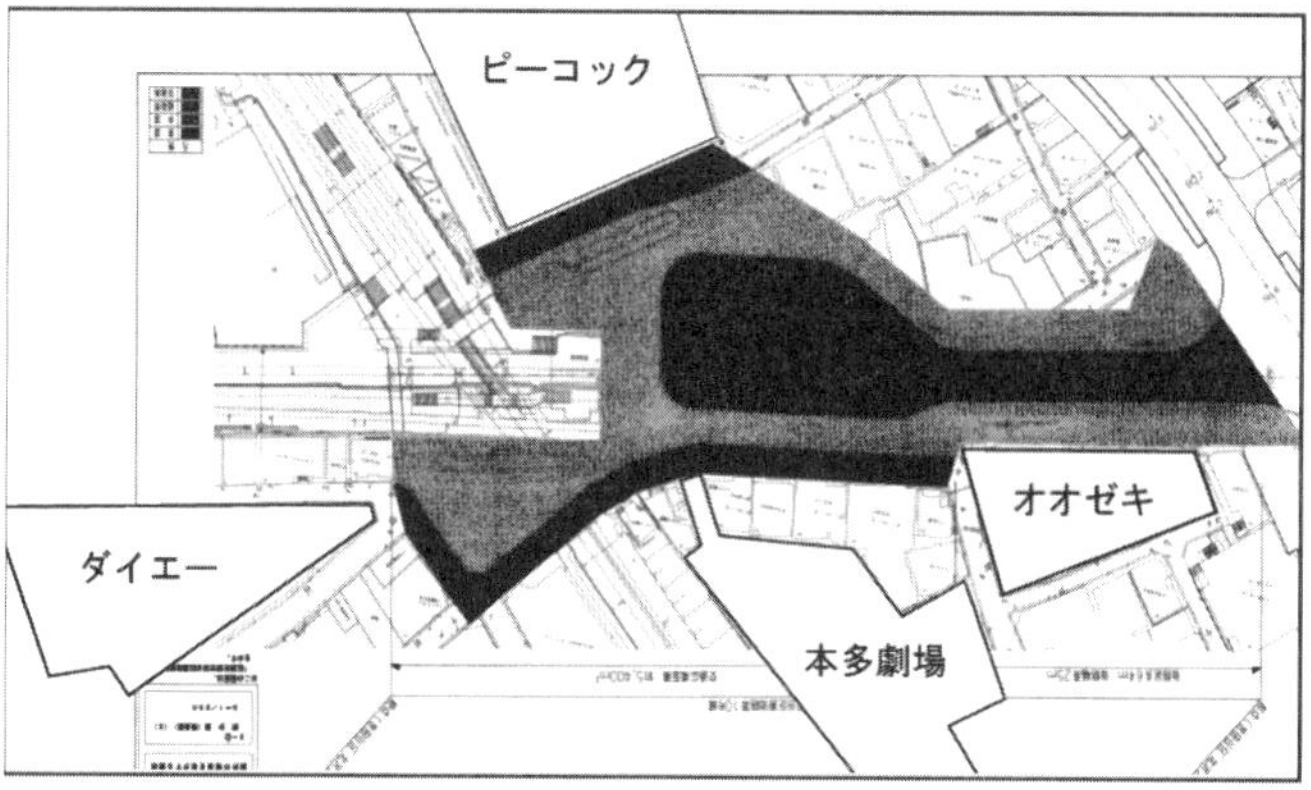

図18　区画街路10号線平面図(82)

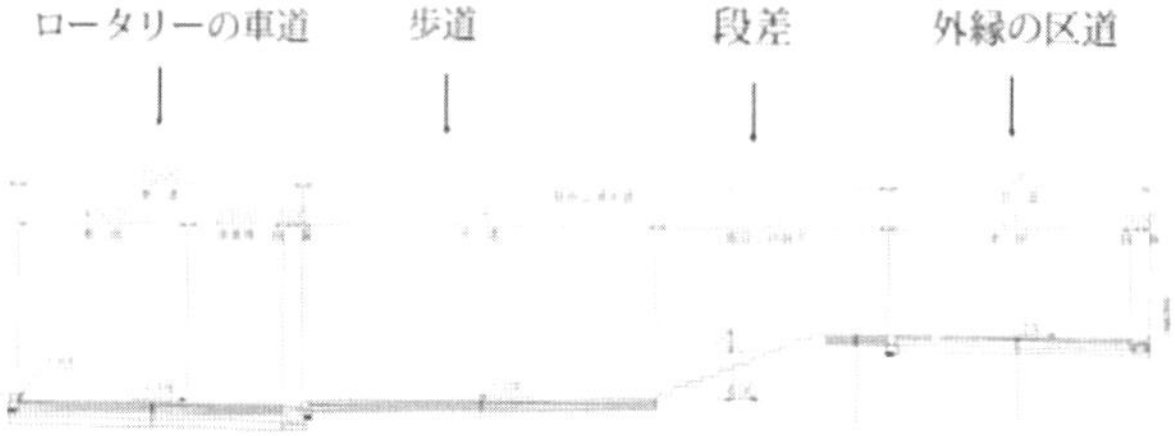

図19　区画街路10号線の横断図(83)

　図18は平面図であり、図19は横断図である。二つの図からも明らかなように、交通ロータリーの車道と、外延部の区道は物理的に接してはいない。接していないのにもかかわらず、二つの道路が「区画街路一〇号線」という一つの道路として計画されているのだ。

　この不思議な計画に対して、原告側は「外延部の区道を区画街路一〇号線に含めないと、現在区道に接している敷地は区画街路一〇号線に接さないことになり、地区計画によって可能になった六〇mまでの高層建築物を建設することができなくなるからだ」と、ここでも他事考慮を主張していく。

　そして、二つの点から、この他事考慮は建築基準法に違反していると主張する。一つは、「自動車の沿道への出入りができない構造の道路」である外延部の区道に沿って高層建築物を建設することは、人の移動と物流の確保に支障をもたらすために、建築基準法に違反しているという点。もう一つは、この点を克服するための戦略でもあった世田谷区の「敷地に接していない道路も含めて、高層建築物の前面道路として考える」というやり方それ自体も建築基準法に違反しているという点だ。

世田谷区もこれに対して、建築基準法の解釈から、計画の正当性を主張しているが、「前面道路は敷地と接する必要はない」とやや強引な解釈に終始している。

一連の計画の正統性に対する異議

次に、都市計画の手続きの問題も裁判では重要な論点となってきている。形骸化された手続きや非民主的な手続きで事業認可されたことに対しては、これまでも運動側は問題提起してきたが、改めて法廷の場で議論が交わされることになる。ただし、形骸化された手続きの問題よりも区職員による誘導など行政側の過失が明らかな問題に関して、多くの追及が行なわれた[84]。

主に以下の手続き上の問題が論点となった。

一　「街づくり懇談会」という組織の法的根拠と世田谷区の関与の仕方
二　区画街路一〇号線の根拠となっているアンケート調査の問題
三　区画街路一〇号線の根拠となっている街づくり懇談会が提出したグランドデザインと実際の区画街路一〇号線のズレ
四　世田谷区職員が「街づくり懇談会」に虚偽の情報を流して、区画街路一〇号線の面積を大規模なものに誘導した問題
五　地区計画原案、地区計画案に対して賛成意見を誘導するような文書を、世田谷区職員が作成し配布した問題

六　地区計画の合意率が約半分であるにもかかわらず強引に手続きを進めた問題

一、四、五、六の論点は裁判前から問題にされていた論点であり、二、三は裁判で専門家の観点からその問題が明らかにされた論点である。

原告側が周到だったのは、一の論点から、世田谷区の関与が街づくり条例に基づいているという回答を得ることで、四、五の論点である、誘導は街づくり条例に違反しているという形で区を追い詰めていったことである。

以上のように、都市計画の内容と手続きに関して、今までは一方的に問題点を主張するだけであったのが、行政の論理や根拠となるデータが少なからず明らかにされ、行政と公開の場で議論すること可能になったということは、裁判という実践の大きな意義として運動主体に理解されていった[85]。

そして重要なことは、以上のように裁判で明らかになった都市計画の内容や手続きの問題点について、「訴訟の会」は「まもれシモキタ！通信」という地域広報誌で告知していったという点である。つまり、法廷外においても、都市計画の正当性と正統性を揺るがし、もう一度都市計画を見直すことが公共的であるというアピールがなされたのだ。そうすることで、多様な人びとが共に生活することができる街が実現すると考えていた。

また、裁判闘争は弁護士委任主義になり、運動主体の「主体性」を見いだせない対象として、既存の住民運動論ではほとんど無視されてきたが、第二局面においては、裁判で明らかになったことを運動が告知し、運動が明らかにしたことを裁判で証拠として提示するという形で連携が取れ、委任とは違う関係性が形成されていった。

ii　跡地利用をめぐる運動の対立

世田谷区の跡地利用方針を認めるか否かの対立

法廷内外で弁護士と運動主体の連携によって、対抗型の構想が強化され、実践が先鋭化していくことで、次第に連帯型の運動との対立が表面化していくことになる。そのことが象徴的に現われたのが、小田急線地下化後の鉄道跡地の有効利用という問題であった。

代替案などを作成した頃から、運動側は「街を横断する道路や大規模な駅前広場を作らなくても、鉄道跡地を有効利用すれば、交通問題、防災性の向上など、地域が抱える問題を解決することができる」ということを再三主張していた。今後のまちづくりを考えるうえでも、街の中心部にできる広大なオープンスペースである跡地の土地利用をどのようなものにするのかというのは重要なトピックであった。

裁判では、最初の段階で、「連続立体交差事業による地表跡地の利用計画が策定未了のまま事業が進められていることが事業を規定する建運協定に違反している」（訴状）という点と、「跡地の一〇%以上を超えて公共利用を図るべき」（準備書面（二））という点が主張された。特に後者の点については、「連続立体交差事業の手引き」の底本となった資料から、「建運協定の趣旨から一〇%を超えて大いに公共利用を図るべき」という記載を発見し、「地表の利用については、さまざまなオルタナティブがあり得るはずである」という主張が行なわれていった。

裁判のなかではその後、「建運協定」の法的拘束力をめぐる法解釈が議論されることになるが、裁判の外では訴訟の会が、跡地利用の公共利用について積極的に情報やその主張を発信していった。主張の要点としては、「連続立体交差事業に公的資金が大量に投入されているのであるから、跡地の大半を小田急電鉄が自由に土地利用するのではなく、広く公共利用に供すべきだ」というものであった(86)。

これまでの連続立体交差事業は、基本的に高架化を念頭に置いていたため、鉄道の地下化によって生み出される広大な跡地については明確な規定はなかった。つまり、グレーゾーンの領域である以上、一〇%以上の公共利用の正当性を対抗的に打ち出すことに意義があると、「訴訟の会」や「Save the 下北沢」、商業者協議会は理解していた。こうして、跡地の公共利用に向けて裁判の内外から、これら対抗型の運動は、制度に「隙間」（似田貝 2006）を開ける試みを展開した。

さらにいえば、「敵」である小田急と世田谷区、東京都が進める跡地利用という実践は一見、官民協働の手続きで進めるようにみえるかもしれないが、最終的には小田急が空間利益を独占するはずだという認識を、対抗型の運動主体が共有していたが故に、彼らは公共利用に向けて強く主張したと考えられる。

一方、世田谷区は、「補助五四号線」「区画街路一〇号線」「地区計画」は事業認可されたものとして、着々と跡地の利用方針の策定を進めていく。二〇〇八年七月に検討委員会を立ち上げ、二〇〇八年八月から一〇月まで「区民アイディア」を募集し、二〇〇九年一〇月に検討の「中間まとめ」を発表し、それについての意見を募集し、二〇一一年二月に上部利用計画を策定するというスケジュールをこなしていった(88)。

訴訟の会は、上述したように、行政訴訟によって、一連の都市計画の事業認可取消しを望んでおり、この世田谷区の跡地利用方針自体を認めていない。勝訴すれば、一連の都市計画を前提にしない形で、より開かれた住民参加のもと、跡地の利用方針を策定すべきだと考えていた。そのため、具体的な跡地利用方針についてはまだ検討しておらず、防災施設・交通施設以外は緑化を念頭に置いていた。

写真５　地下化工事の開始と踏切跡地(87)

その一方で、二〇〇八年一月に、「あとちの会」を発足させた運動主体たちは、跡地の公共利用に向けて行政に働きかける必要があるとして、これまで作成していた代替案とは異なる妥協案を構想することで、この策定過程に積極的に関与していった(89)。そのため、対抗的な実践を行なっていた「訴訟の会」や「Save the 下北沢」、商業者協議会から批判を受けるようになり、次第に一定の距離を置くようになっていた。

「Save the 下北沢」の共同代表だったK・K氏は「あとちの会」の試みを高く評価していたこともあり、その試みが評価されないことに違和感をもち、共同代表の座を降りている。以下のK・K氏の発言には、表面化した連帯型と対抗型の運動の対立が象徴的に顕われている。

どんな街にしようか、みんなで具体的に話し合ってみようよと言ったら怒られちゃってさ。最後に「訴訟の会」の会議に出た時に。……訴訟の会は道路反対、中止せよと言ってるけど、その後街をどうしていこうかということをきちんと話し合ったことないじゃないかと言ったんだ。僕たち自身がどういう街を欲しいのかということをもう少し具体的に話し合ってみようとも言ったのね。そうしたら、「訴訟の会は今そういうことを求めているんじゃないんだ。話し合いにも全然入れてもらえなくて、蚊帳の外にされたことが非常に不愉快だから、話し合いに参加するという権利の獲得のための闘いをしているのであって、街をどうしていこうかというのはその後だと。勝った後の話だ。今、そんなことを言われて、僕たちの和を乱すようなことをしないでほしい」と言われたのね。……跡地についてみんなで話し合ったら、それは戦いが起きるかもしれないし、価値観の差が見えてしまうかもしれないけど、そういうことを話し合うこと自体が一枚岩になれないと思ってしまうのは街づくりを捨てていると思ったのね。それで決裂した。(90)

立場や考えを共有し、集合的な力で公権力に楔を打ち込むことに価値を置く対抗型の運動と、さまざまな立場や考えを各々が表明し、議論していくことそれ自体に価値を置く連帯型の運動との対立が表面化したといえる。

「あとちの会」の実践とその評価

その後、「あとちの会」は、自分たちの活動を「歩くフォーラム」と自己定義し、勉強会などを区の職員らとともに開催することで、住民や行政の意見を幅広く集めていく(91)。また、それまで対立してきた「街づくり懇談会」の幹部らとの話し合いも積極的に行なっていった。こうして、複数のステイクホルダーのニーズを考慮した妥協案を作成し、「区民アイディア」として世田谷区に提出している(二〇〇八年八月)。また、ワークショップを開催し、その他の団体、個人からの代替案の募集を募っている。

「あとちの会」の「妥協案」では、「生活の足」を考慮して、区画街路一〇号線(駅前広場)の整備は認め、バス停などの設置で一定の交通利便性を検討する。その代わり、街中には車が侵入しないような設計の道路にすることで、歩行者主体の街のあり方を維持しようとしている。また、「あとちの会」の代替案では、小田急電鉄が有効利用を検討している区域を「多目的広場」として、商業利用にも防災施設にも使えるような土地利用を提案している。さらに重要なことは、こうした「多目的広場」の管理者の存在の重要性を主張している点にある。行政も、そうした跡地の管理の問題については、「あとちの会」に委託する意向を示していたという。(92)

こうした連帯型の実践について、裁判闘争に参加していた主体はほとんど評価しなかった。なぜなら、跡地利用の内容を決める区の手続きは一見、住民の意見を取り入れているように見えるが、どのように住民の意見が「上部利用計画」に取り入れられるのか未確定であり、結局、「住民の意見を聞いた」というアリバイ作りに利用される可能性がある、と彼らは考えたからだ。(93)

それ故、二〇〇八年七月に立ち上げられた小田急線上部利用区民意見検討委員会が全て小田急関係者や国交省の元審議官などで構成されていることが分かると、批判声明を八月末に「訴訟の会」「Save the 下北沢」「商業者協議会」の三団体共同で出している。(94)

訴訟の会による跡地利用方針に対する批判

また、公共施設計画のアイディアを募集するとしながら、小田急の駅舎や駅ビル、その他の施設計画案などを全く明らかにせずに、駅施設や道路・広場についてのアイディアは除外するという極めて限定した形での意見募集であったことも問題視された。

住民の意見は図20の⇔部分（駅間通路が通る領域）に限られており、駅舎や駅前広場（区画街路一〇号線）、補助五四号線は前提とされていた。特に駅舎がどのような構造になるのかが不明であったため、防災や交通アクセスなどの具体的な解決の仕方を検討しにくいという問題があった。こうした点について、訴訟の会は以下のようにラディカルに批判している。

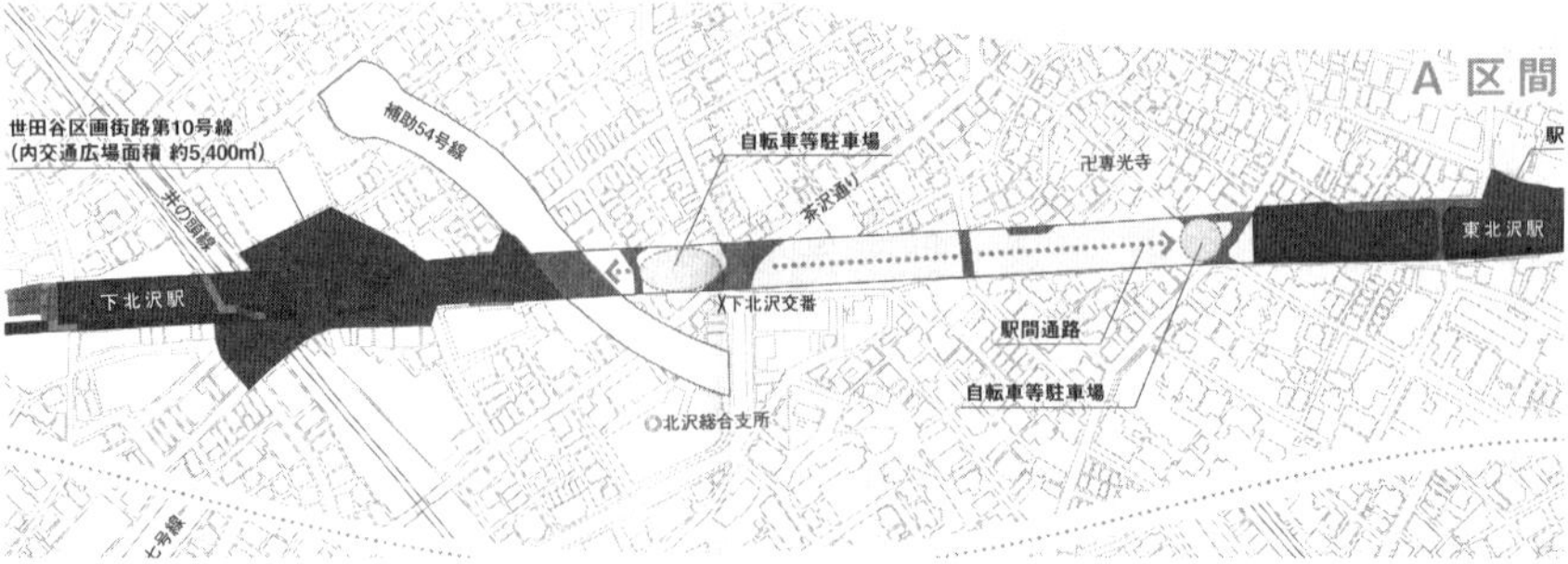

図20　小田急線上部利用区民アイディア募集図[95]

連続立体交差事業に当たっては周辺の道路計画の検討と都市計画やまちづくり、関連施設について事前の総合的検討が国の要綱等で義務づけられているにもかかわらず、その総合的検討から住民はらち外に置かれ、情報は秘匿ないし、断片的な情報を与えられ、部分的な「参加協力」を求められてきました。そのような、まやかしの参加ではなく、総合的な都市計画・まちづくりへの参加をこそ、われわれ市民は求めているということを官側は肝に銘じていただきたい。そもそも、下北沢駅周辺の再開発問題を市民が考慮するに当たって、駅ビルや再開発ビルの構想の有無・規模についての行政側の方針を明らかにせずに、都市計画やまちづくりの検討は不可能です[96]。

その後、二〇〇九年一月には、世田谷区が、住民の特定のアイディアを採用するのではなく、アイディアを参考に委員会がまとめる方針を「小田急線上部利用通信No.2」で示すと、意見募集が結局アリバイ作りに使われることを、訴訟の会を中心とした三団体は危惧するようになる。そこで、三団体は検討委員会の検討プロセスの公開を求めたが、区はそれに対して、「一般傍聴は認めない、さらには議事録も作成しない」と回答している。

そこで、訴訟の会の運動主体たちは、情報公開請求を行ない、世田谷区に寄せられた区民のアイディアをすべて入手し、どのような意見が寄せられたのか、その全容を把握する。結果、補助五四号線についての意見が求められていないにもかかわらず、一二八件のアイディアのうち三九件が五四号線の見直しを求めていたことを明らかにする。もちろん、運動主体たちもアイディアを提出しているため、額面通りにこの数字を受け取ることはできないだろう。ただ世田谷区は、アイディア募集と同時に上部利用を考えるうえで配慮すべき点についてアンケートを取っており、「散歩が楽しめる遊歩道」が全体の六七％を占めていることを明らかにしている。そこから運動側は、「過半数以上の人が望む散歩が楽しめる遊歩道を阻害する補助五四号線、現行の駅前ロータリー計画を何故遂行するのか、という説明責任が発生します。そうした点がおざなりにされるのであれば、今回の意見募集は「住民に意見を聞いた」というアリバイ作りのためのものにすぎないと評価せざるをえません」（「まもれシモキタ！通信」一三号、二〇〇九年五月）と区を牽制している。

明るみになった跡地利用をめぐる協議の形骸化

しかし、世田谷区は二〇〇九年一〇月に「検討の中間まとめ」を発表すると同時に、それまで全く明らかにされていなかった駅舎の整備計画を「駅街ニュース№1」で突然発表することになる。「小田急電鉄から提示を受けました」という形で示された図21のイメージ図は、すべての運動主体だけでなく、商店主やその他多くの住民に驚きをもたらした。

問題視されたのは、図21にあるように、駅舎が完全に跡地をふさいでしまうということであった。防災性を高めることが一連の都市計画の目的であったはずが、緊急車両が通れないような駅舎の構造になっていたのだ。「駅街ニュース」では、二階を通り抜けることで、「連続的な歩行者通路」が確保されるとしているが、緊急避難通路としては不十分なものであった。

世田谷区は「駅舎の設計コンセプトおよび整備イメージをお知らせするとともに、皆様のご意見を伺います」と形式的に駅舎についての意見を募集していたので、すぐさま関連三団体（行政訴訟の会、商業者協議会、「Save the 下北沢」）は、「駅舎一階部分に、歩行者・自転車・緊急車両の通行可能な快適な空間を計画すべき」「駅舎の規模、構造は必要最小限にすべき」という意見書を提出している。

さらに、その手続き的問題についても批判していく。第一に、駅舎の意見募集は白紙の状態で意見を求めるか、比

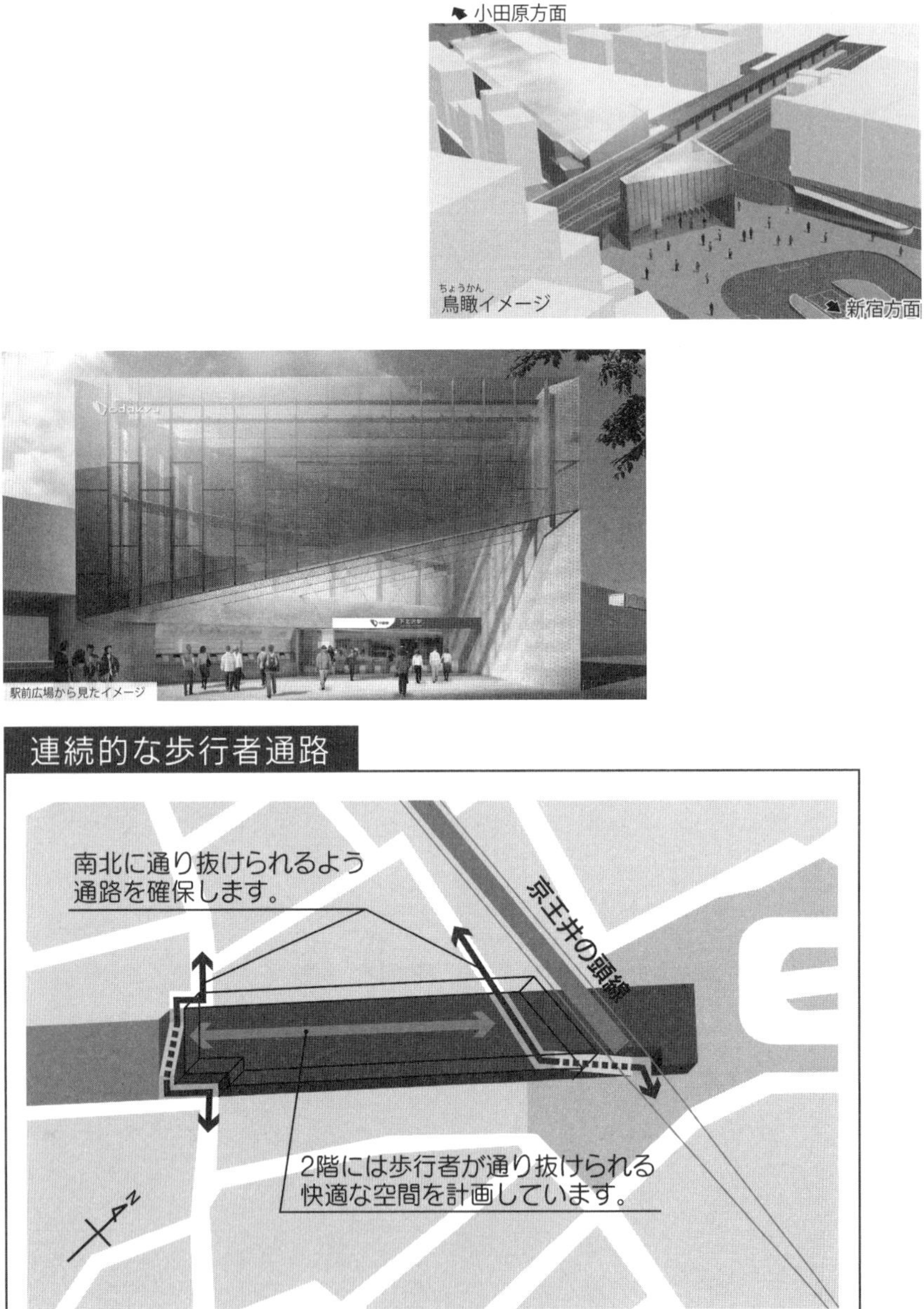
小田原方面
鳥瞰《ちょうかん》イメージ
新宿方面
駅前広場から見たイメージ
連続的な歩行者通路
南北に通り抜けられるよう
通路を確保します。
京王井の頭線
2階には歩行者が通り抜けられる
快適な空間を計画しています。

図21　駅舎整備イメージ図(97)

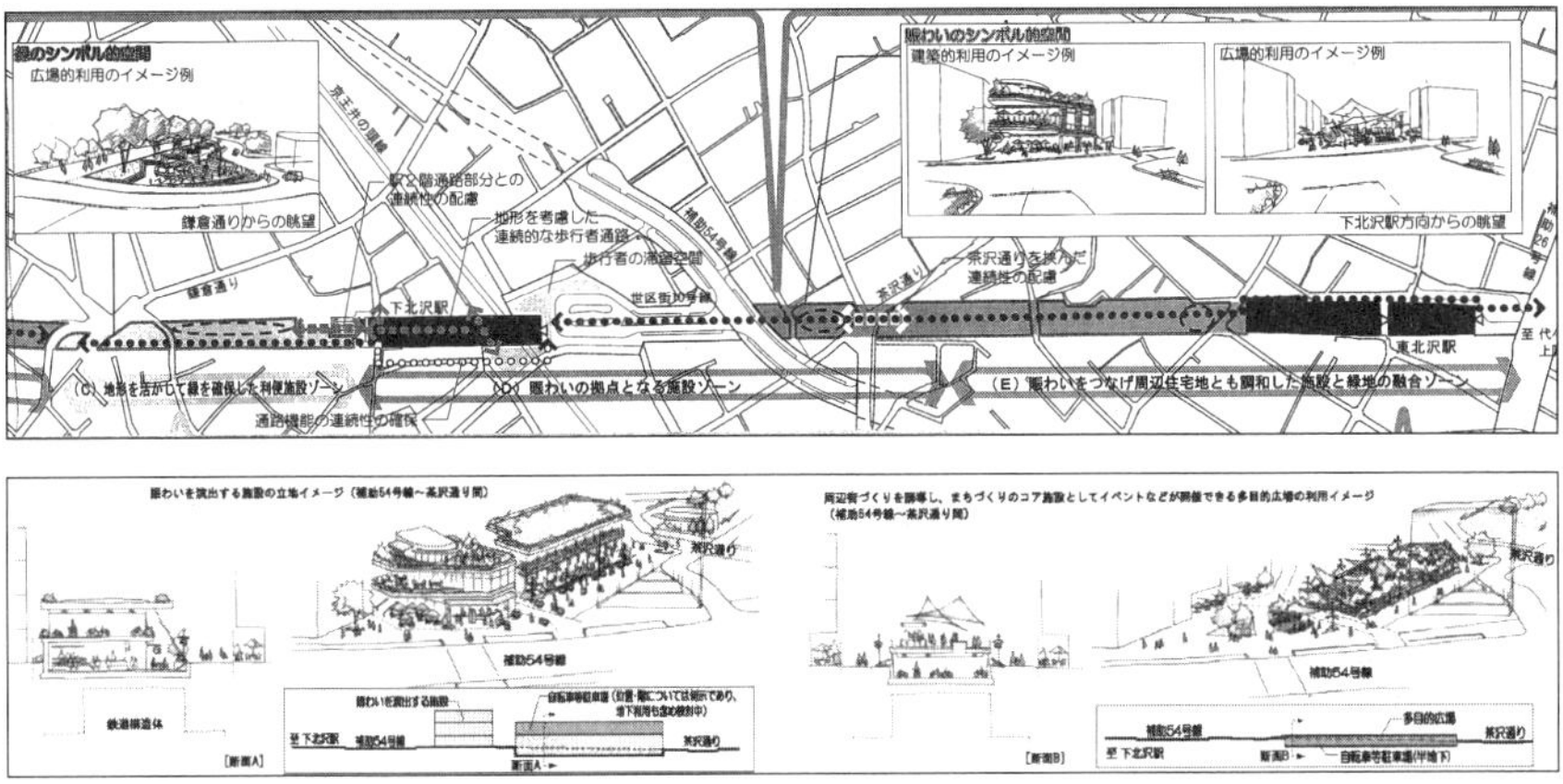

図22　上部利用中間まとめ図(98)

較検討案を示すべきではないかという点、第二に、駅舎についての説明会がまずあるべきで、駅舎のレイアウトの検討、跡地利用の検討を別々にやるべきではないという点、第三に、そもそも駅舎のレイアウトを世田谷区は最初から知っていたのではないか、という点が批判された。最後の点は、先に引用した意見募集の際のイメージ図と、発表された駅舎のレイアウト図が全く同一であることから、二〇〇八年八月の段階では既に情報を把握していたのではないか、という指摘であった(99)。

しかし、世田谷区はその後もこうした批判に対応することなく、着々と手続きを進めていった(100)。二〇〇九年一〇月に出された「中間まとめ」は、図22にもあるように、住民の意見を募集した部分に関しては、各々のゾーンごとの特性を活かすような土地利用のあり方が構想されている。下北沢地域に関しては、西から「地形を活かして緑を確保した利便施設ゾーン」「賑わいの拠点となる施設ゾーン」「賑わいをつなげ周辺住宅地とも調和した施設と緑地の融合ゾーン」という形で分けられ、通路機能の連続性もかなり意識されたものになっており、「あとちの会」の運動主体からも少なからず評価されていた。

車交通が主であるはずの補助五四号線、区画街路一〇号線のゾーンにおいて、歩行者のための通路機能の連続性をどのように確保するのか、という点については説得的な説明はされていないが、それ以外のゾーンについては必ずしも多くの住民や運動主体の構想からはかけ離れたような土地利用が構想されていたわけではなかった。その点では少なからず意

図23　上部利用計画図[101]

義のある試みだったと捉えることもできる。

ところが、二〇一一年三月になると事態は急変する。「中間まとめ」に対する意見を検討したうえで取りまとめられた「上部利用計画」が、それまで区が提示してきたイメージ図とは異なる図を出してきたからだ。

図23にあるように、これまでゾーンごとの特性を活かした土地利用が構想されていたのが、「住居系施設ゾーン」「商業系施設ゾーン」といったような抽象的な表現の土地利用に変わってしまっていたのだ。「中間まとめ」でかなり具体的に描かれていた「賑わいの施設」も簡略化したイメージ図に取り換えられてしまっている。

そして、何よりも重要な問題として、「今後、上部に必要となる施設の具体化や、その配置、規模ならびに整備主体については、鉄道事業者等と協議していきます」という一文が加わっているという点だ。これは、これまでの連帯型の実践を無に帰すような一文であった。これは連帯型の構想を共有していた運動主体にとっては一つの挫折であり[102]、対抗型の構想を共有していた運動主体にとってはその構想をさらに強化させる出来事であったと位置づけることができるだろう。

iii　シンポジウムに表われる構想の分化

第二局面におけるもう一つの重要な実践として、「シモキタボイス」という毎年夏に開催されるイベントを挙げることができる。このイベントは二〇〇七年八月から現在に至るまで毎年開催されているが、第二局面においては次第に各々の構想に分化していった運動の主体たちが一堂に会すイベントとしても機能していた。これは、イベント型の構想の意義を対抗型の運動主体も連帯型の運動主体も全否定しておらず、いかに周りの人びとを巻き込んでいくのかという点を重要な課題と考えていたからだ。しかし、対抗型と連帯型の運動の対立が大きくなるにつれて、当初はハイブリッドな性格をもっていたイベントが次第に対抗型のイベントへと純化することになる。その展開を以下見ていくことにしよう。

シンポジウムの意図

このシンポジウムの立ち上げの中心となっていたのは、イベント型の構想を共有していた「Save the 下北沢」、商業者協議会のメンバーであった。彼ら彼女らはその意義は認めつつも、必ずしも積極的に裁判闘争や跡地利用の策定に関与していたわけではなく、そのほとんどが、第一局面においてさまざまなイベントを実践し、その意義や必要性を自分なりに肯定的に意味づけていた主体であった。商業者協議会の代表であるO氏は、その開催の趣旨を次のように述べている。

下北沢がもっている特性のある文化、街のもっているものを大事にしよう、今回の開発がその辺のものを壊してしまうということを、（シンポとライブが）コラボをすることによって訴えた。こうしたことをこれからも回数を重ねていきたいと思っています。そのほうがよっぽど、区に要望書を提出するとかいう行為よりも実効的じゃないかなと。(103)

二〇〇七年、二〇〇八年のイベントの運営の中心であったK・M氏も次のようにイベントの意義を総括している。

事業認可がおりるまでは、基本的には行政のスケジュール（意見書提出とか審議会とか）に合わせて運動の側が対応の方法を考えるというやり方でやってきた。けれど、事業認可がおりてからは、運動をしている人たち自身の手でシーンを作っていかねばならない。そのことはみんなわかっていたから、駅前で坐り込みをしたり「お花見デモ」をしたりといろいろなことをやった。けれど、いまいち「山場」という感じにはならず、重苦しいムードが支配していた。この問題は行政やデベロッパーなど相手がいるものなのに、相手をうまく捉えて迫っていくことが難しくて、何をやっても相手に届いていないような気がしてつらかった。そういった意味で、今回（二〇〇七年）のスズナリのイベントはかなり大きなインパクトのあるシーンを作れたと思う。これからやるべきことの輪郭が少しずつながら見えてきたような気がする。[104]

両氏の発言は二つの点を意味していると捉えることができる。一つは、この問題や街の価値を広く外に向けて発信することで、多くの人に再帰的にこの問題を考える機会を提供するということであり、これは第一局面からのイベント型の構想の意図でもある。そして、もう一つは、事業認可がおりるという挫折を経験し、裁判という実践がメインになっていくなかで、このイベントが、どのような運動のあり方が望ましいのかということを運動主体が考える機会にもなっていたということなのだ。

擬似的なラウンドテーブル構想で表面化した対立

そうであるが故に、二〇〇七年、二〇〇八年のイベントは重層的な性格をもつイベントであった。これまでの紛争の経緯を説明するトークセッションや、裁判の状況から行政の問題を糾弾するトークセッションもある一方で、街の価値を歴史的な視点から、別の街の人の視点から、外国人の視点から、文化人の視点からそれぞれ語るトークセッションも存在した。

特徴的だったのは、二〇〇七年の最後のトークセッション「シモキタの未来図を描く」であった。この場には世田谷区の都市計画課の職員もパネリストとして登壇し、反対運動の人間や運動に賛同する関係者だけでなく、街づくり懇談会の人間など推進派の人びともフロアに集まっており、異なる立場の人びとが討論する空間を作り上げようとしていた。つまり、第一局面において求めていたラウンドテーブルを運動の側が擬似的に生み出そうとしていた。

しかし、結果的には、議論が紛糾し、生産的な討論は実現しなかった。

X：最初にNさん（司会）が言った「対話」というのは、美しいのですが、残念ながら行政と住民は対等じゃないです。行政マンが圧倒的に権限をもっている。そのなかで決定権をもっているということを見逃してはいけないのですよ。行政は責任があるのに、シモキタの現状に対して責任を果たしていないからこんなことになったのです。

N：わかります。ただ、おっしゃっているようなことは、本来、ここに強い行政が居合わせたときにいえることだと思うのですが……。

X：居合わせるも何も、ここにいるじゃないですか。

N：もちろんそうなのですが……。(105)

この一連のやり取りが事態を象徴している。「敵／味方」という認識枠組みのなかにある対抗型の運動主体にとっては、行政という存在が「敵」であり、たとえ対面に現われている行政職員が友好的な態度をとっていても、糾弾すべき対象であることに変わりない。立場に関係なく議論できる跡地利用をテーマにするという、このトークセッションの趣旨が全体に共有されていなかったことが、議論が紛糾した一つの要因ではあるが、それ以上に、対抗型と連帯型の運動の対立が具体的に表面化した出来事でもあった。

この出来事を契機に、連帯型の運動主体は「あとちの会」を立ち上げ、独自に行政と連携してまちづくりを構想するという実践に大きく舵をとることになる。

運動に対する再帰的評価——イベント型の構想の課題

また、二〇〇七年と二〇〇八年ともに特徴的だったのは、「どのように運動を展開していけばいいのか」というテーマのトークセッションが開かれたということだ。二〇〇八年に関していえば、それがその年のメインのトークセッションでもあった。二〇〇七年の「下北沢で、運動を語る」というトークセッションでは、第一局面におけるイベント型の実践についてさまざまな議論が交わされている。「Save the 下北沢」の運動に直接的に関わっていた編集者の仲保暁生とミュージシャンの曽我部恵一の以下のやり取りは、象徴的なものである。

仲保：セイブ〔Save the 下北沢〕はいちばん最初に問題点を整理したし、対案も出したわけで、その点ではとても正しかった。もしセイブがなかったらこの問題を多くの人が知るのにもっと時間がかかったと思います。だけど、下北沢の街が変わるとき、その当事者はセイブだけではない。セイブという市民運動にかかわらなくても、一人ひとりができる運動はあるはず。個人として「ここまでだったらできる」ということをすればいいと思うんです。

曽我部：僕も、好きなお店が道路ができることでなくなってしまう。けれど、それは他の人にとっては「別になくなってもいいよ」というものかもしれない。そういう意見がバラバラにあっても力にならないように思います。それをどのようにして一つの流れにまとめていくかがポイントじゃないか。バラバラの意見がある状態で、「運動」といえるのかなあ？……俺は音楽（S・O・Sプロジェクトでの『sketch of shimokitazawa』リリース）で、今の下北沢が好きだからなんとなく「好きですよ」と伝えることをすでにやりました。でも、そこからどのように戦いのほうにパイプがつながっているのかが、自分でもわからないんです。

仲保：セイブは世田谷区に対して何度かデモをやっていたけれど、僕はあまりいいやり方だと思えなかったんです。むしろ去年やった「キャンドルライトデモ」の方がずっとデモっぽかった。今の下北沢にたくさん人がくることが、最大の反対運動だと思う。あの日、大勢の人がロウソクをもって道に溢れていたら、誰もが「なんじゃこりゃ」と思ったはず。その感じがデモなんじゃないか。そう考えると、いまの下北沢のお店にくることだって、運動へのコミットの仕方のはず。[106]

一人一人の自明視されている世界を揺るがし、一連の紛争に目を向けさせ、何かしらの行動を促す、というイベント型の構想の前提には、一つの運動体に多くの人が集結して何かを実践する必要は必ずしもないという点があった。むしろ、そのような枠で囲うのではなく、それぞれ問題を認識した人びとが創発的に何かを生み出し、望ましい社会形成につなげてくれることに期待していた、ともいえる。

そうした期待に対して、実践の効果が具体的、直接的に見えないことに対する不安、疑問、苛立ちといったものが第二局面で具体的に表明された、と捉えることができるだろう。

運動に対する再帰的評価――対抗型の構想の課題

そして、二〇〇八年の「シモキタ・クラッシュ――再開発運動の多様性」と題されたトークセッションでは、「下北沢の反対運動は、住人、下北沢ファン、専門家、店舗経営者などさまざまな立場の人びとが参加した運動であり、参加する人たちの考え方は多様である。運動の展開にとって「街の文化について語ることが大切」なのか、「再開発をめぐる政治の現状を明らかにすることが大切」なのか。また、下北沢は「文化の街」か、「住民の街」か。運動にかかわる者の見方の対立をあえて前景化してみせることで、これまで運動が前提としてきた価値や語りをいったん括弧にいれ、運動を解体しつつ再構築することを目指す」(パンフレット)という趣旨の下、社会学者の北田暁大の司会で議論が進行している。

それまでの運動の総括や、裁判の意義などさまざまな点が議論されたが、主な論争となったのは対抗型とイベント型の構想の意義と課題であった。

第一局面が終わり「Save the 下北沢」にそれまで集まっていた運動主体が減っていく状況について、トークセッションのなかで、K・M氏は次のように総括している。

〈Save the 下北沢〉という命名からも明らかですけど、「下北沢」としか言っていなくて、「権力の横暴は許さない」とか「スローな街を守りたい」とか、そういう分かりやすいイデオロギーを一切言っていないんですよね。だからこそ、多くの人が下北沢というイメージに引きずられて運動に関わってくる一方で、「何を守りたいのか」ということが分からない人が圧倒的に多くて、困ったなと思っているんです。[107]

ただ、彼女は、このようなイベント型の構想の課題を指摘する一方で、対抗型の構想に移行すべきとも考えていなかった。対抗型の構想には、イベント型の構想が重視する動員力に欠けるという意味づけがそこにはあった。

政治を核に権力と闘うことが運動を持続することの核にできるということだと思うんですけど、そうだろうなって思うのは、私も個人的には、まず最初に何でこんな計画があるんだろうと思って〈Save the 下北沢〉の交流会にきたら、今言ったようなお話もあり、行政説明会に出たらすごくやばかった。世田谷区が全然話を聞かないですよね。聞いても、聞きましたと言って、何も反映しない。つぶさに見たからかなりむかついたということがあって、その怒りが行動を持続させているというのはあると思います。ただ、そういう怒りを核に行動、運動を持続するのって、やっぱり多くの人は引いてしまうと思うんです。引いてしまうというか、ピンとこないと言いますかね。自分の身に迫ってきたらピンときますけど、権力と闘うために頑張ろうと説得するのは、かなり難しいなと個人的には思いますね。[108]

つまり、対抗型の運動に人びとはなかなか参加しない一方で、参加しやすいように敷居を下げたイベント型の運動には、目的が不明確な人が集まってしまうというジレンマが表明されている。[109]

K・M氏はインタビューでも別の表現でこの側面について語っている。

Ａ：価値観はあんまり前面には出さないようにしている。「大手資本は絶対だめ」というようなことはあんまり言わないようにしていますね。

Ｑ：それは、ともかく道路を止めるために戦略として、ということですか？

Ａ：そうですね。より多くの人を巻き込むためです。あんまりイデオロギー的になりすぎるとまずい、というのがあるので。何となく匂わせはするんですけど、絶対中小規模じゃないとだめということは書かないようにしています。会のなかでも、チェーンというのは相対的なものだしということをみんな言っています。あんまりそれを前面に出すと、入ってこれない人が多くなると思うんです。どうとでもとれるようなことを言うというか。シモキタを守れ、というと、いろんな意味を読み込めるじゃないですか。全体的にそういうムードでやっています。(110)

対抗型の運動の場合、当然のことではあるが、「争点」が明確になるため、その「争点」をめぐり、言説や実践が作り上げられ、強固な関係性が作り上げられていく。それが第二局面以降の対抗型の運動の強みでもあった。そして、その「争点」の動員力を高めるために、「防災」「緑化」といった形で「争点」を作り出し、「あらゆる人にとって望ましい街づくりのための活動」として運動を正当化しているともいえる。

イベント型の運動主体も対抗型のそのような活動の重要性は否定しない。ただ、共約可能な「争点」を優先することで、共約不可能な運動主体各々の想いが零れ落ちていくことを危惧していた。

もちろん、対抗型の運動主体にも多様な意見があることは想定している。「ラウンドテーブル」という形でもう一度新たに多様な人びとと協議する場を設けるという解決方法を設定しており、動員力のある「争点」だけでまちづくりを考えているわけでは当然ない。ただ、これは一連の運動の成果で得た結果の話であり、そのプロセスでの話ではない。イベント型の運動主体の場合、運動のプロセスそのものにおいて多様な思いを抱える人びとを動員し街づくりを考えるべきということであった。この点は連帯型の運動主体と共有する考え方でもあった。このイベント型／連帯型の運動と対抗型の運動の潜在的な対立点が表明されたのが、この二〇〇八年のイベントであったといえよう。

しかし、結果的には、こうした主張は、その後、裁判の内外で強化されていく対抗型の実践の前に声を失っていき、「どのように運動を展開していけばいいのか」というテーマのイベントは、その後開かれることはなくなる。

もちろん、「シモキタボイス」というイベント自体が街の文化や価値を語り可視化し伝えようとするイベントである以上、単なる政治的なイベントになっていったわけでは当然ない。毎年必ず音楽イベントと連携させることでイベント型の構想を維持しているともいえる。二〇〇九年、二〇一〇年には、さまざまな商店主を呼んでそれぞれの想いを語ってもらうセッションも開かれている。

しかし、そうした実践が何か具体的な形で結果として残ったわけではなかった。従来から指摘されていた課題はペンディングにされたまま、保坂区長誕生という新たな局面に入ると、より対抗的なイベントに展開していくことになる(11)。

iv　連帯型の構想の台頭と対立型の構想との分裂——第二局面の総括

事業認可が承認されるという挫折を経験した対抗型の運動主体は裁判活動、連帯型の運動主体は跡地利用の検討、イベント型の運動主体は「シモキタボイス」という実践に分化していった。ただ、「シモキタボイス」というイベントは、当初は、さまざまな主体が協力した重層的な性格をもつイベントとして存立していた。それは、そのようなあり方それ自体がイベント型の構想であったからであるともいえるだろう。つまり、街のさまざまな価値を可視化し、多くの人に一連の紛争についてそれぞれに検討してもらうためには、さまざまな構想それ自体を見せるということが重要であったからだ。

しかし、「シモキタボイス」のその後の展開にも象徴的に現われていたように、こうした試みも次第に縮小し、第二局面の中頃には、対抗型と連帯型の運動が主になってくる。

対抗型の裁判闘争は、裁判という制度の内外において、一連の計画の正当性と正統性を大きく揺るがすことに成功した。それまでの制度外での運動では具体的な論争自体が行なえず、行政が具体的にどのような根拠や論理で計画を進めているのかが分からなかったが、裁判を通してその根拠や論理を明らかにすることが可能となった。そして、一連の計画の内容と手続きに関する違法性を主張するとともに、法廷外でもその違法性を広めることで、計画をもう一度ゼロからやり直す機運を高めようとしていた。しかし、「敵」である行政とのまちづくりという側面はほとんど無視された。何故ならば、裁判で、そうした現行のまちづくりの手続きをゼロに戻すべきと考えていたからだ。

その一方で、さまざまな立場の人と連携して何かを作り上げることを目指す連帯型の構想が第二局面において顕在化し、跡地利用の検討が行なわれた。こうした試みによって、多くの市民案が作り出されたことは一つの成果であっただろう。

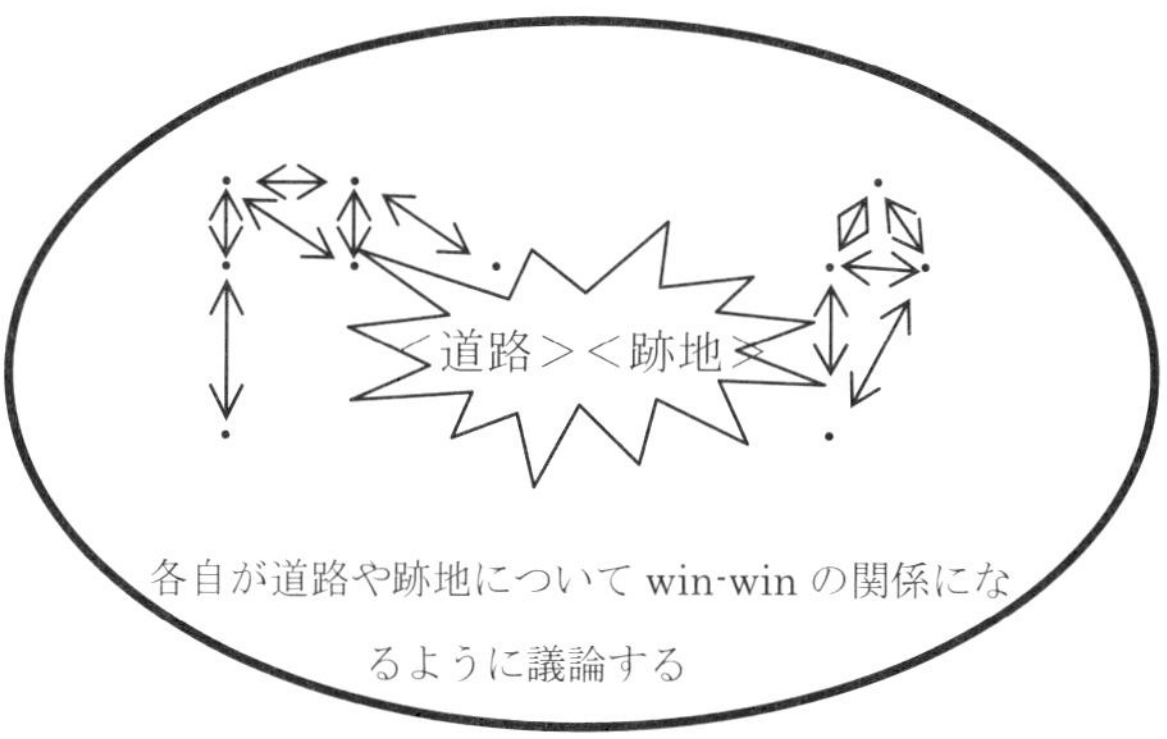
＜道路＞＜跡地＞
各自が道路や跡地について win-win の関係になるように議論する

図24　連帯型の政治的構想の理念図

連帯型の構想の場合、対抗型やイベント型の構想にあるような境界線は引かれず、都市計画の推進側も共に街に生きる主体として想定している。つまり、関係性を閉じずにあらゆる人に開いていくことが構想される。また、個々の主体同士の関係性が重視される。つまり、まちづくりに参加する一人一人が各自の意見を出し、互いに関わり合いをもち、関係性を作っていくことが、より良い社会の形成にとって重要な政治的行為として理解されている。理想としては社会的地位などに関係なく、理性的な討議を行ない、各々が妥協しながらwin-winの関係を得ることが目指されている。そのため、補助五四号線や区画街路一〇号線に関して絶対に拒否するという立場ではなく、最悪整備されたとしても、多くの人が有効に利用できる仕方を考えることで、より良い街ができるという構想となっている。また、都市計画による「防災上危険な街」「交通の利便性が悪い街」という表象も完全に否定するのではなく、多くの人が共有できるように再構築することが目指される。

このように連帯型の構想は一見、「共生」の理想的な構想のようにも見える。

しかし、こうした構想の下、行なわれた跡地利用をめぐる協議の成果は、結局のところ行政には十分に取り入れられず、跡地利用方針が策定されてしまった。

これは、連帯的な政治空間の構想が実践に移される時に必然的に直面する課題と関連する。なぜなら、何かを決定する際には、何らかの既存の制度を前提にしなければならず、できるだけ平等に個々人の個性を大事にしようとしても、何らかの権力関係が介入してきた時にそれに対応する術をもたないからだ(112)。連帯型の構想は第二局面において、こうした課題に直面したといえるだろう。

そして、行政との関係性から、連帯型の運動と対抗型の運動は第二局面において対立の様相を見せるようになっていった。対抗的な政治空間の構想に基づけば、行政の実践、制度といったものは全て組み合わさって、都市計画を強権的に強引に進めていくための手続きという捉え方になるため、裁判外で展開される世田谷区の跡地利用の形骸的な手続きを目の当たりにすると、このままでは再び同じことが繰り返されるという「現状予測」が立てられ、さらに対抗的な構想が強化されるという展開をたどっていくことになる。結果、対抗的な構想を共有している人からすると、行政と連携して跡地利用方針の策定に関与している「跡地の会」は、ほとんど「敵」と見なされることになったといえる。

しかし、混迷を極めていた二〇一一年春に好機が訪れることになる。それは世田谷区長選で、運動側が擁立した保坂展人氏が当選したのだ。保坂区長誕生を契機に、運動側は再び大きな期待をもって動きだす。しかし運動側は挫折に直面することになる。

5 「ラウンドテーブル」をめぐる構想の対立

i 保坂区長誕生という政治機会構造の変化

下北沢の再開発見直しという公約

二〇一一年四月、政治的な局面が大きく変わることになる。世田谷区長選において、運動側が擁立した候補であった元国会議員の保坂展人氏が当選したからだ。地下化運動から考えれば、五〇年以上の長い運動の歴史のなかで初めて運動側が区長の擁立に成功したのだ。

保坂氏は「公共事業チェック議員の会」事務局長を務め、それまでも何回も下北沢に視察に来るなどしており、「下北沢の運動を一番理解し尽力してくれた国会議員」として理解する運動主体も少なくなかった。そのため、区長選に向けて下北沢の運動主体（K・K氏）らが出馬要請をしていたが、当初は国会議員に戻ることを考えていた保坂氏から固辞されていた。しかし、東日本大震災が起こり、「新しい社会のあり方を基礎自治体から作り上げたい」（記者会見二〇一一年四月六日）と保坂氏は考えを変え、K・Y氏を中心とした世田谷区の都市計画を問題にしている複数地域の運動主体からの再度の出馬要請を受ける形となった[113]。

保坂氏は「大型開発優先の区政からの転換と情報公開による住民参加」を公約として掲げ、選挙演説では下北沢の再開発問題についても見直しを公約として掲げたこともあり[114]、運動側の期待も大きく膨らむことになる[115]。運動の内部では、構想の違いから運動が分化し、距離も広がっていたが、「住民の声を聞いて、一連の都市計画が見直される」という点に関しては共通して求めていることであったため、区長選の勝利は対抗型、連帯型、イベント型の全ての運動主体にとって望ましいことであった。保坂氏の選挙対策を「Save the 下北沢」の代表のS・K氏が中心となって行なったこともあり、あらゆるタイプの運動主体がこの選挙戦で保坂氏の支援活動に回った[116]。

選挙は、自民党が候補を一本化できなかったという漁夫の利も得て、保坂氏が無所属でありながら当選することになる。自民党都連がそれまで民主党会派に属していた花輪前都議を擁立したのに対して、地元総支部はそれまでの区議会議長だった川上氏を擁立していた。保坂氏の得票数八万三九八三票に対し、花輪氏七万八四四四票、川上氏六万三四〇票であり、仮に保守が候補者を一本化していたならば、保守候補が当選していただろう[117]。区議会も自公が過半数をしめており、保坂氏は当選はしたものの、その地盤は弱く、いかに「改革」を行なうことができるのかということに関してはスタートから難局が予想された[118]。

こうした状況において、保坂区長は就任直後から区職員などに対して「行政の継続性は大事なので、九五％は継続する。しかし、ただ継続しているだけでは惰性になるので、五％は大胆に変えていく」と主張していた。その後、「五％」という数字が問題になっていくが、当初は運動側にとっても、保坂区長をバックアップしつつ、この好機をいかに活用していくかということが重要なテーマであったため、この発言が問題になることはなかった。

そして、S・K氏はその後も保坂氏とのパイプを保ち続け、区庁舎に積極的に通い、その後の方針や活動についても話し合いをするという関係性を形成していった。S・K氏は「Save the下北沢」の代表であったこともあり、第二局面において分裂した運動主体のハブ役になる人物であった。こうして、運動側が区長を擁立し、運動の代表が区長に近い立場で密な関係性を形成するに至ったのは運動としては大きな成果であり、その後の展開に大きく期待が寄せられることになる。

ラウンドテーブル設置発言

そこで、訴訟の会や商業者協議会は、区長が都市計画を見直す際の根拠にすべく、新たにアンケート調査を実施している。二〇一一年六月から八月にかけて、①駅前広場の利用法、②駅前広場の大きさ、③補助五四号線と茶沢通りの繋げ方、④五四号線の北口の部分（一期工区）の建設を急ぐべきどうか、という四点について質問が行なわれた。[119] 回答者数は一一八一人で、区内に住んでいる人は九八七人（八三・六％）、区外に住んでいる人は一九四人（一六・四％）だった。[120] 回答の状況は次頁の表7の通りである。[121]

このアンケート結果を二〇一一年八月に開催されたシモキタボイスで公表している。[122] このアンケート結果それ自体は、アンケート用紙が訴訟の会の「まもれシモキタ！通信」に同封されている点や、回答の選択肢が必ずしも排反ではない点などの問題はあった。だが、「アンケートの結果を踏まえた上で、計画の進め方によって、直接的に影響を受ける人に配慮しつつ、開かれた協議会の設置などの、住民の意見が十分に反映される仕組みのもとで、下北沢における現在の道路、駅前広場計画の見直しを求めます」という運動側の要求に、イベントにゲストとして呼ばれた保坂

表7　アンケート結果

	回答数	割合
駅前広場の利用方法は？		
1．歩行者専用広場（緊急車両は通行可）とする	978	83.40%
2．緊急車両、バスが通行できるようにする	53	4.50%
3．緊急車両、バス、タクシーが通行できるようにする	74	6.30%
4．緊急車両、バス、タクシー、一般車両が通行できるようにする	68	5.80%
駅前広場の大きさは？		
1．私有地を買収せず、地下化される小田急線跡地だけで整備	874	74.30%
2．私有地の買収をなるべく少なくして現行計画より小さく整備	241	20.50%
3．周辺の私有地を買収し、現行計画どおり（5400㎡）整備	61	5.20%
茶沢通りと駅前広場をどのようにつなげる？		
1．茶沢通りと駅前広場を車道でつなげる必要はない	769	65.90%
2．地下化される小田急線の線路跡地を使ってつなげる	350	30.00%
3．現行計画通り、補助54号線の一部を新たに新設してつなげる	48	4.10%
北口の補助54号線はすぐに必要？		
1．当面、建設する必要はない	1035	87.90%
2．すぐに建設する必要がある	45	3.80%
3．どちらともいえない	98	8.30%

区長は「再開発の見直しを検討する場を設置する」というコメントを出している(123)。こうして、行政に住民の意見を聞いてもらう機会という従来から運動が要求していたものが、初めて現実味を帯び始めることになった。そして、保坂区長はとっかかりとして、跡地利用の問題から検討を始めていくという方向性を示していった。

実際、すぐに世田谷区は、九月二一日、二三日、二六日の三日間、小田急線の跡地利用案についてのオープンハウスとアンケートを実施することを決めている。前の区長の体制では、跡地利用の上部利用計画については二月に通信で情報を告知するものの説明会を開催していなかったが、保坂体制になって改めて説明会が開かれたのだ。

こうした行政の動きに対して、訴訟の会も「以前、この手の意見募集の実態は前提ありきの単なるガス抜きイベントばかりでした。区民と真摯に向き合う政治を標榜する保坂区長の方針が行政にいい意味で影響し、変化の兆しがうかがえます」（「まもれシモキタ！通信」二三号）と好意的に評価していく。[124]

保坂区政はその後、東日本大震災を理由に、二〇一一年二月に出されていた「小田急線上部利用計画」の修正案を作成する方針を決め、一一月には「まち歩きワークショップ」も実施している。こうした活動に、名称を「あとちの会」から「グリーンライン」に変えた連帯型の運動団体は積極的に関与していくようになる。グリーンラインの一連の事業活動は一一年八月に「国土交通省平成二三年度住まい・まちづくり担い手事業」に採択されており、街歩きワークショップにあわせてセミナーも三カ月連続で実施している。そうしたセミナーには保坂区長や区職員も参加し、市民との意見交換も行なわれている。[125]

まち歩きワークショップの成果は図25のように、細かなゾーンごとにおける参加者の要望がかなり詳細に記されるという形でまとめられた。「補助五四号線はいらない」といった意見も記されるなど、これまでの世田谷区政とは一線を画すような試みがされている。

次第に広がった疑念

しかし、補助五四号線、区画街路一〇号線の見直しという対抗型の運動主体が期待する方向には、事態はなかなか進まなかった。オープンハウスやまち歩きワークショップは、都市計画の見直しのための機会としては位置づけられなかったのだ。[126]それは必ずしも運動している人以外から「道路は要らない」という声がなかったからではない。オープンハウスやワークショップで寄せられた意見を情報公開請求で得た訴訟の会は、「補助五四号線、区画街路一〇号線の不要」を主張する声が少なくないことを発見している。そうした声が封殺され、跡地利用の修正だけが行なわれていくことに次第に疑念が広がっていった。

さらに、二〇一二年二月の区議会で、一二年度の区の一般会計予算で区画街路一〇号線と補助五四号線に一七億五〇〇〇万の予算が付くことになった。具体的な話し合いの場が設置されないまま、根本的な見直しや凍結もなく、前区長体制と変わらず予算が付いたことは、それまでの期待を大きく裏切る出来事であった。しかも、世田谷区全体の

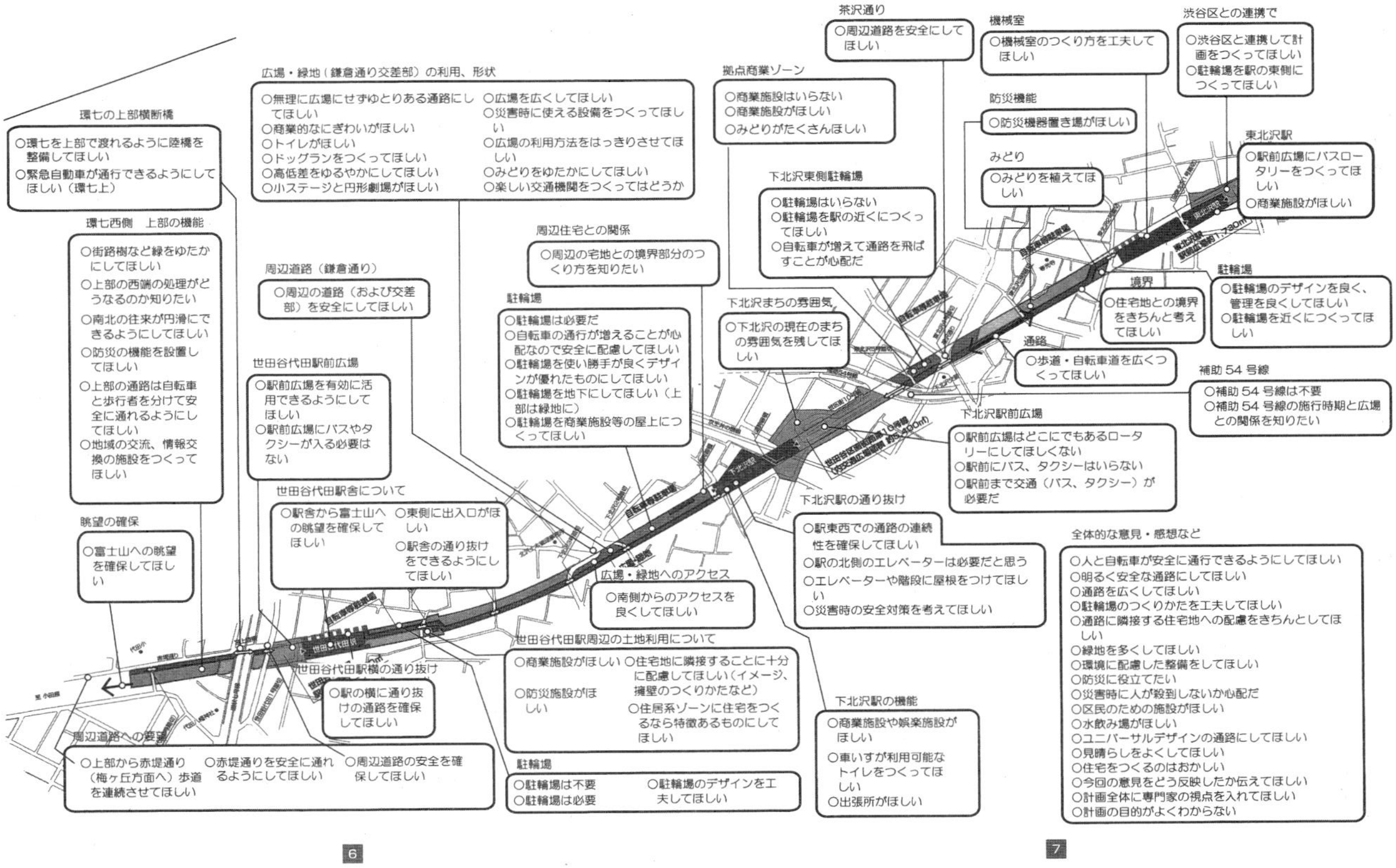

図25　まち歩きワークショップの成果まとめ(127)

土木費は前年度比五・一％増で、一二億九〇〇〇万円増えていた。三月の区議会で自民党の代表質問にたった議員が「保坂区長は九五％継続と言っていたが九九％継続してくれた」と皮肉交じりのコメントをするような予算案が出されたことで、運動主体の評価も次第に厳しいものに変わっていった。(128)

ⅱ　運動が直面したラウンドテーブル構想の課題

板挟みになった保坂区政

その後も、保坂区長を梃子にラウンドテーブル構想を実現すべく、運動は展開していくが、ラウンドテーブル構想は次第に形骸化する様相を呈していく。

「グリーンライン」（旧「あとちの会」）はシンポジウムやセミナー、ワークショップなどを積極的に開催していった。二〇一二年四月には、学識者、商店街幹部、「グリーンライン」のメンバーらをパネリストにした「小田急線上部利用シンポジウム」を開催し、跡地利用については「防災と緑化のために利用するのが良い」という方針を確認している。

訴訟の会もそうした方針については一定の評価をしていたが、このシンポジウムでも一連の都市計画が前提にされていることを批判している。特に「道路問題は落ち着いた」と「グリーンライン」のメンバーが発言したことに対しては、その後会合をもって、発言を修正させている。そこで、訴訟の会、商業者協議会の運動主体は、二〇一二年四月に、シンポジウムのような一方向的な場ではなく、より広く住民と行政が双方向的に議論できる「ラウンドテーブル」の設置を区長に要望する。

一方、保坂区政は行政としての手続きを着々と進め、一連の都市計画以外の跡地利用に関して、防災性の向上を目的に、二〇一一年二月に作成した上部利用計画を修正し、二〇一二年七月の「小田急上部利用通信№８」でこれまでの検討の結果を踏まえた基本的な考え方（素案）を公表している。その内容は、それまでの上部利用計画を大幅に修正するわけではなく、「緑地・小広場のミニスポット」「みどりの基軸となる通路」「防災倉庫の設置」などを加えた

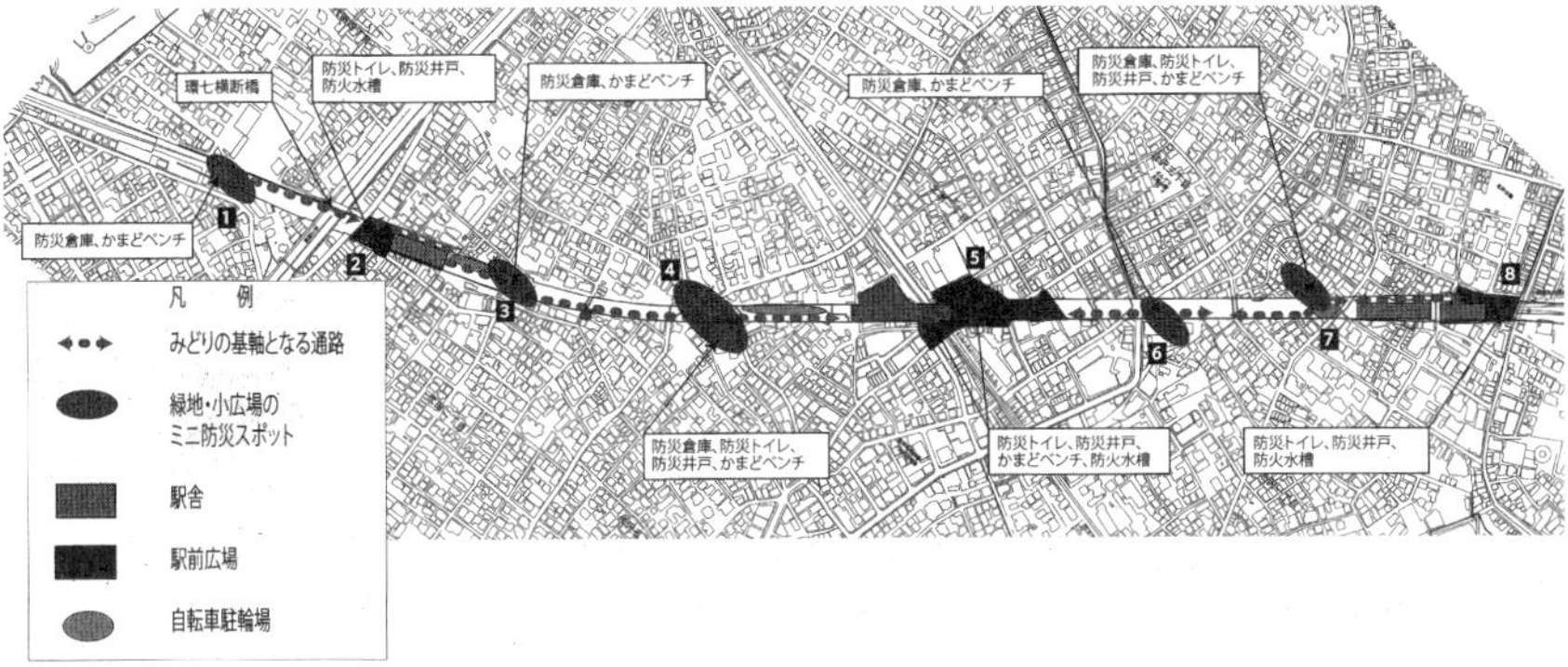

図26　小田急上部利用計画の基本的な考え方(129)

ものであった。また計画図には「上部利用についても、小田急電鉄株式会社及び東京都との協議の場で了解を得る必要があります」という記載もあり、あくまでもイメージ図にすぎないことを強調していた。しかし、このような慎重な対応をしていたにもかかわらず、「小田急・都の了解なしに発表した」ことを問題視され、小田急、東京都から保坂区政はプレッシャーを受けることになる。

このように、保坂区政は、訴訟の会からは道路を前提にしている点を批判され、東京都、小田急の側からは道路以外の跡地利用をグリーンラインとともに決めていくことに関してプレッシャーを受けるという状況になっていた。

跡地利用を入口に解決を図ろうとした保坂区政

この状況下で、二〇一二年八月に「シモキタボイス」が開催される。訴訟の会にとって、このイベントの目的は、それまで対話が十分にできなかった関係者を集めて擬似的な「ラウンドテーブル」を作り、その後の本格的な「ラウンドテーブル」設置に向けた足がかりにすることであった。それはグリーンラインにとっても共有できる目的であった。

イベントでは社会学者の小熊英二が司会となり、パネリストとして下北沢地域で暮らす住民や専門家、商業者が七人集められ、ゲストには二〇一一年度に引き続いて保坂区長が呼ばれている。一連の都市計画に対して、「全面的に反対」という立場のパネリストもいれば、「賛成か反対かということに関しては、僕はぶっちゃけどっちでもいいんです」というパネリストもいるなど、さまざまな立場の人が集められ、都市計画の是非や今後のまちづくりの方向性について議論がされている。また、どのような「ラウンドテーブル」が望ましいかということも議論されている。

重要な論点となったのは、一つは、「依然として、計画について、店子や周辺住民を中心に知らない人があまりにも多い」という問題であった。保坂区長も同様にその問題を感じていたことを発言している[130]。

そして、もう一つは、訴訟の会がそれまで問題にしていた点でもあるが、一連の都市計画の議論を後回しにして、跡地利用に関する方針を決めていくという方法の是非だ。これに対して、保坂区長は「跡地利用の議論から始めて、最終的には都市計画について議論する場を作っていく」という方針を強調している[131]。その理由は、一連の都市計画に比べて利害関係者が限られる鉄道跡地の利用ですら調整が難しく苦労しているので、それをクリアして初めて、都市計画も含めた街の全体的なあり方について議論する体制を作り出すことができる、というものであった[132]。

失望をもたらしたゾーニング構想

しかし、事態は運動側が期待していた方向からますますそれていく。二〇一三年三月には、小田急線の連立立体交差事業の五年間の工事期間延長を都が申請して、国交省が認可するという出来事が起きたのだ。これはつまり、それまで構想していた跡地の利用が実際に始まるのが五年後になるということを意味していた。この新しい情報に動揺する運動主体も多くいたようで、グリーンラインの実践に参加していたA・T氏は次のように述べている。

　建設があと五年もかかるとは思ってもみなかった。もう少し早く動いてくれれば、もっと多くの人を巻き込めた。あと五年も、というのでみんなが消えちゃった。その後急に弱くなってしまった感じがする[133]。

Y・Y氏のように動揺しない運動主体もいたが、跡地利用を話し合うための前提条件となる情報がここでも再び後出しされるという事態が起きたことに、多くの運動主体は動揺した。

この事態に対して、訴訟の会は「小田急の連続立体交差事業は、半世紀前からこのような形で重要な情報が後出し

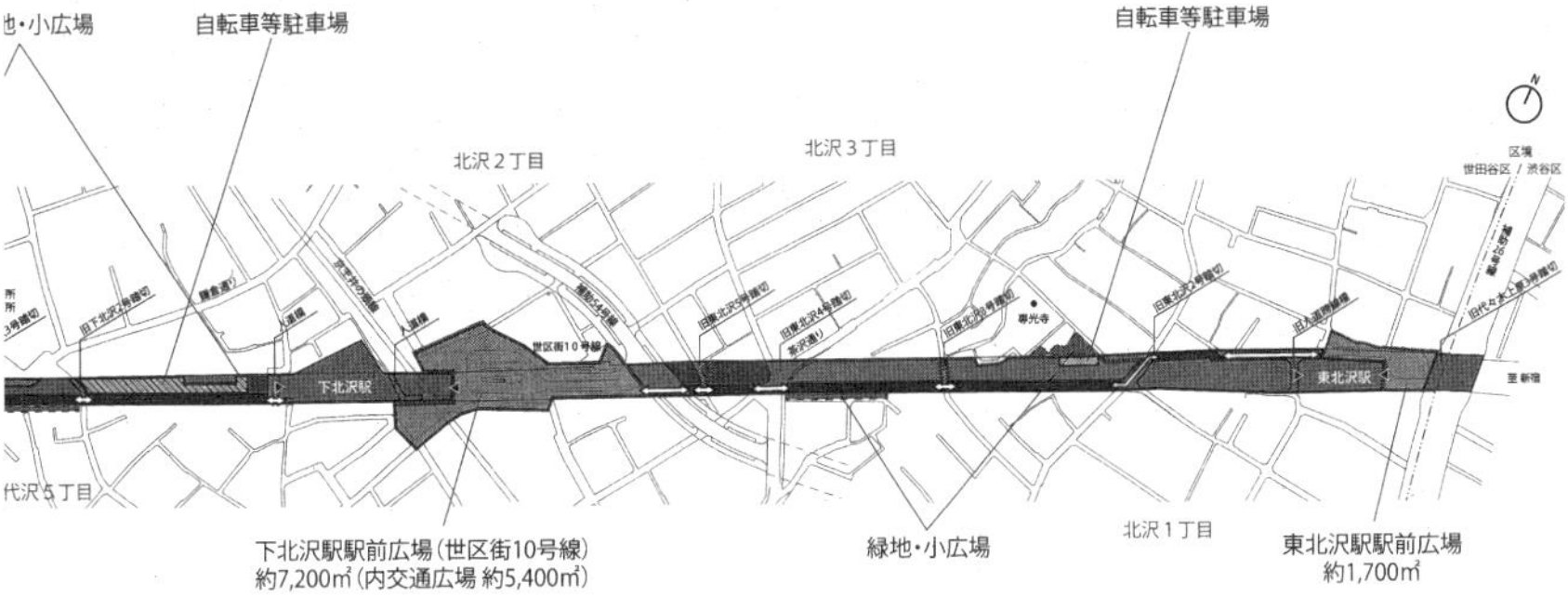

図27　ゾーニング構想図[134]

にされ、市民のまちづくりの試みが挫折させられてきた」と批判する[135]。その後四月に開かれたシンポジウムでも、「行政との具体的な議論はつめることにはなりにくい」「具体的な議論なしのイベント化に走る傾向が強すぎる」と、グリーンラインと世田谷区のラウンドテーブル構想が形骸化していることを批判していく。

そして、グリーンラインと訴訟の会がともに危惧していた事態が二〇一三年一一月に起こる。世田谷区が小田急電鉄と跡地利用の施設配置（ゾーニング構想）について合意し、それまで集めた区民の要望をほとんど反映していない内容を共同記者会見で突如発表したのだ。その内容は、図27である。

保坂区長は、ゾーニング構想のコンセプトとして「防災・みどりの基軸づくり」を掲げ、「全体をひとつながりのみどりと通路でつないでいき、防災・減災の機能を備えた、人間優先の空間づくりを目指す」と述べている。ただ、その構想は震災前に出された上部利用計画図（前章図23）とほとんど変わりがない内容であった。修正点として、「小広場・緑地」が七〇〇㎡から三〇〇〇㎡に広がった点、小田急が整備する駐輪場の上に世田谷区が構造物を作り、そこで緑を確保するという点を保坂区長は強調している[136]。

しかし、駅舎と区画街路一〇号線が跡地を完全に塞いでしまっており、「全体をひとつながりのみどりと通路でつなぐ」というのは飾り言葉に過ぎない計画になってしまっている。つまり、結局のところ、震災後の見直しの要点であったはずの防災性の向上という点については十分な進展がみられなかったのだ。

また、重要な点として、「駅前広場」「通路」「緑地・小広場・立体緑地」に

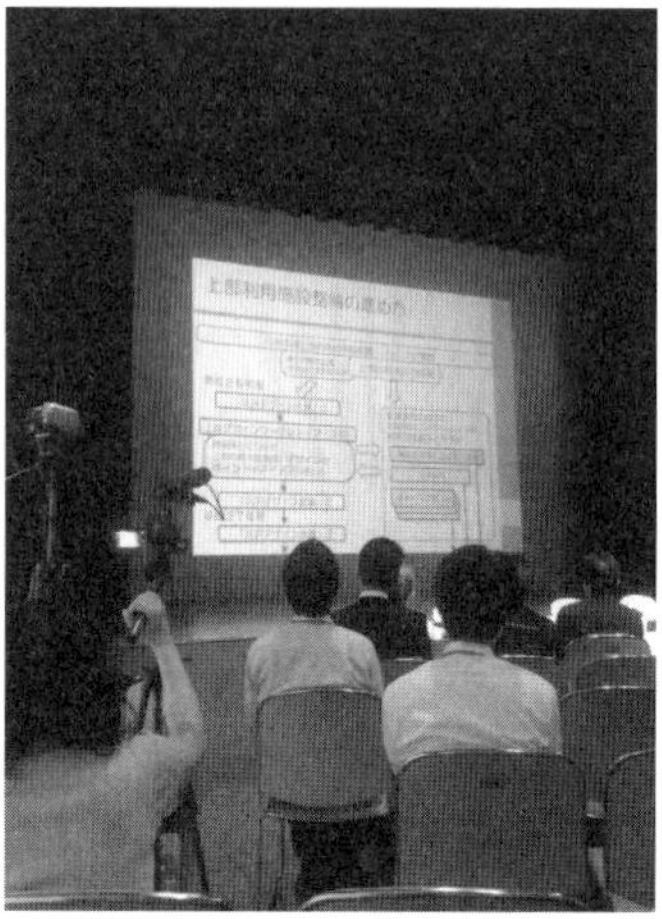

写真6　デザイン会議の様子(137)

ついては世田谷区が担当し、それ以外の「住居施設」「商業施設」は小田急が担当するという形で、明確な役割分担がされることがこの共同会見で発表されたのだ。これによって、小田急の住居・商業施設の整備に対して、住民や世田谷区が口を挟む余地というものがほとんどないということが明示化されたのだ。もともと、跡地の八五%は小田急が自由に土地利用を決めることになっていたが、跡地の連続性を重視する方針のなかで、八五%についても、少なからず言及していく姿勢を世田谷区は示しており、その姿勢は前掲した図25・26にも見出すことができる。それが、この共同会見によって、世田谷区と住民が協働して協議できる土地利用は「駅前広場」「通路」「緑地・小広場・立体緑地」に限定されることが内外に示されたのだ。

　また、保坂区長は、上述したように、当選直後から駅前広場と補助五四号線に関して見直しの可能性を示唆していたが、この共同会見以降、その姿勢も後景化させていく。二〇一三年一一月には「せたがや道づくりプラン（案）」によって、既に事業認可された補助五四号線の一期工区につながる二期工区、三期工区に関しても「優先整備路線」として位置づけ、事業化していく姿勢を明らかにしたのだ(138)。

　世田谷区のこの姿勢はその後も変わらず、二〇一四年八月に上部利用区施設のデザインを考える「北沢デザイン会議」を開催し、区内外の人びとに世田谷区の担当ゾーンである通路、緑地・小広場・立体緑地に関するデザインについての意見を求めている。そのなかで、世田谷区は、道路と駅前広場に関して着々と事業を進める方針を示している。「跡地利用の議論から始めて、最終的には都市計画について議論する場を作っていく」という方針だったはずが、結局のところ、議論する場を作らず、都市計画は見直さないという立場を示したのだ。

　こうして、区長交代にともない、「ラウンドテーブル」というすべての運動主体が望んでいた解決の糸口が実現されるように思われたが、結局「ラウンドテーブル」という策は形骸化していく。

こうした状況に直面して、各々のタイプの運動主体はその後、どのような実践を展開していくのだろうか。[139]

対抗型の運動のラウンドテーブル構想とその挫折

世田谷区が進める「ラウンドテーブル」の形骸化に直面して、対抗型の運動主体は自分たち主導で「ラウンドテーブル」を作り出そうとしていった。

そもそも上述したように、二〇一二年のシモキタボイスでのイベントそれ自体が擬似的なラウンドテーブルとして行なわれたものである。そこで示された、いまだに一般住民に問題が認識されていないという課題は、対抗型の運動が抱えざるをえない課題であり、それが明確に示されたものとして位置づけることができる。すなわち、「敵」の主張の正統性、正当性を揺るがすことが最優先事項になるため、どうしても問題の告知という側面が弱くなってしまうのだ。もちろん「味方」を増やすということは重要なこととして考えられているが、この場合の「味方」は状況をかなり把握していて、政治的意識の高い主体であることが前提となっていた。このイベントでいみじくも明らかになった運動の課題は、政治的意識の高くない多くの人に問題を認識させ主体化させていくという、イベント型の運動が取り組んでいた課題でもあった。たとえ対抗型の運動が望むようなラウンドテーブルが設置できたとしても、多くの人びとが参加しなければ意味がない。

そこで、訴訟の会では、それまでの実践が反省され、新たに継続的なラウンドテーブルを設置することが具体的に計画される。そして、二〇一二年一一月には商業者協議会が主体となって、「下北沢協議会」を発足させる。シンポジウムに登壇したパネリストを中心に下北沢に在住・在職の人びとが協議し、その成果を提案書として世田谷区や各関係者に提出することを組織の目的とした。議題としては、「下北沢再開発の行方（車と歩行者の共存）」「防災・防犯また独居老人などの対応」「商業地区としての魅力を高める方法（まちぐるみフェスティバルなど）」「住宅・商業地区の共存。生鮮品店の減少」などが挙げられている。中心となって動いていたA・T氏は訴訟の会の原告でもあるが、同時に、グリーンラインにも参加するなど連帯型の構想も共有する主体で、街のなかで関係性を形成していくことを重要視していた。

しかし、この下北沢協議会は二〇一二年一二月の第二回の会合のあとは継続できていない。A・T氏によれば、結局反対運動をやっていた人間が取りまとめを行なおうとしてもなかなか立場が異なる人間を一堂に会させるのは困難であった点、彼の時間的余裕がなくなってしまった点が原因であったという。

しかし、これは個人的な要因ではなく、集合的な要因であったと捉えることができる。第一に、対抗型の構想のなかでは、「敵」である推進側にいるような商店街の人たちと関係性を創出していくような試みは、第三局面にいたるまであまり重視されてこなかった。それは第一局面において「下北沢フォーラム」「商業者協議会」と中立的な組織を作っても推進側とのラウンドテーブルが実現できなかったことから、その実践の意義があまり高く評価されなかったことも影響している。また、推進側にいる人びとも、裁判を行なっている団体と交渉する余地をあまり見せなかった。

第二に、A・T氏の代わりに動ける人間を運動側が全く用意できなかったという点を挙げることができる。これは訴訟の会が第三局面に入って運動主体が離れ始め、新たな実践を行なう余力が少なくなってきていることが大きく影響している。

なぜ、主体が離れ始めたのか。それは、裁判の論点が大きくなり、運動主体の問題意識と乖離し始めてきた点が大きく影響していると考えられる[140]。第三局面になると、裁判での論点が、一連の都市計画の内容、手続きの違法性を追及する段階から、一連の都市計画を日本全体の都市計画の構造的な問題の現われとして追及する段階に入っていった[141]。最初の訴状の段階でその論点は触れられていたし、一連の都市計画の根幹である連続立体交差事業の事業主体が国である以上、日本全体の都市計画の構造的な問題が論点となるのは不可避であった[142]。補助五四号線は一九四六（昭和二一）年に戦災復興院によって都市計画決定されているが、本来、旧都市計画法下における都市計画決定の要件は内務大臣が決定し、内閣の認可を受けることになっているのに、その要件を満たしておらず、違法であるという主張が行なわれてきている。これは、戦時特例においてなされた戦時立法の効力が現代にまで及んでいるという問題であり、憲法問題にまで及ぶ大きな問題であった。しかし、当然ながら、多くの原告は、下北沢地域の都市計画の違法性を問題視していたのであって、日本全体の都市計画の違法性を問題視していたわけではなかった。このように、ラウンドテーブルを運動の側から対抗的に作る試みが、運動の動員力の低下で挫折を余儀なくされている。

第三に、A・T氏の代わりを用意してまで擬似的なラウンドテーブルを設置する必要性が認識されていなかったという点がある。つまり、擬似的なラウンドテーブルを設置したところで、それは権限のないものであり、あまり意味がないと考える主体も多かった。連帯型やイベント型の運動のように、議論をすることや関係性を作っていくことよりも、既存の秩序に楔を打つような成果を出すことに重点を置くために、擬似的なラウンドテーブル構想という実践自体が重視されなかったのだ。

写真7　小田急線跡地に突如浮上した擁壁(143)

ただ、状況を黙視していたわけではなく、その後も次々と対抗的な実践は展開されている。特に最近では、小田急線線路跡地に小田急電鉄がその具体的な土地利用を明らかにしないまま工事を進めた結果、巨大な四メートルの擁壁を作り出してきていることを対抗型の運動は問題視している。これは、線路跡地に高層建築物を立てるための土台となる部分であり、このような擁壁ができることは事前にも事後にも周辺住民には知らされていなかった。その結果、現在、多くの周辺住民から不満の声が上がり始めており、そうした人びとを巻き込んで再び大規模な反対運動を起こし、跡地利用をゼロからやり直す運動を模索している。

また、道路に関しても、保坂区政が補助五四号線の事業期間延長申請をするかどうかを争点として設定し、申請しない場合は二〇一五年四月の区長選は支持しない方針を、対抗型の運動はとっている。

このような形で、擁立した区長を「敵」として設定し直すことで、対抗型の運動は計画の白紙化に向けて動き出している。

イベント型の運動の対応（1）　対抗型の運動に対する違和感とテーマの変化

一方、グリーンラインやS・K氏は保坂区政と協調的な路線をとっているため、訴訟の会のようにはこの状況を問題視しているわけではない。

「Save the 下北沢」は、第三局面に入ってS・K氏が保坂氏に近い立場の人間として活動し始めてからは事実上、休止状態に入っている。[144] S・K氏は、本業は歯科医師だが、運動のスタートになったバーの経営を引き継いでいた。保坂氏の当選後は東通り商店街のなかに入り、現在は商店街の理事として活動している。「Save the 下北沢」という運動体の代表をやっていた頃は、推進派である商店街の外部で活動していたが、「何故、商店街はそのような対応を採るのか」ということが外からは分からなかったこともあり、保坂氏が区長になったのを機に商店街のなかに入って活動することになる。[145]

区や商店街を批判する運動の急先鋒に立ち「テロリスト」と呼ばれていた人物が、第三局面になり今度は商店街のなかに入り、区とも近い関係になったのだ。その結果、現在は対抗型の訴訟の会の認識とは異なる認識をもつようになり、保坂区政に対しても肯定的に評価している。

その象徴的なものが、「九五％継続、五％改革」という保坂区長の方針についての肯定的な評価だ。S・K氏は次のように肯定的に評価している。

Q：運動している人からすると、五％改革は物足りないのではないかと思うのですが。

A：あれは人によって取り方がかなり違っている。何も変えないいじゃないかとみんな運動側は思うわけだ。でも実を言うと、行政がやっていることは、権利の調整なんだよ。だからそういう意味では、一〇〇％のうち、五％を削ると言った瞬間に、削られる五％というのは金持ちの数なんだよ。だから、金をもっていたり、権限をもってて、それで世田谷区にくっついている人がその五％なわけだから、その人たちからすれば、かなり焦りなんだよ。小さく見えるけど、五％という数字は実は大きい[146]。

そして、この点に関する対抗型の運動との距離感を次のように感じ始めている。

Q：当然、全部変えられるわけではないと思うのですが、逆にいうと、保坂さんやS・Kさんから「こういう状況だから五％なんだ」というふうに話せば誤解が広がらないのではないかと思いますが？

A：いきなり中止すると何が問題かというと、行政は行政で時間をかけて築いてきたものがあるわけよ。例えば、その部署に関しては一〇〇人ぐらいの人がいるわけだ。それを全部つぶすわけだ。運動側は作ったことがないから、つぶすことに関しては好きなんだけど、作ったものをつぶされる側の気持ちを考えていない。

……そういうところを僕もよく分かったので、みんなが期待するようなことはすぐできやしない。だから、下北沢の問題で一番手の着けやすかった跡地からしかやりようがなかった。本丸を攻めるわけにいかなかった[147]。

以上のように、跡地利用から紛争の解決の糸口を探るという方針も評価している。その背景には、商店街や区の職員と関わり合うことで、五四号線を作る雰囲気ではないと彼自身が感じていたことが大きく影響している。ここに対抗型の運動との大きな温度差がある。

何かをやるという話のなかで、下北沢のなかにおける今のワイワイした……下北沢自体が景気も悪いからさ、再開発を進めても何も変わらないいんじゃねえのという空気は商店街のなかで流れているんだよね。ましてや道路は。

……世田谷区もそこまでばかではないので、のんびりやりながら考えているわけですよ。確かに、法律的なものではまだ何も変わっていないし、一応予算は立つかもしれないけども、いわゆる全体を支配する空気は進まないという風にはなってるよね。土地の買収も何も進んでないしさ。[148]

そのため、S・K氏のなかでの重要なテーマは、補助五四号線ではなく「街全体の景気をどうするのか」という点に移行してきている。

補助五四号線は無い方がいいに決まってる。でも、もう五四号どころの話じゃないよと。実際問題、買収も進まないし、たぶんできやしない。それは単純な話、希望的観測ではなくて、街の雰囲気もそうなってる。道路でほとんど空き地を増やしてしまったら、街をダメにするだけの話だから。世田谷区も馬鹿ではない。そうなると、どれだけこの街に人がまたくるかということを考えていくことが大事だね。じゃあ、補助五四号線がなくなりましたと言ったからって、客はくるか？（笑）確かに住民運動としては成功してみんな喜ぶだろうし画期的かもしれないけど、街が死んでいたらどうにもならない。[149]

イベント型の運動の対応（2）　空間の新しい利用の可視化

そこで、S・K氏は、さまざまなイベントを積極的に仕掛けることで、街を盛り上げ、幅広い人びとに街のあり方について再考を促そうとしている。特に、第三局面に入り、東通り商店街を中心にして、商店街主催のイベントが積極的に行なわれるようになる。これは、S・K氏が東通り商店街理事になることで、保坂氏との友好な関係から区の共催を容易に受けられるようになったのが一つの大きな要因である。こうしたイベントは基本的には街を盛り上げるためのものであるが、それまで「Save the 下北沢」が行なってきたイベント型の運動の延長線上にもある。

例えば、東通り商店街は二〇一二年から毎年一〇月にカレーフェスティバルというイベントを始めている。これは、下北沢地域にあるカレー店をフォーカスして、それぞれの店のカレーの場所やメニューなどを紹介し、期間中に参加店舗のカレーを食べるとグッズがもらえるイベントである。参加店舗は、二〇一四年は一〇〇店舗を超えている。「細い路地で複雑に構成されている街のなかでカレー店を探す」という楽しみを利用し、ファッション、音楽、演劇などとは別の表象を下北沢という街に新たに付け加えようとする企画である。また、そうすることで、現在の街の愛好家を増やそうという試みでもある。

他にも南口商店街、ピュアロードと共催で花魁《おいらん》の女性が街中を練り歩く「花魁道中」を企画したり、東通りの路上で将棋名人戦を企画したりするなど、特徴的な空間を活用した新しい表象の構築を行なっている。二〇一三年三月から四月にかけて小田急線が地下化することを祝って、グリーンラインと「さよなら踏切！ようこそシモチカ！」というイベントを開催し、地下化にともなって生み出された暫定的な空き地を「下北沢らしく日常的ににぎやかで楽しい場所」にする企画を実施している[150]。また、南口商店街と初めて共催で盆踊りを開催している。

このような空間の利用の可視化それ自体が、下北沢に関わる人びとに街について考えてもらう機会になると、S・K氏は考えている[151]。

Q：共催で盆踊りをやるということは、それまでは考えられなかったことなのですか?

A：うん。商店街自体も一緒に下北沢を良くしていこうということになったのが大きいポイント。広場というもの自体をどう使えるのかということをどんどんのばしていくことによって、こういう使い方もあるんだと周りの人たちが見て、だったらあんなロータリーは要らないという話になるわけだから。今までこういうことはやらなかった。前はお祭りの時にロータリーがあってもよかったという話だったが、ちゃんとした広場が必要になるという話になるはずだ。

Q：イベントをやってもあまり意味がないという人もいますが。

A：そう言ってる人もいるけれど、イベントをやることで可視化できる。みんながこういうことでやろうか、という話になって、シモキタ中のいろんな人が動き始めて、駅前広場はこうなった方が良いよねということになって、結論としてロータリーじゃない駅前広場ができれば、それだけでも運動としては勝利だと思うよ。
……実際問題、街の空間のなかで人に可視化できるものを作ることがとても重要だったんですよ。人間は見たものしか信用しないから。いくら百のご高説を賜っても理解できないものは理解できない。百聞は一見にしかずじゃないけど。だから、俺が企画したのは盆踊りなんだよ。駅前はこういう使い方があるのではないかと、下北沢にいる人が集えるような場所にした方がいいのではないかということで、ああいう場所になった。……いろいろなことができるような場所にしませんかと言っても、一回それをやってみない限りは誰も分からないわけだ。[152]

これは、第一局面における「Save the 下北沢」のイベント型の構想を商店街と区という都市計画推進側のなかで体現し、積極的に状況を変革すべく活動していると捉えることができるだろう。それまでと違ったのは、単にイベントをやるだけではなく、イベントの成功を契機に商店街のなかでの関係性、商店街同士の連携を深め、より良い街づくりへの足がかりを作り出そうとしている点である。[153]

イベント型の運動の対応（3） 対象認識の変化

そして、S・K氏はそのような活動をしていくなかで、それまでとは少し異なる認識をもち始めている。これから運動が訴えかける対象は、「情報を知らず、当事者意識がなく、私益を追求して反対運動が嫌い」な「普通の人」だというものだ。

Q：それまでの「Save」の時みたいに「問題だ、問題だ」と主張するよりは、そういうイベントの方が効果的だと考えが変わった？

A：そうそう。その方が結論としては早いんじゃないかと。やっぱりネガティヴ・キャンペーンはうまくいかないんだよ。これまでの経験ではね。ネガティヴ・キャンペーンには、ネガティヴ・キャンペーン自体を理解する能力が必要。なぜそういうことをやっているのかという。大体普通の人は反対運動なんか嫌いだよ（笑）。だから、普通にポジティヴに物事を考えてもらって、道路は要らないよねという話になればいい(154)。

S・K氏は第一局面においてさまざまなイベントの企画運営をしていた人物であり、対抗型の構想のように政治的意識の高い人びとの主体化を前提にして活動していたわけではなかったが、その頃よりも無関心層が本当に無関心であり、運動に対して拒否反応を示すという認識をもっている。そうであるが故に、それまで以上にイベントに力を注ぎ、空間の利用を可視化することで、人びとに訴えかけようとしている。だから、保坂区政のラウンドテーブル構想に関しても、「普通の人」を巻き込む活動として評価し、支援している。

確かに、対抗型の運動からすれば、保坂区政のラウンドテーブル構想は形骸化されたものであり、期待を裏切るものではあった。しかし、S・K氏は、そのような課題があることは認識しつつも、ラウンドテーブルに向けて関係性をつくるという地盤作りとして、区の動きを評価している(155)。

Q：運動側が違和感を感じているのは、ラウンドテーブルをうまく設置できていないという点だと思うんですが。
A：さっき言ったように、普通の人たちはラウンドテーブルに出ようとは思わないし、テロリストみたいな人と交わりたくはない。
Q：ラウンドテーブルを設置したところで、運動をやっている人だけが集まっても意味がない？
A：そうそう(156)。

この場合の「普通の人たち」というのは商店会、町会を意味している。というのは、ラウンドテーブルをやろうとしても自民党の都議から圧力をかけられ、これまで商店会、町会の人たちはグリーンラインと区のイベントにも参加しなかったからだ。そうした障害を乗り越えて、北沢デザイン会議では商店会、町会の参加を実現させており、いろいろ課題はあるにせよ、より良い街づくりへの第一歩として捉えている。その意味では、S・K氏は連帯型の構想を共有し、それをより現実化するための実践を展開しているといえる。

それ故、彼は、グリーンラインの試み自体については一定の評価をしているが、その一方で、区からは「業者」として扱われていると、ややシニカルな評価もしている。

Q：グリーンラインの試みはやや挫折しているようにも見えるのですが、どうお考えですか？

A：下北沢フォーラムの専門家の先生が後で悔やんだというか、認識したことなんだけど、行政というのは都市計画の先生たちのことを先生と思っていなくて、出入り業者としか思っていなかった。出入り業者が何好き勝手なことを言っているんだと（笑）……ただ、どんなに惨めな状態になっても、業者扱いされながらでも関わっていくしかないわけでしょ。グリーンラインも業者扱いされながら、いろいろ頑張ってアイディアを出したけど、東京都と小田急の反発を食らってる。世の中はそんなに簡単な話じゃないんだよね。[157]

また、「普通の人は参加しないよね。世田谷区だけだよ、意見を求めて書いてくれるのは」（二〇一四年三月六日）とも発言しており、まだ課題のある実践として捉えている。それ故に、「普通の人」に問題を告知したり、考えることを促したり、まちづくりの会議に参加しやすいような環境作りをしていくことが、連帯型の構想を現実化していく上でも重要と考えている。

連帯型の運動の対応――課題に対する認識

一方、グリーンラインもそのような課題は認識していた。代表のT・Y氏も跡地利用のアイディアを地域住民から募集をしてもなかなか集まらないことに課題を感じていた[158]。中心的な活動を担っていたT・Y氏が二〇一四年夏に逝去したこともあり、そうした課題の対策や、跡地利用の協議をめぐるその後の展開についてはまだ流動的な部分が大きいが、基本的に世田谷区と協調する方針に変わりはない。また、S・K氏同様に、補助五四号線が最重要なテーマではなくなっており、跡地の問題が重要なテーマとして考えているため、対抗型の運動との温度差はある。

「Save the 下北沢」の元共同代表でもあるK・K氏は、代表を辞任した後は運動から少し離れているが、保坂氏に当初最初に出馬要請を行なったのは彼であり（当初は出馬を断わられている）、グリーンラインの活動にも参加したりするなど、運動を見守ってきている。K・K氏は当初からイベント型と連帯型の構想を共有する人物で、第一局面の代替案の作成は彼の強い指示で行なわれてきた。K・K氏もS・K氏と同様の認識を以下のように示している。

> 街は裁判の結論が出ようが出まいが、どんどん街が作られていって、細かいところがね、小さな開発とかされてどんどん変わっていってしまうんだから、その変わっていくものに対する手当を一つ一つしていかないと、全然良い街にならないと思ったの。「五四号反対」という旗を挙げた瞬間というのは、ものすごく効果的な時期だったんですよ。いつまでも道路反対でやってていいか。反対するなと言ってるんじゃないよ。心の中では常に反対だと思っている部分がもちろんあるんだけど、道路反対というのが効果的な時期と、そうじゃない時期がある。すっかり街が変わってしまって、「道路の話はとっくの昔に終わってるんで」という時に裁判の結末がおりても、それでは何の効果もないじゃないのかと思う。日本の大きな未来のために制度を変えた大きな裁判だったと言われるかもしれないけど、〔それは〕下北沢のためではなくて、日本全体のためのものだから、その結末のために、下北沢に対しての夢をもちながらやるというのはどうかなと思う。ちょっと違うと思うんだよね[159]。

このように、都市計画に対する反対運動を展開している間にも街は変化を余儀なくされるのであるから、それに対する街づくりをしていかなければならないという構想を示している。「Save the 下北沢」の代替案作成から、跡地の会、グリーンラインと運動主体のなかでも一番長く連帯型の実践を行なってきているY・Y氏も、同様の見解を示している。

何にもやらなかったら、行政と小田急の意のままにどんどん進むじゃないですか。跡地の部分も。だから、ちょっと待ってくださいと。道路のことは横に置いておいて、跡地の部分はちゃんと市民の意見を聞いて、民主的にやってくださいと、跡地の会はずっと言ってきた(160)。

そうであるが故に、跡地利用の協議を重視しているわけだが、両者ともに保坂区政の跡地利用をめぐる協議はそれなりに評価している。そして、ラウンドテーブルが形骸化するその最大の要因が小田急にあることを認識しているが、小田急と対立せずに win-win の関係をいかに形成できるかということを模索している(161)。K・K氏は次のように述べている。

Q：ラウンドテーブルが期待されていたものではないという声もありますが。
A：デザイン会議が立ち上がって、何となくあれがラウンドテーブルになりそうだよね。あれだけ時間かかるんだなあと思った。割とT・Yさんにまかせっきりで、僕は何もやってなくて、安心してはたから見てるだけだったんだけど、ああいうものが立ち上がるにもこれだけの時間がかかるのだなと思った。
Q：時間がかかったのは何故でしょうか。
A：小田急がいまだに〔世田谷区と〕対立しているからだと思うね。要するに、小田急が自分の土地だと思ってるからさ、全部。市民の声を聞いて、小田急の跡地の問題について考えることはけしからん、と小田急は思っているんだよ。行政が使える範囲と小田急が使える範囲と線引きしたでしょ。何で、あなたたちは小田急の土地に対して何か提案をしようとするんですかと。……小田急が止めているんだ、単純に。ただ、〔私たちは〕小田急と喧嘩する気はないんだよね。小田急と対立しても始まらないから、仲良く良いゴールを目指したいと思ってる。早くそういうメッセージを小田急側にも分かるように届けなくてはいけないと思っている。裁判している人たちはどうしてもそうは思えないんだろうね。敵だと思っているからね。

……小田急の土地だからねぇ。小田急が思わず乗り出しちゃうような面白さがないとだめだと思うんですよね。だけど世田谷区もすごく大事なポジションにいて、ものをいえる立場にあるわけだから、世田谷区の立場をどういう風に利用しながら、小田急にそういうプレゼンテーションにもっていけるかというのが勝負の境目だと思うんですよね。保坂さんはとても重要なので、やってもらいたいと思いますけどね。次は頑張ってほしいですね。(162)

このように小田急に対して憤りはあるものの、対抗的に小田急を追及するのではなく、小田急や住民の人がみな享受できるようなアイディアを作り出していくことが、今後の重要なポイントになってくると考えている。

一方、グリーンラインの方も、いかに小田急を説得するのかということを重要な課題と考えているが、現状としては、グリーンラインの顧問の専門家と世田谷区の間で密なコミュニケーションを図ることから打開策を講じようとしている。

iii　各々の構想・運動の意義と課題——第三局面までの総括

政治機会構造が変化した第三局面に入り、運動は一致団結する兆しを見せたものの、結局、その政治構想の違いから、再び分裂している。正確にいえば、保坂区政に対して対抗型の運動はかなり批判的な立場にあり、それに対して、イベント型と連帯型の運動は協調的な立場にある。

「共生」を可能にする社会に向けて、各々の運動の意義と課題はどこにあるのだろうか。

対抗型の構想／運動の意義と課題

まず、対抗型の構想の前提には、これまでも明らかにしてきたように、推進側の「不正義」が「共生」を困難にしているという考えがある。一部の地権者の利益を最大限確保することを目的とした一連の都市計画よりも多様な人が街のなかで生活、商業、消費していくことができる案を運動側が専門家と用意しているにもかかわらず、それを一切検討しないどころか、ほとんどまともに街の当事者の意見を聞かずに強引に進めていることが問題視される。そこで、道路計画、跡地計画は一度ゼロに戻して、住民、商業者、来街者など幅広い人の参加できる討議からまちづくりを進めることが構想される。

この対抗的な政治構想の前提に立つと、行政側の試みや制度、表象といったものは、全て組み合わさって、計画を強引に推し進めていくプロセスとして捉えられる。当初は運動側が保坂区長を擁立したこともあり、その言動を見守っていたが、予算措置、形骸化するラウンドテーブル、跡地の改正案などの連帯型の実践の結果を見た結果、運動の「仲間」として捉えていた区長を、計画を推進する側、より正確にいえば計画を見直す政治力がない区長として、今は境界線の向こう側にいる「敵」として捉えるようになってきている。

その結果、第二局面においてもそうであったが、課題があることは認識しつつも、動ける範囲内で最大限の成果を得ようとする連帯型の実践や、その後の街づくりのための関係性作りといったイベント型の実践に関してはほとんど評価していない。むしろ、そうした実践も「官民協働」のアリバイ作りに使われる実践、計画を押し進める実践として利用されると批判する。(163)

この対抗的な構想には意義と課題の両方がある。意義としては、第一に、既存の制度や行政の活動の問題点がどこにあるのかを鋭く明らかにし、地域内外に告知することができるという点である。保坂区政の課題を指摘するメディア媒体は、訴訟の会が毎月発行する「まもれシモキタ！通信」以外に基本的にはなく、運動主体も運動が重要な役割を担っていると認識している。(164)

特に、近年跡地に突如浮上した四メートル超の擁壁（三二一頁の写真）は、「全体をひとつながりのみどりと通路でつなぐ」という跡地計画の「空間の表象」に対する違和感を周辺住民に惹起するに十分な物体であった。そして、この物体が意味しているのは、連続立体交差事業、補助五四号線、区画街路一〇号線、地区計画がすべて合わさって、街を高層化させ、空間利益を地権者に享受させようとしているということであった。一〇年間問題提起してきたことがついに現実のものとなったことで、訴訟の会は法廷の内外において批判を展開していく。具体的には、このような跡地の計画は、本来の連続立体交差事業の調査要綱に基づけば、環境影響調査などの結果を踏まえて計画を慎重に作成し、周辺住民に説明する義務があるのであって、一連の小田急の連続立体交差事業は手続き的に違法なものであるということを主張している。

また、訴訟の会は、それまで権利として認められてこなかった来街者の権利という「都市への権利」についても、原告適格の拡大を獲得した運動の前史の経緯や集合的記憶を喚起して、「来街者も街のあり方に対して発言権がある」という主張を維持している。「街に対して誰に発言権があるのか」という重要なテーマを第三局面まで明確に保持し続けているのは、三つのタイプの運動のなかで対抗型の運動だけである。

他の二つのタイプの運動がその主張を後景化させているのは、街の変化が大きく影響している。というのも、道路計画はまだ事実上、事業化されていないが、地区計画が認可されたことで、下北沢地域には再開発の波が訪れており、それまでの街のシンボルであったようなお店や場所の多くが消え、チェーン店が増え、中小規模の多様な店舗が少しずつ減り始めてきており、結果として、そうした空間を守ろうとしていた来街者が消えてきているということが、そうした権利の主張を難しくしている。つまり、第三局面に入ってからは、「来街者が守りたかったものと、来街者そのもの」が消えていったことで、「何を守るのか」ということが曖昧になり、その結果、イベント型の運動も連帯型の運動も積極的には来街者の権利を主張することができなくなっている。対抗型の運動においても、来街者の運動主体は少しずつ減り始め、従来ほど強く問題提起することはなくなっているが、守ろうとしている権利は個別具体的な来街者の権利ではなく来街者一般の権利として考えているため、依然として主張は続けられている。

「来街者にも発言権がある」という主張は必ずしも対抗型の構想と相性の良いものではない。なぜなら、多くの人の同意を得るような政治的に効果のある主張でも、行政の不備として多くの人に受け容れてもらえる主張でもないからだ。計画推進側と反対側の「公共性」をめぐる争いにおいても、来街者の権利を主張する方が公共的でないと判断される可能性は高い。それにもかかわらず、この主張を維持し続けるのは、「共生」の構想を運動主体が共有しているからである。このように、現行の計画、行政の活動に関する問題点を明らかにし、「都市への権利」を主張するという点に意義があるといえるだろう。

しかし、既存の空間秩序のあり方を批判し、内容・手続きにおいて幅広い当事者の権利を認めさせようとする対抗型の構想は、結果的に動員力に欠けるという第一の課題がある。つまり、敵との境界線を打ち崩し、一定の権力を握ることが志向されるわけだが、そのような運動に参加する主体は能動的で意識の高い一部の人びとに限定されるのだ。構想の時点で、基本的には政治的に主体化した人を運動主体として前提にしているが、実践を経て、理想に燃えて参加していた運動主体が、その壁の厚さに挫折して運動から離れてしまうというケースも少なくない。壁を崩すか崩せないかの戦いは、ゼロか全てかの争いに集約されて理解されるため、運動主体のドロップアウトを引き起こす側面がある(165)。

また、「敵」が国―都―世田谷区、そこに介在する小田急電鉄、その他多くの利権構造と、複雑に重層的に構成されていることが明らかになるにつれ、「どの「敵」をどのように攻撃するのか」という点に関して、運動主体の間にズレが生まれてくる。その最大の例が裁判であったといえるだろう。上述したように、一連の都市計画の根幹にある国家事業そのものの違法性を指摘しようとする弁護団と、一連の都市計画そのものの違法性を指摘したい運動主体との間に乖離が生まれ、裁判から離れていく運動主体も出てきた。また、保坂区政をターゲットとするのか、保坂区政を権力的に押さえている東京都をターゲットとするのか、という点でも意見の相違が生まれてきている。対抗型の運動にも参加していた連帯型、イベント型の運動主体は、基本的に保坂区政と協力関係にある後者の立場であるために、次第に対抗型の運動から距離を取り始めている(166)。

このようにして他のタイプの運動から分離するとともに対抗型の運動主体も少しずつ抜け始めることで、活動の余地が少なってきている。そのため、無関心層を政治的に主体化させて仲間を増やすという実践自体の重要性は認識されているものの、これまでの経緯ではなかなか成果が出なかったことから、活動の優先順位としては低くなり、結果として新しい主体が運動に参加してこないという負の循環に陥り始めている。

第二の課題として、連帯型のまちづくりの試みを評価しないことで、結果として、その後のラウンドテーブルの実現を難しくしているという点がある。対抗型の構想では、元々問題意識を強くもった政治的に主体化した人びとが個々バラバラにラウンドテーブルに参加するという前提があるため、個々の主体の参加動機や関係性があまり検討されていない。一方、連帯型の運動は個々の意見を聞き、多様な関わり方を可能にするようなまちづくりを模索し、また、討議に容易に参加できるような関係性づくりを目指している。現実にそれが全て実践されているわけではないが、構想として存在しており、常に課題として取り組まれている。それにもかかわらず、なかなか参加者が増えないという課題を抱えているのであり[167]、たとえもし裁判で勝利して都市計画の見直しのためにラウンドテーブルが設置されたとしても、参加者が少ないという事態になる可能性は十分にある。

また、連帯型の運動そのものを計画の正統性を補強するものとして攻撃することで、連帯型の運動に参加する意識の高い層から共感を呼ばないという事態も起きてしまっている。既存の討議の場を批判し、より権限のある討議の場を声高に行政に要求する行為そのものが、人びとに討議の場から離れさせてしまうというジレンマを抱えているのだ。

討議に向けた関係性作りや準備などをあまり検討しないという課題の背景には、「共生」を困難にしている最大の原因を境界線の向こう側にある「敵」に還元してしまうという思考方法がある。すなわち、「「敵」という単一の原因が排除、もしくは解決されれば、後はすべてうまくいく」という考え方である。それに対して、連帯型やイベント型の構想は「推進側だけに課題があるのではなく、あらゆる街の人に課題がある」と考えている。特に都市空間をいかにその後管理していくのかということは、人びとが事前準備の段階から主体的に取り組まなければならない課題として設定している。跡地利用に関しても、対抗型の運動は「緑あふれる自然」という表象を対抗的に設定するが、実際にその自然をどのようにして管理していくのかというところまで視野に入れて発言しているわけではない。

連帯型の構想／運動の意義と課題

次に連帯型の構想の意義と課題であるが、意義は、既存の制度の枠組みのなかで、最大限さまざまな人びとの主張を拾い上げ、まとめていこうとする点にある。それは人びとの間にまちづくりの機運を高め、共生を可能にする社会を形成するための重要な一歩となり得る試みだろう。

そして、対抗型の構想とは異なり、行政や計画推進側にいる諸主体も共に社会を形成する主体として捉えられている。その点で幅広い主体の「共生」を可能にしようとする試みとしては一定の意義がある。また、裁判が終わってからではなく、常にそのような試みがなされなければならないという問題意識のもと、「共生」に向けた実践が行なわれることも重要であろう。

しかし、連帯型の構想では諸主体の水平的な関係が前提にされているが、現実には権力関係がそこには大きく介入してくる。そしてさまざまな運動の局面において、手続き面においても内容面においても、行政の裁量権や地権者の私的所有権が自由に行使されることを防ぐ手立てをもっていない。跡地利用の協議についても、跡地利用の根幹をなすはずの補助五四号線、区画街路一〇号線という都市計画の部分は協議の対象から外され、緑地や防災施設といった人びとの要望も結局は小田急の私的所有権に跳ね返されてしまっている。結果、多様な人びとが生活、商売、生命を守るために利用しようとしていた街のオープンスペースが、主に小田急電鉄の私的利用のための空間となりつつある。その象徴的な物体が跡地を塞ぐ駅舎であり、周辺住宅の目前に突如姿を現わした擁壁なのだ。つまり、多様な人の関わり合いは担保できる可能性はあるが、本当に成果として、多様な人の共生が可能な社会ができるのかどうかという点がかなり不明瞭なのだ。

そして、このような構想の課題を課題として認識しない点に、連帯型の運動の大きな課題が存在するのではないだろうか。連帯型の構想に基づけば、あくまでも行政や小田急電鉄は連帯する仲間であり、そのやり方に疑問はあるとしても、批判をするのではなく、改善されることを待つ、もしくは互いに利益を得ることができるような案を運動側が生み出していかなければならないという対応に展開していくことになる。しかし、それは協議の結果として生み出された物体、もしくは生み出されようとする物体、さらにはそうした物体に関する表象をすべて受け容れることを意味する。そうしたものを受け容れたうえで、残された範囲内でできうる限り人びとの要求を引き出すという方向性に転化してしまう。すなわち、実質的に、狭い範囲内でしか、連帯型の構想の成果が得られない。跡地利用をめぐる協議の成果はその最たる例だった。

これは、当初の運動目標の達成を放棄し、あるいは低位平準化して〈条件運動〉となったものとして捉えられる可能性もあるが（松原・似田貝 1976: 218）、そうではなく、多様な人びとが各々の個性で街に関わり、議論し、街づくりをしていくことが、その結果よりも上位の目的として設定される傾向があることが原因である。つまり、計画を止めるという目的をもつ対抗型の構想の場合、裁判が終結するまで、もしくは権力を掌握するまで運動の評価はペンディングにされるが、連帯型の構想の場合、常により良いまちづくりをしていくということが目的であるため、その成果はすぐに問われ、運動は常に評価にさらされることになる。そのため、私的所有権を最大限尊重する行政との協議をしていくうえで、目的を次第に縮小した形に移行していかなければ、運動として維持できないという側面がある。

連帯型の構想に集結する運動主体の多くは、価値志向のタイプが多く、互いに win-win の関係で議論して、それぞれがまちづくりに関与することの価値を社会に広めることがより良い社会形成に結びつくという考えをもつが、その運動の成果が十分でないために価値を広められないというジレンマも抱えているといえる。

もちろん運動が成果に関して全く気にしていないということではなく、区と専門家との密なコミュニケーションに期待している部分はあるだろう。しかし、そのプロセスが公開にされていない以上、連帯型の構想からは乖離する実践であり、構想の変化を余儀なくされている事態として捉えることができる。

イベント型の構想／運動の意義と課題

最後に、イベント型の構想の意義と課題であるが、イベント型の構想は、無関心層の認識が「共生」を困難にしているという前提がある。マジョリティである無関心層が既存の秩序のあり方を自明視することで、状況が改善されず、マイノリティが都市空間の利益を享受できないという認識がある。その認識から、イベント型の構想は、既存の秩序における都市空間のあり方、表象のされ方、都市空間の権利者の自明性を攪乱することで、人びとに主体化を促し、不断に既存の秩序の変革を引き起こすことを構想する。

対抗型の構想も同様の問題意識で外の世界にアピールすべく、デモ活動などを行なうが、そのような対抗的な姿勢はあまり普通の人びとの心には届かないという強い前提が、イベント型の構想にはある。対抗型の構想は、同じような問題意識を外の無関心層と共有し、集合的な力を得ようとする志向性をもつが、イベント型の構想は、集合的な動員を図るようなことはしない。なぜなら、多くの無関心層は自分の私的利害に直接関与しないような利害に関して、同じような問題意識を共有しないという前提を持つからだ。むしろ同じ問題意識を共有しなくても、たとえ参加するのが楽しいだけの参加志向の人びとだったとしても、個々人の動機で何らかの関心をもってもらった方が、関与が起き、結果として、運動に良い影響がもたらされると考える。故に、紛争や運動、対象となる都市に何らかの関心をもってもらえるように、既存の感覚的秩序を攪乱するような空間の可視化、表象の構築、実践が展開される。

イベント型の構想は、人、モノ、資金が集積し、さまざまな表象が歴史的に蓄積され、人びとの関係性が形成されてきた都市部の盛り場のような空間において生み出される傾向があるだろう。多くの人びとが意味を付与し、関与し、生きてきた空間や表象であればあるほど、何らかの関心や関与をもってもらおうとするイベントはより効果をもつことが想定される。例えば、一般的な住宅街における景観問題のような場合、それを問題にするようなイベントを企画しても、必ずしも多くの来街者の動員は期待できない。

そうしたイベントの結果、生み出される関与がたとえ自分の私的利益のための関与――アーティストとして名前をあげるため、本を書くため、研究の業績のため……――であったとしても、そうした関与が集積して総合的には一つのムーブメントとなり状況を変革する地盤となるという構想である。

これは下北沢地域における運動の当初からの構想であり、多くの運動主体は少なからずこの構想を共有している。ただ、第二局面以降、対抗型の構想を共有する運動主体にとっては、このイベント型の構想の優先順位は低くなってきている。それは、この構想の課題とも関連している。というのも、イベント型の構想は無関心層に関心をもってもらった後のことを楽観視しており、成果が見えにくいという課題がある。多くの人の関心を喚起したのかどうかは不可視であり、たとえそれが成功していたとしても、そこからどのような関与が起きているのか、どのような成果が得られているのかというのはほとんど不可視なのだ。結果、イベント型の運動の成果が不明瞭となってしまい、その優先順位は低くなってしまう。イベント型の構想を体現しているはずの「Save the 下北沢」のリーダーのS・K氏の活動ですら、他の運動主体からは成果が見いだしづらいと考えられている。S・K氏も単にイベント型の実践をするだけでなく、連帯型の実践に参画したり、商店街組織の変革を企図したりするなど、成果を可視化すべく動いているのだが、その成果は十分には理解されていない[168]。

また、イベント型の構想は持続性にも課題を抱えている。第一局面でイベント型の構想を共有していた来街者の運動主体が、第三局面ではほとんど消えてしまっている。これは、街のハード、表象、人びとの関係性が変化するものであり、来街者も同様に変化するものである以上、そのつながりが流動的であることが大きな原因であろう。特に、下北沢地域の場合、それまでの来街者の運動主体が守ろうとしていた中小規模の店舗の多様性やシンボリックな空間が少しずつ消え始めていることは、大きな要因であると考えられる[169]。こうした現実の壁に対して、イベント型の運動は十分な対応策をもっていなかった。唯一イベント型の構想を体現しているS・K氏の試みは、特徴的な街としての表象が消え始めていることを危惧して、空間の新しい利用の仕方を可視化したり、空間の新しい表象を自ら作り出したりしているものとして捉えることができるだろう。そうすることで、新たな来街者と街との結びつきを生み出そうとしているといえる。

三つの構想／運動の意義と課題

以上のように、各々の構想／運動には各々の意義と課題がある。そして、複数の構想／運動が存在することで、結果的に、各々のタイプの課題をカバーする可能性を生み出していた。すなわち、対抗型の構想／運動の課題であった

表8　対抗型、連帯型、イベント型の構想／運動の意義と課題

	権力に対するブレーキ	まちづくりの機運	幅広い人びとへの訴求力
対抗型	○	×	×
連帯型	×	○	×
イベント型	×	△	○

まちづくりの機運というものを連帯型とイベント型の構想／運動は生み出し、連帯型とイベント型の構想／運動の課題であった権力に対するブレーキを対抗型の構想／運動は生み出していたと捉えることができる。そして、対抗型と連帯型の構想／運動の課題であった幅広い人びとへの訴求力を、イベント型の構想／運動はカバーしている。

　そして、重要なことは、運動主体の多くがそれぞれ他の構想を批判はするが、消滅すればいいとまでは考えていないという点である。対抗型の運動主体は連帯型の構想が理想とするまちづくりのあり方それ自体は否定しないし、連帯型の運動主体は対抗型の裁判実践の意義は認めている。連帯型と対抗型の運動主体はイベント型の構想の必要性は認めている。この点で、二〇一四年までの段階においては、共生の構想自体が対立、協調と紆余曲折を経ながら共存しているといえる。

　その後、二〇一五年四月には、区長選挙で再選を狙った保坂区長が、補助五四号線の二期工区、三期工区を次期計画の優先整備路線の対象から外すための検討を始めることを明らかにした。これは一連の運動の成果であったといえる。つまり、連帯型・イベント型の運動がまちづくりの機運を高め、対抗型の運動が保坂区政への批判を強めることによって、保坂区政としても、運動側に成果を見せる必要があったと考えられる。これは行政と対立する運動と、行政と連携する運動が、双方から行政にプレッシャーを与えるという相補的な役割を果たしたと捉えることができる。

　ただし、こうした相補的な関係性は、各々の運動が一定の成果を出し、運動主体がその成果を肯定的に意味づけ、各々の運動を持続させることで、カバーし合えるものであり、結果として共存できるものであるだろう。第三局面に入り、各々の運動はその構想のもとでの実践が必ずしも明示的でない段階に入ってきている。対抗型の運動は選挙で勝利したにもかかわらず結果としては十分な成果を得られず、裁判闘争も長期化を余儀なくされている。連帯型とイベント型の運動は、実践のプロセスや成果が次第に不可視化しており、構想が再審されず、運動として弱体化する可能性もある。そして、二〇一五年に入り、運動間の対立やズレが顕在化し始めている。運動間の「相互理解」というものがいかに進展し、こうした課題を乗り越えていくことができるのか、別の解決のあり方が生み出されていくのか。「共生」という社会形成の課題は不断に存在し続けている。

第六章　研究対象者の視点から見た分析の課題

本章では、実践的な試みとして、これまでの分析を運動主体にフィードバックすることで、運動主体が本書の分析をどのように捉えたのかを把握することを試みる。

「共生」とは、常に理想的な状態に向けて動く、終わりのない規範的な構想であり、実践であるため、研究者と運動主体が相互に議論することを通して、規範的な構想をめぐる課題についての分析を展開することが重要になってくる。

また、共同で構築したと想定している運動主体の意味世界について、運動主体自身がどのように考えているのかということを再検討する意味合いもある。運動主体の完全な同意がなければその意味世界として提示できないと考えているわけではないが、ズレが生じているのであれば、そのズレ自体を考察していく必要があるという立場に立っている。また、運動主体自体も変化することが想定されるため、こうした試みを不断に続けていくことが、共同の意味世界の構築に向けて必要になってくると考える。

そこで、第五章までの分析をインタビュー対象者に送付し、その分析に関して多くの対象者との対話を試みた。

本書の意義——研究対象者の視点から

まず初めに、本書の意義については、これまでの一連の紛争をめぐる動きを整理したことに関して一定の評価がされている。

下北沢の問題については客観的というか、上からマクロ的に全貌を鳥瞰するようなものはないですよね。虫の目はあるけど、鳥の目はないというかね。そういう意味で貴重な良い論文だと思いました。（I・T氏：二〇一五年九月二〇日）

まとめてくれてありがとうということだよね（笑）。自分で言うのもなんだけど、映画にしても面白いと思うんですよ。今のSEALDsとかにもつながるし、考えていくべき方向だと思う。（S・K氏：二〇一五年一〇月六日）

一番思ったのはお疲れ様でしたということですね。単純に大変だっただろうなと。いろいろな資料を集めてそれを順序立てて整理して、という作業そのものがお疲れ様でしたということですね。その労力たるや大変なものがあっただろうなと思います。（K・W氏：二〇一五年一〇月五日）

また、全体の動きをまとめることで、他の運動主体（団体）の活動や考えを理解する契機をもたらしていることへの評価もある。

面白い人いっぱいいるなと思いました。例えば、I・Nさんはラディカルなことをしようとしていたんだなって。市民裁判をやろうとしていたりとか。（K・W氏：二〇一五年十月五日）

論文を読んだ発見というところでは、K・Kが「訴訟の会は狭量だ」という発言をしているところ。……反省として彼を代表としてこき使いすぎたなと。もうちょっといたわってあげればよかった。俺は楽しい部分ばっか

りとってるなと、彼にも言われたもん。俺も否定しなかった。楽しかったし。（S・A氏：二〇一五年一〇月一二日）

一連の運動の成果や課題に関する歴史的な整理が今後の下北沢地域の運動の参照点になり得るのではないかという本書の企図について、多くの運動主体が一定の理解を示していることもあり、次のような評価につながっていると考えられる。

特に、イベント型の構想にとって、本書が行なったような歴史的な整理は、次のような形で積極的に位置づけられる。

Q：昔やったイベントで、いろいろな人に火をつけたいとおっしゃっていたと思うんですけど、それはいまだにくすぶっていて、どこかで再燃するということですか？

A：そうだよ。種火はつけたんだもん。だから良いと思う（笑）。

Q：人によっては効果が見えないから、種火がついたかどうかわからないと思うのですが。

A：俺は絶対ついていると思う。やったことにある程度満足感がある。あれは成功したと思ってる。……いつ出始めるか分からないから、こういう記録を残していくことが大事。（K・K氏：二〇一五年一〇月一三日）

すなわち、「運動の成果が可視化されない」という課題に直面していたイベント型の構想にとって、本書はその課題を解決するための実践として位置づけられたと考えられる。

本書の課題①分析方法の限界

本書が用いる分析方法について、運動主体から大きく二点ほど批判が投げかけられた。第一の点は、インタビュー対象者の範囲の問題だ。本書は、共生社会を構想し、実践する運動主体を主なインタビューの対象に限定したが、そのような運動をしていない街の住民や、計画推進側に対するインタビューが不十分なのではないか、という批判である。例えば、次のような批判が多く寄せられた。

A：例えばさ、街の人のインタビューってYさん以外誰に行なった？
Q：何人かにはインタビューしたのですが、論文としては運動をやっている人に特化しました。
A：懇談会の人たちがどう考えていて、どう思っているのかというのも本当はすごく大事なことだと思うのね。結局、行政のアリバイにされちゃったじゃない。……彼らの考えていたことというのも本当はきちんと明らかにしてあげないと救いがないと思うわけ。いろいろな人がいるからね。……運動側の人が話し合う場を与えられないことに怒っていたけど、本当に裁判に勝って新たに協議会を立ち上げることになった時に、今まで賛成していた街の人たちを蚊帳の外にしてものを決めるわけにはいかないのだから。（K・K氏：二〇一五年一〇月一三日）

今後の街全体のあり方などについて、具体的な行動を行なっているわけではない人も当然、その社会の当事者であり、その人たちがどのような考えをもっているのかという点を明らかにすることは重要であり、その点は本書の課題でもある。また、計画推進側の立場にある人びとに対しては、現在も裁判で係争中の紛争であるためにいろいろな制約があり、インタビューが困難であったという事情があったことから、第四章において懇談会の議事録の分析で彼らの考えなどについて部分的には明らかにしたが、それで彼らの意味世界に十分に近づけたとはいえない。その点も本書の課題である。

次に、人びとの語りは「現在の視点からの過去についての想起」であって、その当時考えていたこととは必ずしも一致しないのではないか、という鋭い批判がある。

Q：批判点としてはどのような点がありますか？

A：歴史を作り変えている人がいるなと（笑）。今だからそう言うけども、その頃はそんなこと考えてなかったんじゃないかみたいなね。そこはインタビューの限界だと思うんですけどね。あの時はこうだからこうだったんだと言うのであれば、そう書くしかないから（笑）。（I・N氏：二〇一五年一〇月一四日）

ただし、当時他の人からみればそう考えていなかったように見えても、実際はそう考えていたという可能性もある。その点で個々の意味世界に唯一絶対の正解があるというものではない。ただし、運動が始まった時から同時並行的にインタビューを実施することができなかったため、本書が描き出した意味世界は、対象者がここ数年の視点から導き出した意味世界という偏りがあることも確かである。

本書の課題②分析視点の課題

次に、本書の分析視点の課題についても指摘がある。第一に、三つの共生の構想を描く一方で、何故運動主体がそれぞれの構想に分岐したのか、その詳細な背景については描いていないという点だ。

Q：批判点としてはどのような点がありますか？

A：私自身が考える下北沢問題の難しさの一番のポイントは、都市計画決定が二〇〇六年の一〇月にされたことで運動を停止してしまった人がいたことです。その時に、行政訴訟にもっと多くの人が参画してたならばよかったなあと、いつも思う。私が二次原告として中に入ってみたら意外に参加していなかった。昔運動していた人たちがいないのは何でなんだろうと。おそらく裁判というのは良くないという議論があったんだろうと思います。三浦さんの論文はあんまりその辺については明確に描かれていない。……三つの類型の発生のところの分析としては僕の疑問と同じくあんまりクリアになっていない。（I・T氏：二〇一五年九月三〇日）

すなわち、なぜAという構想ではなくてBという構想を採用するのか、その要因については十分な分析を示していないのではないか、という批判である。もちろん、そうした要因について全く論じていないわけではなく、強引な事業認可、運動の停滞などの要因として想定できる出来事については示している。ただ、どの構想を共有するのかは基本的に各人の価値観に拠る部分が大きく、それについ深く論究していくことは本書では行なっていない。なぜ他の構想を共有しなかったのかを明らかにすることで相互理解がより進展することが考えられるため、この論点は重要であり、今後の研究課題となるだろう。

次に、運動主体は複数の構想を共有しており、状況に応じて前景化する構想が違うだけではないのか、という第一の点とは逆の批判もある。

運動の仕方に違いがあるのはその通りだと思うんですけどね。ただ、それは相対的なものだと思っているわけですね。それぞれのやっていることが他のものに影響を与えていて、三つのタイプがあって成立しているわけではなくて、何かあるからこっちが出てくる、こっちが強くなるからこっちが弱くなるというような関係をもっているので、対抗型に参加している人が対抗的な運動が好きな人かというとそうともいえなくて、「自分は本当は協調的にやりたいんだけど、この場面では対抗したほうがいい」という判断が働いている。それぞれの運動体としてそうだし、個人のレベルでもあると思うんですよ。（I・N氏：二〇一五年一〇月一四日）

単に連帯型、イベント型、対抗型と分けられても、それは最初から全部やるにきまってるという話になる。いろいろなディメンションでみれば分解できるかもしれないけど、全部やらなきゃいけないんだと思う。（K・Y氏：二〇一五年一〇月二二日）

以上のような運動主体の批判は的を射ている部分がある。なぜなら、第一局面からの運動主体は複数の構想を共有し、運動を展開しているからだ。ただし、すべての運動主体がそうなのではなく、ずっと一つの構想に基づいて運動をしている主体も少なくない。

重要なことは、運動のコアになっている主体の間に一定の関係性があり、各々の構想に対し一定の理解があるが故に、複数の構想が共存し、時に対立し、時に相補するような状況が続いているという点だ。

上記の点と併せて、構想の共有／非共有の関係性、その背景というものを明らかにしていくことが、今後の展開を考えていく上でも重要になってくるだろう。

本書の課題③表現の問題について

次に本書の課題として、表現の問題が指摘された。それは誤解という側面が大きいが、重要な問題を内包している。まず、本書が用いている「対抗」という言葉に関する違和感が一部の運動主体から表明された。例えば、以下のように言われている。

A：僕自身はそんなに対抗もろくにしていないと思うのだけど、相対的にはそういう風になっているんだなあと。
Q：自分は対抗型ではないということですか？
A：そこまでは思ってない。その三つの類型でいけば当然そこに入るかもしれないが。
Q：でもそこまで「対抗」しているつもりはない？
A：そうそうそう。非常に柔軟なつもりではあるんだけど（笑）。（I・T氏：二〇一五年九月三〇日）

対抗型で突出しているのはK・Yさんだと思うけど、俺は彼のもっている多様性、寛容さがあったからこそ、運動に参加している。彼は対抗型なキャラだというのは分かるけど、彼の価値観、多様なものを慈しむ、無名な人間のことでもきちんとものを聞く態度はものすごくチャーミングだった。彼の感覚こそ「共生」に近いものだと思っている。（S・A氏：二〇一五年一〇月一二日）

訴訟は対抗型というカテゴリーは分かりやすいし、そうかなという感じもするし、論文としてそうなんだろうとは思うけど、実際は少し違うと思う。……対抗の機能というのは合意形成のための下準備なんですよ。べつに対抗したくてしているわけではなくて、それをやることによって合意に近づくという意味なんですね。……だからある意味相互理解のための運動であって、別に喧嘩したくって対抗しているわけではない。（I・N氏：二〇一五年一〇月一四日）

初めから、すごく目的意識的にやっている運動なんだ。それっていうのは対抗型じゃないんだ。社会学的に見たらそうなるのかなとは思うけど。私だって対抗のために対抗しているわけじゃない。それはいつだって転換できる点があれば、転換させる方策をとりますよ。そう簡単じゃないからやっていないだけの話であって。（K・Y氏：二〇一五年一〇月二二日）

日常用語でも用いられる「対抗」という言葉から、「好戦的」「柔軟性に欠ける」というイメージが導出され、結果、「対抗型」が「何から何まで常に対抗している人」と捉えられてしまっているといえる。もちろんそのような意味で用いているわけではなく、以前からの対話の過程で、研究対象者たちも筆者がそのような意味で論じているわけではないことは理解していたものの、「対抗」という言葉を用いることの影響をもう少し慎重に検討するべきであった。また、対象者たちは「読者がそのような理解をしてしまうのではないか」ということに対する危惧も持っていた。

次に、本書の重要な概念である「共生」という言葉に対する違和感も一部の運動主体からは表明された。例えば、次のような重要な指摘がある。

「共生」というのが結構抽象的な概念じゃないですか。当事者の間に共生という理念型がない状態で、共生という概念でその事象を見ていくというのが、はまるときもあるんでしょうけど、何を得るための概念なのか、ざっと読んだだけでは分からなかった。（K・W氏：二〇一五年一〇月五日）

確かに、下北沢地域の運動において「共生」という表現がそのまま用いられたことはほとんどないが、「共生」を実現するための運動として捉えている主体も多かったため、そのような表現を用いている。だが、本書では「共生」という多義的な言葉を社会学的に捉え直し、「社会形成」という意味も含意させ、運動主体の構想や実践をメタ的に表現している。その点で違和感が生じた可能性がある。

誤解を引き起こしかねない言葉の使い方は、規範的な構想を議論していく上で本来は避けなければならないが、これまで曖昧だった「共生」という概念を社会学的に再定義して分析する上では生じ得るズレでもあったと考えられる。

運動の課題に対して

本書では、複数の構想／運動の課題について言及しているが、それについて運動主体からは直接的な批判はなく、一定程度了解されたと考えられる。基本的には、多くのインタビュー対象者と対話を通じて、それぞれの運動の課題について分析を提示し、課題を共有していたことが確認されたと考えられる。ただ、その課題に対して、どのように今後取り組むのかということに関しては明らかではなく、これまでの分析を提示し、その考えを改めて問うた。

例えば、対抗型の運動において、無関心層に対する働きかけの優先順位が低いという課題について、S・A氏は以下のように述べている。

A：論文を読んで、俺の資質のなかで無関心層に対して冷淡だということを自分できちんと認識できた。……俺、世代とか職業とかで区別しないでコミュニケーションしていると思ってるけど、流されてばっかりの無関心の奴と口を聞いても面白くないなという好き嫌いはある。だから無関心層に対して出す言葉よりも、年が離れててもこんな面白い奴がいるよっていう人と組んで何かやってるというのは、当たり前の発想としてあるということは感じたね。無関心層に対してアピールするということに俺は興味ないなって（笑）。
Q：冷淡でなくなろうとは思わない？
A：たぶん変わらないだろうな。
Q：それは問題ではないということですか？
A：そういうことではなくて、俺ができることをやっていくうえで、それは遠回りすぎるかな。
Q：他の運動がやればいいということですか？
A：そうだね。（S・A氏：二〇一五年一〇月一二日）

彼は対抗型の運動の課題は認識し同意するが、それに向けて具体的に新しく何か動き出していこうと考えているわけではなく、イベント型の運動にその役割は任せているといえる（ただ、S・A氏はこれまでもイベント型の運動に協力的であり、必ずしも無関心層に冷淡というわけではない）。
同様に、別の運動に課題を託すという考えは連帯型の運動主体にも見られる。

Q：連帯型の歩んできた経緯を見てみると、課題もあって、国とか小田急とか権力側の強引な手法に対抗する術を結局もっていなくて、やりたいようにやられる部分も大きかったのかなと。その辺については改めてどうお考えですか。
A：いやー、だからね、アカデミックに解決できると思ったんだよ。あれだけ研究者が立ち上がってくれたら止まらないわけないと思っていた。

Q：その後の展開を見ても、跡地〔問題〕で一生懸命にやられてて、良い案を出してたと思うんです。昔ほど専門家が集まったわけではないにせよ。それもいい結果にはならなかったのではないかなと。
A：要するに、権力は良いシステムを作ろうとしているわけではなくて、経済界に対して弱い。
Q：システムに対して今「おかしい」と言っているのは訴訟の会だと思うんですよね。で、K・Kさんはそうした運動に対しては批判的ではないのかなと。
A：そうだよ。批判はしていないよ。（K・K氏：二〇一五年一〇月一三日）

連帯型の最大の課題である「権力に対するブレーキ」については以上のように認識しており、そうであるが故にK・K氏は対抗型の運動を認めている。

以上のように考えると、（前章で論じた）「複数の運動が共存することで、各々の運動の課題は別の運動がカバーする」という暫定的な課題解決の方向に多くの運動主体もたどりついているといえる。

ただし、必ずしもすべての運動主体がその方向性を共有しているわけではない。その点について次に見ていきたい。

本書の規範的立場について――三つの構想／運動が共存していることは望ましいことなのか

前章の結論部分で、共生社会を実現するために三つの構想が相互に一定の理解をしながら共存していくことが社会形成のあり方として望ましいあり方ではないかという、本書の規範的立場を示した。この主張に対してはさまざまな意見がある。

上述したように、この主張に対して同意する運動主体は多い。例えば、次のような語りがある。

Q：S・Kさんは三つのタイプのどれにもあてはまりそうですが、どちらかというと連帯型でありイベント型なのかなと。対抗型に対しては、違和感はあるけども、重要だと考えているのではないかなと思うのですが。

A：彼らは役割を果たしている。対抗型は絶対必要なんだよ。だって結論は政治じゃないと決まらないんだから。法律で変わらなきゃいけないんだから。

Q：そういう理解はされているんですね。

A：そうそう。だから、政治のところまでもっていくためには、どれだけいろいろな人間が集まるかということが大事。結論は政治でしか変わらないと僕も思ってるよ。（S・K氏：二〇一五年一〇月六日）

また、以前からそのようなあり方であれば良かったという捉え方もある。これも同意として捉えることができるだろう。

A：そのようなあり方は現時点では正しいと思うんだけどね。二〇〇六年、七年の頃についてはむしろもっと幅広い運動を作れなかったのは残念だった。

Q：その頃はどういう運動だったと？

A：行政訴訟とイベント型だけだった。

Q：対話を広げた方が良かった？

A：そうそう。（I・T氏：二〇一五年九月三〇日）

一方で、運動体を一つにまとめるという真逆のあり方を構想する意見もある。

A：運動をいかにまとめることができるか。一つじゃなくてもいいとしてね。

Q：運動体を一つの組織にしてしまうのはどうかなと思うのですが。

A：そこまではやらなくてもいいと思うけど、町内会が地域を薄くカバーしているじゃない？　それの一分野であるぐらいにした方が良いかなと。
Q：町内会の一部として動く？
A：そうそう。要するに無駄を省くという意味でね。
Q：当初町内会がこの問題に対して口出しができないから「Save」が立ち上がったと思ったんですが。
A：町内会というよりは商店街だよね。町内会と連携した方が地域の枠のなかで動きやすい。
Q：町内会のなかに入らなくても、対話をして連携をとっていくことは大事ですよね
A：そうだね。ただそれをやるとなると、大変だけどね。（H・T氏：二〇一五年一〇月一八日）

ただし、この主張を、複数の運動団体がこれまで以上に連携をとっていくべきだという主張として捉えるならば、本書の規範的立場とそれほど大きな違いはない。だが、特定の構想や運動に収斂すべきという主張であるならば、本書とは違う見解をもっているといえる。

同様に、複数の構想が存在することが本当に望ましいあり方なのかというラディカルな批判もある。

対抗型、連帯型、イベント型という三つの類型が提示されていて、それぞれが完全否定しないまでも批判的にも共立している状態を、ある種の括弧付の公共的な状態を目指している状態として積極的に評価されているじゃないですか。それがいいのかなと（笑）。どちらかというと今、運動は沈静しているじゃないですか？　理論的にはそうなのかもしれないけど、その状態をポジティヴに捉えることができるかどうかはわからない。理論上のこととして位置づけているのか、実践的な意味もあってポジティヴに認識しようとしているのか、摑みきれていない。（K・W氏：二〇一五年一〇月五日）

すなわち、運動が共存したことによって実際にどのような成果があったのかという疑問が提示されている。共存し

ていなかった場合どうなっていたかを論じることは難しいが、補助五四号線の一期工区はほとんど事業が進んでおらず、二期工区、三期工区は優先整備路線として認定するかどうか再検討が始まっており、運動の一定の成果はあったのではないかと本書では考えている。だが、これは非常に難しい問題で、成果が出ていなかったらそのあり方が望ましくないというわけでもないのではないだろうか。

以上のように、必ずしもすべての運動主体に本書の規範的立場は受け容れられているわけではない。すなわち、対立を内包しつつも一定の関係性のもと複数の構想が共存しているあり方そのものを、本書では望ましいと位置づけているが、その望ましさの根拠が改めて問われているといえる。

本書の評価は、規範的な立場からの、あくまでも今の時点から見た暫定的な評価であり、今後はこの評価自体が人びとにどう評価されていくのかということをさらに検討していく必要があるだろう。状況の変化に対して、このあり方は維持されていくのか、またその望ましさは成果によって判断されるのか、規範的な立場で判断されるのか、といった点は今後の重要な研究課題となってくるだろう。

第七章　結論――本書の意義と課題

本書の目的は、「共生」という社会学的な問題を都市というフィールドで分析する際に、どのような問題設定が重要になってくるのか、そしてどのような分析枠組みが求められるのかということについて、これまでの都市社会学的な研究の蓄積や、「共生」をイシューとしている都市社会運動を対象とすることで明らかにすることにあった。その点で、本書の理論的実践は、「共生」という理論的対象に対する認識を生産する実践として位置づけることができる。[1]そして、もう一つの目的は、小田急線高架事業／連続立体交差事業を契機とした下北沢地域の半世紀以上にわたる運動という日本の都市史にとっても重要な運動を研究対象として、その問題設定や分析枠組みから、「共生」をめぐる対立の状況、背景、潜在的可能態としての「共生」の試みの意義と課題を明らかにすることであった。したがって、本書の意義は方法論的意義と分析的意義に分けることができる。そこで、以下、それぞれの意義の詳細について論じていきたい。

1　本書の方法論的意義

本書の方法論的意義として、問題設定と分析枠組みを理論的蓄積と経験的対象の両方を素材とすることで構築した点がある。また、空間との関連から意味世界を捉えることの有効性を示した点、規範的かつ経験的な中範囲の理論を構想することで都市社会学と公共社会学の連接を試みた点がある。以下、これらの点について詳述する。

本書の理論的実践

本書は、前半で理論的枠組みを作り上げて、そのまま後半の事例分析に適用する、というような分析の方法を用いているわけではない。都市社会学研究の理論的な蓄積を分析対象とすることで問題設定や分析の方法を導出するが、それをそのまま事例分析に適用するのではなく、それらの点を研究者の認識として自覚しながらも、経験的な対象を素材にして、問題設定や分析の枠組みを検討している。

これは、概念で現象を一方向的に説明するだけの理論的実践を再生産しないための試みでもある。そうすることで、「共生」を都市社会学的な固有の問題設定と分析の枠組みで対象化し、経験的な研究課題を導き出すことが可能になってくる。

本書の問題設定

本書では、まず序章において、「共生」という社会学的な問題を従来の認識では捉えきれないことを明らかにした。すなわち、これまでの「共生」に関する認識として、①固定的な共同体を前提にする共存論、②個人的な技法に焦点化する規範論、③本質主義的な共同性を前提に置いた規範論が存在するが、これらの認識では、社会学的な問題設定を立てることができない。特に、近年問題になっている「都市への権利」を主張する都市社会運動を「共生」の問題として捉えることができない、ということを明らかにした。

その上で、「共生」という概念を「異質な要素同士の共存から、相互理解などを経て、共に生きていくことを可能にする社会を新たに形成していく動き」として社会学的に仮定的に再定義し、個人間の次元から、集団間の次元に位置づけ直すことで「都市への権利」を主張する都市社会運動を「共生」の問題として捉えることを試みた。

また、社会学が「共生」をどのように扱い得るかという点で、何故「共生」という構想や試みが生まれざるを得ないのか、「共生」を困難にしている事態とは何なのかという視点、どのような共同性が存在し、新たに生み出されようとしているのかという視点、複数の「共生」の試みを「社会形成」という観点から過程的に捉える視点をもつことが重要になってくるのではないかという仮説を示した。

その上で、第一章の1節では、多様な主体の共生を困難にする契機となる都市空間の危機的状況（「排除」「均質化」「荒廃化」）を問題化する研究群を検討し、その成果と課題から、①いかなる要因で「共生」が揺らいできているのか、②いかなる「共生」の構想がいかにして生み出されているのか、③いかにして「共生」を可能にする社会を作り出していくことができるのか、その実践にはどのような可能性や課題が存在しているのか、といった「共生」をめぐる三つの問題設定を導出し、人びとの意味世界を焦点とすることが重要となることを論じた。

そして、第三章、第四章、第五章で、「都市への権利」を主張する運動として捉えられる下北沢地域の事例を素材にすることで、以上の問題設定がイシューとして浮上していることを確認しつつ、分析を行なった。

結果、都市という場において、「共生」に関する同じ問題設定が「理論」からも「経験」からも浮かび上がってきていることが明らかになった。もちろんそれは、理論的検討から生み出された問題設定を筆者がもったが故に経験的対象から同じ問題設定を導きやすいという側面があるかもしれない。しかし、それは現実にイシューとなっていることから導いていることでもあり、その問題設定の正当性が確認されたともいえるだろう。

この問題設定によって、共生をめぐる現象の背景や課題、可能性といったものを社会学的に分析するための見通しがよくなる。そして重要なことは、この問題設定のもとで、本書が望ましいとする共生に向けた実践の意義や課題が明らかになり、規範的かつ経験的な中範囲の理論が構築できるということである。

本書の分析枠組み――意味世界（社会的世界）という方法的概念

本書の方法的意義として、「共生」を問題化する際に「意味世界」（社会的世界）を分析枠組みとして設定した点にある。これは、過去の都市社会学の研究や理論の蓄積と、事例との対話から生み出した認識手段である。

第一章1節、3節と、第二章の理論的検討で明らかにしてきたように、共生をめぐる問題設定にとって意味世界が最重要の焦点となる。どのような社会を望ましい共生の在り方として人びとが構想しているのか、それをどのように実現しようと構想しているのかということを捉える必要があるからだ。

第一章1節では、既存の都市社会学の方法＝認識が、「排除」「均質化」「荒廃化」といった物理的な「都市空間の危機的状況」に注意を払う一方で、人びとの意味世界を十分に捉えていないために、そもそも共生が揺らいでいるのかどうかを明らかにすることができないという点を論じた。

もちろんこれまでも、人びとの意味世界に着目して研究を進める（都市）社会学的研究は多く存在するが、意味世界それ自体が「社会」と「空間」が重層的に絡み合う理論的対象であるということに関してほとんど自覚的に検討されてこなかった。第一章3節で明らかにしたように、現代における共生を論じるために意味世界を捉える必要があることを主張していたカステルは、空間を理論的に考察していないために、空間をめぐる意味、関係性、実践などさまざまな要素が意味世界と相互に重層的に関連するという方法＝認識をもっていないという課題があった。

空間認識に課題を抱えていたのは初期シカゴ学派も同様であり、意味世界における「社会」、意味世界の構成要素を捉える視角をもちあわせていたものの、生態学的な空間認識から結局、意味世界の歴史性、多様性、構成要素を十分には捉えられなかったことを、第二章1節で明らかにした。

こうして、人びとの意味世界そのものが、都市空間と社会の接点であるという視点が重要になってくる。また、意味世界それ自体が多様な要素を包含する点で理論的に空間的な対象であり、構成要素としてどのような経験的な空間の諸要素や社会の諸要素が含みこまれているのか、それはどのように配置されているのかという点を描き出すことが必要になる。

そこで本書は、「意味世界」を焦点にして論究してきた日本の開発研究や住民運動論の成果と課題から、「社会」と「空間」が重層的に絡み合う理論的対象として意味世界を捉えるための方向性を第二章2節で導出した。それは、(1)主体の布置連関を射程に収めながら、論理化されていない意味世界の展開を把握していくこと、(2)意味世界の共同性の多様性や根拠を把握すること、(3)意味世界の背景要因や構成要素を明らかにすること、(4)その後どのような方法で社会を形成していくのかという構想＝意味世界を把握すること、の四点である。(1)の課題は上述の①〜③、(2)の課題は②、③、(3)の課題は①〜③、(4)の課題は③の問題設定に関連するものとして位置づけることができる。

次に、第二章3節で、「意味世界」を具体的に捉えていく方法について、エスノグラフィなどの広義の都市社会学的な研究の蓄積から検討を行なった。エスノグラフィ的実践を蓄積してきた人類学や社会学は、「どのように見たら意味世界を見たことになるのか」という重要かつ困難な研究課題に取り組むなかで、研究者と研究対象者が相互にパフォーマティヴに意味世界を構築していくという構想に辿りついていた。そして、その構想を具体的な研究方法にする試みとして、アクティヴ・インタビューという方法があるということを明らかにした。ただし、この方法は、意味世界の構成要素にあまり注意を払わない結果、意味世界がどのような要素によって集合的な意味世界として共有されているのかという点についてはほとんど議論ができていないという課題があった。共生に関するイシューや主体はアプリオリに存在しているわけではなく、イシューも主体も時間的、空間的に複雑に生み出されるし、それを分析の主題として、理論的対象として浮かび上がらせるためにも、意味世界がいかに存立し、共有され、イシューや主体の誕生や変化を生み出しているのかを明らかにする必要がある。そこで本書では、「社会的世界」という方法的概念で、「意味世界」の存立の様相を捉えることを試みた。

第二章4節では、それらを捉えていくための方法＝認識の手がかりとして、ルフェーヴルの理論を再検討し、「空間の表象」「空間的実践」「表象の空間」が重層的に交差する理論的対象として意味世界を捉える視角が重要な手がかりになることを示した。

以上の点が、都市社会学的研究の理論の蓄積を検討することから導き出した「意味世界」という分析の枠組みであるが、本書は下北沢地域の紛争を検討するなかでこの「意味世界」という分析の枠組みを鍛え上げている。

具体的にいえば、第三章では、聞き取りをする過程で、どのようなアクターが人びとの意味世界の「社会」のなかに含まれているのかという点だけでなく、どのような関係性のもとで、どのような存在として諸アクターが捉えられているのかという点が重要になるという考えから、人びとの関係性、存在を意味世界の重要な要素として提示している。

第四章では、分析を進める過程で、人びとの意味世界を規定する諸要素が循環構造になっているという視点、その構造のなかで人びとが選択的にその構成要素を選び出しているという視点が重要になってくることが明らかとなり、そのような視点から意味世界（社会的世界）を構築している。

第五章では、下北沢地域の運動の事例から、運動の構想の三つのタイプを導き出している。それは政治哲学の理論的蓄積との対話から生み出されているという側面もある。ただし、政治哲学の概念をそのまま適用するのではなく、その違いについても検討して分析している。

以上のような形で、本書は、理論、実証研究の蓄積と事例の両方を対象とすることで問題設定や分析枠組みについて検討するという理論的実践を行なっており、これは理論と事例の対話を進めるうえで有効な方法であったと考えられる。

空間的存在を通して現われる「社会」

都市社会学は、ある特定の空間的存在を通して見られる「社会」の研究を蓄積してきたし、今後もそれまでの蓄積を生かした形で研究を進めていく必要がある。すなわち、いかに空間と社会を結びつけながら、イシューとなっているテーマを論じることができるのか、その方法＝認識が問われてくる。

本書では、人びとの意味世界（社会的世界）を構成する／規定する空間的要素に着目することで、空間と社会の結びつきを捉えてきた。「共生」とは常に構想であり、その構想のなかに特定の空間的状態、空間の表象、空間のなかで生み出される社会関係など空間の諸要素と結び付くものであった。共生の理想的状態としての構想も、その実現のための構想もともに空間的諸要素を重要な構成要素としているし、同時に、空間的諸要素によって規定されている（時に、それらの要素同士が相互に影響を与えることもある）。また、それらが意味世界のなかでどのように配置されているのかという形で、意味世界を空間的に認識することも重要となることを、第三章4節、第五章で論じてきた。

そして、以上のことは、第一章でも主張したように、経験的に探究可能な仮説命題を導出できるような理論的対象としての「都市」の設定につながる。「都市」とは、価値観や利害が同時に多様に存在する空間的な対象であり、それをいかに「社会」として形成するかという構想が不断に対立・交渉する場である。その構想には、目指すべき理想とする「社会」の構想と、その「社会」を実現するための構想の二つが存在する。それらの構想の内実や構想間の関係性を都市空間との関連から明らかにしていくことが、今後重要な研究課題となるだろう(2)。

転繹法の意義

本書の方法的企図は、規範的に望ましいと設定した対象の展開を経験的に捉えることで、規範的かつ経験的な「中範囲の理論」を構想するというものであった。

本書は、「異質な要素同士の共存から、相互理解などを経て、共に生きていくことを可能にする社会を新たに形成していく動き」を「共生」として規範的に望ましい実践として捉えるという立場に立ち、下北沢地域の構想や実践をその潜在的可能態として設定した。そして、どのような背景のもとで、いかなる共同性が成立し、どのような成果を生み出しているのかを明らかにするとともに、この潜在的可能態が複数のタイプの構想に分岐し、各々の公共圏を生み出すという展開を見せていくことも明らかにした。その意義と課題は上述した通りだが、それは共生という構想／実践の意義と課題に関する「中範囲の理論」であると考える。

また、今後の展望として、本書は複数のタイプの構想に分岐し共存している状態を規範的に望ましい状態として新たに設定した。対立し、批判し、理想とする共生の状態にも齟齬が起きてきているが、最低限その存在を認め、共生の多様な試みが同時に存在すること自体を望ましい共生の試みであるとして仮説的に捉え、潜在的可能態のその後の展開から、共生概念に近づくための契機や論理、課題を剔出する理論を構築することは、今後の研究課題としたい。

特に、分析を通して、序章で仮に設定した「共生」の定義から今後論究すべき経験的な研究課題が導出された。すなわち、「異質な要素同士の共存から、相互理解などを経て、共に生きていくことを可能にする社会を新たに形成していく動き」として当初は「共生」を理論的に定義づけたが、潜在的な対立関係を内包していても複数の社会形成が同時に存在することが共生社会の実現に向けて望ましい結果をもたらしている可能性があり、「相互理解」を互いが互いを理解しあった関係性のようなものとして規範的な前提にするのではなく、その理解のありようを探究する必要がある。

当然、以上の本書の規範的立場は絶対的なものではなく、再審されるべきものだろう。もっとも、公共社会学と都市社会学の連接を志向する以上、規範的立場を明確にし、再審を受けることは必要なことでもある。もちろん、それは研究者の独りよがりの規範的立場になってはならないだろう。前章でも明らかにしたように、運動が分岐した後もほとんどの運動主体は互いの運動の仕方に対して批判はするが、その構想自体は認めるとともに、他のタイプの運動が消滅すればいいとまでは考えていない。異なるアプローチが存在することは最低限認めており、そのような状態を望ましいと考えている主体も多い。

そうであるが故に、現時点での意義と課題に関する本書の分析は、少なからず運動側にとっても今後の展望を検討する際の手がかりとなるだろう。すなわち、実践的な意図も本書には含まれる。環境社会学では、運動の当事者たちが自分たちの置かれている状況を評価することができる普遍的な枠組みを「よそ者」である研究者が提供することが研究者の役割だという議論がある（鬼頭 1998: 54-46）。その意味では、本書が明らかにしてきた共生の構想の背景、対立の背景、社会形成の可能性、課題といったものは、運動主体が現状を再帰的に評価する際の手がかりとなると考える。

研究の実践性についてはさまざまな方法があり得ると考えるが、都市社会学においても今後改めて検討すべき重要な論点であるだろう(3)。

2　本書の分析的意義

本書の分析的意義として、「共約不可能な公共性の萌芽を経験的に捉え理論的に位置づけた点」「私的所有権を最大限認める国家主導の都市型公共事業が内容面・手続き面の両方において共生の揺らぎの大きな要因となっていることを明らかにした点」「複数の共生の構想の意義と課題を明らかにした点」がある。

また、「よそ者」「都市への権利」「公共圏」といった都市空間における共生にとって重要な論点に関しても、既存の研究に対して一定の貢献をもたらしている。

それぞれの点について、以下、論じていく。

「共生」の構想をめぐる争い――共約不可能な公共性の対象化

都市計画を契機にして、いかなる共生の構想が生み出されているのかという問題設定から、第三章では、計画推進側と計画反対側の意味世界を描きだした。

下北沢地域の紛争では、計画推進側が人間工学的な都市空間によって誰もが安全で安心して生活し、利用できる都市空間を構想していた一方で、計画反対側は人間工学的な都市空間から排除されている人びとの多様な意味づけ、来街者や中小規模の商店を営む商業者の権利、価値を尊重していたことが明らかとなった。これは「公共性」の争いであったが、「国家的公共性vs市民的公共性」というような二項対立的な図式で捉えられる争いではなかった。なぜなら、都市空間を操作化・視覚化しようとする機能主義的で「人間工学」的な都市計画が住民の利便性重視、リスク回避などの感覚と結びついた公共性を主張し、それを受け容れる住民も存在していた点で、「国家vs住民」という単純な図式ではなかったからだ。すなわち、一連の都市計画はある種の共生社会を構想する点で公共性を主張しており、「いかなる多様な生が可能な街の空間を作るのか」という共生の構想がイシューとならざるを得なかった。

計画推進側は一見「寛容」な共生社会を構想し、その公共性を主張するが、都市計画が物理的環境の変化を引き起こし、結果的に近隣住民、商業者、そして来街者の利害を損失させる側面があり、運動側はその公共性を問題視していた。また、推進側が想定する「社会」のなかには商業者や住民、来街者など広く含まれるが、「社会」を形成する主体としては権力構造がそのまま持ち込まれ、多くの商業者や住民、来街者はそこから外されていた点、さらに、個々の主体を、経済合理性を追求する主体として設定していたために、私的所有権を制限しながら共同で社会を作り上げていくという方向性にはなかなか展開していかない点を問題視していた。

一方、運動側の意味世界の「社会」には街の当事者として来街者も含まれ、当事者間の水平的な関係性が構想されていた。そして重要なことは、計画を推進する立場に立つ人びとも、共に「社会」を形成する主体として運動側に構想されていたということである。運動が分裂した後も、そのような構想は一部の運動主体によって維持されている。

そうであるが故に、盛り場としての価値と対立する側面をもつような交通利便性や安全性などの推進側の主張が尊重され、共存可能な代替案が作成されていた。また、文化的権益という共通利益は運動主体や来街者だけが享受するものではなく、街のあらゆる関係者が享受できるものとして構想されている。そして、その後の実践で多様な価値が共存できるような都市空間を生み出そうとしていた点においても、より共生が可能な社会を構想していたといえる。これは、共約不可能な多様な価値に直面した運動体が、制度の内外でその共存を試みた共生の実践として位置づけることができるだろう。

さらに、共生が可能な社会を実現するための方法についても、運動のなかで共約不可能な複数の方法が構想され、実践されていた。重要なことは、複数の構想が、交流がない形で単に共存していたわけではなく、一定の対立、相互理解、連携というものがあったということである。交流のない共存ではその後大きな対立が生まれる可能性があるが一定の関係性があることは、より良い社会を実現していくための出発点になると考えられる。

以上の点は、近年の日本の地域社会学、都市社会学の文脈で検討するならば、「共同性」で括ることができるような従来の住民運動論的な〈主体性〉——〈公共性〉では捉えきれないものである。これまでの住民運動論は、多様なニーズから生の共約可能な要件を特定化し、「共同性」を根拠に市民的公共性を形成する運動を捉えてきた（似田貝 2001: 44）。近年、こうしたハーバーマス的公共性の視角からは、〈生〉の複数性が「共同性」で括られることで、「弱い市民」（武川 2003: 15）といった「見捨てられた境遇」（似田貝 2001: 45-46）が排除される点について再考が促され、〈生〉の複数性をもたらす「公共空間」＝「共約不可能な公共性」が注目されてきている[4]。

近年の議論では、行政との交渉、対抗領域においては「共約可能な公共性」を形成し、市民間の「現われの空間」において「共約不可能な公共性」を形成するという区別が行なわれているだけであり（似田貝 2001: 48-50）、十分に議論が詰められていない。その結果として住民運動＝「共約可能な公共性」という図式は維持されたままとなっている(5)。

これに対して、下北沢における一連の運動は、共約不可能な諸価値を行政との交渉、対抗領域においても主張し、それを実現するための方法を模索してきた事例であるといえる。この事例における共生の構想、運動が抱えた可能性と課題は、住民運動、公共性をめぐる議論に新たな展望を切り開くものとして位置づけることができるだろう。

そして、以上の点は、論理化されていない意味世界の展開や、意味世界の共同性の多様性や根拠を把握することで明らかになったことでもある。

共生の構想の対立の背景——国家主導の都市型公共事業という要因

（第三章で明らかにした）共生の構想の対立がいかにして生じたのかという問題設定から、第四章では歴史的な視点から、計画推進派と反対派の意味世界の背景について論じた。

これらの対立は単に一連の都市計画をめぐって、価値観の違う人たちの間で対立が起きたという話ではない。街の変化や、半世紀にも及ぶ国家主導の都市型公共事業によって、人びとの意味世界が生み出され、作り出され、そうした意味世界が現在まで引き継がれてきたことが大きく影響している。

「歩いて楽しめる街」という運動側の意味世界の背景には、街の空間のなかで土地の利用形態が多様に変化すること、それと相互作用する形で街の表象がさまざまに変化し、またそれに対応する形で来街者の実践が生まれ、そこから社会関係が生み出され、それがまた土地の利用形態や表象に大きく影響を生み出していくというような、循環構造があることが明らかとなった。この循環構造に人びとは、規定されて意味世界を作り上げるとともに、同時に多様に存在する物質、表象、社会関係、実践を構成要素として取捨選択し意味世界を作り上げていった。特に、多種多様な店舗が存在することが、来街者にとっても、住民にとっても、（その性格は異なるものの）社会関係を創出するうえで重要な要素であり、そうであるが故に中小規模の多様な店舗の保護が当初から念頭に置かれていた。

計画推進側のなかでも地権者や商業者は、ビル・オーナーになるという形で経済的合理性を追求することで利益を享受するようになった経緯があり、その意味世界の構成要素に経済的合理性を追求した結果としての街の高層化や都市空間の利用の仕方を受け容れる傾向がある。国家主導の都市計画事業という空間の表象に対しても当初は否定的だったが、行政を上位の政治的主体に設定する政治的な構想が支配的であったため、行政との数十年にわたる協議の結果、表象は正当化／正統化され受け容れられていった。このように推進側も、物質、表象、社会関係、実践の循環構造に規定されるが、運動側とは異なる構成要素を選択することで異なる意味世界を歴史的に作り上げていった。

以上のように、多様な意味世界を生み出しやすい盛り場という都市空間の磁場のなかで、私的所有権を最大限認める国家主導の都市型公共事業がまちづくりの形骸化を進め、地権者や一部商業者の意味世界を包摂し、人間工学的な都市空間を作り上げようとすることが、この地域における共生の揺らぎの大きな要因であることが明らかとなった。都市空間をめぐり多様な意味世界が生み出されるなかで、特定の意味世界によって都市空間を排他的に独占しようとする社会経済的な動きが共生を難しくしているといえる。

こうした点は、意味世界を空間的な対象として理論的に設定し、その多様性、歴史性、構成要素を捉える視点が可能にした分析であるといえるだろう。

共生の実現の仕方をめぐる構想の分立と展開

そして、下北沢地域の運動は一〇年以上にもわたる展開のなかで、望ましい都市の実現の仕方をめぐり次第に分裂しており、そのこと自体が重要なイシューとして浮上している。本書では、運動の全体的な展開を捉えながら、どのような方法で共生の社会を実現しようとしているのかという問題設定から、共生に向けた実践の意義と課題について検討してきた。

運動主体は第三章2節で見たように、「目的としての未来」＝理想像を当初共有していた。すなわち、街の空間の物理的状態には変化をもたらさず、来街者や借家層も含めて多様な人びとが水平的な関係性のなかで自治を行なうというものであった。だが、現状認識を介して、その理想的状態に到達するための構想＝「計画としての未来」に違いが生まれ、運動は分裂していった。それぞれの運動には以下のような意義と課題が存在していた。

対抗型の構想は現行の政治・制度そのものを議論の俎上にあげることで行政を牽制し、連帯型の構想は社会関係そのものを作り上げることでまちづくりに向けた機運を高め、イベント型の構想は地域内外に問題を告知し、無関心層を中心とした幅広い人びとに関心を惹起させようとする点に意義があった。また、各々の構想の意義は他の構想の課題でもあった（対抗型の課題はまちづくりへの機運＋人びとへの訴求力、連帯型の課題は行政への牽制、イベント型の課題は行政への牽制とまちづくりへの機運）。ただし、こうした複数の共生の試みが同時に存在することで各々の構想の死角をカバーできており、その限りにおいて、一連の運動はより良い共生社会を形成していく可能性がある。

以上のような点は、いうまでもなく、意味世界の存立をみなければ把握できない。すなわち、どのような要因によって意味世界が規定されているのか、どのような構成要素が意味世界に含まれるのかということを捉えていくことで、各々の構想と運動の展開を把握することができる。また、その存立を見ていくことで、構想と運動の変化を捉えることも可能になる。

当初は話し合いで解決できると考えていた対抗型の運動は、行政の不誠実な対応に直面することで、より対抗的になり、仲間を増やすための他の活動の余地を縮小させていくようになる。win-win のまちづくりを志向していた連帯型の運動は、行政の不誠実な対応に対しては目的を縮小して、何かしらの成果を得ることや、話し合いをすること自体に価値を置くようになり、多くの人にアピールすれば何かが創発的に生み出され状況は好転すると考えていたイベント型の運動は、運動の成果自体が曖昧である状況に直面して、その効果自体が疑問視され始め、直接的な効果が出るような政治的な駆け引きも同時に行なわれるようになっている。このように、共生社会に向けた試みがどのような構想のもとで、いかに変化するのかという点は今後の共生社会の展望にとって重要な焦点となるだろう。

また、社会的世界に着目することで、こうした変化の背景を捉えることができる。対抗型は実践を通して構想が強化されるという側面がある。特に実践を通して、推進派や行政との敵対的な人間関係が作り上げられていくことが構想の強化の要因でもあり、そうした敵対的な関係性そのものが構想の重要な要素となっている。また、その結果として、仲間となる主体は政治的に主体化した意識の高い人間が想定されるようになる。都市計画が作り上げている空間の表象自体は批判の対象であり、それに対抗するものとして「緑」という表象、土地利用のあり方が目指されている。

連帯型の構想も実践を通して、連帯的な人間関係が作られることによって、その人間関係を重視する構想を強化していく。行政側との友好な関係性を要因としてまちづくりに参画でき、結果としてその友好な関係性を維持していくことが重要な構想となる。故に、計画の表象を基本的には共有し、計画がもたらす人間工学的な都市空間も受け容れていく傾向がある。

イベント型の運動は、現実の街の空間が変化し、特徴的な街としての表象も減ってくるなかで、それまで運動を支えていたような来街者が減り始め、創発的な効果それ自体が不可視化されているなかで、構想それ自体の意義が再考されている。そうしたなか、空間の表象を新たに生み出そうとする試みも見られるようになっている。

このように、実践を通して構想は変化を余儀なくされている。実践を通して社会関係が形成され、それが構想を規定し、また、構想の重要な構成要素となっている。空間の表象や空間の物理的状態は構想の重要な構成要素であり、イベント型の構想においては重要な規定要因にもなっている。

「よそ者」と意味世界

また、本書が理論と事例との対話を通して明らかにした重要な論点として、「よそ者」という点を挙げることができる。移動性が増大した現代都市では、よそ者と共に生き、また、よそ者として生きていかなければならない。そのような状況のなかで、いかに「社会」が作られていくのか、その過程や課題を捉えていく必要がある。その点で、「都市」「共生」「よそ者」というのは必ず交差する重要な論点となる。

これまで、「よそ者」論は主に環境社会学の分野で議論が蓄積されてきたが、本書が明らかにした論点は、これまでの環境社会学の視角からは十分に捉えられていないものである。環境社会学の文脈では、よそ者が普遍的な観点を導入することで地元の環境意識を変容させる、換言すれば、「よそ者／地元」を「環境理念の普遍性／地域性」という二項対立の図式で捉えてきた（鬼頭 1998）。しかし、下北沢地域の紛争のような「生活圏の景観」がイシューとなっている都市部の紛争の場合、普遍的な価値を読み込める自然環境ではないために、よそ者が普遍的な観点を導入するということにはなかなかなりにくい。下北沢地域においては運動側が普遍的な観点を全く導入していないわけではなく、「文化的権益」という新しい法的権利の主張をすることで普遍的な観点を構築しているが、その一方で、推進側も「区の三大拠点としての拠点性を高める」「道路ネットワークをつなげる」といった形で、普遍的な観点からの論理を構築している。つまり、「普遍的な観点と地域的な観点の対立」が起きているのではなく、「普遍的な観点をめぐる争い」が起きているのだ。そして、この「普遍的な観点」において、推進側と運動側では、「よそ者」の権益の位置づけが違っている。

そのように考えると、この下北沢の事例から明らかになったのは、都市部における共生をめぐる紛争においては、「よそ者がどのような観点を導入し対立が起きているのか」ということ以上に、「よそ者をどのような観点で捉えた結果、どのような対立が起きているのか」ということがイシューとして前景化しているということだ。つまり、「誰が「よそ者」なのか、そして「よそ者」という存在そのものをどのように位置づけるのか」という点が重要になってくる。

かつて鬼頭秀一は、「よそ者」という概念の重層的な意味として、①当該地域やその地域から地理的に離れて暮らしている人、②外から当該地域に移住してきて、その地域の文化や生活をよく理解していない人、③当該地域やその地域の文化にかかわると自認する人たちによって「よそ者」のスティグマを与えられうるし、また実際に与えられている人、④利害や理念の点において、当該地域の地域性を超え、普遍性を自認している人、の四つを挙げ、鬼頭本人は四番目の意味に焦点を当てたが（鬼頭 1998: 46）、都市を対象とする場合には残りの三つの意味の重要性が浮上してくる。

すなわち、空間的にどこまでの範囲の人がよそ者なのか（①）、どこまで地域を理解していればよそ者でないのか（②）ということは恣意的であるし、流動性の高い都市部ではこの恣意性が高まる。そうした都市部で、排除の目的で「よそ者」という意味づけが行なわれる蓋然性も高まるのだ（③）。

このように「よそ者」を安易には実体として捉えられない以上、「誰をよそ者として捉えているのか」という形で人びとの意味世界を捉えていく必要がある。その上で、都市空間における共生を論じていく際に重要なことは、その意味世界のなかで「よそ者」がどのように位置づけられているのかということだ。

上述した複数の運動の構想を「よそ者」という観点から捉え返してみると、計画を推進する側は「よそ者」の利益は尊重していたが、結局のところ、発言権のない「社会」の客体として位置づけていた。一方で、一連の運動は、計画推進側に「よそ者」として発言権を与えられてなかったような人たち――商業者、住民、来街者――を「社会」の主体として位置づけていた。この位置づけの違いが、共生の構想の対立の基底をなしていたといえる。

また、運動の内部でも、理想とする「社会」の実現の仕方の構想の違いから、「よそ者」のシンボリックな対象であった「来街者」の位置づけが異なり、そこから運動の意義と課題を捉えることができる。

対抗型の構想のなかでは、既存の制度のあり方の正統性、正当性を揺るがすために、それまで認められてこなかった来街者の権利を主張することと、運動の力を強くするために来街者の賛同の声を集めることは重要な意味をもっていた。そうであるが故に、来街者に権利があることを認めさせようと長年にわたって裁判で争っている。しかし、対抗型の構想はその前提として、政治的に主体化した者を仲間とするものであるため、結果として、来街者が運動に入りづらい、運動を持続できない状況がもたらされている。また、共約可能な点に集結して抵抗することを優先する点で、来街者がもたらす多様な視点、実践というものの優先順位は下にならざるを得ないという課題がある。

一方で、連帯型の構想にとって、来街者は多様なまちづくりの視点を担保するという点で重要な意味をもっていた。そうであるが故に、来街者にも権利があることを前提に来街者とともにまちづくりを実践してきている。しかし、水平的な関係を前提にしつつも、そこに介入する権力関係への対応を連帯型の構想は十分にもちあわせていないために、結局のところ、来街者がもたらす多様な意見は縮減されてしまうという課題がある。(6)

イベント型の構想にとっては、来街者を中心とした無関心層の創発的な行為が社会を変革する重要な要素であった。そうであるが故に、既存の秩序ではほとんど認められない来街者の権利の行使を可視化し、来街者に訴えかけている。しかし、来街者には個々人の動機で何らかの関心をもってもらった方が、関与が起き、結果として、創発的な行為が生み出されるという前提があるために、集合的な実践に来街者を動員するというような働きかけはあまり行なわれない。結果として一連の運動の効果はほとんど可視化されず、運動の持続性に問題が出てきてしまっている。

これまでも明らかにしてきた各々の運動の構想の課題は、来街者という「よそ者」を焦点とすることでも浮かび上がってくる。以上のように、「誰が「よそ者」なのか、そして「よそ者」という存在そのものをどのように位置づけるのか」という論点は、都市社会における共生の構想の対立や意義、課題を捉えていく上で重要な論点となるだろう。

「都市への権利」としての「共生」の構想

また、一連の運動が要求していたものは、序章で論じた「都市への権利」として捉えることができる。すなわち、第一に、行政訴訟の局面で生み出された「文化的権益」というものは、これまで法的な権益としては認められてこなかったような新しい権益として構築されている。第二に、運動の「共生」の構想は、既存の形骸化したまちづくりのあり方に対する異議申し立てをも意味していた。それまで発言権を与えられてこなかった来街者、そして商業者や住民にも政治的な空間に参画していくことが要求されていたのだ。そして、第三に、「都市への権利」をどのようにして獲得するのか、どのような権利のあり方が望ましいのかということそれ自体にも多様な考え方があり、各々の意義と課題を内包しているのである。「都市への権利」に着目する近年の研究は、運動の問題提起の局面に焦点を当てる一方で、その後の展開にはほとんど焦点を当てていない。

しかし、権利のあり方自体一義的なものではなく、権利を主張して外部の制度によって認められるということだけが重要なのではなく、市民社会の内部でその権利行使が正当なものとして認められることも重要なのだ。新しい権利の獲得に近づくための構想や実践にどのようなものがあり、それぞれどのような意義と課題を抱えているのかを明らかにすることが、今後重要な研究課題となるだろう。

公共圏と都市空間の交差

本書が明らかにしてきたことは、「公共圏」の内実や公共圏同士の関係、その意義と課題を明らかにしたものとしても、理論的に位置づけることができる。公共圏はアプリオリに存在していることに意義が認められる傾向があるが、それが現実にどのような課題と可能性をもったものなのかを捉えていく必要がある。

公共圏を、①自由な参加、②公開性、③対等な立場、④公共的な視点、を要件とした「市民が自由に討議を行なう政治的言説空間」として捉えるならば（斎藤 2008）、第五章で明らかにした三つのタイプの運動はどれも公共圏が形成／構想されていたといえるだろう。「何が公共であるのか」という内容だけでなく、「公共的な価値をいかに実現するのか」という方法をめぐっても公共圏にはさまざまなタイプが存在する。

そして、重要なことは、構想や実践を介して、公共圏の内実に違いが生みだされているということだ。対抗型の運動のように、人びとの関係性が集合的に自立し分裂する形で公共圏が形成される場合と、連帯型の運動のように個々の人びと同士の関係性が重視される形で公共圏が形成される場合と、イベント型の運動のように関係性ではなく個々の行為が重視される形で公共圏が構想される場合があった。

また、構想の社会的世界を焦点とすることで明らかになったように、「公共圏」の展開過程や意義、課題といったものは、イシューが生起している都市空間と密接に関連している。

公共圏というテーマを都市空間と交差させることで、公共圏がどのような内実をもち、どのように展開してきたのか、何を課題として抱えているのか、どのような展望があるのか、という点を理解することが可能になる。

3　本書の課題と展望

本書の課題は、いくつかの点で、理論と事例の対話を展開できなかったことにある。その最大の理由は、現在も裁判で係争中の紛争であるためにいろいろな制約があり、インタビューが困難であったり、経験的な素材として資料やインタビューを利用できなかったことにある。そのため、主体の布置連関との関係で意味世界を描き出すということが十分にはできていない。また、世田谷区などの計画推進側の共生の構想については十分には明らかにできていない。さらに、硬直化した都市型公共事業の構造について十分に解明していないため、共生の構想、実践を浮上させる社会経済的な背景についても論究できていない。

ただし、筆者は中長期的な視野で今後も下北沢地域の事例に関与していくつもりであり、裁判が終わった後などにおいては、少なからず課題は克服できると考えている。前章でも試みたように、本書は実践的な意図として、運動主体にフィードバックすることを念頭に置いており、本書がその後運動主体にどのように意味づけられていくのか、そして運動はどのように展開していくのかという点を重要な研究課題として設定している。

「共生」とは常に理想的な状態に向けて動く、終わりのない規範的な構想であり、実践である。そのため、研究者と運動主体が相互に議論することを通して、規範的な構想をめぐる課題についての分析を展開することが重要になってくるだろう。特に、研究者が一方的に分析を提示して終わるのではなく、研究対象者とその分析に対する議論を行なうことで、研究者自身の認識も新たに切り拓かれる可能性がある。

実際、第六章でみたように、インタビュー対象者に分析を提示することで、分析方法に一定の限界がある点、分析視点に課題がある点、そして、本書の表現が誤読を引き起こす可能性があるという点について筆者は認識を新たにした。また、本書の規範的立場を相対化する視点から、今後の経験的な研究課題を導き出すことができた。

本書のような形で、アクティヴ・インタビューを継続・展開し、意味世界の多様性や変化、その背景を明らかにするとともに、規範的な構想の課題をめぐり議論していくことが、公共社会学と都市社会学を結び付けていく上で重要な試みになってくるだろう。

注

序章

(1) 日本では、シカゴ学派を基礎とする「都市社会学」では政治経済構造を捉えきれないという問題意識から「地域社会学」という研究群が生み出されたが、近年は「都市社会学」と「地域社会学」のテーマや方法がクロスオーバーすることも多い。本書で「都市社会学」という表現を用いる場合は基本的に両者を含めている。

(2) 彼は周知の通り、(交換価値に基づいた)都市空間の生産それ自体が、(使用価値に基づいた)住民の「都市への権利」を否定するということを批判していた。ルフェーヴルの資本主義の分析と解放の政治の分析は、民主主義が問題になる場としての都市空間の理解を切り開いたと言える。

(3) ルフェーヴルは「生産物」を「反復可能なものであり、反復的な身振りや行為から生じてくるもの」として定義し、「作品」を「置き換えられないもの、特異なものを有する」と定義している(Lefebvre 1974＝2000: 125)。そして、「反復性がいたるところで固有性を打ち負かし、人為的なものやはかりごとが自然発生性と自然性を追い払い、それゆえ生産物が作品を圧倒した」(Lefebvre 1974＝2000: 132)と、都市空間が「作品」ではなく「生産物」になってきている都市を「産業都市」として問題視し、人びとが「作品」を作り上げる都市を「都市社会」として理念的に対置している。

(4) この実践課題は、二一世紀初頭に反グローバル化運動に理論的言語を提供したマイケル・ハートとアントニオ・ネグリの『帝国』の議論においては重要視されなかった。ハートとネグリによれば、マルチチュードが帝国の構成された権力を打破するのは当然であり、各々の運動がコミュニケーションを欠くのは重要な問題ではない(Hardt and Negri 2001＝2003)。

(5) 「都市への権利」は、都市の住民がそのような権利を想像し、そのために組織化する限りにおいて、権利として存在する。ルフェーヴル自身、都市への権利を「都市生活に対する更新された権利」として認識している(Lefebvre 1968＝1969: 174)。これは住民の不断の活動による、ダイナミックで変動的で予想できない概念として「都市への権利」を捉えているということだ。それは敷衍すれば、都市空間において人びとが生活していく過程で不断に構成される権利であるということを意味しており、そうであるが故に都市空間というものの分析が重要になってくる。

(6) ハーヴェイは都市社会学者のパークを援用しながら、以下のように述べている。「どのような都市を欲するかという問題はどのような社会的連帯、自然との関係、ライフスタイル、技術、美的価値を願うかということと切り離せない。「都市への権利」は都市の資源へのアクセスに対する個々の自由というものをはるかに超えている。都市を作ることで自分たち自身を作りかえる権利なのだ。さらに、これは個々の権利というよりも共通の権利だ。なぜなら、この変化は不可避的に都市化の過程を再形成する集合的な力の行使に依存しているからだ。自分たちの土地や自分自身を形成、再形成する自由は最も貴重だが、最も無視されてきた人権の側面である」(Harvey 2008: 23. 強調は引用者)。

(7) 以上の観点から、本書では「共生」の英訳は「diverse society」になると考えている。「共生」という概念は英訳するのが難しい日本独自の概念と言われることもあり(樋口 2010: 5)、これまでも symbiosis や coexistence、conviviality、living together といったような言葉が使われてきた。diverse society と訳したのは、かつて西周が society の訳を「相ヒ生養スル道」としたように(西 1875[1960]: 524)、society には元来、「共生」に近い意味が含まれていることに注目したからだ。「生養」とは、「育て養うこと」「生きること」「生活すること」という意味が含まれ、互いに生養するような状況になるための潜在的な可能態として society が捉えられている。その society を実現するための方法の違いを含意する diverse を付け加えることで、「異質な要素をもつ人びとが共に生きていこうとする多様な動き」という「共生」が表現できると考えた。実際に英語圏でも diverse society という言葉は使われているが(Andersen and Taylor 2007)、重要なのは diverse societies と複数形では表現されておらず、a diverse society という表現で「一つの社会」を形成する動きとして捉えられている。その意味でも本書の立場とこの表現は近いと考える。

(8) 人間をヴァルネラブルな存在として捉えたアーレント的な視点に立てば、意見を能動的に主張できる存在は限られているのであって、個々の固有の意見を引き出すような局面が重要になってくる。

(9) かつてアーレントは同じような意味内容で「世界」という概念を用いていた。同一の論理の背景にある人びとの考え、感情の厚みを想定している点で参考になる。しかし、彼女は「世界」の存立については十分に考えていない。なぜなら、そのような「世界」は一時的に成立するにすぎないものとして考えていたからだ。また、「世界」が生み出されるのも、その前提に、「あなたは誰か」という形で他者に関心をもつべきという規範意識が強く存在しているからだ。しかし、本書では、「世界」がたとえ一時的に成立するとしても、そこにはどのような社会的背景、歴史的背景が存在するのか、どのような構成要素によって動態的に構築されるものなのかということについて実証的に探求を試みたい。

(10) 意味世界を捉えることの重要性を主張していた盛山和夫は以下のように述べている。「ポイントは、社会的事実とか客観的事実というものを「あらかじめ確定する」ことから出発しようとするのではなく、それらの存在を仮説的に想定し、それらについての知識を仮説的に提示するという営みの共同性において、社会学の成立を考えるということである」(盛山 2013: 74)。盛山自身は意味世界の具体的な探求方法については十分には検討していないが、本書では理論的な蓄積や経験的な素材をもとに、いかに意味世界を捉えていくかということについて検討することを試みる。

(11) こうした空間の問題性を追究するという問題意識は、空間自体が物象化し、それが当たり前のものとして人びとに現前する一方で、社会的不平等やその背景にある権力関係が隠蔽されることを問題視したルフェーヴルの問題意識と通底する部分がある。ある特定の都市空間が生産されることで、何らかの社会的不平等が不可視化された形で再生産され、結果として「共生」が揺らぐという事態が生じることを明らかにしていく必要がある。

第一章

(1) サッセンの議論には多くの批判もある。たとえば、そのような二重構造は世界都市の特徴ではなく、都市に一般的な特徴であるという点(Storper 1997)、サッセンが論じるような分極化は大量の移民が存在するロンドンやニューヨーク以外には適用できないという点(Hamnett 1994)、サッセンの議論は経済還元論で「グローバル化の文化」や「政治と経済の弁証法的な関係」についての視野を欠いている点などが批判されている(Dawson and Edwards 2004)。

(2) その代表的な論者としてハーヴェイやソジャらを挙げることができるだろう。彼ら地理学者はマルクス地理学の概念である「不均等発展」が、グローバル化と相俟って進展し、結果的に「不正義な地理 injustice geography」が生まれると考えている(Soja 2010)。この場合における「不正義」には displacement のような排除だけではなく、社会的資源への容易なアクセスからの排除なども含まれる。

(3) この錯覚から実際に都市計画が生み出されていく。たとえば、近年の都市研究の知見を活かして、欧米の都市政策は、Social mix や Mixed neighborhoods という都市計画(年齢、職業、世帯構成、所得水準などを異にする人びとが同じ地域で居住し、交流することができるようにする都市計画)に可能性を見出そうとしているが(Gwen 2010)、身体的な共在があれば、「共に生きていくことが可能な社会」が形成されるとは限らない。

(4) 第一に、ある時点での状態を調査したところで、本当に排除を測定することができるかという点(フリーマンのデータは既に多くの貧困層が去ってしまった後のデータだという批判)、第二に、対照群(ジェントリファイされていない地域からの移動住民）が貧困地区の住民を含んでいるために、「移動しない傾向＝影響が少ない」という結論になっているという点（さらにいえば、「移動しない＝影響が少ない」とも言えないのではないかという批判も展開）、第三に、研究単位となっている行政区にはさまざまな文脈の違いがある地域 neighborhood を複数抱えているという点をニューマンらは批判する。

（5）方法論的にも難点を抱えている。例えば、フリーマンやニューマンらを悩ませていた重要な点として、「排除されたのか／否か」という線引きの困難性を指摘することができる。つまり、「立ち退きを余儀なくされたのか」「単に安価な生活水準を求めて自発的に移動したのか」は捉えづらい。

（6）かつて、シカゴ学派は「社会的距離」というパークの概念を練り上げていく過程で、人種間に設定される一定程度の物理的距離が社会秩序にとって必要だと考えていた。身体の共在（そのありようも含めて）、社会形成といった初期の都市社会学の問題設定を再度検討する必要があると同時に、初期の都市社会学がいかなる方法＝認識でその問題設定を論じてきたのかを問う必要があるだろう。

（7）ただし、松本が主張するほど、長谷川が連字符社会学の区別にこだわっていたとは思えない。なぜなら、彼の主張の要点は、サステイナブル・シティや地域環境再生といった論点をめぐって、都市社会学者・環境社会学者・他分野の社会科学者や都市研究者らが共同して取り組むことを提起することにあるからである（長谷川 2003）。

（8）この流動化への対応それ自体が隠喩的な意味で都市研究そのものである。

（9）例えば、イギリス社会学会（ＢＳＡ）とアメリカ社会学会（ＡＳＡ）のジョイント・セッションでジョン・ウォルトンは現在の都市研究を組織化する手段として「ローカル―グローバル問題」を提示する。そうすることで、さまざまな研究を「第三世界」「世界都市」「場所とローカリティ」「記憶と表象」という四つのサブカテゴリーに分類できると述べている（Perry and Harding 2002: 849-850）。ただ、ここで言うところの「組織化原理」は単一なものである必要はないだろう。なぜなら、一つの「組織化原理」で都市社会学のすべての領域を包括できるとは考えられないからだ。幾つかの「組織化原理」があってもいいだろうし、サブカテゴリーの分類の仕方も固定的である必要もないだろう。本書は「共生」という組織化原理を主張するが、この原理一つですべての都市社会学が包摂されるとも、包摂されるべきとも考えてはいない。

（10）かつてルフェーヴルが、都市現象に関する記述だけでは「明確な抽象である社会的諸関係に到達しない」（Lefebvre 1968＝1969: 61）と論じ、都市のプロブレマティック（問題総体）として「都市社会」という規範的かつ潜在的な概念を設定したことは、本書の問題意識と重なる部分があるだろう。

（11） これが後述するアボットの「脱文脈的な抽象的な変数間の因果関係」に基づく議論だとも言える（Abbott 2011）。
（12） ピックヴァンスが批判するように、それが都市的な経験的対象と言えるかどうかは、根拠が十分ではない（Pickvance 1977＝1982: 12）。
（13） 吉原が指摘するように、マーチンデールは「都市の消滅→都市社会学の危機」と短絡的に語る傾向があると同時に、都市社会学の方法論的枠組みで、都市という領域設定の次元を考えている点に問題がある（吉原 1985: 269）。
（14） 「実際、空間の社会学的分析はまったく正当な研究領域であるように思われる。しかしそれは理論的対象ではなく現実的対象である。というのは、空間は物質的要素であり、概念上の単位ではないからである」（Castells 1969＝1982: 110）とカステルは述べている。ただし、このように空間を実体化して捉えるカステルの傾向が、後述するように、彼の議論の限界でもあった。
（15） アルチュセールは〈読む〉という自明に見える行為を問う、という根本的な問題提起を行なっている。すなわち、普通はテキストに書かれていることとしかみないのに対して、書かれていないことと書かれていることの間には何らかの構造的な関係があるのだという読み方を行なったのだ。これを彼は「徴候的な読み方」と表現し、テキストが抑圧している問題を発見しようとした。
（16） このような批判意識はカステルだけが引き継いだわけではなく、カステルの批判者であったピックヴァンスらも共有するところであった。例えばピックヴァンスは次のように述べている。「通常の〈〈経験主義的〉〉認識概念では、理論的対象もしくは概念は現実（現実的対象）の抽象の結果として得られるのに対して、アルチュセールは、この抽象過程を彼の〈唯物論的〉認識論では存在しない〈経験主義的〉過程として棄却している」（Pickvance 1977＝1982: 7）。
（17） 今村仁司はこの点について次のように述べている。「マルクスが、そしてアルチュセールが言わなくてはならない基本的事実は、認識が精神の内部で純粋に進行するのではなくて、ひとつの社会的過程であるという事実である」（今村1997: 200）。
（18） 「日常的認識と理論的概念とを認識論的に切断することは、イデオロギーによって非常に強く組織された都市的領域では、かつてないほど必要である。問題はこの切断と理論的作業の進行過程での諸概念の生産を実行することであり、たんにその後の第二次的な技術的作業でしかない形式的組み合わせではない」（Castells 1972＝1984: 388-389）。経験的対象を完全に無視すれば、概念と概念の関係性や概念が生み出されるダイナミズムを描くことができず、結果として理論を形成することができない一方で、経験的対象に埋没してしまうと、イデオロギー的な要素が含まれる認識に影響を受けて、批判的な視点を確保できず、結果として理論を形成することができないことになる。シカゴ学派に代表される都市社会学は以上の点を乗り越えることができなかったのに対し、自分たちが新たに乗り越えていくという構想をカステルは打ち立てたのである。

(19) その理論的背景については、彼の空間に関する認識が影響を及ぼしているが、その点については次節で議論する。

(20) カステル自身は『都市問題』の意義を以下のように述べていたはずなのだ。「この論文は、現在の理論的局面では実現できない実験をやることよりも、むしろダイナミックな研究を作り出すという意味で、若干の作業経験を伝えようとするだけである。……まさしく理論的な仕事、つまり現状に関する知識の生産ではなく、認識手段の生産に関する仕事が問題なのである」(Castells 1972 = 1984: IV〜V)。

(21) カステルは「社会形態の生産」というアプローチの他にも、「社会システムの機能」「意味論の領域での構造」という三つの異なる理論的アプローチから分析することが可能であると考えていた(Castells 1969 = 1982: 117)。

(22) カステルは「社会構成体」という概念をよく使うが、それは生産様式の種別的かつ具体的な様態を意味する。

(23) 「これは、他の領域で社会諸法則を発見した史的唯物論の多産性に基づいて、われわれが行なう賭である」(Castells 1972 = 1984: 119) とも述べている。

(24) 生産単位、政治的単位、イデオロギー的単位は特定の空間に対応しないとカステルは考えている。

(25) この点に、初期カステルに対する批判は集まった。それは以下の三点に集約されるだろう。①そもそも集合的消費過程を空間的単位として分析する必要があるのかという問題。ピーター・サンダースは「集合的消費への理論的関心は、空間への理論的関心と必然的な関係を何らもつ必要がないのであり、両者の結合は不必要なのである」(Saunders 1981: 211) と述べている。これは、鋭い指摘であり、結局カステルの分析は「空間」を物的空間としてしか考えていないため、ほとんど「空間」を分析に活かしきれていないことを指摘しているのだ。②集合的消費は労働力再生産の機能に限定されるのかという問題。ジョン・ロジキーヌは「生産の一般的諸条件」でもって、集合的消費を捉えており、資本蓄積の法則からは切り離せないと考えている (Lojikine 1977 = 1982)。このロジキーヌによる批判は有名であり、生産と消費との形式的分離がカステルの問題として学説史的にも広く共有されているところである。しかし、この批判はカステルにとってはあまり痛いものではなかったかもしれない。なぜなら、カステルは消費と生産を分離してはいるが、その間には複雑な関係があることは理論的に想定しているからだ。従って、ロジキーヌが資本蓄積の側面から分析しようとするのに対して、カステルは集合的消費に起きる矛盾から生じる階級闘争から分析しようとする立場の違いという点でこの批判を見た方が生産的であるだろう。③集合的消費手段は具体的には何を示すのか、という問題。佐藤俊一は、ロジキーヌや宮本憲一のように類似の議論をしている論者たちは確定作業をしているにもかかわらず、カステルはそれをしていないと批判している (佐藤 1988)。

(26) ニコス・プーランツァスは道具主義的国家論を批判し、国家は支配階級によって操作されるような道具ではなく、支配階級の利益に照応しているのは結局、生産様式にそう決定づけられているからだ、と国家の相対的自律性を主張する（Poulantzas 1978＝1984）。
(27) その意味では、プーランツァスは、国家の相対的自律論を都市システムでそのまま同じように展開したと言える。
(28) ただ、概念は近似するとしても、後期カステルと立場が大きく異なる点がある。それは、都市社会学固有の理論的対象をどう捉えるのかという点だ。カステルは「社会的単位と空間的単位が一致する対象が都市社会学固有の理論的対象」という主張から、「都市の意味」を導出しているが、本書ではその立場は採らない。本書は「空間的要素と社会的単位が連関する対象が都市社会学には重要」という立場に立つ。これは、空間を説明要因に置かないというカステルの姿勢と、空間と社会の相互作用を念頭に置く本書の姿勢との違いでもある。その点については、次章でも検討することになるだろう。
(29) ここでカステルが「物質的」と言っているのは、意味の達成が物質的なものと関連しているという点においてである（その意味で都市記号論的な議論を念頭に置いている）。また、「社会的」と言っているのは、メッセージが社会集団によって異なるという意味においてである。さらに「電子的」という表現によって、コミュニケーションが新しいコミュニケーション手段によって媒介されているということが想定されている。

第二章

(1) 例えば、中野正大は次のように述べている。「彼はまさに大学の置かれたシカゴという大都市を格好の「実験室ないしは臨床講義室」と見立て、その実装を明らかにするための調査プログラムを構想し始めた」（中野 1997: 4）。こうした捉え方では不十分であり、都市のなかで生活する人びとも実験をしているという側面も同時に捉えておく必要がある。
(2) 例えば、パークは、人びとの感情や秩序の危機に対する「生活哲学」という点に関する写実的な描写をしている点で、チャールズ・ブースの研究を「社会学的」と評している。単にきめ細かな描写をするのが「社会学的」と評価しているのではなく、人びとの意味世界を探求しようとしている点を評価していると考えられる（Park 1929＝1986: 18）。
(3) 別の論文においては、「競争に基礎を置く共生的社会と、コミュニケーションとコンセンサスに基礎を置く文化的社会」（Park 1936＝1986: 177）という表現を用いている。
(4) 以下の文章からも、パークは生態学的秩序を制限する道徳的秩序に焦点を置いていたことが分かる。「コンセンサスよりもむしろ競争に基礎をおく社会秩序を論じているかぎり、人間生態学は、少なくとも原則的には、植物生態学や動物生態学と同一である。……ところが人間生態学の方は、人間社会では競争が習慣や文化によって制限されるという事実を、考慮に入れなければならない。文化的上部構造は、生物的下部構造を管理したり統制したりする手段として、登場する」（Park 1936＝1986: 179）。

（5）これまで「シカゴ学派＝人間生態学」という捉え方が支配的だったが、パークとパーク以降の論者の間では人間生態学の考え方について断絶が存在する。もちろんこうした断絶の指摘はこれまでも存在したが（町村 1986）、その断絶がどのようなものなのかということに関してはほとんど論じられていない。

（6）本として出版されたのは一九二八年であるが、学位論文としては一九二五年に完成されている。

（7）その結果、さまざまな問題が生じてしまっている。例えば、多様化した目的をもつ都市の住人は個々の集団に分化するので、社会統制は「公式に組織された集団」でのみ成立するという仮説命題が展開される（Wirth 1938＝2011: 114）。しかし、「何が望ましい秩序なのか、どの集団がその秩序を担う集団としてふさわしいのか」ということに関しては一義的に定まるはずもなく、秩序の形成を目指していたシカゴ学派の一員としては不十分な議論になってしまっている。

（8）ワースは「共生」の困難性について、次のように表現している。「現代の見えざるゲットーの壁は、古きゲットーのような実在ではない。つまり、現代の見えざるゲットーの壁は、いくつかの異質文化の所産である感情と偏見、そして人間のもつもっとも根源的な性質の特徴――親しい人々へ近づき、異質な人々からは身を引くという――を土台として築かれているのである」（Wirth 1928＝1971: 337-338）。

（9）その点で、ゲットーという孤立地域に対して、ワースは一方的に問題視するというよりは、その有用性も視野に入れている。一定の「物理的距離」によって担保された「社会的距離」が、異質性を共存させる一方で親密さをもたらさないとする議論は、ゲットーの社会的機能を見事に捉えている。ただし、「社会的距離」の維持が果たして望ましい「共生」をもたらし得るのかという点については定かではない。こうした弱点は、本書の視点からすれば、「共生」を存立させる契機として、「共生」に向けて人びとが行なう実践を捉えていないことに起因する。

（10）興味深いことに、以下の主張は近年の熟議民主主義の議論に対する批判としても読める。その点でも現代的意義がある。ただし、これまでは、ゾーボーが提起したテーマ性について、その意義が十分に理解されてこなかった。日本でも方法論などに着目する学史的な論文は存在するが、そのテーマ性の可能性と限界についてはほとんど論じられていない（鎌田 1997）。

（11）パークも「都市」論文で、既存の政党政治が形骸化しているという問題提起を行なっている（Park 1925＝2011: 74-78）。ただし、基本的には政党政治が都市社会でどのような機能を果たすのかという点から幾つかの論点を提起しているのみであり、ゾーボーはパークよりも進んだ議論を展開していると言える。

(12) このような前提があるからこそ、人びとの意味世界の探求という方向に力点が向かわなかったと考えられる。ちなみに、鎌田大資は、ゾーボーの叙述が「人間の主体性の軽視」という人間生態学に投げかけられる批判に必ずしもあてはまるわけではないと擁護する(鎌田 1997: 346)。確かに、前半部の詳細な描写においてはその主張は当てはまる。しかし、何故、その記述が分析に活かされなかったのか、その背景にある生態学的な空間認識に留意する必要があるだろう。

(13) ちなみにマッケンジーはゾーボーの『ゴールド・コーストとスラム』の書評で、同心円地帯理論のような理論枠組みですべてを説明してしまうことに対する批判を行なっている(McKenzie 1929)。

(14) また、ワースのアーバニズム論を理論的背景として、ゾーボーやマッケンジーは、規模と密度と異質性が社会解体、さらに都市問題の原因であると考え、解決策として、都市の生態を変化させる都市計画を提示している。ここで重要なことは、人びとの意味世界に迫ることで「共生」の問題を論究していたはずの彼らが、結局、その意味世界に外在的な都市計画に希望を託してしまっているということだ。これは時代的な制約もあるだろうが、都市計画を徹底的に批判する立場に立っていたルフェーヴルとは対照的な立場である。人びとの意味世界と都市計画がどのように連接しているのか、都市計画の内容をめぐりどのような公共性の争いが生じているのか、都市計画をどのように民主主義的に決定するのかといった研究課題があり得たが、そうした方向性には展開しなかった。

(15) 例えば、まちづくり研究やコミュニティ研究などは①の問いが実践的にテーマ化していない場合も多い。もちろん、それは理論的には探求可能であるが、以下、これまでの研究の視点を検討するため、①から③の問いを探求してきた開発研究を議論の俎上にあげたい。

(16) 町村が主張するように、初期の開発研究の多くが、日本人文科学会の問題関心であった「開発の影響」を重視するために、構造分析という手法を取り入れた結果、構造的な要因を重視する傾向があったことは否定できない。ただし、福武直らが『地域開発の構想と現実』で「国家独占資本主義」という構造のなかで、個々の状況に対応して、さまざまな「かかわりあい」をする住民の様相を描きだしていたことには留意する必要があるだろう(福武編 1965a: 252 ; 1965b: 255-260)。

(17) フレーム分析にも幾つかの立場があるが、町村の立場はフレームを「個人や集団が諸現象や出来事を意味づけることにより、経験を組織し行為を導くことを可能にする解釈図式」と定義するディヴィッド・スノーらの立場に近い(Snow & Benford1988)。

(18) フレーム分析のなかでも、論理化されない意味世界に焦点を当てたフレームの定義も存在する。ウィリアム・アンソニー・ギャムソンは、「不正が行われているという意識」「エイジェンシー(主体・行為体)の意識」「アイデンティティの意識」で構成される個人の解釈枠組みを「集合行為フレーム」として定義している(Gamson 1992)。

(19) 似田貝は「住民運動に対する否定的ないし懐疑的評価」として、「住民運動の小市民的漸進主義的性格」や「エゴイズム」などがあることを指摘している(松原・似田貝 1976)。

(20) 七〇年代の似田貝の議論は疎外論をベースにしているということもあり、回復されるべき主体性が無前提的に、没関係的に想定されているということも影響している。

(21) 明示化された論理の裏にある多様な意味の世界が視野から外されるというのは上述したフレーム分析にも見られる問題である。

(22) こうした根拠の設定は、その他の多くの論者に見出すことができる。例えば、日高六郎も「市民」の根拠を検討する際に、徹底的に住民の生活感情に呼吸を合わせるという「土民土語」の思想を重要なものとして検討している(日高 1973)。

(23) 例えば、佐藤健二はコミュニティ研究が、「居住」を核にして生活の諸関係を統合的に理解する方法意識をもっていたが、その問題設定は「人間関係」を重視する人間関係中心主義の影響を受けて、住民組織などに関心を集中させてしまったことを批判している。そして、「地域」「住む」ということを自明視するのではなく、住むという契機の内部に孕まれる現実の変容に徹底的にこだわっていく必要性を主張している(佐藤 1993a[2011]: 121–122)。

(24) 何故、そのような論理が生み出されたのか、その背景を探求することは、さらにその背景が何故生まれたのかという形で、無限後退が起きる危険性がある。そこで、当事者の意味づけでなく、研究者の意味づけによって、その無限後退を止める必要がある。すなわち、研究者の視点によって、一定程度の説明力があるという段階で無限後退を止めることが求められる。当然、その視点は批判に開かれることになる。

(25) こうした議論は、個々の住民運動が解決されても、その問題の背後にある構造的な問題が解決されなければ意味がなく、住民運動が大衆団体、自治体労働者、首長・議員、政党と連携をとるような形で組織化、統一化されなければならないという「自治体共闘論」と立場を共有している(島 1975)。

(26) 住民運動の論理を研究していた時代の似田貝を「初期似田貝」と表現するならば、その後、行財政の社会過程分析を行なっていた時代が「中期似田貝」、そして阪神淡路大震災を契機に、被災者と支援者のミクロな関係から再び意味世界に着目し始めた近年の似田貝を「後期似田貝」と表現することができる。概略的にまとめるならば、初期似田貝は「能動的主体論」を前提に意味世界に迫っていたが、後期似田貝は「受動的主体論」を展開してきている。

(27) 堀川は別の論文で、似田貝らの「住むこと」は非場所的で抽象的な「取り替え可能な居住空間」を前提にしているという批判をしている（堀川 1998）。しかし、この批判は少し的を外している。なぜなら、似田貝らの「住むこと」という概念は、個別具体的な共同性を前提にしているからだ。確かに、その共同性の内実に迫るということはしていなかったが、「住むこと」という概念を普遍的に存在する共同性の根拠として打ち出しているだけであり、彼らが「取り替え可能な居住空間」という交換価値視点でこの概念を提示していたわけではない。

(28) 社会学だけでなく政治学の領域でも、このような認識が共有されている。例えば、松下圭一の議論（松下 1971）など。

(29) ただし、似田貝は住民運動が社会運動のようなものに転化すべきとまでは考えていない点には留意する必要がある。ただ、「批判的公共性の観念は、先の生活のための使用価値視点に支えられた〈共同性の観念〉のもつ、地域性という限界を必然的に克服せざるをえない。平たくいえば、〝地域エゴイズム〟の超克である」（松原・似田貝 1976: 373）と、運動の主張がいずれ対自化されたものへと展開する必要を述べている。

(30) 権安理も同じような指摘を行なっている。「公共の生成用件が、客観的に存在する社会条件のみに還元されることを批判する射程を有する一方で、それは個々人の内面の問題に還元される。」（権 2006: 41）つまり、共約不可能な公共性がいかに生まれるのかは個人の気づきという偶然性に委ねられるだけで、ほとんど論じられないことが、批判されている。

(31) 似田貝の研究の展開も「論理」から「意味世界」へと焦点が移行したものとして捉え直すことができる。『住民運動の論理』では能動的な運動主体の論理に焦点が置かれ、その後の阪神淡路大震災においては支援者の論理に焦点が置かれ、そして近年では被災者の論理化されない「呟き」という意味世界に注目している（似田貝 2013）。

(32) 庄司自身は結局、理論的にそのビジョンを示すという方向性に留まり、現実にまちづくり運動に転化した住民運動がどのようなビジョンをもっているのか、また、そのビジョンにはどのような可能性や課題があるのかということを論じるという方向にはいかなかった。

(33) 真木自身は「最適社会」と「コミューン」という「目的としての未来」については論じているが、「計画としての未来」については議論していない。

(34) 正確には、社会システム構造を「価値—規範—意思決定構造—実行構造—資源」から成るハイアラーキーな構造と考えており、価値志向運動は価値それ以下の構成要素を変革しようとする運動、規範志向運動は規範それ以下の構成要素を変革しようとする運動というように位置づけており、理論的には六類型あると考えている。
(35) 真木の構想の分類に位置づけるならば、どの次元においてもこれらの志向性は存在する。ただし、それぞれの次元において、これらの志向性が現実的、具体的にどのような形をとるのかは、各々の文脈に依存するだろう。
(36) 抵抗論の発想の源泉はミシェル・フーコーの権力論にある。すなわち、権力があるところに、さまざまな形をとる抵抗が存在しており、その実践に変革の可能性を付与するという議論だ（Foucault 1976＝1986）。一方、カルチュラルスタディーズの分野では、このような抵抗を結局のところ権力を再生産するものとして捉える傾向がある（Hebdige 1979＝1986；Willis 1977＝1996）。
(37) 別の擁護の仕方として、「抵抗」という概念ではなく、ミシェル・ド・セルトーの「戦術」という概念を用いるべきという擁護の仕方がある（牛山 2006）。「戦術」という概念には、社会に変革をもたらすという意味が含まれていない利点があるからだ。しかし、行為者の意図をどのように扱うのかという重要な論点は忘却されている。
(38) この似田貝の立場は現在も変わっていない（似田貝 2014）。ただし、東日本大震災の支援活動に関して、「後方支援」という形でコミットメントしており、それまで以上に実践にコミットメントしていると言える。
(39) 本書は、何かを見るのに役立つ方法として既に使われているものをさらに鍛え上げていく方向が「方法論」であるとする、佐藤の立場を共有している（佐藤 1993a[2011]: 135）。
(40) 日本の社会学においてもこのような視点はかつて潜在していた。例えば、福武直は次のように述べている。「面接自体がひとつの社会関係の形成であるから、被面接者が面接者によって影響されることを見落としてはならず、そこにあらわれる被面接者のあらゆる態度も、データとなるということも念頭に置かなければならない」（福武直 1958: 116）。これは重要な指摘であったが、方法論的なテーマとしてはその後十分に検討されてこなかった。
(41) ホルスタインらも認めているように、この手法はエスノメソドロジーからも影響を受けている。ただし、彼らは、エスノメソドロジーが方法を重視するあまり、内容を犠牲にする傾向があると考え、方法と内容のバランスをはかることが大事であるという立場に立っている（Holstein and Gubrium 1995＝2001: 23）。
(42) 例えば、韓東賢の分析は、在日の人びとがチマチョゴリ制服をめぐってエスニック・アイデンティティをいかに変化させるのか、また、そのアイデンティティにはどのような多様性があるのかということについてアクティヴ・インタビューを用いて鮮やかに描き出すことに成功している。しかしその一方で、そのアイデンティティがどのような要素によって成り立っているのかということについては十分には関心を払っておらず、結果として集合的なアイデンティティについても十分な分析ができていない（韓

2006)。

(43) かつて柳田国男が民俗学の最終目的である「心意現象」の把握のために、「有形文化」と「言語芸術」という視点を打ち出したように、意味世界を捉えていくための何らかの構成要素への着目が重要になってくるだろう(柳田 1935[1998])。

(44) 例えばスチュアート・エルデンは、「「ポストモダン地理学」がパイオニア的な研究であり、将来の研究に向けたプログラムを提示しているにも関わらず、そのフォローアップである「第三空間」はとても不満が残るものであった」と厳しい評価を下している(Elden 2001: 815)。

第三章

(1) この発言は、下北沢で再開発に対する反対運動を行なっている「Save the 下北沢」の前代表のK・K氏が『思想』(二〇〇五年五月号)に書いた「街に生きる」という論文から引用している(金子 2005: 92)。

(2) この発言は南口商店街理事長のY氏の発言である。彼は街づくり懇談会の幹部として、計画推進の立場にいる。聞き取りは、二〇〇八年七月一〇日に行なった。

(3) 世田谷区の統計書から作成した。

(4) 東京都の「商業統計調査報告:立地環境特性別集計編」から作成している。

(5) ただし、商業統計調査は商店会に加盟している商店が対象となるため、下北沢の実態と乖離している可能性がある。というのも、下北沢地域の商店には商店会に加盟していない店も多いからだ。

(6) 東京都都市整備局HPより抜粋。http://www.toshiseibi.metro.tokyo.jp/cpproject/traffic/43/toshishisetsu43.html

(7) ラッシュ時の混雑率は二〇〇七年の段階で一八八%に達している。ちなみに混雑率一八八%という状態は「体が触れ合いやや圧迫感がある」くらいの状態で、複々線事業の完成によって、見込まれる混雑率は一六〇%台で「新聞や雑誌を楽な姿勢で読むことが出来る」という状態である(東京都建設局 2007: 17)。

(8) 国交省の公式HPから抜粋した(http://www.fumikiri.com/)。

(9) この要件は後に見直されることになるが、鉄道事業と道路事業を組み合わせることが重要な目的だったことは否定できない。そのことが象徴的に現われているのが財源である。道路特定財源から事業費の五二・五%が補助されるという仕組みになっているのだ(事業者の負担は一四%に過ぎない)。

(10) 一九六九年に「建運協定（〝都市における道路と鉄道との連続立体交差化に関する協定〟）」という締結のもと、「連続立体交差事業」が生み出されている。

(11) 再開発地区計画制度の導入（八八年六月）、指定容積率の一般的引き上げや日影規制等の緩和（八九年一〇月）、道路法などの改正（八九年六月）など都心部での規制緩和が行なわれ、同様に、都市周辺部でも、宅地開発のために市街化区域の見直し、拡大と市街化調整区域の開発規制の大幅緩和、地方自治体の開発指導要綱の是正・緩和などの規制緩和が行なわれた。

(12) 日本電信電話公社が民営化され一九八五年にNTTが生まれた際に、株式が売りだされ、わずか三年で政府は約十兆円の収入を得ている。そして、本来なら国債の償還に充てるはずだったその資金は社会資本整備に使われることになる。

(13) NTT-A資金の貸付に関して、NTT資金法（第二条第一項第一号）によれば、「第三セクター等が収益性のわずかな公共事業を国の補助（負担）を受けずに事業主体となって行なう時に借りることができる」となっている。上述したように、連続立体交差事業はそもそも道路特定財源から補助される事業であり、駅ビルや不動産開発は典型的な収益事業であるため、A資金の対象には本来ならないはずであった。

(14) その後の裁判の過程で東京都によって明らかにされた事業費（梅ヶ丘駅〜成城学園駅）は二四〇〇億円（用地費一四五〇億円、工事費九五〇億円）となっている（小田急高架訴訟弁護団 2006: 69）。これに道路事業費と再開発事業費を加えると、一兆円近い事業費が想定される。

(15) 全国でも二〇一二年三月の時点で、一三八カ所において事業が行なわれ、完成している。

(16) 「小田急小田原線（代々木上原駅〜梅ヶ丘駅間）連続立体交差事業および複々線化事業——事業及び工事説明資料」より抜粋。

(17) すべての人がこのことに同意していたわけではなく、踏切での待ち時間にこそ、新たな出会いを生み出す可能性が潜んでいるという意見もある。

(18) この時点での補助五四号線の事業主体は東京都だったが、その後、事業主体を世田谷区に変更している。この変更は非常に重要な意味をもつ。つまり、それまで東京都の計画だったものを、区の計画に変更することで、今度は区が申請をし、東京都が許可するという形になっているからだ。これはまさに、自分で発注しておいて自分で許可するという構造であり、公共事業をマッチポンプ的に生み出す制度のあり方となっている。

(19) 地区計画図より作成。

(20) これは地区計画認可後に建てられた約一六m程度以上の高さの建築物を示している。地区計画認可直前時の地図に掲載されてなかった新規の高層建築物を歩いて調べた結果である。

(21) また、鎌倉通りは容積率が二〇〇%から三〇〇%に変更され、一六mの高さまで建設可能となっている。

(22) この一連の紛争の前史に小田急線地下化運動というものがあり、それにも関わっていたバーのオーナーのもとに地下化運動の運動主体が集まったことを契機に「Save the 下北沢」は結成された。運動が始まる前にオーナーは逝去したが、その思いを引き継ぐ形で運動は展開していった。

(23) この点について、K・K氏は次のように述べている。「会のなかでの私の役割は、定例会議やメーリングリストを利用しての議論のかじ取り役を含めた陣頭指揮と、ウェブサイトを通じて、私たちにアクセスしてくる応援者やマスコミに対応する窓口の役割を務めている。……この一年半弱、私にそのエネルギーを与えてくれたのは、まさに窓から吹き込んでくる、シモキタファンからの応援メッセージであった。そして私はそれらのメッセージを通して、下北沢の価値や魅力を再認識し、今自信をもってこの街は守るべき価値があるものだと言うことができる」(金子 2005: 92)。ネットを介して問題に興味をもった人などを集めて定期的に何回も「オフ会」がこの頃は開催されている。そうした機会を経て運動主体になる人もあったし、運動主体が自分たちの街の空間に対する価値の「共同性」を確認する場にもなっていたと考えられる。

(24) 「修復型」の意味内容については、次のように意味づけられている。「修復型というのはサステナブルということ。この街自体を建物の建て替えなどで大規模なスクラップアンドビルドするのではなくて、今の街の良さ、建物を活かしながら、変えていこうということ」(「Save the 下北沢」代表S・K氏:二〇一四年三月六日聞き取り)、「あまりに巨大な外科手術みたいな形の街のあり方を変えるのではなく、というニュアンスと解釈したけどね」(「Save the 下北沢」メンバーS・A氏:二〇一四年三月一九日聞き取り)。

(25) それは必ずしも完全に秘密裏に行なわれていたわけではない。構成主体は下北沢地域の商店会と周囲の町会となっている。ただ、商店会に所属していないテナント、来街者のほとんどは懇談会の存在を知る由もなかった。また、多くの住民が町内会の活動を知っていたわけではなく、寝耳に水だった。

(26) その点で、似田貝らの住民運動の整理に基づけば、「日常の媒体組織からの離脱=独立型の運動体」(松原・似田貝 1976: 220)として位置づけることができる。しかし、似田貝らの定義とは異なり、本事例の場合は外部に対する排他主義が高くなく、むしろ外部に開かれた組織である。

(27) インタビューの対象者は次頁の表の通りである。運動に一時的に参加した主体の数はかなり多いが、すべてを網羅することは

名前	性別	年齢	住民／周辺住民／来街者	所属している運動団体	タイプ
K・K	男	五〇代	住民	Save the 下北沢	連帯型＋イベント型
I・K	男	七〇代	住民	訴訟の会	対抗型
H・T	男	七〇代	住民	Save the 下北沢、訴訟の会	対抗型
S・R	男	七〇代	住民	訴訟の会	対抗型
H・K	女	六〇代	住民	訴訟の会	対抗型
O・Y	女	六〇代	来街者→住民	訴訟の会	対抗型
H・Y	女	六〇代	周辺住民	訴訟の会	対抗型
S・A	男	五〇代	来街者→住民	Save the 下北沢、訴訟の会	イベント型＋対抗型
A・T	男	四〇代	来街者	Save the 下北沢、グリーンライン、訴訟の会	イベント型＋連帯型
I・N	男	四〇代	来街者→周辺住民	Save the 下北沢、商業者協議会、訴訟の会	対抗型
S・K	男	五〇代	来街者→周辺住民	Save the 下北沢	イベント型＋連帯型
T・Y	女	五〇代	住民	Save the 下北沢、グリーンライン	連帯型
Y・Y	女	六〇代	来街者→住民	Save the 下北沢、グリーンライン	イベント型＋連帯型
K・W	男	三〇代	来街者→住民	Save the 下北沢、訴訟の会	イベント型＋対抗型
K・M	女	三〇代	来街者→住民	Save the 下北沢、商業者協議会	イベント型＋対抗型
K・S	男	三〇代	来街者	Save the 下北沢、訴訟の会	イベント型＋対抗型
I・S	男	五〇代	来街者→住民	Save the 下北沢、商業者協議会、訴訟の会	イベント型＋対抗型
K・Y	男	六〇代	来街者→周辺住民	Save the 下北沢、訴訟の会	対抗型

インタビュー対象者

不可能であるため、運動に継続的に参加し続けた／ている主体にインタビューを行なった。インタビュー方法は事前に筆者の問題意識と大まかな質問項目を対象者に伝えることで、それまでの考えや主張について再帰的になることを促した。その意味では、半構造化インタビューに近い。ただ、事前に準備していなかった点についても質問しているため、非構造化インタビューの側面もある。また、筆者の分析を積極的に提示し、それについての理解や違和感などを聞きだすことで、研究者と対象者のコミュニケーション可能性を高め、共同に意味世界を構築することを目指した。また、研究者と研究対象者の共同の意味世界を構築するため、インタビュー以外にも運動団体の集会やイベントに参加し、対話を試みた。

本書の形式としては、研究者と対象者が共同で構築した側面を描き出すために、でき得る限り対話形式で記述した。また各章の小括で、集合的な意味世界に関する筆者の分析を提示するという形式になっている。その形式は第四章、第五章においても変わらない。

対象者のリストは以下の通りである。下北沢地域に住んでいる場合は「住民」、その周辺に住んでいる場合は「周辺住民」、それ以外は「来街者」とした。来街者だった人が引っ越して住むようになった場合は「来街者→住民」という形で示している。また、「タイプ」の類型は第五章でそれぞれの性格について詳述するが、インタビューにおいて多くの人にそのタイプについて説明をし、どのタイプに当てはまるのか考えてもらっている。ちなみに、基本的に筆者の分析と対象者の考えはほとんど一致していた。インタビューの記載は筆者が「Q」でインタビュー対象者が「A」となっている。

(28) 世田谷区公式HPより抜粋（http://www.city.setagaya.lg.jp/kurashi/102/124/379/381/d00014356.html）。

(29) 「補助五四号線・世区街第一〇号線ニュース№5」より抜粋。

(30) 世田谷区公式HPより抜粋（http://www.city.setagaya.lg.jp/kurashi/102/124/379/381/d00014356.html）。

(31) 「Save the 下北沢」HPより抜粋（http://www.stsk.net/situation/review.html）

(32) S・A氏の原告主張甲6号より抜粋。

(33) K・W氏：二〇〇八年七月一〇日聞き取り。K・W氏は二〇代の時に来街者として街に遊びに来ていた時にチラシを配られ、そこから運動に参加し、初期の運動の企画・運営の中心を担ってた人物である。

(34) I・N氏：二〇一四年九月五日聞き取り。I・N氏は弁護士になって初めての事務所を下北沢で開設した頃に「Save the 下北沢」のチラシを見て運動に参加している。

(35) そのため、「Save the 下北沢」の当初の活動は次頁の表のように、著名人を動員した活動やメディアに注目されるようなイベ

2005年6月	曽我部恵一らによる“The sound of shimokitazawa”（S. O. S）CDを発売開始
2005年8月	「シモキタらしさ発見」シンポジュウム開催。記念冊子の発行。「Save the 下北沢 Night Vol. 1」開催
2005年9月	クリチバ市元市長・国際建築家協会元会長ジャイメ・レルネル氏来訪
2005年10月	ハーヴァード大学デザイン学部大学院生たち、下北沢を課題にして来日。慶応大学と合同で小田急線跡地代替案を作成
2005年10月	『風の人シアター Save the 下北沢』
2005年11月	「シモキタ解体」シンポジウム開催
2005年11月	学術研究会「江戸東京フォーラム」が下北沢で開催
2006年1月	区長に面会を求めるデモパレード
2006年3月	『まもれシモキタ！』パレード
2006年9月	キャンドルライト・デモンストレーション
2006年10月	サウンドパレード

「Save the 下北沢」の当初の活動

ントを積極的に展開していた。この表は聞き取りから作成したものである。

(36) S・K氏：二〇一四年三月六日聞き取り。S・K氏は「Save the 下北沢」の代表を務める運動の中心的な人物の一人である。

(37) S・A氏：二〇一四年三月一九日聞き取り。S・A氏は「Save the 下北沢」の立ち上げの時から現在まで運動に関わり続けている数少ない運動主体の一人である。「Save the 下北沢」という名称はS・A氏が考案したものである。ミュージシャン、フリーライターとして問題を発信し続けている。

(38) K・W氏：二〇〇九年四月一五日聞き取り。

(39) 街づくり懇談会幹部聞き取り：二〇〇八年七月一〇日聞き取り。

(40) AはH・Y氏、BはO・Y氏。聞き取りは二〇一四年二月五日に行なった。H・Y氏は第三回の原告集会の説明会を契機に運動に参加している。議論を経ることなく、計画が「出来上がったもの」として提示されたことに違和感を覚え、チラシの配布や近所に問題を告知している。「下北沢地域に住んでいるだけで特に何も考えてない人」に発言権があるとされる一方で、「少し離れたところに住んでいるが街のことを考えている人」に発言権がないというのはおかしいという考えをもっている。O・Y氏は二〇年前に下北沢地域に住み始めており、第一回の原告集会の説明会を契機に原告になっている。以前の住居が環八通り沿いで、大きな道路の整備を契機に環境が一変してしまった経験からこの計画には問題があると考え、チラシの配布や選挙活動の支援なども行なっている。

(41) こうした推進側の論理は当初から主張されていたわけではなく、後付けの論理だという批判意識が、次のように運動側にはあった。「下北沢の再開発が必要なのは防災のためだというような言われ方がするのですが、そういう言われ方が出てきたのは再開発計画が決まって反対運動が盛り上がってきた時期なんですね。要するにそれまでは防災のためなんて言い方は全然してなかったですね。それが反対色が強くなってくると、防災のために必要なんだ、という言われ方がされてきました」(K・W氏：二〇〇八年七月十日聞き取り)。しかし、それは後付けの論理としても、周辺住民、商業者の意味世界と共鳴する部分があったため、それに対する対抗論理を打ち出す必要が運動側にはあった。

(42) I・K氏：二〇一三年七月一三日における聞き取り調査より。I・K氏は生まれも育ちも下北沢で、「住民」としての立場から積極的に発言する人物である。ただし、「住民vs来街者」という二項対立の構図を嫌い、「住民も来街者も」という形で各々の多様な価値を尊重した街のあり方が望ましいと考え、そのためにも関係者で議論するラウンドテーブルの設置を強く主張している。運動が裁判闘争に入っていった段階から運動の中心を担っている人物でもある。

(43) そもそも運動側からすれば、一般論とは別に、一連の都市計画はこの下北沢地域の文脈において、騒音や日照などの都市環境を悪化させるものであったことが第一に問題であった。また、下北沢地区は鉄道交通の利便性が高いという特徴をもち、自動車交通のために大規模な道路や交通広場を整備するという計画は、それまで得ていた利益や価値を大きく減価させる可能性をもった計画であった。

(44) また、運動側が問題視したのは、東京都が補助五四号線の事業計画を検討する際に民間のコンサルタント会社に作らせた資料によれば、防災上危険と言われている地域は小田急線の跡地であったということだ。つまり、防災を目的として補助五四号線が作られたわけではなかったのだ。また防災上危険な地域は跡地の部分であるのであれば、道路を通すのではなくて、跡地の有効利用を検討すべきという考えもここから生み出されている。

(45) K・W氏：二〇〇八年七月一〇日聞き取り。

(46) S・A氏：二〇一四年三月一九日聞き取り。

(47) H・T氏：二〇一四年一月二七日聞き取り。H・T氏は「Save the 下北沢」初期から運動に参加している人物で生まれも育ちも下北沢である。交通経済の専門家で世界銀行などに勤めて海外の交通量調査分析業務に従事していた。そのため、一連の都市計画の事前調査の不備や分析の不十分さに問題を感じており、その後の「Save the 下北沢」の交通量調査もH・T氏を中心に行なわれている。また、「高齢者」としての立場から積極的に発言する人物でもある。

(48) 二〇一四年九月二日に聞き取りを行なった。Y・Y氏は障碍をもっているということもあり、計画に障碍者の生の意見を反映させることが大事という考えをもち、運動の代替案作成から、現在の跡地利用の作成まで常に関与し続けている。

(49) K・K氏：二〇〇八年八月二日聞き取り。K・K氏は生まれも育ちも下北沢で、以前は「Save the 下北沢」の共同代表の一人であった。「Save the 下北沢」が「来街者の運動」というフレームで語られるのに対して、K・K氏は「住民」の立場から積極的に発言をしていた。K・K氏の思想が「Save the 下北沢」の初期の活動に大きく反映されていた。建築家ということもあり、多様な人が関わり合いながら何かを作り上げていくことを重視しており、後述する世田谷区の跡地利用計画に関してもかなり肯定的に評価している。

(50) 代替案作成は「Save the 下北沢」と「下北沢フォーラム」が連携しながら取り組んでおり、「Save the 下北沢」単体では二〇〇五年六月に一度暫定的な代替案を区に提出している。

(51) アンケート結果は回答者の約六〇％が「大規模道路は不要」という回答をしている。

(52) また、下北沢再開発問題を都市計画自体の信頼性が崩れる危機的状況として問題化すべく、都市計画学会におけるオピニオン・リーダーたち二〇人ほどが集まり、緊急アピールのシンポジウムを行なっている（蓑原敬、大方潤一郎、陣内秀信、福川裕一らが参加）。下北沢フォーラムにも関わり、当時の緊急アピールの中心を担っていた蓑原敬は、当時の緊急アピールが一顧だにされなかったことを「日本社会では、都市計画という領域が文化的な大問題だとは認識されていないことが露呈してしまった」（蓑原 2007: 14）と述懐している。また、下北沢地域は個性的で活動的な中小の経営者で溢れているため、まとまりに欠けていたことが一連の紛争の背景にある、と蓑原は指摘している。

(53) フォーラムの代替案は補助五四号線を半分設置するという妥協案も併案として提示しており、この案の是非についても運動主体についても意見が分かれている。

(54) 資料は「Save the 下北沢」から提供された。

(55) K・W氏：二〇〇八年七月一〇日聞き取り。

(56) これは高層化をもたらす地区計画によって、空間利益を交換価値として享受する地主を正当化する意味合いもあったと捉えることができる（三浦 2009a）。聞き取りは二〇〇八年七月三〇日に行なった。

(57) K・M氏：二〇〇八年八月二日聞き取り。K・M氏は商業者協議会の事務局を担当していた。来街者として運動に関わり続けるなかで、「風景を守る」「自然を守る」といった他の運動とは異なり、下北沢地域の運動は「街を守る」運動だという認識に至っており、そのための理論を構築する必要があると考えている。
(58) 二〇一三年四月二四日撮影。
(59) I・S氏：二〇一四年四月二八日聞き取り。I・S氏は地域開発やショッピングセンターを作るマーケティングを仕事としていた経歴から、「隣の街と同じものを売っていたら流通競争が起きるのであり、新宿渋谷と近接する下北沢地域が同じものを売っても勝てるはずがなく、街が廃れてしまう」という危惧を抱いている。
(60) その点について、ある運動主体は次のように述べている。「一応、行政は広報みたいなものを一軒一軒お店にまいていたんですけど、一軒一軒意見を聞くということはしないですよね。テナントの方も自分から情報を得ようということはやらないので、必然的に置いてけぼりになってしまっていた」(K・M氏：二〇〇八年八月二日聞き取り)。
(61) 後述するように、二〇〇五年八月から、「Save the 下北沢」は周辺店舗一五〇〇店に「かわらばん」を月一～二回のペースで手配りで配布し、都市計画の情報や自分たちの主張を伝達している。
(62) この点について、次のような証言がある。「やっぱ無関心層が多いですね。テナントもすごい流動性が高いですよね。だから、当事者意識をもちにくいというか、自分に発言権があるのかとか思っている人もいる。……古い店ほど残っていますね。家賃がやっぱり安いんですよね、古い店のほうが」(K・M氏：二〇〇八年八月二日聞き取り)。
(63) 二〇〇八年七月一〇日聞き取り。
(64) O・Y氏：二〇一四年二月五日聞き取り。
(65) H・Y氏：二〇一四年二月五日聞き取り。
(66) K・M氏：二〇〇八年七月一〇日聞き取り。
(67) ちなみに、運動側は強引に事業認可されることを予想して、事業認可される前に事業認可差し止めの行政訴訟の提訴を行なっている。
(68) 近年、現代都市法論の領域では、「公」と「私」の間にある「共通利益」の存在が注目され、都市空間における紛争をコントロールする法体系の構築が目指されている(亘 2003；見上 2006)。
(69) また、二〇〇四年の行政事件訴訟法改正にともない、「法律上保護された利益」を重視してきた法運用が見直され、「法律上保護に値する利益」の検討が唱えられている。特に、「共通利益」は「法律上保護に値する利益」として検討される機運が高まっている。すなわち、「公的介入vs個人の権利利益保護」という二項対立ではなく、「空間のあり方」という中間領域を共通利益として保護対象とする動きが出てきている。

(70) 宮岡判決では、空間を共有する地権者に「景観利益」という「共通利益」を認定している（見上 2006）。ただし、その「景観利益」は、土地所有権を所得して、共同利用と相互拘束のもと、一定のルールで長期間空間を管理してきた「互換的利害関係」にある者に限定されるという限界をもつ。

(71) 原告準備書面1より抜粋。

(72) K・W氏：二〇〇八年七月一〇日聞き取り。

(73) K・W氏：二〇〇八年七月一〇日聞き取り。

(74) S・R氏：二〇一四年二月七日聞き取り。S・R氏は生まれも育ちも下北沢で、裁判の局面になってから原告として運動に参加してきた人物である。現在、「まもれシモキタ行政訴訟の会」の事務局長を務めている。

(75) これまでの行政訴訟に関する研究は、勝訴がもたらす影響に焦点を当てる一方で、訴訟という運動戦略が運動自体にどのような影響を与えるかという点については十分に論究していない（三浦 2009a）。

(76) 街づくり懇談会幹部Y氏：二〇〇九年四月三〇日聞き取り。

(77) 商業地域においても、近年、下北沢地域では、地権者に対して仲介・管理業務を行なう不動産業者が介入することで、土地の集約や建物の改築・新築、高層化が進行している。そして、入居するテナントとの諸契約や、その後の管理は不動産業者に委ねるという傾向が生まれてきている（三浦 2009b）

(78) I・K氏：二〇一三年七月一三日聞き取り。

(79) 南口商店街理事長Y氏：二〇〇八年七月一〇日聞き取り。

(80) この点について、次のような語りがある。「反対しているのはよそ者でしょ、というそっちの方がイメージとして強いのかも。……「セイブ・ザ・下北沢」って会員制ではないし、かなり多様なんですね。……この街と何らかの関係がある、愛着があるというだけのゆるいつながり。そうなると誰が反対しているか実際には見えにくい。そういう意味でこの街にずっと住んでいる人からみるとよくわからない存在なのかもしれないです」（木村・志田・大熊 2006: 164）。

(81) K・W氏：二〇〇八年七月一〇日聞き取り。

(82) I・K氏：二〇一三年七月一三日聞き取り。
(83) S・R氏：二〇一四年二月七日聞き取り。
(84) K・M氏：二〇〇八年八月二日聞き取り。
(85) K・K氏：二〇一四年九月一日聞き取り。
(86) K・W氏：二〇一四年九月二二日聞き取り。
(87) 区長面談の際の議事録によれば、ラウンドテーブルの設置を要望する商業者協議会に対して、区長は「区長だけでは判断できないのですぐには返答できない」「検討する」という回答に終始している。
(88) この際、世田谷区の事業認可申請の内容が都市計画決定内容と異なるということが明らかになり、その点を問題視した商業者協議会は都知事に抗議と要請を行なっている。具体的には、二〇〇三年一月三一日に告示された区画街路一〇号線の都市計画決定は延長約六〇m、面積約五三〇〇㎡であったのに対して、事業認可申請では、区画街路一〇号線は延長六四m、交通広場面積五四〇〇㎡で申請されていた。都市計画法に基づけば、都市計画の内容と事業内容が適合していなければならず、手続き的に違法であるという主張を展開した。
(89) 世田谷区議会都市整備常任委員会（七月二八日）議事録によると、区域内地権者からの意見は、賛成が二八、反対が二七、その他の住民からの意見は、賛成が約一〇〇に対して、反対は二五〇を超えていた。対象となる地権者が二〇〇〇人であるということから考えても、そもそも意見が五〇人弱からしか述べられていないということが、いかに情報が告知されていなかったかを物語っている。
(90) さらに世田谷区は住民に情報を与えないだけでなく、地区計画に対する賛成意見を誘導しようとしていた。「私は、下北沢周辺地区・地区計画に賛成です」という文言を印刷した意見提出用紙を世田谷区生活拠点整備担当部拠点整備第一課が商店会、町内会役員に配布していたのだ。都市計画法一七条の規定に基づけば、都市計画案の縦覧などの手続きは住民が意見を提出する重要な機会であり、行政には中立性が要請されるはずだが、偏向的に計画推進の立場で関与していることが明らかになった象徴的な事件であった。
(91) 後述するように、このようなヒエラルキー構造に関して違和感を覚える人も多く存在しており、これが自明なこととして推進派の人びとに受け容れられているわけではないことに留意する必要がある。

第四章

（1）当時の地代や家賃についての記録はほとんど残されていないが、一九四一年では、代田・奥沢・成城などの住宅地で一㎡あたり月額五銭であったのに対して、下北沢地域は月額十銭であったという記録がある（せたがや百年史編纂委員会 1992: 102）。これから推測するに、下北沢地域は一定程度収入があった「サラリーマン」という新中産階級の住宅地となっていたと考えられる。現在も少なからず残っている当時の住宅は、大邸宅というよりはその大部分が「文化住宅」と呼ばれる小さな和洋折衷風の住宅であった。

（2）その点について、当時から下北沢地域に住んでいたH・T氏は次のような証言をしている。「当時、小学校にはたくさんの同級生がいたけど、半分はサラリーマン世帯の家庭の子供で、残り半分は今の（一番街）商店街で働く人の子供が多かった」（二〇一四年一月二三日聞き取り）。

（3）一九三八年には一番街商店街に「ヒトラー・ユーゲント」というドイツの青少年組織が商店街を視察に訪れている。これは、一番街商店街が共同生活で若い商店員を育成する「店員道場」という集団教育システムをもっており、当時「都内で最も優秀な商店街」という評価がされていたからだ。このエピソードからも、いかに当時の商店街が隆盛していたということがわかる（せたがや百年史編纂委員会 1992: 138）。

（4）上述したように、「下北沢」の住民を画定することは実は容易なことではない。しかも、この行政区域は一九六五年に設定されたものであり、それ以前とは異なるものであった。そのため、六五年以前から現在までの人口数の推移を正確に把握することは難しい。

（5）世田谷区の公式統計に基づいている。データは世田谷区の公式ＨＰ（http://www.city.setagaya.tokyo.jp/toukei/hyou/digital.html）より抜粋した。

（6）下北沢が若者の街になった背景として、学生運動の中心地であった新宿における若者の居場所の消失（地下広場、風月堂の閉店）を語る言説は枚挙にいとまがない。その直接的な因果関係は明らかではないが、下北沢地域は新宿に近く、ジャズ喫茶マサコに象徴されるような若者が新たな居場所として利用しやすい店舗が多様に存在していたことから、この言説を語り、受け容れる人は多い。

（7）当然、この方法には限界がある。すなわち、言説空間以外の店舗の立地状況は捉えられないということだ。そのため、言説空間と空間的実践の間のズレを見出すことが難しい。

(8) S・R氏：二〇一四年二月七日聞き取り。
(9) I・K氏：二〇一三年七月一三日聞き取り。
(10) 下北沢という街の空間的な特徴が商業集積や歩行者の分布にどのような影響を与えているのかを研究した工学的な研究として、中井検裕らの研究がある（中井・村木・高山 2002）。中井らは、「ある空間Aから空間Bに到達するまでの幾つの空間が介在していたのか」を示す奥行を地域全体で計測し、平均よりも高い北側の地区に商業が集積し、奥行きの深さと歩行者交通量が正の相関を示すことを明らかにしている。
(11) 下北沢に関わる多くの人が「迷路性」を肯定的に捉える傾向があったことは、聞き取りや諸資料からも主張することができる。しかし、後述するように、盛り場以前からの住民、高齢者などは否定的に捉える人も少なくなかった。
(12) ただし、ここで留意すべきなのは、必ずしも「迷路性」と「安全性・利便性」という二つの志向性に二分できるわけではないということだ。多くの人が程度の差はあれ、どちらも志向しているのだ。しかし、都市計画が作り出そうとする空間が、その二つを両立させないものとして存在することが問題の発端でもある。
(13) ただし、社会関係が醸成されるような店舗が存在するのであれば、今のような細い路地で構成される低層の街並みが失われてもかまわないという考えの人もいることには留意したい。
(14) S・A氏：二〇一四年三月一九日聞き取り。
(15) S・K氏：二〇一四年三月六日聞き取り。
(16) S・R氏：二〇一四年二月七日聞き取り。
(17) K・M氏：二〇〇八年八月二日聞き取り。
(18) K・S氏：二〇一四年四月一五日聞き取り。K・S氏は来街者として「Save the 下北沢」の運動に当初から関わっている人物である。弁護士であるが、下北沢の裁判を担当しているわけではない。
(19) S・A氏：二〇一四年三月一九日聞き取り。
(20) H・T氏：二〇一四年一月二七日聞き取り。
(21) I・S氏：二〇一四年四月二八日聞き取り。
(22) S・R氏：二〇一四年二月七日聞き取り。
(23) 聞き取りは二〇〇八年八月一九日に行なった。

(24) 商業店舗の賃貸料についてのデータというものは、物件の間で価格の差が激しく、契約形態も多種多様であり、契約内容が世に出回らないため入手が困難であり、街全体の賃貸料の分布を正確に把握することは難しい。「オフィスジャパン」が発表している資料を参考にすると、下の表のようになっている（http://www.oj-net.co.jp/report/archives/2008/07/post_226.html）。

これは他の商業集積地と比べても割高な設定となっている。空き店舗で、借家人を募集している物件の賃貸料を参考にすることで、坪単価の賃貸料の平均を出し、比較対象として三軒茶屋、渋谷、銀座を選択した結果は下の表の通りである（「マピオン住まい探し」（http://myhome.mapion.co.jp/）。

(25)「下北沢という街に夢を抱いてやってくるテナントが犠牲になって、ある種、街の魅力が維持されているというのはやはり問題だと思うのですよ」（S・K氏：二〇一四年三月六日）という言葉に代表されるように、苦境に立たされている中小規模の商業者を保護することが運動の重要な目的であった。

(26) 聞き取りは二〇〇八年八月一九日に行なった。

(27) ちなみに、地区としては「渋谷区・大山地区」「東北沢地区」「下北沢地区」「世田谷代田地区」「梅ヶ丘地区」「豪徳寺地区」「経堂地区」「成城地区」「喜多見地区」「狛江・和泉多摩川地区」の一〇地区がある。それぞれの地区に代表者を立て、大規模な運動団体であった。

(28) 世田谷区長は八七年四月に東京都知事に地下化を要望している。しかし、東京都側は「高架化の方が地下化よりも事業費が安くなるため、高架化が適当」という主張を崩すことはなかった。

(29) 世田谷区は一九七一年の総合計画で、世田谷区地域における高層化や機能的な人間工学的都市空間の形成を構想していた（世田谷区 1971）。

(30) 下北沢グランドデザインより抜粋。

(31) 街づくり懇談会から提供された資料。図15も同様。

(32) 例えば、街づくりの目標【理念】のところで、防災性、公共交通の利便性、生活の利便性が強く主張されている。

2005年から2006年における下北沢の賃貸料の相場

	中心部（単位：万）	半周辺部	周辺部
二　階	1.8～ 4.0	1.7～3.5	1.5～3.3
一　階	4.0～10.0	2.5～6.0	1.7～4.2
地下一階	2.5～ 3.5	1.5～3.5	1.3～2.6

賃貸料の状況――三軒茶屋、渋谷、銀座との比較

	サンプル数	坪単価の平均（単位：万）	標準偏差
下 北 沢	34	2.52	0.43
三軒茶屋	21	1.54	0.50
渋　谷	64	2.05	0.45
銀　座	18	2.84	1.19

(33) ただし、防災の点から道路整備の必要性については言及されている。
(34) ちなみに、グランドデザインに文言として述べられていることを必ずしもメンバーが共有していたわけではないということが、議事録での議論から分かる。
(35) 懇談会の運営要綱には「会議は世話人会が招集し、運営する」という規定がある。
(36) これは世田谷区まちづくり条例第四章「まちづくりの支援」の第二八条一項三号に基づいている。
(37) 街づくり懇談会第五五回議事録より抜粋。
(38) 議事録ではそれぞれの発言者の名前、属性が分からない。
(39) 街づくり懇談会第五五回議事録より抜粋。
(40) 「協議会への移行をすべき派」と「後回しにすべき派」のような対立は、その後も幾つかの論点でみることができる。例えば、現実的なところから議論をしていこうとする南口商店街に対して、現実的な条件にとらわれることなくビジョンについて議論しようとするしもきた商店街の対立がある。この対立の担い手が協議会をめぐる対立の担い手と綺麗に重なるかどうかは不明だが、意見対立の構図は似ている。
(41) 街づくり懇談会第五五回議事録より抜粋。
(42) 街づくり懇談会第五五回議事録より抜粋。
(43) 二〇〇二年の七月二二日に行なわれた第九一回の懇談会では次のような主張がされている。「一昨年の素案ができる前の三月、お役所が作った区画街路一〇号線に関する図面がパンと出てきて、みんな驚いたことがあるが、それが素案のなかに出てきた。そして、ほとんどそのまま計画案として出て、そのあと街づくりの基本計画書案というかたちで出て、前回出てきた時には計画書となっている。……皆さんの声を聞いて反映したというパターンが、今までの流れを見ていると疑心暗鬼の種になっている」。
(44) 二〇〇三年六月四日に行なわれた第九九回街づくり懇談会では次のような意見が出されている。「区という事業主体であれば、住民とのやり取りはあってもきちっとした方針がでてくるが、懇談会のように全体を取りまとめる基本的な権限が無いままにやっていると、あいまいなものになってしまう。したがって一五年度以降は、区が主体になってわれわれが協力するのか、懇談会が主体になり区に協力してもらうのか、計画をつくる主体をはっきりさせることが最も重要だ」(街づくり懇談会第九九回議事録より)。こうした意見の背景には、四つの商店街が関与し、それぞれがそれぞれの立場で主張するだけということに対する危惧も大きく影響していたと考えられる。

(45) 二〇〇二年一〇月七日に行なわれた第九三回街づくり懇談会では次のような意見が出されている。「グランドデザインも、区の方がいろいろ手助けしてくださった案を区に出すというのはどう考えればいいのか。……われわれはガス抜きに使われているのかという感じがしないでもない」（街づくり懇談会第九三回議事録より）。

(46) 「グランドデザインから始まり、構想図、区長への提言と、同じ事を何回も何回もやっているが、回答は一度もいただいていない。その答えはいずこに行なったのか」（街づくり懇談会第九九回議事録より）。

(47) 街づくり懇談会第九五回議事録より作成。

(48) 「そういう議論は過去五年にわたって、この席上で皆さんでやってきて、同意してグランドデザインができ、右側の絵（二二五頁の図14）ができたわけだ。それをいまさら参加しなかった人が、ああでもない、こうでもない、タクシーは入れない、バスは入れないという話をされるなら、何のための五年間だったのか」（街づくり懇談会第九四回議事録より）。

(49) 例えば、二〇〇三年一二月一五日に行なわれた第一〇四回街づくり懇談会では、次のように借家層の利益の擁護が主張されている。「都市基盤整備公団アンケート調査の件について、大事なことなので区への要望を一つお願いしたい。私は出席できなかったが、アンケートの対象がいわゆる地権者、地主と借地権者までで、借家、いわゆるテナントに関してはアンケートをしないし、今後するつもりもないと私どもの商店街の理事会で説明されたと聞いた。私どもの商店街の組合員はほとんどテナントであり、なおかつ商店街を守っていくべき立場である。地主、借地権者は重要で、聞くべき第一番目だが、やはり下北沢の魅力はそれぞれの店がつくっているので、街を維持していくためには店を経営している方、テナントとして入っている方たちの意見もアンケートで取って頂きたい。……下北沢らしさということなら、地主、借地権者の意見を聞くとともに、影響を受けるテナントからも意見を聞くような工夫、システムをぜひ考えていただきたい」。

(50) 街づくり懇談会第一一五回議事録より抜粋。

(51) 街づくり懇談会第一一六回議事録より抜粋。

(52) 街づくり懇談会第一一六回議事録より抜粋。

(53) 街づくり懇談会第七八回議事録より抜粋。

(54) 街づくり懇談会第一〇五回議事録より抜粋。

(55) 街づくり懇談会第七四回議事録より抜粋。

(56) 街づくり懇談会第一〇八回議事録より抜粋。

(57) 街づくり懇談会第六九回議事録より抜粋。
(58) 街づくり懇談会第七五回議事録より抜粋。
(59) 街づくり懇談会第一一二回議事録より抜粋。
(60) 街づくり懇談会第一一四回議事録より抜粋。
(61) 街づくり懇談会第六五回議事録より抜粋。
(62) 街づくり懇談会第六三回議事録より抜粋。
(63) 街づくり懇談会第六三回議事録より抜粋。
(64) 街づくり懇談会第五七回議事録より抜粋。
(65) 街づくり懇談会第七八回議事録より抜粋。
(66) 街づくり懇談会第八一回議事録より抜粋。
(67) 例えば、九九年六月の第六〇回街づくり懇談会では、以下のようなやり取りがなされている。

「(補助五四号線を)われわれがやってほしくないと決めて請願すれば、やらなくてもよくなるのか」(しもきた商店街)、「その場合は小田急の連立事業が進まなくなり、踏切が残ったままになることがあり、区としてもそれを一番恐れている」(世田谷区)、「既設線がそのまま残ることはないのではないか」(しもきた商店街)、「既設線の整備は街づくりと一緒に検討する(道路と一体的に整備する)ということになっているので、道路が要らないとなれば、踏切が残ることもあり得ることを心配している。連立事業は踏切解消が目的で、既設線と都市計画道路の立体化が条件なので、都市計画道路がなくなれば、連立事業そのものが成り立たなくなる」(世田谷区)。

しかし、その後二〇〇〇年には連続立体交差事業の要件が変わり、必要とされる幹線道路数は二本から一本になっている。こうした事態に対する説明もされずに、その後もこの点が前提となって議論が進められている。

(68) 例えば、以下のようなやり取りが二〇〇〇年一二月の第七四回街づくり懇談会でなされている。

「都市施設と位置づけての整備には補助金が出る。そのためには五三〇〇㎡が必要。下北沢は、広域生活拠点として、それにふさわしい駅前広場との指導が都なり国からなされている」(街づくり課長)、「六万人の乗降客のある駅の周辺を、歩行者優先型の車を入れないゾーンにするのは、テクニックとして難しいと考えている」(専門家)、「これだけ壮大な改造をやるのに、予算の話を抜きにしての議論は無意味ではないか。小田急の線路敷きを駅前広場の一部としてカウントするという話もあったが、そういうものが広場と言えるのかどうか。先立つものはお金であって、補助金をいただけないような計画を立てても、実行できるのかどうかを考える必要がある」（世話人）。

こうしたやり取りはその後も続くが、「都市計画施設は都市計画施設と接続する必要がある以上、補助五四号線と駅前広場は接続する必要がある」「駅前広場の面積も公式の計算式で計算すると五三〇〇㎡になる」といった形で、揺るがない制度として都市計画制度を提示し、半ば強制的に人びとの考えに変化をもたらそうとしていた。
(69) 例えば、専門家によって作られた駅前広場の計画図に対して、一部のメンバーは「これだと誘導されているように感じる」（第七六回街づくり懇談会）、「これは都市計画事業にしないと国から補助金が出ないため、半ば誘導されたもので、行政の意見であり、われわれの意見ではない気がする」（第七七回街づくり懇談会）と明確に違和感を表明している。しかし、その後は「補助金の問題等、重々わかっているが、駅前広場は全国一律の金太郎飴にならないよう、下北沢らしさを忘れないで考えてほしい。難しいとは思いながらも、ここで再度提言しておきたい」（第七八回街づくり懇談会）と言った形でやや諦観した意見も出されている。
(70) 例えば、次のような主張がなされている。「十数年前に南口商店街で、指定を受けたショッピングプロムナード計画がそのことで立ち消えになったことがある。セットバックが条件だったが、道路沿いは家賃が高いので下げることに抵抗が多く、諦めざるを得なかった」（第一一二回街づくり懇談会）。また、この点について、当時世話人をしていたY氏は聞き取りで次のように述べている。「二子玉川、三軒茶屋を含めて三大拠点と言いながら、〔世田谷区は〕下北沢にこれまで何もしなかった。それは、世田谷区が下北沢を軽視しているということではなく、物理的な条件として、これまでスペースが得られなかった。だから再開発って言うんじゃなくて、欠陥している施設の整備、という感覚で物事を語り合いたい。やっと小田急の跡地を使いながら作れるときがやってきたんだと。ここできちんとしたまちづくりをしないと、この千載一遇のチャンスを逃したら永久にない」（二〇〇八年七月一〇日聞き取り）。
(71) 例えば、次のような形で、諦めを表明する主張がその後増えてきている。「修復型の再開発とか街づくりと言っているが、正直もう修復しようがないところまで来ている。戦前から長くやってきて後継者もいる、個性と余力がある人達が面白い店づくりをするから、遠くからお客さんが来てくれることで下北沢の魅力が成り立っていたのに、その人たちが商売をやめていく。修復型といいながらその人たちを戻せないのなら、もう腹をくくって前へ進めていくしかないのではないか」（第一一五回街づくり懇談会）。もちろん、その後も道路計画や高層化に対して批判する人もいたが、その数は減っていっている。

（1）この時期区分については、すべての運動主体が同意を示している。その点で、この時期区分自体、研究者と研究対象者によって構築された共同の意味世界であると言える。

（2）それまでは、都市計画の背後に潜むような「構造」（諸主体、諸制度の複雑な関係から成るもの）が不可視であったために、区長の擁立の成功によって、そのような「構造」が可視化されることが期待されていた。しかし、後述するように、その期待は実現することはなく、「構造」は可視化されず、何らかの「構造」が存在するという再確認にとどまることになる。

（3）この政治認識に関連する議論として、シャンタル・ムフのラディカル・デモクラシー論がある（Mouffe 2005＝2008）。彼女の政治構想は、「敵／味方」という境界線を引くことができるという空間的な認識に基づいている。つまり、アイデンティティを構成するためには「われわれ／彼ら」という形で敵対的な外部を構成する必要があり、そのためには領域画定という形で「境界線」が重要になる。

ただし、ムフの議論は、討議民主主義の理想的な立論を批判しつつも、「同じ討議空間を共有する対話者」として敵を想定するという理想的な立論に問題がある。結果、討議空間のあり方それ自体に関する違和を表明することができない。また、政治的主体のアイデンティティを脱本質主義的に捉えることで、討論をアイデンティティ間の衝突として考える傾向がある。討論の内容をアイデンティティに還元せずに意味世界の対立として検討する必要もあるだろう。基本的に、ムフの諸概念は理念的な概念であり、それをそのまま経験的な研究に用いることはできないため、本書が設定する〈対抗的な政治空間〉のような概念が必要になる。

（4）この概念に類する概念として、一連のアーレントの議論がある（Arendt 1958＝1994）。アーレントの「現われの空間」は、固有性をもった各人が尊重され、分離しながらも特定の関心ごとを共有し、闘技的に議論を展開するという空間認識が前提にある。アーレントは「現われの空間」を単純に特定の物理的空間としては捉えておらず、一時的な空間として、人びとの活動によって、何度も局所的に人と人との間に構成されるものとして考えている。そして、各自が他者の前で自身の個性を発揮することで、多様性や新しい始まりが生み出されると彼女は論じている。「連帯的な政治空間」も同様の空間認識が前提にあるが、アーレントの概念と異なり、政治的決定というものが重要な規定要因として存在していることに留意する。

（5）近年、フラッシュ・モブ、グラフィティ・アート、広告の書き換えなど、さまざまな形で既存の都市空間の使い方とは異なる都市空間の使い方を可視化し、既存の社会秩序の問題性を指摘するという運動が注目を浴びてきている（Iveson 2013）。そして、このような実践を政治的な企図として捉えるべくランシエールの議論が注目され、近年の都市空間における諸運動の政治的意味が位置づけられる傾向がある。

　ランシエールは「空間」を事物に関する感覚を作り出し、「存在の仕方、行為の仕方、話し方」を規定する不可視化された権力のようなものとして想定している。彼の認識からすれば、既存の社会秩序を作り出す要因として「空間」が存在すると同時に、その秩序を揺るがす拠点としても「空間」は存在している。そこで彼は「実践志向の政治空間」を構想し（Rancière 1995＝2005；2005＝2008）、不平等の問題が議論され、平等のあり方が検証されるような「空間」を作り出そうとしている。

　ランシエールが社会秩序の自明性を揺るがすような特定の空間の可視化という実践に着目していたのに対し、本書の〈イベント型の政治的構想〉は、後述するように、都市空間の可視化だけにとどまらず、音楽、雑誌、映像、トークイベントなどのさまざまな実践を駆使している。すなわち、その実践が展開される舞台は、必ずしも特定の都市空間だけにあるのではなく、特定のライブ会場、個々の家庭、言説空間、特定の空間イメージなどさまざまな空間にある。そして、そのようなさまざまな空間から創発的な事態が生み出されることを期待する構想である。そこで、個々の「実践」という言葉ではなく、そのような複数の実践や場、そこから生み出される偶然的な事態を含みこんだ言葉として「イベント」という語を用いることにする。
（6）　近年の政治哲学をめぐる議論においても、ムフやアーレント、ランシエールらの政治的な空間を検討することで、より良い政治の展望を切り開く試みがなされてきた（例えばDikeç 2012など）。こうした議論は、既存の制度化された民主主義を批判し、その対応策として、新しい開放的な政治的空間を構想しようとしている点で、「共生」を問題化していると言える。ただし、それはあくまでも研究者の理念的世界に過ぎない。活動や関係、実践の効果としての政治的構想はアプリオリに存在するわけではなく、実践によって歴史的に構築されてくるものであり、どのような運動主体がどのような構想を共有しているのかを明らかにしていく必要がある。それには、人びとの構想がどのようなものかを探求することから出発し、その可能性や課題を分析し、より望ましい構想を提示するという立場を採る必要がある。それが「共生」の社会学的な捉え方でもあるだろう。
（7）　これまでの住民運動論では、「正当性」と「正統性」は必ずしも区別されてこなかった。しかし、住民運動論の代表的な論者である似田貝香門はかつて、「公共性の実体批判」と「公共性の過程批判」という批判の区別を行なっており、各々の批判の対象は本書で論じるところの「正当性」と「正統性」の区別とほとんどパラレルである。すなわち、公権力が「公共性」の名のもとで行なう開発計画の内容と、それまでの手続き過程を批判することによって、住民の「批判的公共性」が確立するという議論である（松原・似田貝 1976）。この議論を現代において継承・発展させていくためには、その「正当性」や「正統性」をめぐる公権力と住民との争いの過程を実証的に分析することが求められてくるだろう。

（8） 東京都と小田急電鉄は八七年から八八年にかけて、高架方式と地下方式を比較した詳細な調査を行なった結果、九三年に「下北沢区間だけ保留、基本的に高架、成城だけ掘割」という事業方式を決定しているが、その基礎になった環境アセスメントの内容を公開することは避けようとしてきた。また、関係地域住民への情報提供を行なう「住民説明会」に関しても、定数五百人に満たない会場に事業者である小田急電鉄およびその受注予定会社である建設会社の従業員数百名を毎日動員して、住民の質問と意見の開陳を事実上妨害していた。

（9） 巨大な公共事業について、被告敗訴に等しい勧告がなされたのは「行政訴訟史上初めて」とも言われ、当時、各メディアから注目を集めた（『朝日新聞』一九九四年四月七日、『New York Times』一九九四年五月一五日、『エコノミスト』一九九四年五月三日・一〇日号）。

（10） 下北沢地域の構造形式を地下方式とすることは、既に一九八七年度・八八年度に東京都が実施した小田急線連続立体事業調査で示唆され、遅くとも一九九一年には決定していた。

（11） そのため、日本の行政訴訟における勝訴率は一五％台を推移しており（最高裁判所事務総局行政局 2002）、その敗訴率は高い。この勝訴率のなかには一部勝訴も含まれており、全面勝訴というのは数％に過ぎないという意見もある（阿部 2004）。

（12） 取消訴訟の要件としては、一般的に①処分性、②原告適格、③訴えの客観的利益（狭義の訴えの利益）、④被告適格、⑤出訴期間、⑥裁判所の管轄に属することなどがある。「原告適格」以外にも、取消しの対象が「行政庁の処分その他公権力の行使に当たる行為に限る」という処分性の要件で、多くの訴訟が門前払いされてきている。

（13） この主張は、一九九七年に開発区域内外の一定範囲の地域住民の生命・身体を個々人の個別的利益として認めた、川崎市崖地開発許可取消請求事件の判例を一つの根拠として述べられている。

（14） 一般に行政訴訟の世界で最高裁大法廷が口頭弁論を開くのは、原審を破棄し、重大事件や重要な法令について最高裁として初めての判断を下す場合が多い（斉藤 2005: 1）。最高裁判所事務処理規則第九条によれば、小法廷から大法廷に回付されるのは、①裁判所法一〇条一～三号に該当する場合（法律、命令、規則又は処分が憲法に適合するかしないかを判断するとき、もしくは憲法その他の法令の解釈適用について、意見が以前に最高裁判所の示した裁判に反するとき）、②小法廷の違憲が同数の二説に分かれた場合、③大法廷で裁判することが相当と小法廷が判断した場合、としている。大川隆司は、小田急裁判の「論点回付」はどのケースであったとしても、既存の判例を維持すべきという意見が第一小法廷のなかで多数派を形成できなかったことは明らかだと主張している（大川 2005）。

（15）二〇〇四年の法改正を行なった行政訴訟検討会の座長である塩野宏は、「今後、裁判長が解釈していって、個人の権利利益の救済の場面で、行政における利益調整原理を広く考慮していくためのオープンなスペースを提供している」（塩野2003: 16）と改正の意義を明確に位置づけたが、それを契機に、近年の行政法学では、新しい学説、判例の展開を主張する「オープンスペース」論が隆盛している（橋本 2008など）。

（16）小田急高架訴訟と下北沢地域における行政訴訟の弁護団長を同じ人物が務めていることも、大きく影響している。

（17）二〇一三年四月二〇日に聞き取りを行なった。

（18）巻末の資料1に第一局面における運動と推進側の動きをまとめた。

（19）「Save the 下北沢」を立ち上げた共同代表のK・K氏とS・K氏はともに運動主体の参加志向を大事にしていた。また、第一局面の「Save the 下北沢」の運動に参加していたすべての主体が共通して述べる感想として、「参加していて楽しかった」という点を挙げることができる。

（20）例えば、S・A氏の次のような意味づけがある。「初めはただの道路の話だと思っていたのが、地区計画と連動していると分かったのが二〇〇四年一一月。あれで、俺はびびった。要するに、これ国策なんだなと。地区計画と小田急の再開発を含めた国家主導の再開発なんだと理解したのね」（二〇一四年三月一九日聞き取り）。

（21）当時の共同代表のK・K氏とS・K氏を中心に、基本的には多くの運動主体が「広く多くの声を集めて、しもきたをすみやすく！」という連帯型の構想を共有していた。K・K氏は二〇〇四年五月二〇日にmixi コミュニティ内で、「スタンスは「広く多くの声を集めて、しもきたをすみやすく！」ですかね。一部の利害関係者とは距離を保ちながら、みんなにとっていい回答をみつけていくことが大切」と発言している。また、当時を振り返り、「敵と味方という形で境界線を引くのではなく、いろいろな人と対話をしながらやっていこう」というスタンスだったことを述べている（二〇一四年九月一日聞き取り）。また、運動内部でもその構想は共有されていた。

（22）二〇〇四年六月五日の会議では、地下化運動の時から活動している運動主体が「自治体側は五四号線の工事を小田急の工事と一体のものと定義しているのだから、小田急の違法性をつくことは、五四号の工事反対にもつながっていく」という考えのもと、「小田急工事の事業認可についての違法性」について問題提起したが、「小田急の地下化を前提とし、五四号線不用でいかに下北沢をつくっていくか」ということが基本的立場ということで、却下されている。

（23）第一局面に参加していた中心的なメンバーの多くは、以下のように、「情報の告知↓話し合い↓計画のストップ」という形の構想を共有していた。「単純な話、あんな馬鹿な道路作ってもらっちゃ困るわけだからやり始めたわけだけどさ。あまりにもばかばかしい道路だから止まると思っていた。正直な話ね」（K・K氏）、「最初は単なる道路の話と思っていて、あまりにばかげているからこれはなしでしょと。だから、全国的なブームにすればひっくり返せると思ってた」（S・A氏）、「何かわからないけど、不思議なおかしな計画が手続き的に動いてしまっていて、その問題のまずさに誰も気づいていないのだから、その問題を知らせることによって、問題が解決されるだろうと思ってましたね」（K・W氏）、「K・Kさんとかわれわれみたいに甘い考えの人たちは、言っていけば通じるのではないかと思ってた節がある。認可までの間に止めれると思っていた。少なくとも僕はそういうことを目的にしていた。……今から言えばみんな「止めれるわけないと思ってたよ」と言うかもしれないけど、僕は空気としては、話せば通じると思っていた。下北沢というものに意味があると思ってたし、こんな無茶な計画が通るわけないと思っていた」（K・S氏）。

（24）　議員秘書としての経験も長かったI・N氏は、当時の「Save the 下北沢」に政治色がなかったことを評価し参加している。「議員秘書をやってた時に、議員さんがリベラル系の無所属の人だったんですけど、市民運動団体という人たちといろんな付き合いがあって。……その時に、市民運動という名前が付いているけども、政党色が強かったり、政党そのものだったり（笑）、いわゆる純粋な市民運動というのはそんなにないんですよね、世の中に。……そういうのを見ていたものだから、「Save the 下北沢」というのがどういう市民運動なのか興味があってみていた。本当の市民運動というのも変だけど、政党色もないし、自然発生的に生まれて広げていこうというところがあった。それが本当に成り立ったら面白いなと思っていた。政治色が付いてないのが、組織として力をもっていけたら面白いなと。そういうのもあって、参加していた部分もあった」（二〇一四年九月五日聞き取り）。

（25）　これは当時の「Save the 下北沢」の共同代表のmixiコミュニティ内での発言である（二〇〇四年九月一八日）。また、当時の取材状況については、以下のような記録が残っている（http://www.tbs.co.jp/radio/stand-by/attack/2004920.html）。

（26）「いままで、僕個人としては、区の職員の人にも生活や立場があるんだろうし、どちらかというと矢面に立たされて、可哀相な立場の人として、直接的な攻撃対象にするつもりは全くなかったんですけど、今回マスコミに対しての彼〔区の職員〕の態度は、行政のご都合主義から、真実のまちの声をゆがめて流そうとしたという意味で、とても罪深く、今後彼がどういう立場に立たされようと、あまり同情する気持ちにはなれない」と批判している（二〇〇四年九月一八日）。また、一〇年経った後、当時の心情を次のように振り返っている。「そうそう。怒ってたよね。どういう理由で、ああいう風に頑なにやりたいと思っていたのかいまだに分からないのだけど、明らかに何人かの人たちは意図的にあの計画を進めようとしていたね。……良いものを作ろうとしているなら堂々と説明すればいいだけの話じゃない？　それをやらなかったから、あれは不誠実だなと思う」（二〇一四年九月一日聞き取り）。

(27) K・S氏：二〇一四年四月一五日聞き取り。

(28) 「Save the 下北沢」メールマガジン二〇〇六年三月九日付。

(29) 「Save the 下北沢」メールマガジン二〇〇六年三月三一日付。

(30) 当時共同代表だったK・K氏はブログで次のように表現している。「本来、都市計画道路がその地区計画にとってはずせないような前提条件になっている場合、地区計画の決定を都市計画を決める上でのアリバイとするような手続きの踏み方をとることはとても卑劣な行為だと思います。周辺の住民による大きな意思表示（下北沢フォーラムによるアンケート結果）をまったく無視し、テクニカルに事業認可へ進もうとしている行政のやり方を許すべきではないと強く思います」（http://stsk.exblog.jp/3443607/）。

(31) 「世田谷区　街づくり条例」の基本理念（第二条）は、「区民は、健康で文化的な都市生活を享受し、機能的な都市活動を行なうため、自己に関係する街づくりに参加する権利と責任を有する。区内において行われる街づくりは、安全で住みやすい快適な環境の市街地の形成を目指して総合的かつ計画的に進められるべきものであり、区民等の参加及び提案並びに区民等、事業者及び区の相互間における信頼、理解及び協力の関係によって成立することを確認する。これらのことは、常に尊重されなければならない」となっている。

(32) この写真はK・W氏から資料提供されたもの。

(33) I・K氏：二〇一三年七月一三日聞き取り。

(34) K・S氏：二〇一四年四月一五日聞き取り。

(35) S・A氏：二〇一四年三月一九日聞き取り。

(36) S・K氏：二〇一四年三月六日聞き取り。

(37) K・W氏はmixiコミュニティ内で次のように発言している。「お店の人たちと話してみて感じたのは、ぜんぜん情報が伝わっていないということ。「反対しなくてもどうせこんな道路できないよー」とか「反対しても無駄だよ、どうせ道路はできるよ」とか、ちゃんとした情報なしに、「なんとなく」ということだけで発言する人にたくさん出会いました。今年度中に事業認可が下りて、本当に買収が始まろうとしてるってことを知っている人は一人もいませんでした。……今、みんながちゃんと「こんな道路いらない！」といわないと、本当に道路はできてしまいます。みんながちゃんと情報を知らなかったせいで、道路ができちゃった、ということだけは避けたいです」（二〇〇五年八月一五日）。

(38) K・W氏：二〇一四年九月二二日聞き取り

(39) 共同代表だったK・K氏は次のように、ブログでその狙いを説明している「わからないから賛成も反対もしない多くの人たち。僕はこのような人たちの気持ちを理解できないとはいいませんが、そのまま何もしないでいることに賛成はできません。そこからは多くの喜びを得られないだろうと信じているから」（二〇〇五年一〇月五日）。それ故に、「かわらばん」以外にも、意見を提出するキャンペーンを二〇〇六年に何度も行なっているように、多くの主体に各々の意見を出させることを重視している。

(40) K・W氏：二〇一四年九月二二日聞き取り。

(41) 世田谷区は補助五四号線を作る一つの理由として、下北沢地域の南側と東側に走る二つの幹線道路のキャパシティがオーバーフローしていることを挙げている。だが、世田谷区が東京都に提出しようとしたデータでは、補助五四号線を建設してもその状況に変化が起きないし、北側を走る井の頭通りは依然としてキャパシティに余裕があることが示されていた。

(42) 運動側の計算では〇・一二となったことから、数字に大きな差異があった。費用効果分析は何を「効果」として捉え、どのように計算するかということに決まりがないために、その途中の計算式やデータを明らかにする必要があるが、行政の計画にはその点が欠落していた。そこで、どうしてそのような違いが生じるのかを議論する場を設けるように主張するが、区からは「プロの専門家として委託業者に依頼をしている訳で、運動側の考えとプロの考えを比較検討する必要はない」と、議論の場を設けることを拒否されている。

(43) 二〇〇五年一二月二二日に運動側は、情報開示請求で世田谷区にデータの根拠を示すように求めたが、区は「当該情報は、実施機関では収受又は作成しておらず、存在しない」と回答し、その根拠を公開していない。

(44) 特に連帯型の構想を共有している主体は、代替案作成という実践それ自体を評価している。当時、代替案作成という実践を重視していた共同代表のK・K氏は次のように述べている。「自分たちがリアルに関われる街、関わったことによって街が何かちょっとでも変わるとさ、素敵なことだと思うんだよね。……一人一人が街に関われるという意味では、人数だけの回答があるはずでさ。その関わりようをいろんな多様性のなかで示していくというのは、面白い街の作り方だと思うんですね」（二〇一四年九月一日、聞き取り）。

(45) 代替案の見せ方については、そのプロセスや根拠を示すべきだったという批判がある。「この街の価値というものをどう捉えるか。いろいろ「Save」が出していたけど、車が入らないのが良いことだということをきちんとレポートやプロポーザルとして出してないと思っている。……自分たちの代替案を出すのに、途中のプロセスが空白になっている。結果だけがボーンと出てくるわけ。……何故こうなのかというプロセスが本当は大事なわけ。プロセスを説明しないと人って納得できないのよ。……それが見えてこない代替案だから勝てなかったんだよ」（I・S氏：二〇一四年四月二九日聞き取り）。

(46)「そもそも、その案でいこうとしているわけではないから。それで、いろいろ考えてもらうには、政治で勝つしかないという結論にたどり着いた」（S・K氏：二〇一四年三月六日聞き取り）。ここから、代替案作成という実践が単純に対抗型の構想ではなく、行政と対話することでより良いものを生み出していくという、連帯型の構想でもあったことが分かる。

(47) 代替案は大まかな要点だけでよくて、細かな具体的なものになると、内部で対立が起きてしまうという課題が、次のように指摘されている。「A案は完全に歩行者広場で、B案は今の八百屋の前を車が通れるような車道にするというように、分裂してた。A案とB案は妥協案として出たんだが、そういう議論をやりだすとだめなんだよ、運動はね。僕はそういう感覚がある。要するに、焦点をはっきりさせればいいのであって、それを分散させるような議論はなるべく避けた方が良い」（I・K氏：二〇一三年七月一三日聞き取り）。

(48) 以下の発言にもあるように、その成果はあまり肯定的には評価されていない。

Q：フォーラムは行政との窓口のために看板を立て替えたのかなと思ったのですが、街との対話を進めるためにも作ったのですか？

K・W：はい。「反対・賛成関係なく、街づくりの専門家が、さまざまな知恵を授けます。ついては、こういう勉強会をしますからきてください」と呼びかけた。立場を明確にしないことによって、賛成とされている人たちを巻き込む思惑があるんですけど、ことごとく失敗してきた歴史がある。一瞬見にくるということはあっても、それっきりということでしたね（二〇一四年九月二二日聞き取り）。

(49) この写真はK・W氏から資料提供されたものである。

(50) パンフレットには次のようにイベントが紹介されている。「老若男女を問わず、多くの人々に愛されている下北沢。ところが今、この街は大規模な再開発計画の危機にさらされています。このイベントは、下北沢の路地から路地をキャンドルライトで静かに照らし、下北沢の魅力をみんなで再確認しようというもの。下北沢にゆかりのあるアーティストによる音楽、ポエトリー・リーディング、ライブペインティング、舞踏など、下北沢が培ってきた文化の力と、街によせる人々の思いを集める静かな光の夕べを開催します。秋の夕べの九〇分間、この街をつなぐ光の輪のなかに、あなたも加わってみませんか？　会場となるのは、幅二六メートルの道路予定地のなかにある世田谷教会の中庭です」。

(51) 例えば、来街者として運動に参加していたA・T氏は次のように答えている。

A：キャンドルライト・デモンストレーションにも参加したんです。それはまだ外の人として。それは素敵なイベントでしたね。

Q：キャンドルライトがきっかけになった？

A：うん。あの時に彼女と参加して、火を持って、同じ火を持っている街の人と火を分け合った。当時、計画に賛成している店に入ったら、「なぜみんなキャンドルを持っているのかなあ？」とおじさんが聞いてきたので、「道路の反対の人たちが歩いているんですよ」と言ったら、一瞬顔がこわばったのを覚えている。こっちも一参加者だし、お客として入ってるから、文句も言えないだろうしね。（二〇一四年七月一八日聞き取り）

(52) 二〇〇六年九月二二日のブログより引用。

(53) 二〇〇六年九月二五日メルマガより引用。

(54) 二〇一四年九月一日に聞き取りを行なった。

(55) S・O・Sの企画以外にも重要な実践として指摘しておく必要があるのは、ミュージシャンでもあるS・A氏によって作られた「Save the 下北沢サポーター・ソング」の「アモーレ下北」の存在である。「守れシモキタ」と「アモーレ下北」という形で韻を踏んだ曲は、さまざまな機会にS・A氏によって歌われ、人びとに訴えかけるとともに、運動主体に歌われた。ちなみに、一番の歌詞は次のようになっている。「ステキに広い空の下　あずま通りでレコード漁り　一番街をはしご酒　迷路のなかにごっちゃりと　路上で歌っているヤツも　いつの間にやら顔見知り　区長さん　都知事さん　踏切なくすはいいけれど　守れ守れ　アモーレ下北　守れ守れ　アモーレ下北」。

(56) この時の狙いについて、K・K氏は次のように述べている。

Q：この企画の狙いというのは何だったんでしょうか？

A：下北沢の街というのは、演劇の街であり、音楽の街であるということで、声を上げてほしいと思った。演劇人にも声をかけてたんだけど、そんな簡単には動いてくれなかった。演劇は団体で動くじゃない？　ミュージシャンって一人で、少ない人数で動いているから、反対と言うのが割と簡単。芸能活動している人にも声を上げてくださいと一斉にやってたんだけど、ミュージシャンの方が動くの早かったんですよね。（二〇一四年九月一日聞き取り）

(57) これは音楽ライターのS・A氏のインタビューに対する曽我部氏の発言を引用している。（http://www.bekkoame.ne.jp/~shida-a/sokabe/sokabe_1.htm）

(58) 二〇一四年九月一日に聞き取りを行なった。
(59) K・W氏：二〇一四年九月二二日に聞き取りを行なった。
(60) 二〇〇五年一月八日mixiコミュニティ内での「Save the 下北沢」のメンバーの発言。
(61) もちろん運動主体は、常に構想を自覚して実践を展開しているわけではないため、構想が常に評価されるということはない。しかし、重要な局面に直面すると、その実践の背景となる政治的構想を不可避的に評価するようになる。また、対抗型の運動主体がすべて特定の単一の構想を共有しているわけではない。本書が描き出している構想が、共約可能な構想（意味世界）である。
(62) K・S氏：二〇一四年四月一五日聞き取り。ここで言及されているK・Y氏が地下化運動からの運動主体であり、対抗型の構想をもっていた。
(63) この点は、次のI・K氏の語りにも表われている。
Q：どのような構想をおもちなんでしょうか？
A：構想なんていうものはない。鶴見俊輔が言うように、政治に常に反対していくという姿勢をもつことが大事なのではないか。
Q：ある種の理想としての構想ではなく、現状から理想に近づくための構想という意味では、それも構想なのではないでしょうか。
A：そういう意味では確かに構想かもしれない。そうすると、重要なのは、個人が政治的主体としてどう立ち上がっていくか、そうなるために何ができるのかということを常に考えてきた。（聞き取りは二〇一四年七月九日）
(64) 裁判に向けた活動は当初から「Save the 下北沢」のメンバーでもあった弁護士のI・N氏を中心に行なわれている。
(65) 例えば、K・K氏の以下の文章はこの構想を象徴的に表わしている。「今後街を守っていくために、私たちが戦わなければならない敵とはいったい誰なのであろうか？　世田谷区、それとも小田急電鉄であろうか？　確かにこれらの人々とはしばらく熱い議論を交わす必要があるかもしれない。しかし、本当の相手はこの文書を呼んでくださっている方々を含めた、一般市民の方々の意識改革だと私は考えている。……自動車にあまり頼らない生活というものを早急に確立しなければならない」（金子 2005: 93）。
(66) S・A氏：二〇一四年六月一八日聞き取り。
(67) K・S氏：二〇一四年四月一五日聞き取り。
(68) I・N氏：二〇一四年九月五日聞き取り。
(69) 現時点においても、このように役割分担することの意義を主張する運動主体もいる。例えば、A・T氏は次のように述べる。

Q：政治的な運動ではあるけれども、そのメッセージ性みたいなものがそもそも伝わったというのが分かるわけでもない、という難しさがあったのではないでしょうか。

A：そうですねえ。どうやったらいいんですかねえ。単純に野外イベント、音楽イベントが楽しいっていうだけで若い人がきてたのかもしれない。シモキタに対する気持ちはあっただろうけど。そういう人たちがその後、政治的な、闘争的なことを、S・Kさんみたいにいろいろあの手この手を使ってやれないだろうしなあ。そういうのはS・Kさんとか、当時の僕とかがやっていればよかった。で、代わりに街を盛り上げる楽しいイベントということでそういう人たちがくる。そうやって、だんだん街のなかにシンパを増やしていく。（二〇一四年七月二八日聞き取り）

(70) 二〇一四年四月一五日に聞き取りを行なった。

(71) 二〇一四年三月六日に聞き取りを行なった。

(72) 二〇一四年三月六日に聞き取りを行なった。

(73) 事業認可がおりてから、保坂区長が誕生することで政治局面が変化するまでの第二局面における諸実践をまとめると資料2のようになる。

(74) T・Y氏：二〇〇九年四月八日聞き取り。

(75) 二〇〇七年五月一七日メルマガより引用。その後、二〇〇八年三月に、K・K氏は代表の座を辞任している。また、次のような「Save the 下北沢」の運動主体のH氏の意味づけもある。「「セイブ」には所謂「シモキタファン」といった層の人たちをムーブメントに巻き込んでゆく使命ももっているように思う。これができなければ活動は外からは見えないものになってしまうからだ。下北沢の再開発問題は、マスコミから取り上げられる事も多く、日本中にある似たような問題のいわば〝シンボル〟的な存在になっている。それ故に〝活動が目立つ〟必要があるのではないか。しかし、今のセイブは、決して彼らを巻き込んでいるようには思えない」（二〇〇七年八月二一日メルマガ）。H氏はその後、シモキタボイスの運営に積極的に関わっていたが、二〇一一年一〇月に急逝された。

(76) 「市民運動っぽくやれないかなあと思ったんですよね、最初は。裁判なんかも極端な話、弁護士じゃなくて、自分たちで弁論する。準備書面を書くとか。弁護士は少なく、いても名前だけにして、中身はこっちで考えて、みたいなスタイルができないかなと。そうすると、みんな役割ができるし、コミットするし、勉強するかなと思った」（I・N氏：二〇一四年九月五日聞き取り）。

(77) 次のように発言している。「違う出自、バックグラウンドの人に入ってきてもらいたいというのがあった。まだこの地域にそういう人がいるんじゃないかと思って、二次、三次募集をやった。……おんなじメンバーでやってると腐っていく。表現は悪いけども（笑）もしI・Kさんがいなくて Save の連中だけでやってたら、いやになると思うんだよね。だんだん下がってくる。違う人が入ってきて、こういうのはどうだ？という違う感覚で提案するというのがあるから、違う発想が出てくる。そういうのが狙いでもあったんですけど、それなりにうまくいったかなと」（二〇一四年九月五日聞き取り）。これは単にI・N氏だけの意図というよりは、中心的なメンバーも同意していた方針であった。

（78）H・K氏、H・M氏夫妻は補助五四号線事業予定地に住んでいる。この問題が起きる前に、自宅の前を大地主の私道が通るために下水道などの改修ができず周辺の住民とともに集団訴訟を起こし、その私道を買い上げて世田谷区に寄付をしているという経緯がある。寄付の際に、世田谷区に対して、この事業地に補助五四号線が通るのか否かを何回も聞き、通らないという回答を得たので寄付をしている。周辺の住民にお金を出してもらって買い上げ寄付した土地を、結局補助五四号線として使われることに憤りと責任感を両氏は感じて、今も活動を行なっている。

（79）「まもれシモキタ！ニュース」より引用（http://stop54.exblog.jp/m2007-03-01/）。

（80）K・W氏：二〇〇八年七月一〇日聞き取り。

（81）原告、被告が法廷に出したすべての準備書面をもとに作成した。他の論点の推移もすべて準備書面に基づいている。

（82）原告の準備書面（七）より抜粋。黒字部分が車道となっている。

（83）原告の準備書面（一七）より抜粋。

（84）例えば、「形式的には手続きは踏まれたが、都市計画法が所期する住民意見反映の要請を満たしていない」（原告の準備書面（三二））として、都市計画の説明会が不十分だったことが問題視される。「補助五四号線と区画街路一〇号線の計画内容に関する説明が、小田急線の連続立体交差事業の説明会でなされているという問題」（原告の準備書面（三）（四））、「公告・縦覧期間に提出された意見がほとんど反対意見であったにも関わらず、全く反映されていないという問題」（原告の準備書面（三）（四）（八））が指摘されるが、「手続きに則って進めている」（東京都の準備書面（三二））という従来どおりの回答がされると、それ以上の追及はほとんどされていない。

（85）例えば、H・K氏は次のように述べる。「いかに彼らのやり方がいいかげんだったのかということを白日の下にさらされたということが、裁判の成果よね」（二〇一四年九月一三日聞き取り）。

（86）小田急線連続立体交差事業費（在来線）六六五億円のうち、小田急電鉄の事業費負担は五〇億円で、残りのうち国は三〇七億円、東京都は二一五億円、世田谷区・渋谷区は九二億円となっている。また、複々線の連続立体交差事業費五九三億円は、二五年年賦の低利で小田急電鉄が負担する。ただし、運賃を上乗せすることで、事業費を捻出してよいことになっている。

(87) 二〇一三年三月二七日撮影。

(88) 跡地利用をめぐる行政と、「あとちの会」と「訴訟の会」の動きについては資料4にまとめた。

(89) 「あとちの会」のコアメンバーは、かつて代替案の作成を行なっていた「下北沢フォーラム」のコアメンバーであった。

(90) K・K氏：二〇一四年九月一日聞き取り。

(91) T・Y氏：二〇〇九年四月八日聞き取り。T・Y氏は跡地の会、グリーンラインの代表として連帯型の運動の中心的な人物である。近年、病気と闘っていたが二〇一四年八月に惜しまれつつも急逝された。

(92) T・Y氏：二〇〇九年四月八日聞き取り。

(93) H・T氏やH・K氏は対抗型の運動主体であるが、区との協議にも参加している。ただし、その協議のあり方が形骸化していることに苛立ち、より対抗型の運動を展開するということになっている。例えば、H・K氏は次のように述べている。「東北沢の駅周辺を考える会でも「あれは小田急さんの計画ですから、小田急さんの土地ですから私たちは触れません。ここで言っていただいてもそれは」というのばっかりだもん」(二〇一四年九月一三日聞き取り)。

(94) 「あとちの会」では、メンバーの一人を小田急線上部利用区民意見検討委員会に選出してもらおうと区に働きかけを行なったが、結局は失敗に終わっている。

(95) 世田谷区が発行する「小田急線上部利用通信No.1」(二〇〇八年八月)より抜粋。

(96) 二〇〇八年一〇月「まもれシモキタ！ニュース」より抜粋(http://stop54.exblog.jp/m2008-10-01/)。

(97) 世田谷区が発行する「駅街ニュースNo.1」より抜粋。

(98) 「小田急線上部利用通信No.4」より抜粋。

(99) また、二〇〇二年二月の都市計画時の敷地は二〇〇九年九月に発表されたものの三分の一ぐらいであり、その変更の説明も手続きもされていないことも批判している。

(100) 二〇一〇年九月には駅舎の説明会が開催されたが、駅から二〇m以内の住民と商店会にしか伝達されなかった。また、駅舎についての意見募集を行なったものの、結局、住民の意見がどのように反映されたのかが明示的ではないという批判もなされた(「まもれシモキタ！通信」一九号より)。

(101)「小田急線上部利用通信№６」より抜粋。

(102)次のように、「あとちの会」の運動主体であるＹ・Ｙ氏もこの出来事に関しては否定的に評価している。

Ｑ：「上部利用通信」に、「鉄道事業者と協議していきます、このイメージ図通りにはいきません」と書いてあったのですが、ずっと協議をしてた方々もがっくりしたのではないですか？

Ａ：そう。それに関しては、みんなあとちの会の人たちは怒っていた。（二〇一四年九月二日聞き取り）

(103)二〇〇七年の「シモキタボイス」のシンポジウム内での発言。

(104)二〇〇八年八月二日聞き取り。

(105)提供されたシンポジウム記録から抜粋。

(106)提供されたシンポジウム記録から抜粋。ちなみにこのやり取りはＨＰでも公開されている。http://shimokita-voice.net/sv2007/sympo/index.html

(107)提供されたシンポジウム記録から抜粋。

(108)提供されたシンポジウム記録から抜粋。

(109)この点について、次のように当時を振り返っている。

Ｑ：この時の発言は、人びとをどう呼び込むかという時に、対抗型でいくと普通は聞いてくれないし、何となくな感じで集めると何を守りたいか分からない人がきてしまう、どっちも難しいということを言ってるのかなと思ったのですが。

Ａ：そうですね。あと、その時は自分しか活動していないという怒りもあったと思いますね（笑）。

Ｑ：ジレンマみたいなものを感じていた？

Ａ：はい。（二〇一四年九月二〇日聞き取り）

(110)二〇〇八年八月二日聞き取り。

(111)その結果、「シモキタボイス」の文化的なイベントに対しては距離をとっている訴訟の会のメンバーも少なくない。例えば、Ｈ・Ｋ氏は次のように答えている。

Ｑ：「シモキタボイス」では必ず音楽イベントがついてますが、どうつながっていくと思いますか？

Ａ：見えにくいよね。正直言って。……チラシを配ってもどれくらいの人が呼んでくれるのかなという気もする。あれだけ集まっても、本当に下北沢の問題をどれだけ分かっているのかという気はしますよね。（二〇一四年九月一三日聞き取り）

(112) 連帯型の構想に近いアーレントの「現われの空間」という構想も、同様の課題を内包していると言えるのではないだろうか。つまり、「現われの空間」から生み出される創発性がどのように既存の秩序を揺るがしていくのかということに関して、アーレントの議論は明示的ではない。連帯を重要な構成要素とするアーレントの政治的構想は既存の秩序との対立、交渉に関する思考の余地がない。

(113) 四月六日の記者会見では、世田谷区の都市計画を問題化する多くの運動体が集結しており、都市計画問題の是正が保坂区政への大きな期待として寄せられていた。このように期待が大きかっただけに、(後述するように)保坂区政のその後の都市計画問題への対応に関して鋭い批判が向けられたと考えられる。

(114) 世田谷区が補助五四号線と区画街路一〇号線の事業主体であるため、駅前広場の利用方法や事業化の範囲を修正することが可能であると、運動主体も考えていた。また、区画街路一〇号線に関しては、世田谷区が都市計画決定権者であることから変更決定が可能であると運動側は主張していた(「まもれシモキタ!通信」一二一号より)。

(115) 『東京新聞』二〇一一年六月一五日(朝刊)でも、二子玉川や下北沢など世田谷区内で進行中の事業について、保坂氏は「区民の意見を聞きながら見直す。(自らの)プランはもっている」と述べている。ただし、「個々の事業について変更可能な部分を調査中」と、その後の展開を物語るような発言もしている。

(116) 保坂氏がS・K氏に選挙対策を任せたのは、その前の都知事選で、浅野候補の選挙対策でのS・K氏の働きぶりを見てからだという。

(117) こうした状況を見据えてK・Y氏らは保坂氏に出馬要請をしていた。

(118) 二〇一一年四月の世田谷区議会議員選挙の結果、五〇議席のうち自民一五、公明一〇、共産五、民主四、社民二、その他一四となっていた。保坂氏の地盤である社民党は二議席しかないということもあり、区議会対策というのが重要なテーマであった。

(119) 告知や配布については、二〇〇〇年に世田谷区がアンケートの対象とした地域(補助二六号線、環七、梅ヶ丘通り、井の頭通りで囲まれた地域)に二回全戸配布するとともに、駅前でも街頭配布している。また、インターネットでも回答できるようにしていた。

(120) そのうちインターネットでの回答者は四〇八通であった。ちなみに、同一人物による複数回での回答を避けるために、一つのIPアドレスからは一回しか記入できないシステムで対応している。

(121) 「まもれシモキタ!通信」一二一号より作成。

(122) このアンケート結果は裁判で原告の主張の証拠としても提出されており、この頃までは運動と裁判が連携を取れていた。

(123) この発言はマスコミにも広く取り上げられた。「下北沢再開発　世田谷区長「秋から議論」」(『東京新聞』二〇一一年八月二九日朝刊)、「下北沢再開発を再検討」(『産経新聞』二〇一一年八月二九日朝刊)、「下北沢再開発事業　賛否双方、協議の場　区長、シンポで設置表明」(『朝日新聞』二〇一一年八月二九日朝刊)。

(124) そのため、今後の区の計画方針の素案として二〇一一年一〇月に出された「世田谷区実施計画」に補助五四号線、区画街路一〇号線の整備がそのまま含まれていても、「素案はあくまでも素案であり、以前の区の方針が示されているにすぎません」(「まもれシモキタ!通信」二三号)と、批判はしなかった。

(125) 世田谷区とグリーンラインの動きは資料5にまとめた。

(126) 二〇一二年一月には、「あとちの会」がそれまでのアイディアの成果を発表する会を開いたが、そこでもこの問題は表面化している。明大学生・早大学生・羽根木プレーパーク・おやじの会・トランジション世田谷などが発表したが、副区長が「素晴らしい発表だが鉄道業者が受け入れるには難しい面がある」とコメントしたことに対し、「補助五四号線・区画街路一〇号線の議論を封印したまま、小田急線の跡地議論のみを行なうことに問題がある」と対抗型の運動主体から異議が出されている。

(127) 「小田急線上部利用通信No.7」(二〇一二年一月)より抜粋。

(128) ただ、それでも、批判姿勢はまだそれほど強いものでもなく、例えば、区議会で保坂区長が二〇〇〇年の連続立体交差事業調査報告書をもとに跡地利用をめぐり小田急と直接交渉する姿勢を明らかにしたことに対しては、「画期的な答弁」と評価している(「まもれシモキタ!通信」二四号)。

(129) 「小田急上部利用通信No.8」より抜粋。

(130) 具体的にはシンポジウムでは次のように発言している。「難しさを感じていまして、今皆さんに渡している通信を配ったんですが、ぽちぽち返ってきてます。ここにハガキが付いているんですね。で、オープンハウスも始まりました。初日三〇人ぐらいの方が見えたのかな。あと二回あります。つまり、「これまで、何を言っても、そういうものを作りましたということだけだったんじゃないんですか」という声や感覚があるんですね。逆に、ここに皆さんの声があんまり来ないようだが、それはとても残念なことです」(シンポジウム記録資料より)。

(131) 例えば、次のような形で、その方針は表現されている。「円卓会議みたいなものは必要で、鉄道跡地だけ考えますというのは不自然なので、鉄道跡地に始まり、下北沢一帯に及んでいくような円卓会議という場を私は作るつもりです」(シンポジウム記録資料より抜粋)。

(132) 具体的には、次のような形で、方針の理由が説明されている。「鉄道跡地ということだけとってみても、利害関係者は少ないわけですよ。鉄道会社と、東京都と、世田谷区の調整さえ済めばできるわけですが、それも意外に難しい。やってみると。決めた通りにしてほしいという主張が出てくる。……だから、それを見直すというのは小さなことですよね。五四号線をどうする、広場をどうするという話と比べると、限定的な一本の線路の上という話ですから。そこを見直せないと、全体の見直しみたいなことをきちんと議論できる体制に持っていけないという風に僕は思っています」(シンポジウム記録資料より抜粋)。

(133) 二〇一四年七月二八日聞き取り。

(134) 「小田急線上部利用通信No.9」(二〇一三年一一月)より抜粋。

(135) 「まもれシモキタ!通信」二九号(二〇一三年五月二〇日)。

(136) 共同会見で保坂区長は述べてはいないが、防災倉庫などの防災施設も新たに整備されるという修正点もあった。

(137) 二〇一四年八月二六日撮影。ちなみに、これは写真撮影が許されている。

(138) こうした動きに対して、訴訟の会は二〇一四年一月に号外を出して保坂区政を牽制している。
「シモキタ問題の大きな分岐点となる「せたがや道づくりプラン(案)」(見出し)。果たして三月に世田谷区が発表する「せたがや道づくりプラン(案)」で、私たちが問題にしているポイントは、一体どのように扱われることになるのでしょうか?

私たちが候補として擁立した現区長は、まさに区長選挙投票日の一〇日前であった二〇一一年四月一四日に行われた〝まもれシモキタ!行政訴訟〟の第二〇回口頭弁論の傍聴にも訪れています。このように長い時間をかけて築いてきた信頼関係が揺らがないことを望みたいところですが、今回の結果によっては、下北沢地区の補助五四号線を巡る状況、および私たちと保坂区政の関係に極めて深刻な変化が生じる可能性も否定できないため、今後の動きについては、今までにもまして慎重に注視していく必要があります」。

(139) 第三局面における運動と推進側の動きは資料3にまとめた。

(140) もう一つの大きな要因として、裁判が過去に例をみないほどに長期化し、運動主体に裁判疲れが起きている点もあると考えられる。二〇一三年六月には傍聴に訪れる人の数が減少してきていることが大きな問題として事務局会議で取り上げられるようになっている。

(141) 原告団長の妻として常に原告とのコミュニケーションを図ってきたH・K氏は、「確かに、裁判の論点というものが大きくなってしまって、原告のなかにはもう出たくないと言う人もいます。正直言って」と述べている。しかし、その一方で、論点が大きくなることは不可避であるとも考えており、次のように述べている。「やっぱり国を相手にして頑張っていくんだったら、あのぐらいの攻め方をしないと攻められないよね。小さい問題をこちょこちょ言ってたら、とてもじゃないけど、攻められない。……必ずしもその意味をみんなが共有するのは難しいと思うけど」（二〇一四年九月一三日聞き取り）。

(142) 戦災復興院の問題の他にも、旧都市計画法の下では東京都内に一万ヘクタールの緑地を整備する都市計画があったにもかかわらず、六九年五月に全廃され、道路計画だけが残されたことの違法性も主張されている。

(143) この写真は「訴訟の会」から提供されたものである。

(144) 二〇一一年五月の「Save the 下北沢」の話し合いのなかで、「今後は下北沢自体を盛り上げながら、地元に根差した団体を目指したい」という方向性の転換が述べられている。団体を残すかどうかでも意見が分かれたが、「Save the 下北沢は組織ではなくて、下北沢を良くしたいというプロジェクトなので名前は消さない」というS・K氏の方針のもと、名前は今も残っている。組織ではなく個々人の創発的な活動こそが「Save the 下北沢」という考えは、まさにイベント型の構想の現われとして捉えることができるだろう。

(145) 商店街の方も、保坂区長との関係からS・K氏の商店街入りを断わることができなかったということもあったようだ。

(146) S・K氏：二〇一四年三月六日聞き取り。

(147) S・K氏：二〇一四年三月六日聞き取り。

(148) S・K氏：二〇一四年三月六日聞き取り。

(149) S・K氏：二〇一四年三月六日聞き取り。

(150) 「シモチカイベント」はグリーンラインの代表のT・Y氏が小田急線地下化し踏切がなくなることに関して、地域の商店街が何もしないという情報を聞きつけ、S・K氏に相談したことから企画が始まっている。その後、「I love 下北沢」という地域密着型ソーシャルネットワーキング・サイトとともに、企画運営し、踏切の写真を募集するプロジェクション・マッピング、トークセッション、跡地を利用したアート市場、ドラムセッション、ファッションショーなどさまざまな企画を実施、内外から注目を集めようとしていた。「グリーンライン」としても、小田急線の跡地利用に関して多くの人に問題関心を惹起させたかったという狙いがあった（T・Y氏：二〇一三年四月二〇日聞き取り）。

(151) 下北沢大学や盆踊りなどのイベントは、区画街路一〇号線の事業予定地を使って行なわれている。その点で区の協力をかなり得ており、S・K氏は次のように世田谷区を評価している。「保坂でなかったら、駅前はあんなふうにはならなかった。ずっと放りっぱなしだった。あんな公園にならなかった。あんなこと誰でもするよっていうけど、あれは大変なんだ。駅前広場を道路事業用地として買収しているから、国の決まりごととしては、道路以外には使ってはだめなんだ。イベントに使っているのはよっぽど根性がいるんだ」(二〇一四年三月六日聞き取り)。

(152) S・K氏:二〇一四年三月六日聞き取り。

(153) 初めて商店街の幹部と密に会話することが可能になった結果、当事者意識を欠いていることを発見している。

A:俺たちは凄く真面目にいろいろ物事を考えてやってきたけど、実際に推進派の立場の人たちの話を聞いてみると、実は何も知らないの。例えば、俺は東通り商店街の理事になって、副会長(現会長)ともいろいろ話したけど、当事者意識が欠けていて、会長が言うように補助五四号線というのは環七から山手通りまであと三年も経てばできると普通に信じていた。

Q:あまり興味がなかった?

A:そう。亡くなった前の会長がいつも言っていたのは「反対の人たちはシモキタを愛しているのかもしれないけど、あと数年もたてばね、三角橋から環七まで道路が通っちゃうんだから、そんな今さら反対したってしょうがないのに何を言っているんだろう」という感じだった。四商店会の会長の一人だよ? だって東通りが補助五四号線に関しては一番メインじゃない? そういう認識だったのよ。だから、難しいことはお役所に任せておいてという感じだった。(二〇一四年三月六日聞き取り)

(154) S・K氏:二〇一四年三月六日聞き取り。

(155) そのため、二〇一二年八月の「シモキタボイス」についても、その目標は「シモキタ街中での関係修復」であったと主張し、評価している。「みんなが同じように下北沢を思える環境つくりが急務」であって、「気軽までいかなくとも話し合うことができる関係を再構築してからラウンドテーブルができあがる」とS・K氏は考えていた。その点で、「ラウンドテーブル」を設置するにしても、その基盤作りが大事と考えている(二〇一二年四月一日聞き取り)。

(156) S・K氏:二〇一四年三月六日聞き取り。

(157) S・K氏:二〇一四年三月六日聞き取り。

(158) T・Y氏:二〇〇九年四月八日聞き取り。

(159) K・K氏:二〇一四年九月一日聞き取り。

(160) Y・Y氏:二〇一四年九月二日聞き取り。

（161）「北沢デザイン会議」に小田急電鉄が出席してこなかったことに対して、世田谷区は「北風と太陽」という表現を使い、「アプローチをし続けることで、協力してくれるのを待つ」という姿勢を明らかにしている（フィールドノートからの抜粋。ちなみに、北沢デザイン会議の内容は公開されている）。

（162）K・K氏：二〇一四年九月一日聞き取り。

（163）例えば、I・S氏は次のように批判している。「現実論に走ってしまうのは運動として良くない。グリーンラインは現実論以外ない。現実論から一歩を踏み出した理想論を語っていいはずなのに、そこまで踏み込めていない。たぶん扱われ方が街づくり懇談会と同じよ。ある種の意見集約システムなり意見集約する組織として、ワンクッションとして利用されただけよ。現実論だけでいってしまうと、そうなってしまう。もっと強硬に言っていいわけさ。だって跡地の話だって、五四号線があって全体として考えなければいけない問題なのに、線路跡地のことだけになってしまったら、おかしなことになるわけよ。要するに避難誘導だって、五四号線があるかないかで全然違うわけじゃない。緊急車両の話だって。じゃあ五四号線を離して緊急車両の話をしましょうってできる話じゃないわけさ」（二〇一四年四月二九日聞き取り）。

（164）例えば、次のような発言がある。

H・K：街を歩いてて、通信を読んで把握できないことを聞かれたりします。そういう意味では無駄になってないと思います。もしかしたら〔自分の家の〕目の前に道路が通るかもしれない、というような人たちは読んでらっしゃる。だって他から何も情報が入らないから、これがすべてなんだもん。そういう意味では通信を出している意味はあると思っています。（二〇一四年九月一三日聞き取り）

もちろんそのような形で通信を読んでいない人も多く存在するだろうが、少なからず問題を感じている人にとっては重要な情報源となっていると考えられる。また、訴訟の会のメンバーの数人は、運動に好意的な街の人に通信を手配りしてコミュニケーションをとっており、運動の意義を遂行的に確認している。

（165）この点について、I・N氏は、対抗的な構想自体を相対化する視点をもっていない主体は燃え尽きてしまうのではないか、という鋭い総括をしている。

Q：結局、運動から離れてしまう人が多かったと思うのですが？

A：そうそう。自分で設定したものが達成できないと挫折、失望するわけですね。だけど、そんなにうまくいくものではないと最初から思えばいい。「自分の力で何かが変わるという訳ではない、だけど何もしないというのはおかしい」というぐらいのバランスでやればいい。だけどそれが難しいんですよね。人によっては、最初から「そんなことやっても無駄だからやらない」と言う人がいるじゃないですか。他方で理想をもって、「できます絶対できる」ってやったけど、挫折していなくなる。どっちが良いんだって話だよね（笑）。差はないんですよ。認識のレベルでやってることだから、同じことなんですよ。一つのことに対してどう評価しているかの違いであって、一定の現象や表象に評価を加えて行動しているから同じことをやっている。だけど、これはやるべきだと考えている人は、違うレベルで行動しているわけね。僕は結構市民運動的なものっていうのは、そういう要素がないとだめなんじゃないかなと思う。（二〇一四年九月五日聞き取り）

(166) 以前の運動論の視点からすれば、運動が一致できない点に課題が見出されるだろう。だが、「一点突破全面展開」できないような複雑なシステムで都市計画が存立している以上、どこを攻撃すれば正解なのかが分からないため、戦い方で分裂が起きてしまうのは仕方ない部分があり、運動の課題とは必ずしも言い切れない部分がある。

(167) この点について、グリーンラインが一連の都市計画を前提にしていることが問題視されて参加者が少なかったという可能性も十分にあり得る。

(168) 商店街組織の改革によって運動に賛同を集めていこうとする展開は、かつて似田貝らが指摘した「日常の媒体組織の再編＝強化による運動体」として位置づけることができる（松原・似田貝 1976: 223)。

(169) 運動側が当初から保護を主張していた戦後の闇市場から続いていた駅前市場がある。シンボリックな空間として存在してきたが、現在はその半分が事業予定地として更地となり、数件の店舗を残すのみとなっている。

第七章

(1) この点で、社会調査に対する認識を「観察を通じて実在する事実に接近する実践」としてよりも、「そのように観察することも含めて対象に対する認識を生産する実践」として位置づける佐藤健二の立場を共有している（佐藤 2006[2011]: 493)。

(2) 佐藤健二は、都市という効果に焦点を当てる狭義の都市社会学に対して、都市という関係構造の対象化を目指すのが広義の都市社会学であると論じている（佐藤 1993b[2011]: 84)。その整理に基づけば、本書は広義の都市社会学を志向していると言える。なぜならば、本書は、人びとの意味世界が多様な要素を含みこんだ都市空間といかに関係しているのか、その構造を記述し、対象化することを試みているからだ。そして、そのような関係構造を描き出すことで、さまざまな要素が関連している「共生」を、都市社会学が論究していく途が開かれることになる。

（3）その点で、研究の実践性を具体的に検討している近年の似田貝の試みは注目すべき研究である（似田貝 2014）。

（4）また、アーレントの「公共空間」という概念が、ハーバーマスの「公共性」という概念へと横滑りしていることについては、再検討する必要があるように思われる。この論理的飛躍をいかに埋めるかが、アーレントよりも先にハーバーマスを受容した日本の社会学の課題であると言えるだろう（権 2006）。

（5）その点で、「同意」という概念によって、理由の非同一性から合意に至るプロセスを分析している齊藤の議論は、「共約不可能」な価値観、考え方を共存させる仕方を分析していると言える（齊藤 2009）。

（6）これは、アーレントの政治的空間にも共通する問題ではないだろうか。彼女にとって、多様性の縮減を押しとどめてくれる存在が「世界」に新たに参入し「活動」する「よそ者」であったが、結局、よそ者の「活動」は参加者の合意事項として共有される範囲内でしか許されない。

あとがき

未曾有の大震災が起きてから、早五年が経過しようとしている。東京大学被災地支援ネットワークの一員として被災地沿岸部に訪れた際に見た風景の数々が、今でも脳裏に強く残っている。倒された家屋の数々。道端に転がる日用品。カーナビに記された施設やお店が全く見当たらないことに衝撃を受けたのを今でも覚えている。

あの風景を思い出すたびに、あの地で生き残った人たちは今どのような生活をしているのかということを考えてしまう。今、被災地は「復興」に向かっているのだろうか。日本社会は「復興」をどのように考えているのだろうか。

災害という全く違う角度から話をしたのは、今被災地が直面している「復興」という課題が、本書の視点からすれば「共生」の課題であるということを言いたいからだ。

「復興」は、インフラなどが単に「復旧」することを意味しているのではなく、「多様な人々が共に生きていくことができるような社会の形成過程」、すなわち「共生」という意味で捉えていくべきだ。なぜならば、インフラをきれいに作り直しても、被災者の生活に対する支援が十分に行なわれず、多くの社会的弱者がその土地に住み続けることができなくなってしまっては、望ましいあり方とは到底言えないからだ。これは理論的な想定ではない。阪神淡路大震災の後に起きた現実を言っているのだ。その意味では、東日本大震災の「復興」は必ずしも順調とは言えない。まだ多くの被災者が被災地に戻って生活できているわけではないからだ。

そして、東日本大震災の「復興（＝共生）」をめぐる状況を見ると、今後の日本社会が直面するであろう様々な課題が浮き彫りになっていることがわかる。社会的弱者を支えきれない制度、高齢化問題、人口減少、地域経済の疲弊……。人口減少時代に突入し、かつてのようには無限の「成長」が期待できなくなってきたなかで、いかにして有限な資源を多様な人々と共有することができるのか。そのためには、どのような社会構想や社会関係、制度が重要になってくるのか。「有限性の時代」における「共生」というテーマは、被災地の復興という局面だけにとどまる話では当然ない。日本社会が今後これまで以上に重要な課題として取り組んでいかなければならない課題である。

本書が取り扱った「都市」という研究対象は、異質な人々が集まる空間であるが故に、近代から「共生」がテーマになってきた。そこに、「資源の有限性」という条件が加わることで、実践的にも、研究的にも、これまでのパースペクティヴの再構成が必要となる。

都市社会運動は、社会にとって「街」がどのような価値を持つものなのかということを改めて構想しなければならないだろう。そして、「街」に対する発言権は誰にあるのか、どのような人の利益が包摂されるべきなのか、ということの再検討も必要になってくるだろう。右肩上がりの成長が期待できないという条件下で、多くの人が納得するような社会を、都市社会運動がいかに構想していくことができるのか、そしてそれをいかに実現していくことができるのかが問われている。

そして、都市社会学は、この「都市における共生」という重要な研究課題、実践課題に取り組むうえで、従来の方法や認識を再検討することが求められる。「共生」をテーマ化する都市社会運動をどのように捉えていくのか。これまでの研究者の価値中立的な立場について今後どう考えていくのか。ただ規範的な主張を展開するのでもなく、経験的な記述に埋没するのでもなく、理論的かつ実践的に意味のある研究をするにはどうすればいいのか。様々な課題が浮上している。

そこで本書は、過去の都市社会学の遺産や経験的な調査をもとにして、「共生」という捉え難いものを、どのようにしたら社会学的に捉えることができるのか、探求することを試みた。さまざまな角度からの検討を行なったために、ややまとまりに欠けてしまっており、その点は本書の大きな課題である。だが、都市における共生を社会学的に考えるためには、多元的な検討が不可避という部分もあった。その点、ご容赦いただけたら幸いである。

＊

本書は、筆者が東京大学大学院人文社会系研究科に提出した博士論文に加筆修正を加えたものです。

本書を完成させるにあたり、多くの方からご支援とご指導を賜りました。特に、博士論文の審査をしていただきました佐藤健二先生、武川正吾先生、町村敬志先生、赤川学先生、祐成保志先生のご指導によって本書は成り立っております。

大学院時代の指導教官である佐藤健二先生には修士時代からご指導いただきまして深く感謝しております。漠然としたアイディアが完成に至るまでの長い期間、先生には暖かく見守っていただきました。時折難破しそうになる船に航路を示していただくこともありました。先生のような深い洞察ができる社会学者になるという最終目的地にはまだ辿りつけてはおりませんが、今後も精進していく所存です。

武川先生には修士論文、博士論文の副査として指導していただきました。記述に逃げがちな私の甘い分析に対して鋭い指摘を何度もしていただきました。学部生時代、先生の講義に参加させていただいた時に、先生の一刀両断的な鋭い分析に感動したのを今でも思い出します。本書を完成させるにあたり、都市計画というものの捉え方に対する分析についてもいろいろと学ばせていただきました。

一橋大学の町村先生は都市社会学、地域社会学を専門とする筆者からすれば憧れの先生であり、先生に博士論文の審査をしていただくことはとても光栄なことでした。「共生」の捉え方から、概念の使い方、今後の研究の方向性に至るまで、貴重なご意見をいただきました。指摘していただいた課題を今後乗り越えていけるように精進していく所存です。

赤川先生には本書の経験的素材である下北沢調査のきっかけを与えていただきました。博士課程に進学するものの、いろいろと試行錯誤していたなかで、先生の社会調査実習に参加することで、それまで構想していた理論的、方法的な研究課題が明確になりました。博士論文執筆中に悪戦苦闘している筆者を大学で見かけては、指導学生でもないのに優しく声をかけて下さったこと、今でも感謝しております。

祐成先生には本書の方法論に対して貴重な指摘をしていただきました。自分の方法論を自明なものとせず、先行研究との布置関係を明らかにすることや、「都市」に関する様々な研究に目配りすることを学ばせていただきました。また、本書を完成させるにあたって、筆者のとりとめのない話を先生に聞いていただくことが心の支えでした。

審査をしていただいた先生以外にも多くの先生に支えられて、本書を書き上げることができました。そのなかでも特に似田貝香門先生には、修士時代から現在に至るまで長い間指導をしていただきました。社会学とはどのような学問であるべきなのか、研究者はどのようにあるべきなのかといった今後の研究者人生にとって貴重な指針を教えて下さりました。先生の言葉は筆者の人生にとって貴重な財産です。

東京大学で開催されているReading Circle of Urban and Regional Studiesという研究会がなければ、本書はまとまらなかったと思います。研究会のメンバーには深く感謝の意を表します。

その他にも、東京大学社会学研究室の先輩、同期、後輩の方々に支えられました。紙幅の関係上、一人ひとりのお名前を挙げることができませんが、多くの方の支えがなければ博士論文は完成しなかったと思います。伝統的に絆が強い研究室に入れたことは幸せなことでした。

また、下北沢の関係者の方々にも本当にお世話になりました。どこの馬の骨か分からないような人間を受け容れて下さったことを心から感謝しています。時に気分を害するような質問をしたこともあるかもしれないのですが、いつも暖かく対応していただきました。また、時間のないなかで、専門的かつ難解かつ長い博士論文を読み、批判するという負担を多くの方に快諾していただき、深く感謝いたします。この街の最大の魅力は街に関わる人々の度量の深さだと思います。

今、下北沢の紛争は大きな局面を迎えようとしています。行政訴訟の世界では珍しいことに、裁判所が事実上の和解勧告を行なったからです（東京地裁：二〇一五年一〇月）。東京都も補助五四号線の二期工区、三期工区を優先整備路線から外すことを公表しました。国や東京都が事業認可された一期工区をどう扱うかによって、和解するかどうかが決まってくることになるでしょう。長年の運動の成果が形になりつつあると言えます。ただ、和解することになったとしても、それで下北沢のまちづくりがハッピーエンドとして終了するということにはならないでしょう。まちづくりは終わりのない実践であるからです。下北沢に関わる人々がこの後どのようにまちづくりをしていくのか、見守っていきたいと思います。

本書の刊行にあたっては、東京大学から出版助成（東京大学学術成果刊行助成）をうけました。また、新曜社の渦岡さんには大変お世話になりました。祐成先生をはじめとする偉大な先輩方と同じく初の単著を新曜社で出版させていただくことができたのは光栄なことでした。時間がないなかで、いろいろご無理をさせてしまい、申し訳ありませんでした。心より御礼申し上げます。

家族には改めて感謝の意を表したいと思います。家族の支えがなければ、最後まで諦めずに博士論文を書き上げるということはできませんでした。そして最後に、今は亡き祖父母三人に本書を捧げたいと思います。小さい頃、父方の祖父母に下北沢に連れて行ってもらったことを今でもよく思い出します。祖父は大学の先輩であり憧れの存在でした。祖母はいつも優しい人で、素晴らしい人間性を持った人でした。また、母方の祖父は私が生まれる前に他界しましたが、母の思い出話を聞く度に祖父のような人間になりたいと思うようになっていました。どうぞこれからも天国から見守っていてください。

二〇一六年二月

三浦倫平

富永健一，1995，『社会学講座　人と社会の学』中央公論社.
Touraine, A., 1978, *La voix et le regard*, Paris : Librairie générale française.（＝1983，トゥレーヌ『声とまなざし』梶田孝道訳，新泉社.）
Touraine, A, H. Hegedus, F. Dubet and M. Wieviorka, 1981, *Le pays contre l'Etat : Luttes Occitanes*, Paris: Edition du Seuil.（＝1984，トゥーレーヌほか『現代国家と地域闘争――フランスとオクシタニー』宮島喬訳，新泉社.）
Turner, R. H and L. M. Killian, 1957, *Collective Behavior*, Englewood Cliffs: Prentice-Hall.
Turner, R. H and L. M. Killian, 1972, *Collective Behavior* (2nd edition), Englewood Cliffs: Prentice-Hall.
上野俊樹，1991，『アルチュセールとプーランツァス』新日本出版社.
浦野正樹，2009，「「縮小社会」における地域再生のゆくえ」『地域社会学会年報』21: 3-13.
牛山美穂，2006，「「抵抗」および「戦術」概念についての考察」『死生学研究』8: 194-210.
若林幹夫，1996，「社会学的対象としての都市」，井上俊・上野千鶴子・大澤真幸・見田宗介・吉見俊哉編『都市と都市化の社会学』岩波書店，1-28.
Walton, J., 1992, *Western Times and Water wars : State, Culture, and Rebellion in Calif*, Berkeley : Univ. California Press.
亘理格，2003，「公私機能分担の変容と行政法理論」『公法学研究』65: 188-199.
Weber, M., 1922, *Wirtschaft und Gesellschaft : Grundriss der verstehenden Soziologie*, Tubingen.（＝1970，ウェーバー『支配の諸類型』世良晃志郎訳，創文社.）
Willis, P., 1977, *Learning to labour : How working class kids get working class jobs*, New York : Columbia University Press.（＝ウィリス『ハマータウンの野郎ども――学校への犯行　労働への順応』熊沢誠・山田潤訳，ちくま学芸文庫.）
Wirth, L., 1928, *The Ghetto*, Chicago: Chicago University of Press.（＝1971，ワース『ユダヤ人と疎外社会――ゲットーの原型と系譜』今野敏彦訳，新泉社.）
――――，1938, "Urbanism as a way of life", *American Journal of Sociology*, 44: 1-24.（＝2011，ワース「生活様式としてのアーバニズム」『近代アーバニズム』松本康訳，日本評論社：89-115.）
Wyly, E. K and D. J. Hammel, 1999, "Islands of decay in seas of renewal: Housing policy and the resurgence of gentrification," *Housing Policy Debate*, 10(4): 711-771.
柳田国男，1935，『郷土生活の研究法』刀江出版.（＝1998，『柳田国男全集８』筑摩書房，195-368.）
吉田克己，2003，「「景観利益」の法的保護」『判例タイムズ』1120: 67-73.
吉原直樹，1985，「もうひとつの都市社会学」『地域社会学会会報』3: 263-292.
――――，1997，「訳者あとがき」『ゴールドコーストとスラム』ハーベスト社，313-318.
吉岡政徳，2000，「歴史と関わる人類学」『国立民族学博物館研究報告別冊』21：3－34.
Young, J., 2007, *The Vertigo of Late Modernity*, London : Sage.（＝2008，ヤング『後期近代の目眩――排除から過剰包摂へ』木下ちがや・中村好孝・丸山真央訳，青土社.）
Zorbaugh, H. W., 1929, *The Gold Coast and the slum*, Chicago: University of Chicago Press.（＝1997，ゾーボー『ゴールド・コーストとスラム』吉原直樹訳，ハーベスト社.）

清水洋行，2001，「地域社会における新たな主体像をめぐるアプローチの可能性と課題」，地域社会学会編『市民と地域――自己決定・協働，その主体』ハーベスト社.
庄司興吉，1980，「住民運動の社会学」，青井和夫・庄司興吉編『家族と地域の社会学』東京大学出版会，231-251.
Smith, N., 1996, *The New Urban Frontier : Gentrification and the Revanchist City*, New York: Routledge.
Snow, D. A. and R. D. Benford, 1988, "Ideology, Frame Resonance, and Participant Mobilization", B. Klandermans, H. Kriesi, and S. Tarrow eds, *From Structure to Action: Social Movement Participation Across Cultures*, Greenwich: JAI Press, 197-217
Soja, E., 1989, *Postmodern Geographies: the Reassertion of Space in Critical Social Theory*, New York: Verso.（＝2003，ソジャ『ポストモダン地理学――批判的社会理論における空間の位相』加藤政洋・西部均・水内俊雄・長尾謙吉・大城直樹訳，青土社.）
――――，1996, *Thirdspace: Journeys to Los Angeles and Other Real-and-Imagined Places*, Cambridge: Blackwell.（＝ソジャ『第三空間――ポストモダンの空間論的転回』加藤政洋訳，青土社.）
――――，2000, *Postmetropolis: Critical Studies of Cities and Regions*, Oxford: Blackwell.
――――, 2010, *Seeking Spatial Justice*, MN : University of Minnesota Press.
Spencer, J., 1989, "Anthropology as a kind of writing", *Man*, 24(1): 145-164.
Stoecker, R., 1994, *Defending Community : The Struggle for Alternative Development in Cedar-Riverside*, Philadelphia : Temple University Press.
Stone, C. N., 1989, *Regime Politics: Governing Atlanta, 1946-88*, Lawrence: University Press of Cansas.
Storper, M., 1997. *The Regional World: Territorial Development in a Global Economy*, New York: The Guilford Press.
杉島敬志，2001，「人類学の設計主義」，杉島敬志編『人類学的実践の再構築――ポストコロニアル転回以後』世界思想社，226-245.
鈴木広，1984，「都市社会学の問題意識」，鈴木広・倉沢進編『都市社会学』アカデミア出版会.
高橋徹，1985，「後期資本主義社会における新しい社会運動」『思想』737: 2-14.
武川正吾，2003，「グローカリティと公共性の転換」『地域社会学会年報』15: 1-19.
玉井眞理子，2001「シカゴ学派の盛衰――社会情勢的背景との関連からみた初期シカゴ学派の成立から衰退まで」『大阪大学教育年報』6: 53-62.
田中耕一，2006，「構築主義論争の帰結――記述主義の呪縛を解くために」，平英美・中河伸俊編『構築主義の社会学――実在論争を超えて』世界思想社，214-238.
田中重好，2007，「縮小社会を、どう論ずるか」『地域社会学会会報』144: 5-10.
――――，2010，『地域から生まれる公共性――公共性と共同性の交点』ミネルヴァ書房.
竹村牧男・松尾友矩，2006，『共生のかたち』誠信書房.
Therborn, G. 2011, "End of paradigm : the current crisis and the idea of stateless cities," *Environment and Planning A*, 43: 272-285.
Tissot, S., 2011, "Of Dogs and Men: The Making of Spatial Boundaries in a Gentrifying Neighborhood," *City & Community*, 10(3): 265-284.
東京都建設局，2007，「小田急小田原線（代々木上原駅～梅ヶ丘駅間）の地下連続立体交差及び複々線化事業の概要について」『建設関連業月報』307: 16-20.
――――，2009，「東京都の連続立体交差事業」『道路』820: 26-29.
富井利安，2004，「環境権と景観享受権」，富井利安編『環境・公害法の理論と実践』日本評論社.

国際移動——世界都市と移民労働者』森田桐郎ほか訳，岩波書店.）
————，1991, *The Global City*, Princeton: Princeton University Press.（＝2008，サッセン『グローバル・シティ——ニューヨーク・ロンドン・東京から世界を読む』伊豫谷登士翁監訳，筑摩書房.）
佐藤健二，1993a,「コミュニティ調査のなかの「コミュニティ」」，蓮見音彦・奥田道大編『21世紀日本のネオ・コミュニティ』東京大学出版会，153-176.（＝2011,「コミュニティ調査の方法的課題」『社会調査史のリテラシー——方法を読む社会学的想像力』新曜社，117-140.）
————，1993b,「モノグラフィの都市認識」『日本都市社会学会年報』11: 5-8.（＝2011,「コミュニティ調査の方法的課題」『社会調査史のリテラシー——方法を読む社会学的想像力』新曜社，79-84.）
————，2000,「社会学の言説—社会調査史からの問題提起」，栗原彬・小森陽一・佐藤学・吉見俊哉編『越境する知３　言説：切り裂く』東京大学出版会，135-59.（＝2011,「調査のなかの権力を考える」『社会調査史のリテラシー——方法を読む社会学的想像力』新曜社，244-269.）
————，2004,「近代日本の風景意識」，松原隆一郎・荒山正彦・佐藤健二・若林幹夫・安彦一恵編『〈景観〉を再考する』青弓社，121-158.
————，2006,「地域社会に対するリテラシー」，似田貝香門監修・町村敬志編『地域社会学の視座と方法』東信堂，213-242.（＝2011,「地域社会に対するリテラシー」『社会調査史のリテラシー——方法を読む社会学的想像力』新曜社，492-522.）
————，2012,「公共性の歴史的転換」，盛山和夫・上野千鶴子・武川 正吾編『公共社会学１　リスク・市民社会・公共性』東京大学出版会，31-50.
佐藤俊一，1988,『現代都市政治理論——西欧から日本へのオデュッセア』三嶺書房.
Saunders, P., 1979, *Urban politics : a sociological approach*, London: Hutchinson.
————，1981, *Social Theory and the Urban Question*, London: Hutchison.
Schütz, A., 1932, *Der sinnhafte Aufbau der sozialen Welt: Eine Einleitung in die Verstehende Soziologie*, Springer Verlag.（＝1982，シュッツ『社会的世界の意味構成』佐藤嘉一訳，木鐸社.）
Scott, J., 1985, *Weapons of the weak : everyday forms of peasant resistance*, Yale University Press.
盛山和夫，2011,『社会学とは何か——意味世界への探求』ミネルヴァ書房.
————，2012,「公共社会学とは何か」，盛山和夫・上野千鶴子・武川正吾編『公共社会学１　リスク・市民社会・公共性』東京大学出版会，11-30.
————，2013,『社会学の方法的立場——客観性とはなにか』東京大学出版会.
Selznik, P. and P. Nonet, 1978, *Law and society in transition : toward responsive law*, New York: Octagon Books.（＝1981，ゼルズニック，ノネ『法と社会の変動理論』六本佳平訳，岩波書店.）
世田谷区，1971,『世田谷区総合計画——基本計画　緑と太陽の文化都市をめざして』.
せたがや百年史編纂委員会，1992,『せたがや百年史　上巻』.
志田歩，2005,「下北沢を巡るネヴァーエンディング・ストーリー」『現代思想』33(5): 94-103.
塩原勉，1976,『組織と運動の理論』新曜社.
塩野宏，2003,「行政訴訟改革の動向——行政訴訟検討会の「考え方」を中心に」『法曹時報』56(3): 1-29.
島恭彦，1975,「現代自治体論の潮流と課題」『現代と思想』19: 2-20.
清水亮，2008,「「縮小社会」と地域社会の現在」『地域社会学会年報』20: 3-8.

Urban Environment"（＝2011, パーク「都市の成長――研究プロジェクト序説」『近代アーバニズム』松本康訳，日本評論社，21-87.）
――――，1929, "The city as a social laboratory", *Chicago: An Experiment in Social Science Research,*（＝1986，パーク『実験室としての都市――パーク社会学論文選』町村敬志・好井裕明編訳，御茶の水書房，11-36.）
――――，1936, "Human Ecology," *American Journal of Sociology* 42(1): 1-15.（＝1986，町村敬志・好井裕明編訳『実験室としての都市――パーク社会学論文選』御茶の水書房，155-80.）
Perry, B. and A. Harding, 2002, "The Future of Urban Sociology : Report of Joint Sessions of the British and American Sociological Associations", *International Journal of Urban and Regional Research,* 26(4): 844-53.
Pickvance, C. G., 1977, "Marxist approaches to the study of urban politics: Divergences among some recent French studies", *International Journal of Urban and Regional Research,* 1(1-4): 219-255.（＝1982，ピクヴァンス「都市社会学への史的唯物論的アプローチ」『都市社会学――新しい理論的展望』山田操・吉原直樹・鰺坂学訳，恒星社厚生閣，2-51.）
Poulantzas, N., 1978, *L'État, le pouvoir, le socialisme,* Paris: PUF.（＝1984，プーランツァス『国家・権力・社会主義』田中正人・柳内隆訳，ユニテ.）
Purcell, M., 2013, "The right to the city : the struggle for democracy in the urban public realm", *Policy & Politics,* 43(3): 311-27.
Rancière, J., 1995, *La mésentente : politique et philosophie,* Paris: Galilée.（＝2005，ランシエール『不和あるいは了解なき了解――政治の哲学は可能か』松葉祥一ほか訳，インスクリプト.）
――――，2005, *La haine de la démocratie,* Paris: La Fabrique.（＝2008，ランシエール『民主主義への憎悪』松葉祥一訳，インスクリプト.）
Redfern P. A., 1997, "A new look at gentrification: 1. Gentrification and domestic technologies", *Environment and Planning A,* 29(7): 1275-1296.
Relph, E., 1976, *Place and placelessness,* London: Pion.（＝1991，レルフ『場所の現象学――没場所性を越えて』高野岳彦・阿部隆・石山美也子訳，筑摩書房.）
最高裁判所事務総局行政局，2002，『行政事件に関係する統計資料』(2014年10月20日取得：http://www.kantei.go.jp/jp/sihouseido/kentoukai/gyouseisosyou/dai3/5siryo.pdf)
斉藤驍，1996，「正体を現した"ＮＴＴ資金"のうさん臭い使い道」『エコノミスト』74(20): 118-122.
――――，2005，「小田急事件の最高裁大法廷口頭弁論開廷の意義」『法律時報』77(12): 1-3.
――――，2006，「小田急大法廷判決の意義――応答的法と環境法の創出」『法律時報』78(3): 75-81.
斎藤日出治，2000，「解説　「空間の生産」の問題圏」，齋藤日出治訳『空間の生産』青木書店，603-645.
齋藤純一，2008，『政治と複数性――民主的な公共性にむけて』岩波書店.
齊藤康則，2009，「地方都市における乗合タクシー事業をめぐる住民と行政の協働」地域社会学会編『縮小社会における地域再生』75-86.
作田啓一，1971，「共同態と主体性」，吉田光・作田啓一・生松敬三編『近代日本社会思想史Ⅱ』有斐閣，379－407.
Sassen, S., 1988, *The Mobility of Labor and Capital: A Study in International Investment and Labor Flow,* Cambridge: Cambridge University Press.（＝1992，サッセン『労働と資本の

―――，1975b,「社会学的調査における被調査者との所謂「共同行為」について――環境問題と歴史社会学的調査（その二）」『未来』102: 28-33.
―――，1975c,「社会学的な調査の方法と調査者・被調査者の関係――環境問題と歴史社会学的調査（その三）」『未来』103: 28-33.
Newman, K. and E. K. Wyly, 2006, "The right to stay put, revisited: gentrification and resistance to displacement in New York City," *Urban Studies*, 43(1): 23-57.
二瓶正史，2006,「道の履歴がつくる「下北沢らしさ」」『建築とまちづくり』341: 44-46.
西周，1875,「人生三宝説」『名六』（＝1960，大久保利謙編『西周全集　第１巻』宗高書房.）
西城戸誠，2008,『抗いの条件――社会運動の文化的アプローチ』人文書院.
西村ユミ，2001,『語りかける身体』ゆみる出版.
似田貝香門，1973,「マルクスの"positive"概念をめぐって――人間存在の「肯定性」の検証」『現代の理論』10(12): 59-77.
似田貝香門，1974,「社会調査の曲がり角――住民運動調査後の覚え書き」『ＵＰ』24: 1-7.
―――，1977,「運動者の総括と研究者の主体性（下）」『ＵＰ』56: 22-26.
―――，1986,「概説　日本の社会学　社会運動」，似田貝香門・梶田孝道・福岡安則編『リーディングス 日本の社会学10　社会運動』東京大学出版会，3-13.
―――，1996,「再び「共同行為」へ――阪神大震災の調査から」『環境社会学研究』2: 50-61.
―――，2001,「市民の複数性――今日の生をめぐる〈主体性〉と〈公共性〉」『地域社会学会年報』13: 38-56.
―――，2006,「越境と共存的世界――新たなる社会の尖端的現象の把握について」似田貝香門・矢澤澄子・吉原直樹編『越境する都市とガバナンス』法政大学出版局，1-31.
―――，2008,「まちづくりと住民運動」，似田貝香門・大野秀敏・小泉秀樹・林泰義・森反章夫編『まちづくりの百科事典』丸善，xiii-xxiv.
―――，2013,「「つぶやき」分析のまとめと今後の課題」，震災がつなぐ全国ネットワーク編『寄り添いながらつながりを』，30-37.
―――，2014,「災害からの復旧・復興の「経済」複合体――新たなモラル・エコノミーを求めて」『地域社会学会年報』26: 135-152.
小田亮，2003,「日常的抵抗論」，http://p.booklog.jp/book/40379/read?p=2,（2015/01/17 access）.
―――，2012,「「日常的抵抗」論の可能性――異種混淆性／脱領土化／クレオール性再考」，http://d.hatena.ne.jp/araiken/20120914/1347624919（2015/01/17 アクセス）.
小田急沿線街づくり研究会，1987,『小田急沿線街づくり研究会報告書』
小田急高架訴訟弁護団編，2006,『住民には法を創る権利がある――小田急高架訴訟大法廷の記録』日本評論社.
大川隆司，2005,「小田急訴訟大法廷口頭弁論の争点――原告適格について判例変更を期待」『法学セミナー』50(11): 58-61.
太田好信，2001,『民族誌的近代への介入――文化を語る権利は誰にあるのか』人文書院.
奥田道大，1975,「都市住民運動の展開とコミュニティ理念」国民生活センター編『現代日本のコミュニティ』川島書店.
尾関周二，2007,『環境思想と人間学の革新』青木書店.
―――，2009,「差別・抑圧のない共同性へ向けて――共生型共同社会の構築と連関して」，藤谷秀・大屋定晴・尾関周二編『共生と共同、連帯の未来――21世紀に託された思想』青木書店，2-35.
Park, R. E., 1925＝2011, "The City : Suggestions for Investigation of Human Behavior in the

松田素二，1999，『抵抗する都市――ナイロビ移民の世界から』岩波書店.
松本康，2003，「都市社会学の遷移と伝統」『日本都市社会学年報』21: 63-79.
松下圭一，1971，『シビルミニマムの思想』東京大学出版会.
松浦寛，2006，「環境訴訟における行政事件訴訟法九条二項の意義」『帝塚山法学』11: 215-243.
Mayer, H. M and R. C. Wade, 1969, *Chiago: Growth of a Metropolis*, Chicago: The Universityof Chicago Press.
Mayer, M., 2009, "City: analysis of urban trends, culture, theory, policy, action", *City*, 13（2-3）: 362-374.
McKenzie, R. D., 1923, *The Neighborhood : A Study of Local Life in the City of Columbus*, Ohio: The University of Chicago Press.
McKenzie, R. D., 1929, "Book Review of the Gold Coast and the Slum by Harvey W. Zoubaugh, and The Ghetto by Louis Wirth", *American Journal of Sociology*, 35(3): 486-487.
Mead, G. H., 1934, *Mind, Self, and Society*, Chicago: University of Chicago Press.（＝1995，ミード『精神・自我・社会』河村望訳，人間の科学社.）
Melucci, A., 1989. *Nomads of the Present: Social Movements and Individual Needs in Contemporary Society*, London: Hutchinson Radius.（＝1997，メルッチ『現在に生きる遊牧民（ノマド）――新しい公共空間の創出に向けて』山之内靖・貴堂嘉之・宮崎かすみ訳，岩波書店.）
Merrifield, A., 1995, "Lefebvre, Anti-logos and Nietzsche: An Alternative reading of the production of space", *Antipode*, 27(3): 294-303.
道場親信，2006,「1960-70年代「市民運動」「住民運動」の歴史的位置――中断された「公共性」論議と運動史的文脈をつなぎ直すために」『社会学評論』57(2): 240-258.
三重野卓，2000，『「生活の質」と共生』白桃書房.
見上崇洋，2006，『地域空間をめぐる住民の利益と法』有斐閣.
蓑原敬，2007，「真価が問われる自治体のまちづくり」『まちづくり』14: 12-15.
見田宗介，1997，「差異の銀河へ――共生の想像力」，栗原彬編『共生の方へ』〈講座　差別の社会学〉弘文堂，28-31.
三浦展，2004，『ファスト風土化する日本――郊外化とその病理』洋泉社.
三浦展，2006，『脱ファスト風土宣言――商店街を救え！』洋泉社.
三浦倫平，2009a，「運動レパートリーとしての行政訴訟の意味――下北沢再開発問題を事例として」『ソシオロゴス』33: 79-100.
三浦倫平，2009b，「迷宮の盛り場・下北沢――その誕生と終焉」『Sociology Today』19: 16-40.
宮崎省吾，1975，『いま、公共性を撃つ――「ドキュメント」横浜新貨物線反対運動』新泉社.（2011，『いま、公共性を撃つ――「ドキュメント」横浜新貨物線反対運動』創土社.）
Mooney, G. and M. Danson, 1997, "Beyond Cultural City : Glasgow as a Dual City," N. Jewson and S. MacGergor eds, *Transforming Cities : Contested Governance and New Spatial Divisions*, London: Routledge, 73-86.
Mouffe, C., 2005, *On the Political*, New York: Routledge.（＝2008，ムフ『政治的なものについて――闘技的民主主義と多元主義的グローバル秩序の構築』酒井隆史監訳，明石書店.）
中井検裕・村木美貴・高山幸太郎，2002，「商業集積地における空間の「奥行」に関する研究――下北沢を対象として」『都市計画．別冊，都市計画論文集』37: 79-84.
中野正大，1997，「社会調査からみた初期シカゴ学派」『シカゴ社会学の研究――初期モノグラフを読む』恒星社厚生閣，3-37.
中野卓，1975a，「社会学的調査と「共同行為」――水島工業地帯に包み込まれた村々で」『ＵＰ』33: 1-6.

──初期モノグラフを読む』恒星社厚生閣，320-353.
金子賢三，2005，「街に生きる──下北沢計画の問題点と“Save the 下北沢”の活動」『現代思想』33(5): 88-93.
片桐新自，1995，『社会運動の中範囲理論──資源動員論からの展開』東京大学出版会.
片山善博，2009，「共生に関する一つの考察──承認論を軸に」藤谷秀・大屋定晴・尾関周二（編）『共生と共同、連帯の未来──21世紀に託された思想』青木書店，36-63.
川本隆史，1997，「「共生」の事実と規範──〈いのちのケア〉に向かって」栗原彬編『共生の方へ』〈講座　差別の社会学〉弘文堂，33-54.
────，2008，『共生から』岩波書店.
木村和穂，2005，「単なる道路問題ではない──下北沢の再開発を問う」『現代思想』33(5): 104-111.
木村和穂・志田歩・大熊ワタル，2006，「生きた街「下北沢（シモキタ）」を壊すな！──安全に名を借りた巨大再開発に対抗して」『インパクション』152: 162-168.
鬼頭秀一，1998，「環境運動／環境理念研究における「よそ者」論の射程──諫早湾と奄美大島の「自然の権利」訴訟の事例を中心に」『環境社会学研究』4: 44-59.
小林正美，2006，「代替案づくりに向けた専門家の取り組み」『まちづくり』11: 66-69.
きむらけん，2007，『下北沢X惜別物語』北沢川文化保存の会.
熊本博之，2007，「「縮小社会」における財の再配分」『地域社会学会会報』144: 2-5.
栗原彬，1997，「共生ということ」栗原彬編『共生の方へ』〈講座　差別の社会学〉弘文堂，11-27.
黒川紀章，1996，『新　共生の思想──世界の新秩序』徳間書店.
Kuymulu, M. B., 2013, “The vortex of Rights ; ‘Right to the City’ at a Crossroads”, *International Journal of Urban and Regional Research*, 37(13): 923-40.
Lefebvre, H., 1968, *Le Droit à la ville*, Paris: Economica.（＝1969，ルフェーブル『都市への権利』森本和夫訳，筑摩書房.）
────，1970, *La Révolution urbaine*, Paris: Gallimard.（＝1974，ルフェーブル『都市革命』今井成美訳，昌文社.）
────，1974, *La Production de l'espace*, Paris: Anthropos.（＝2000，ルフェーブル『空間の生産』斎藤日出治訳，青木書店.）
Ley, D., 1996, *Gentrification and the Middle Classes*, Oxford : Oxford University Press.
Logan J. R. and H. L. Molotch, 1987, *Urban Fortunes : The Political Economy of Place*, Berkeley: University of California Press.
Lojikine J., 1977, *Le marxisme, l'Etat et la question urbaine*, Paris: Presses Universitaires de France.（＝1982，ロジキーヌ「資本主義的都市化に関するマルクス主義理論の寄与」『都市社会学』鯵坂学・吉原直樹・山田操訳，恒星社厚生閣，189-228.）
町村敬志，1986，「「原型」としての都市社会学──R・E・パークが残したもの」，町村敬志・好井裕明編訳『実験室としての都市──パーク社会学論文選』御茶の水書房，155-80.
────，2002，「「国土」に充たされていく開発──戦後復興期の開発ナショナリズム」『ポリティーク』5: 144-169.
────，2007，「空間と場所」，長谷川公一・浜日出夫・藤村正之・町村敬志編『社会学』有斐閣，201-239.
────，2011，『開発主義の構造と心性──戦後日本がダムでみた夢と現実』御茶の水書房.
真木悠介，1971，『人間解放の理論のために』筑摩書房.
松原治郎・似田貝香門，1976，『住民運動の論理──運動の展開過程・課題と展望』学陽書房.
松原隆一郎，2002，『失われた景観──戦後日本が築いたもの』PHP 研究所.

―――――，2002，『〈共生〉への触発――脱植民地・多文化・倫理をめぐって』みすず書房.
Harvey, D., 1989, "From managerialism to entrepreneurialism : The transformation in urban governance in late capitalism," *Geogrqfiska Annaler*, 71B(1): 3-17.（＝1997，ハーヴェイ「都市管理者主義から都市企業家主義――後期資本主義における都市統治の変容」廣松悟訳，『空間・社会・地理思想』2: 36-53.）
―――――，1993, "From space to place and back again: Reflections on the condition of postmodermty," Bird, J. et al., *Mapping the futures : Local cultures, global changes*, London and New York: Routeldge, 3-29.（＝1997，ハーヴェイ「空間から場所、そして再び――ポストモダニティの条件に関する省察」中島弘二訳，『空間・社会・地理思想』2: 79-97.）
―――――，2001, "Militant particularism and global ambition: the conceptual politics of place, space, and environment in the work of Raymond Williams", D. Harvey ed, *Spaces of Capital: Towards a Critical Geography*, Edinburgh: Edinburgh University Press, 158-187.
―――――，2008, "The right to the city", New Left Review, 53: 23-40.
Hardt, M. and A. Negri, 2001, *Empire*, Harvard: Harvard University Press.（＝2003，ハート，ネグリ『〈帝国〉――グローバル化の世界秩序とマルチチュードの可能性』水島一憲ほか訳，以文社.）
長谷川公一，2003，「環境社会学と都市社会学のあいだ」『日本都市社会学会年報』21: 23-38.
橋本博之，2008，「行政訴訟改革といわゆる「オープンスペース」論」『慶應法学』10: 1-30.
Hebdige, D., 1979, *Subculture : The Meaning of Style*, London : Methuen.（＝ヘブディジ『サブカルチャー』山口淑子訳，未来社.）
日高六郎，1973，「市民と市民運動」『岩波講座現代都市政策Ⅱ　市民参加』岩波書店，39-60.
樋口直人，2010，「「多文化共生」再考――ポスト共生論に向けた試論」『大阪経済法科大学アジア太平洋研究センター年報』7: 3-10.
Holstein, J. A. and J. F. Gubrium, 1995, *The active interview*, Sage: London.（＝2004，ホルスタイン，グブリアム『アクティヴ・インタビュー――相互行為としての社会調査』山田富秋ほか訳，せりか書房.）
堀川三郎，1994，「地域社会の再生としての町並み保存」社会運動論研究会『社会運動の現代的位相』成文堂，95-143.
―――――，1998，「歴史的環境保存と地域再生」，飯島伸子・舩橋晴俊編『講座社会学12　環境』東京大学出版会，103-132.
―――――，2000，「運河保存と観光開発――小樽における都市の思想」，片桐新自編『シリーズ環境社会学3　歴史的環境の社会学』新曜社，107-129.
―――――，2010，「場所と空間の社会学」『社会学評論』60(4): 517-534.
宝月誠，1997，「シカゴ学派の理論的支柱――モノグラフとミードの関係」『シカゴ社会学の研究―初期モノグラフを読む』恒星社厚生閣，38-64.
今村仁司，1997，『アルチュセール――認識論的切断』〈現代思想の冒険者たち〉講談社.
井上達夫，1986，『共生の作法――会話としての正義』創文社.
―――――・名和田是彦・桂木隆夫，1992，『共生への冒険』毎日新聞社.
―――――，1993，「共生の作法を求めて――なぜ共生を語るのか」『週刊読書人』1985: 8.
Iveson, K. 2013, "Cities within the City: Do-It-Yourself―Urbanism and the Right to the City," *International Journal of Urban and Regional Research*, 37(3): 941-956.
梶田孝道，1986，「住民運動・反差別解放運動 解説」，似田貝香門・梶田孝道・福岡安則編『リーディングス日本の社会学10　社会運動』東京大学出版会，207-213.
鎌田大資，1997，「「社会改良」の「社会学」？――ハーベイ・W・ゾーボー『ゴールド・コーストとスラム――シカゴのニア・ノース・サイドの社会学的研究』」『シカゴ社会学の研究

California: University of California Press.（＝1996，クリフォード，マルカス『文化を書く』春日直樹ほか訳，紀伊國屋書店.）
Dawson, A. and B. H, Edwards, 2004. "Introduction: Global Cities of the South," *Social Text*, 22(4): 1-7.
Dikeç, M., 2012, "Space as a mode of political thinking", *Geoforum*, 43(4): 669-676.
Elden, S., 2001, "Politics, Philosophy, Geography: Henri Lefebvre in Recent Anglo-American Scholarship," *Antipode*, 33(5): 809-825.
Espeland, W. N., 1998, *The Struggle for Water : Politics, Rationality, and Identity in the American Southwest*, Chicago : University of Chicago Press.
Fraser, N., 1990, "Rethinking the Public Sphere: A Contribution to the Critique of Actually Existing Democracy," *Social Text*, 25/26: 56-80.（＝1999，フレーザー「公共圏の再考――既存の民主主義の批判のために」『ハーバマスと公共圏』山本啓・新田滋訳，未来社，117-159.）
Foucault, M., 1976, *La Volonté de Savoir Volume 1 de Histoire de la sexualité*, Paris: Gallimard.（＝フーコー，1986『性の歴史Ⅰ　知への意志』渡辺守章訳，新潮社.）
Freeman, L. and F. Barconi, 2004, "Gentrification and Displacement New York City in the 1990s," *Journal of the American Planning Association*, 70(1): 39-52.
Friedman, J., 1986, "The World city hypothesis", *Development and Change*, 17: 69-83.
福武直，1958，『社会調査』岩波全書.
――――編，1965a，『地域開発の構想と現実１　百万都市建設の幻想と実態』東京大学出版会.
――――編，1965b，『地域開発の構想と現実３　工業都市化のバランスシート』東京大学出版会.
藤井和佐，2008，「「超」縮小地域の戦略と課題」『地域社会学会会報』147: 4-8.
藤崎亮一・佐藤快信，2005，「中心商業地域の地域づくり――諫早市の事例を通して」『地域総研紀要』，3(1): 57-64.
Gans, H. J., 2009, "Some Problems of and Futures for Urban Sociology: Toward a Sociology of Settlements," *City & Community*, 8(3): 211-219.
Gamson, W., 1992, *Talking Politics*, Cambridge: Cambridge University of Press.
権安理，2006，「ハンナ・アーレントとポスト・ハーバーマス的公共論――社会学におけるアーレント公共空間論の受容をめぐって」『ソシオサイエンス』12: 30-45.
Gregory, S., 1998, *Black Corona : Race and Politics in an Urban Community*, Princeton : Princeton University of Press.
Gwen, v. E., 2010, "Exclusionary Policies are Not Just about the 'Neoliberal City': A Critique of Theories of Urban Revanchism and the Case of Rotterdam," *International Journal of Urban and Regional Research*, 34(4): 820-834.
Hagedorn, J., 1991, "Gangs, Neighborhoods and Public Policy", *Social Problems*, 38(4): 429-442.
Hamnett, C., 1994. "Social Polarization in Global Cities: Theory and Evidence," *Urban Studies*, 31(3): 401-424.
韓東賢，2006，『チマチョゴリ制服の民族誌――その誕生と朝鮮学校の女性たち』双風社.
花田達郎，1999，『メディアと公共圏のポリティクス』東京大学出版会.
花崎皋平，1993a，「共生の作法を求めて――理解の方法的抑制」『週刊読書人』1987: 8.
――――，1993b，『アイデンティティと共生の哲学』筑摩書房.
――――，1997，「共生の思想」木田元ほか編『コンサイス20世紀思想辞典』第二版，三省堂，273-274.

参考文献

Abbott, A., 2011, *Department and discipline: Chicago sociology at one hundred*, Chicago: University of Chicago Press.（＝2011, アボット『社会学科と社会学――シカゴ社会学百年の真相』松本康・任雪飛訳, ハーベスト社.）

阿部泰隆, 2004,「行政訴訟のあるべき制度、あるべき運用について」『法律文化』16(2): 28-33.

Abu-Lughod, J. ed., 1994, *From Urban Village to East Village : The Battle for New York's Lower East Side*, Cambridge : Blackwell.

饗庭伸, 2006,「都市をたたむ時代のアーバンデザインの原理」『地域開発』501: 15-22.

赤川学, 2001,「言説分析と構築主義」上野千鶴子編『構築主義とは何か』勁草書房, 63-83.

秋元律朗, 2002,『現代都市とエスニシティ――シカゴ社会学をめぐって』早稲田大学出版部

Althusser, L. P., 1965, *Lire Le Capital*, Paris: Francois Maspero.（＝1996, アルチュセール『資本論を読む〈上〉〈中〉〈下〉』今村仁司訳, 筑摩書房.）

Andersen, M. L. and H. F. Taylor, 2006, *Sociology : Understanding a diverse society updated*, Belmont, CA : Wadsworth/Thomson Learning.

Arendt, H., 1951, *The Origins of Totalitarianism* , New York: Schocken Books.（＝1972, アーレント『全体主義の起原２　帝国主義』大島通義・大島かおり訳, みすず書房.）

―――, 1958, *The Human Condition*, Chicago: University of Chicago Press.（＝1994, アーレント『人間の条件』志水速雄訳, ちくま学芸文庫.）

東浩紀・北田暁大, 2007,『東京から考える――格差・郊外・ナショナリズム』NHK 出版

Castells, M., 1968, "Y a-t-il une sociologie urbaine?" *Sociologie du Travail*, 1: 72-90.（＝1982, カステル「都市社会学は存在するか」『都市社会学――新しい理論的展望』山田操・吉原直樹・鯵坂学訳, 恒星社厚生閣, 53-96.）

―――, 1969, "Théorie et ideologie en sociologie urbaine," *Sociologie et Sociétés*, 2: 171-191.（＝1982, カステル「都市社会学における理論とイデオロギー」『都市社会学――新しい理論的展望』山田操・吉原直樹・鯵坂学訳, 恒星社厚生閣, 97-136.）

―――, 1972, *La question Urbaine*, Paris: François Maspero.（＝1984, カステル『都市問題――科学的理論と分析』山田操訳, 恒星社厚生閣.）

―――, 1983, *The City and the Grassroots: A Cross-Cultural Theory of Urban Social Movements*, Berkeley: University of California Press.（＝1997, カステル『都市とグラスルーツ――都市社会運動の比較文化理論』石川淳志監訳, 法政大学出版局.）

―――, 1989, *The Informational City: Information Technology, Economic Restructuring and the Urban-Regional Process*. Oxford; Malden.（＝1999, カステル『都市・情報・グローバル経済』大澤善信訳, 青木書店.）

―――, and J, Mollenkopf, 1991, *Dual City : Restructuring New York*, : Russell Sage Foundation.

―――, 2002, "Urban sociology in the twenty-first century," *Cidades – Communidades e Territórios*, 5: 9-19.

―――, 2008, "The New Public Sphere : Global Civil Society, Communication Networks, and Global Governance," *The ANNALS of the American Academy of Political and social science*, 616(1): 78-93.

Clifford, J. and Marcus, G, 1986, *Writing Culture: The Poetics and Politics of Ethnography*,

2012年８月	小田急線上部利用オープンハウス開催	
2012年９月		「公共空間をみんなの庭に」したい人の会
2013年４月		シンポジウム
2013年11月	「小田急線上部利用の施設配置（ゾーニング構想)」公表	

2010年９月	駅舎の説明会開催		
2010年12月			駅舎の説明会が駅から20m以内にしか伝達されていない問題，駅舎に住民の意見はどのように反映されたのかを「通信」19号で問題提起
2011年２月	「連続立体交差事業協議会に提案する上部利用計画」策定		
2011年３月			小田急線連続立体交差事業協議会に提出した計画が，区民の意見で多かった緑道や緊急避難道路の設置がされていないと「通信」20号で指摘

資料５　世田谷区とグリーンラインの動き

年月	世田谷区の動き	グリーンラインの動き
2011年６月		「グリーンライン」に団体名称を変更
2011年７月		セミナー１「世田谷区案と上部利用検討委員会案の比較検証」
2011年７月		セミナー２「上部（あとち）利用，今後の展望と話し合い」
2011年８月		「平成23年度住まい・まちづくり担い手事業（国土交通省）」に採択される
2011年９月	「小田急線上部利用オープンハウス」開催	
2011年10月		セミナー１「みんなでつくるグリーンライン――2.2キロのランドスケープを考える」
2011年11月	「小田急線上部利用まち歩きワークショップ」開催	セミナー２「グリーンラインとまちづくり――世田谷の公共交通・線路のあとち利用を考える」
2011年12月		セミナー３「夢をつむぐ公共空間――みんなでつくるグリーンライン」
2012年１月		グリーンライン下北沢成果会
2012年４月	「小田急線上部利用シンポジウム」開催	小田急線上部利用シンポジウムに参加
2012年７月	「小田急線上部利用計画（区案）」の追加，修正の基本的な考え方（素案）取りまとめ	

2008年9月			区民意見検討委員会各委員と世田谷区長，国土交通大臣と東京都知事に公開質問状
2008年10月	国が公開質問状に回答	ワークショップ「みんなで提案を出しましょう」	
2009年1月	特定のアイディアを採用するのではなく，アイディアを参考に委員会がまとめる方針を「小田急上部利用通信 No. 2」で示す		
2009年4月			駅舎の構造と位置について世田谷区が入手している文書の情報開示請求を行なう
2009年5月			情報開示請求で得た区民のアイディアやアンケート結果から，67%の人が「散歩が楽しめる遊歩道」を望んでいることを「通信」13号で明らかにする
2009年7月	上部利用の基本的な考え方を「小田急上部利用通信 No. 3」で明らかにする		
2009年10月	「駅舎整備計画」を発表し，意見を募集する		「駅舎整備計画についての意見」を提出し，駅舎の大きさ，避難道路の問題などを指摘
2009年10月	「検討の中間まとめ」発表とそれに対する区民意見募集（10月1日～10月31日）	セミナー「駅前広場の可能性を考える」	「中間まとめ」の問題点を指摘する声明文を発表
2009年11月		セミナー「広場の楽しみ～海外の事例などから未来を考える」	
2009年12月		セミナー「どう使っていこうか考えよう，駅前広場とあとち」	
2010年2月		セミナー「下北沢駅舎・あとち利用を市民と一緒に考える」	2002年の都市計画決定時から駅舎の面積が3倍に増えていることを「通信」16号で指摘
2010年5月	小田急線上部利用区民意見検討委員会による検討の取りまとめ「小田急線鉄道跡地の望ましい上部利用のあり方」公表		

資料４　跡地利用をめぐる行政と，「あとちの会」と「訴訟の会」の動き

	世田谷区・東京都・国	あとちの会	訴訟の会
2005年３月	「上部利用方針」策定		
2006年９月			訴状で，跡地計画の問題点を指摘
2007年４月			10%以上も公共利用に供すべきと第３回口頭弁論で主張
2007年10月			「まもれシモキタ！通信」（以下「通信」）４号で「跡地の15%を超える部分も公共利用に供すべき」と主張
2008年１月		「あとちの会」発足	
2008年１月		第１回セミナー「どうなっているの？下北沢」	
2008年２月		第２回セミナー「わたしのシモキタ・あなたのシモキタ」	
2008年３月		第３回セミナー「シモキタらしさと，あとちの未来」	
2008年４月			「通信」６号で「公共的な跡地利用を跡地全体の２万7000㎡のうち１万㎡しか対象にしていない」と批判
2008年５月		ワークショップ	
		ワークショップ「提案セミナー」	
2008年７月	小田急線上部利用区民意見検討委員会による検討（委員会全10回開催）（～2010年３月）		限定的な範囲での意見募集を第10回口頭弁論で批判＋関連３団体で批判する声明を発表
2008年８月	「上部利用計画（区案たたき台）」作成		
2008年８月	区民アイデア募集（～10月）	「小田急線あと地」を考えるシャレットワークショップ＋アイディアを区に提出	
2008年９月			「通信」９号で「区民意見検討委員会の委員が小田急と関わりが多い人ばかりで非民主的」という指摘

2012年２月		区議会で平成24年度の一般会計予算で区画街路10号線と補助54号線に予算が付く
2012年３月	第24回口頭弁論	
2012年４月	小田急線上部利用シンポジウム開催	
2012年４月	訴訟の会，Save the 下北沢，商業者協議会がラウンドテーブル設置の要望書を提出	
2012年６月	第25回口頭弁論	
2012年７月		上部利用計画修正素案の発表
2012年８月	「シモキタボイス2012」開催	
2012年９月	第26回口頭弁論	
2012年11月	下北沢協議会の発足	
2012年12月	都知事選立候補者に道路問題に関するアンケートを送付	
2012年12月	都知事選＋衆議院議員選挙	
2012年12月	第27回口頭弁論	
2013年３月		小田急連立立体交差事業の５年間の工事期間延長を都が申請して国交省が認可
2013年３月～４月	「ようこそ！シモチカ！」（小田急地下化イベント：あとちの会）	
2013年３月	第28回口頭弁論	
2013年６月	第29回口頭弁論	
2013年９月	第30回口頭弁論	
2013年９月	「シモキタボイス2013」開催	
2013年11月		小田急電鉄との共同会見で小田急線の上部利用の施設配置（ゾーニング構想）を発表
2013年11月		せたがや道づくりプラン素案を発表。二期工区，三期工区を優先整備路線へ
2014年１月	訴訟の会，Save the 下北沢，商業者協議会が区長と面談	
2014年１月	第31回口頭弁論	
2014年５月	第32回口頭弁論	
2014年６月	二期工区説明会，三期工区説明会	
2014年６月		下北沢デザイン会議

2010年3月	街歩き	
2010年4月	「アースデイ」(@代々木公園) に出展	
2010年5月	第17回口頭弁論	
2010年5月	街歩き	
2010年6月	トークイベント「ともにアートする夕べ」(保坂)	
2010年7月	参議院選に向けて各政党にアンケート (訴訟の会)	
2010年8月	「シモキタボイス」開催	
2010年9月		駅舎に関する説明会
2010年9月	第18回口頭弁論	
2010年10月	「アースデイ」(@代々木公園) に出展	
2010年11月	あとちの会：セミナー	
2011年1月	第19回口頭弁論	
2011年3月		世田谷区が上部利用計画案を募集
2011年4月	第20回口頭弁論	
2011年4月	保坂展人氏を世田谷区長選に擁立	
2011年4月	保坂展人氏が区長選に勝利	
2011年6月	第21回口頭弁論	

資料3　第三局面における運動と推進側の動き

	運動側の動き	推進側の動き
2011年7月	アンケート調査を実施	
2011年8月	「シモキタボイス2011」開催	
2011年9月		小田急線上部利用オープンハウス開催
2011年9月	第22回口頭弁論	
2011年10月		世田谷区実施計画素案の公表とパブリックコメントの募集
		まち歩きワークショップの実施
2011年11月		保坂区長と語る車座集会
2011年12月	第23回口頭弁論	
2012年1月		グリーンライン下北沢成果会

2008年12月	第11回口頭弁論	
2009年１月	街歩き	
2009年２月	街歩き	
2009年３月	街歩き	
2009年３月	第12回口頭弁論	
2009年４月	「音楽フェスティバルSPRING LOVE」(@代々木公園）に参加	
2009年４月	街歩き	
2009年５月	第13回口頭弁論	
2009年５月	街歩き	
2009年６月	街歩き	
2009年７月	街歩き（ポスターを街中に貼る企画）	
2009年７月	都議会議員立候補者に対するアンケート	
2009年８月	街歩き	
2009年８月	衆議院選挙に向けて各政党へアンケート	
2009年９月	第14回口頭弁論	
2009年９月	「シモキタボイス」開催	
2009年９月	街歩き	
2009年10月	あとちの会：セミナー	駅舎，駅前広場，上部利用に関する意見募集
2009年10月	街歩き	
2009年10月	政権交代にともない，計画の見直しを鳩山総理大臣に求める署名開始	
2009年10月	訴訟の会が区の駅舎整備計画に対して意見書を提出	
2009年10月	中間まとめに対して意見書を提出	小田急線上部利用区民意見検討委員会での中間まとめが公表
2009年11月	第15回口頭弁論	
2009年11月	街歩き	
2009年11月	あとちの会：セミナー	
2009年12月	街歩き	
2009年12月	あとちの会：セミナー	
2010年１月	街歩き	
2010年２月	第16回口頭弁論	
2010年２月	街歩き	

2007年7月	トークイベント「高円寺VS下北沢」（新宿ロフト）	
2007年8月	「シモキタボイス」開催	
2007年9月	雑居祭りに出展	
2007年9月	第5回口頭弁論	
2007年11月	第6回口頭弁論	
2007年11月	「かわらばん」配布イベント	
2008年1月	第7回口頭弁論	
2008年1月	街づくり懇談会に関する勉強会	
2008年1月	「あとちの会」発足	
2008年1月	あとちの会：第1回セミナー	
2008年2月	再開発に関する勉強会	
2008年2月	あとちの会：第2回セミナー	
2008年3月	あとちの会：第3回セミナー	民主党政権の下，道路特定財源が問題になるなか，区議会は補助54号線を区道に認定
2008年4月	第8回口頭弁論	
2008年4月	ジェントリフィケーションに関する勉強会	
2008年4月	「アースデイ2008」に出展	
2008年4月	「シモキタのんべいツアー」開催	
2008年5月	「下北沢の乱」	
2008年5月	あとちの会：ワークショップ	
2008年6月	第9回口頭弁論	
2008年6月	あとちの会：ワークショップ	
2008年7月	ジェントリフィケーションに関する勉強会	小田急線跡地に関して「区民意見検討委員会」が発足
2008年8月	「シモキタボイス」開催	
2008年8月	あとちの会：「小田急線あと地」を考えるシャレットワークショップ	
2008年8月	Save＋訴訟の会＋商業者協議会：区の区民意見検討委員会の設置と意見募集に関しての声明	
2008年9月	第10回口頭弁論	
2008年9月	下北沢の再開発問題をテーマにしたドキュメンタリー映画の上映会	
2008年11月	都市計画学会，建築学会，都市計画家協会後援で「下北沢から都市計画を考える」開催	

2006年7月	フジロックでリリー・フランキー&浦沢直樹Tシャツ先行販売	
2006年7月	都市計画審議会に向けた意見書キャンペーン	都市計画審議会で再び区の進め方に疑問が示される
2006年7月		世田谷区が東京都に補助54号線の事業認可申請
2006年8月	事業認可を下すな署名キャンペーン（約1万8000人）	
2006年8月	世田谷区に抗議文，東京都に要請文を提出	
2006年9月	「キャンドルライト・デモンストレーション」	
2006年9月	地裁に提訴＋行政訴訟の会結成	
2006年9月	地区計画原案に対する「意見書キャンペーン」	住民に計画賛成の意見書を配布
2006年10月	サウンドパレード「下北 insist」（商業者協議会主催）	
2006年10月		都市計画審議会で認可
2006年11月	第1回口頭弁論（東京地裁）	
2006年11月	「Candle Odyssey at Shimokitazawa」	
2006年12月	下北沢再開発対策会議	再開発事業の補償説明会
2006年12月	坐り込み	
2007年1月	第2回口頭弁論	
2007年2月	訴訟説明会	
2007年2月	都知事選に向けて，「都民のハートに火を付ける会」に参加（浅野候補）	
2007年3月	浅野候補の下北沢視察	
2007年4月	第3回口頭弁論	
2007年4月	「お花見パレード」	
2007年4月	「アースデイ東京2007」に出展	
2007年4月	都知事選，区長選で擁立候補が敗北	

資料2　第二局面における運動と推進側の動き

	運動側の動き	推進側の動き
2007年6月	「キャンドルナイト～Slow Burning～」	
2007年6月	第4回口頭弁論	
2007年7月	新規原告募集の為の訴訟説明会	
2007年7月	「フジロックフェスティバル」に参加	

2005年12月	商業者協議会結成	
2005年12月	交通量調査の情報開示請求	交通量調査に対してゼロ回答
2006年１月	商業者協議会が区長に面会を求めるデモパレード	
2006年１月	「SAVE THE 下北沢 NIGHT」vol. 3	
		商店連合会と２町会が区に計画の早期実現を要望
2006年２月		街づくり懇談会が区に計画の早期実現を要望
2006年２月	CD『アモーレ下北』発売	
2006年３月	世田谷区に主張の根拠となる資料の情報開示請求	街づくり懇談会の要望などを地元の合意形成の証拠として主張
2006年３月	計画見直しを求める「まもれ シモキタ！」パレード	
2006年３月	事業認可申請の見送りを求める要望書を都に提出	
2006年４月	シンポジウム「シモキタらしさを守り育てる」開催	
2006年４月	フォーラムが代替案発表＋専門家による緊急アピール	
2006年４月	区に手続きに関する情報公開請求	
2006年４月	区長に見直しを求める要望書を提出	
2006年４月		費用効果分析が事業認可の判断材料にならないことを説明
2006年４月	「かわらばん」配り＋「かわらばん配布交流会」の開始	
2006年５月	商業者協議会が地区計画の審議を慎重に求めるよう要望書を提出	区の都市計画審議会で区の進め方に疑問が提示される
		地区計画原案説明会
2006年６月	地区計画に対する意見書提出キャンペーン	
2006年６月	参加型ワークショップの「アーバンタイフーン」開催	
2006年６月	区長選に向けて，市民会議立ち上げ準備会	
2006年６月	商業者協議会と下北沢フォーラムが区と面談	「話し合いの場を設けない」という回答
2006年６月	シンポジウム『都市／CITY を構想する――下北沢から考える都市の公共性』開催（宇沢弘文基調講演）	

2005年4月	トークセッション「「下北沢開発問題を語る」に参加	
2005年5月	「私の感じる下北沢」展	
2005年5月	「SAVE THE 下北沢 NIGHT」vol. 1	
2005年5月	「シモキタ映像祭り」(下北沢の魅力の再発見を目的とした映像を募集し上映)	
2005年6月	曽我部恵一らによる『The sound of shimokitazawa』(S. O. S) CD を発売開始	
2005年6月	交流会：服部圭朗「都市からいかに魅力をなくすか」	
2005年6月	「1万超の署名」「交通量調査と便益計算の報告書」「五四号線を前提としない代替案」を提出	地区内に住所がある対象者が少ないという理由で検討せず
	TBS ラジオ取材	
2005年7月	「SAVE THE 下北沢 NIGHT」vol. 2	
2005年7月	『The Sound of Shimokitazawa』第二弾 CD が発売	
2005年7月	シンポジウム「歩く楽しさのある街　シモキタらしさの発見」(下北沢フォーラム主催)	
2005年7月	都市計画専門家が計画の見直しを求める意見書を提出	
2005年8月	「かわらばん」の配布を開始	
2005年8月	「シモキタらしさ発見」シンポジウム開催。記念冊子の発行。	
2005年9月	「Save the 下北沢」の缶バッジを賛同店で販売開始	
2005年9月	クリチバ市元市長・国際建築家協会元会長ジャイメ・レルネル氏来訪	
2005年9月	交流会：松本文洋「皆で考えよう！下北沢の中心市街地活性化策に求められているもの」	
2005年10月	ハーヴァード大学デザイン学部大学院生たち，下北沢を課題にして来日。慶応大学と合同で小田急線跡地代替案を作成	
2005年10月	「風の人シアター Save the 下北沢」	
2005年11月	「シモキタ解体」シンポジウム開催	
2005年11月	学術研究会「江戸東京フォーラム」が下北沢で開催	
2005年11月	下北沢フォーラムがアンケート調査	
2005年11月	世田谷区まちづくり課とミーティング	

資料

資料１　第一局面における運動と推進側の動き

	運動の動き	推進側の動き
2003年12月	Save the 下北沢結成	
	街頭署名，マスコミ・著名人にアプローチ	
2004年８月	ウェブで運動参加表明した人たちを集めた会議の開始	
2004年８月	「都市計画道路に対する意見書」に約3900名の反対署名を提出	
2004年９月	TBS ラジオ取材	
2004年11月	「都市整備方針中間見直し（素案）」への意見書提出	「都市整備方針中間見直し（素案）」発表
2004年11月	交通量調査	
2004年11月		地区計画案発表
2004年12月	交流会：福川裕一の講演	
2004年12月	「下北沢フォーラム」結成	
2004年12月	「無くなる場所の写真を撮る」イベント開催	
2005年１月	交流会「日本型魅惑都市をつくる」（講師：青木仁（都市計画））	
2005年１月		地区計画骨子案意見交流会
2005年１月	「下北沢の再開発計画を，ちゃんと知ろう会」（フォーラム主催）	
2005年１月	地区計画案に関して区に意見書を提出	
2005年２月	フリーペーパー『ミスアティコ』創刊	
2005年２月	賛同店回り	
2005年２月	街歩きイベント	
2005年２月	代替案検討会議開始	
2005年２月	要望書提出セレモニー	
2005年２月	「下北沢の地図を作ろう＆街歩きツアー」	
2005年３月	「下北沢のやさしさをいかしたまちづくり――環境，コミュニティ，子育て，高齢者の視点から区の街づくり計画を考える」(下北沢フォーラム主催)	
2005年３月	「撮り尽せ！知り尽せ！下北沢!!」イベント開催	
2005年４月	トークイベント「僕たちの下北沢を救え!!」(@新宿)	

や　行

ら　行

わ　行

な　行

は　行

ま　行

た　行

さ　行

事項索引

ま　行

や・ら・わ　行

人名索引

著者紹介

三浦倫平（みうら　りんぺい）

1979年、東京都生まれ。東京大学文学部卒業。同大学院人文社会系研究科博士課程修了。博士(社会学)。

現在、東京大学文学部助教（社会学）。専攻は地域社会学、都市社会学。

論文：「環境行政訴訟が地域社会にもたらす可能性と課題」（『都市住宅学』第91号、2015年）、「都市空間における「共約不可能な公共性」の形成過程」（『地域社会学会年報』第23集、2010年）など。

新曜社

「共生」の都市社会学

下北沢再開発問題のなかで考える

初版第1刷発行　2016年3月31日

著　者　三浦倫平

発行者　塩浦　暲

発行所　株式会社　新曜社

101-0051　東京都千代田区神田神保町3-9

電話(03)3264-4973(代)・FAX(03)3239-2958

E-mail：info@shin-yo-sha.co.jp

URL：http://www.shin-yo-sha.co.jp/

印　刷　星野精版印刷

製本所　イマヰ製本所

ISBN978-4-7885-1470-6 C1036